O DIREITO À DURAÇÃO RAZOÁVEL DO PROCESSO

Responsabilidade civil do Estado em decorrência da intempestividade processual

J62d   Jobim, Marco Félix.

O direito à duração razoável do processo: responsabilidade civil do Estado em decorrência da intempestividade processual / Marco Félix Jobim. – 2. ed., rev. e ampl. – Porto Alegre: Livraria do Advogado Editora, 2012.

252 p. ; 25 cm.

Inclui bibliografia e apêndices.

ISBN 978-85-7348-808-1

1. Direito processual civil. 2. Processo civil. 3. Estado – Responsabilidade (Direito). 4. Intempestividade processual. 5. Direitos fundamentais. 6. Poder Judiciário. I. Título.

CDU 347.91/.95

CDD 341.46

Índice para catálogo sistemático:

1. Direito processual civil   347.91/.95

(Bibliotecária responsável: Sabrina Leal Araujo – CRB 10/1507)

Marco Félix Jobim

O DIREITO À DURAÇÃO RAZOÁVEL DO PROCESSO

Responsabilidade civil do Estado em
decorrência da intempestividade processual

2ª edição
revista e ampliada

livraria
DO ADVOGADO
editora

Porto Alegre, 2012

© Marco Félix Jobim, 2012

Capa, projeto gráfico e diagramação
Livraria do Advogado Editora

Revisão
Rosane Marques Borba

Direitos desta edição reservados por
Livraria do Advogado Editora Ltda.
Rua Riachuelo, 1338
90010-273 Porto Alegre RS
Fone/fax: 0800-51-7522
editora@livrariadoadvogado.com.br
www.doadvogado.com.br

Impresso no Brasil / Printed in Brazil

Dedico esta obra a todas as pessoas que lutam pela tempestividade do processo.

Agradecimentos

Depois de um ano como 2011, mais agradecimentos devem ser realizados em conjunto com aqueles anteriormente feitos, em especial pelo nascimento de meu filho Gabriel, ao qual dedico minha profunda gratidão pela sua chegada, louvando a Deus pela possibilidade de permitir tamanha honra de criar um filho;

Ao público leitor da 1ª edição, que fez com que a mesma se esgotasse em um ano, possibilitando a revisão e ampliação da obra;

À prestigiada Livraria do Advogado Editora, nas pessoas de Walter e Valmor, por acreditarem na força da obra;

Aos professores do curso de doutorado em Direito da Pontifícia Universidade Católica do Rio Grande do Sul, agradecimento que faço em nome de todos por meio do Professor Dr. José Maria Rosa Tesheiner;

Ao Prof. Maurício Jorge D'Augustin Cruz, pelo trabalho que vem desenvolvendo na coordenação do curso de direito da Ulbra/Canoas;

Aos colegas do curso de Direito da ESADE, e ao Prof. Dr. Germano Schwartz;

E os agradecimentos da 1ª edição permanecem:

Agradeço aos meus primeiros professores, Bonaparte e Ana Maria, ou, simplesmente, pai e mãe;

Aos meus irmãos, Cassio e Marcio, melhores parceiros não há;

À Betânia, obrigado pelo amor, companheirismo e paciência;

Aos colegas de escritório, dos quais vieram valiosos ensinamentos e o compartilhamento de grande responsabilidade, o fazendo nas pessoas dos amigos José Nicolau Salzano Menezes e Mauro Bloise Mundstock;

À minha orientadora, Profa. Dra. Elaine Harzheim Macedo, pelas horas que dedicou a este estudo, pela revisão e preciosas críticas, assim como a todos os professores do curso de mestrado da Universidade Luterana do Brasil.

Ao Prof. Dr. Wilson Antônio Steinmetz, ao Prof. Dr. Jayme Weingartner Neto e ao Prof. Dr. Darci Guimarães Ribeiro, membros integrantes da banca examinadora de mestrado, que contribuíram de sobremaneira para o aperfeiçoamento da dissertação.

Aos Profs. Drs. Luciano Benetti Timm e Geraldo Jobim, pela abertura de oportunidades;

Aos colegas do curso de direito da ULBRA – Universidade Luterana do Brasil;

Aos meus amigos e alunos;

Em especial, pela convivência que tive com pessoas extraordinárias, que muito me ensinaram e que já não compartilham mais deste plano.

"Que é, pois, o tempo? Quem poderá explicá-lo clara e brevemente? Quem poderá apreender, mesmo só com o pensamento, para depois nos traduzir por palavras o seu conceito? E que assunto mais familiar e mais batido nas nossas conversas sobre tempo? Quando deles falamos, compreendemos o que nos dizem quando deles nos falam. O que é, por conseguinte, o tempo? Se ninguém me perguntar, eu sei; se o quiser explicar, a quem me fizer a pergunta, já não sei".

Santo Agostinho

"Mas a justiça atrasada não é justiça, senão injustiça qualificada e manifesta".

Rui Barbosa

"Na verdade, não há mais como compreender a estrutura técnica do processo civil à distância do direito fundamental à duração razoável do processo".

Luiz Guilherme Marinoni

Prefácio

O tempo, ensinam os filósofos, pode ser concebido como ordem mensurável do movimento, definindo-o Aristóteles como o número do movimento segundo o antes e o depois. Pode ser considerado, numa segunda concepção fundamental, como instituição do movimento, pressupondo o agir consciente do ser humano. Sob outra perspectiva, o tempo passa a ser uma estrutura da possibilidade, o que foi defendido por Heidegger na obra *Ser e Tempo*.

Mas o tempo, não se permitindo aprisionar na ciência, adentra na arte e permeia obras que com o tempo conviverão, a exemplo, para não perder a cor local, da trilogia de Érico Veríssimo, *O tempo e o vento*.

O direito – navegando entre a ciência e arte da literatura – também se socializa com o tempo para que, imbricados, ambos concretizem a instituição do social, valor maior da pós-modernidade.

A obra que ora se apresenta ao público, sob o título *Direito à Duração Razoável do Processo: Responsabilidade civil do Estado em decorrência da intempestividade processual*, é produto de um jovem, mas promissor jurista, que soube, com a maestria própria dos prodígios, estabelecer um debate profícuo e dinâmico sobre esse tema tão apaixonante que diz com o tempo no processo e o tempo do processo.

Demonstrando sensibilidade e respeito ao conhecimento e à criação humana, o autor não deixou de visitar as páginas de autores consagrados, explorando a minúcias as prateleiras das bibliotecas e das livrarias, nas mais diversas áreas, da economia à mecânica, da história à filosofia, da física à sociologia, do direito à literatura, para nos premiar com um panorama inédito e inigualável sobre o conceito de tempo.

Partindo do direito fundamental à duração razoável do processo e desmitificando conceitos como *celeridade* e *tempestividade*; *morosidade* e *intempestividade*, no mais das vezes tratados de forma displicente e sem a devida cientificidade, enfrentou criticamente um dos principais dilemas que assola a comunidade jurídica – o combate à intempestividade processual e a busca da concretização da prestação jurisdicional – adentrando, sem se divorciar da indispensável dogmática, no campo da responsabilidade civil em face do evento danoso do processo intempestivo.

O resultado final é um livro aprimorado, profundo, desbravador e, acima de tudo, desafiador. A leitura do texto flui harmonicamente na retórica dos que nada têm a esconder, convidando o leitor a prosseguir, ávido, mais e mais.

Está de parabéns o autor, Marco Félix Jobim. Estão de parabéns os seus leitores.

Elaine Harzheim Macedo

Sumário

Nota prévia à 2ª edição...15

Introdução...17

1. Conceito de tempo...21

    1.1. Da instintividade ao relógio mecânico: a contagem do tempo métrico...................29

    1.2. O tempo mítico na Literatura...37

    1.3. A relatividade do tempo na física...43

    1.4. O conceito de distância temporal da filosofia de Hans-Georg Gadamer..................50

    1.5. O conceito de tempo social...56

    1.6. O tempo do direito em François Ost...62

2. Aspectos constitucionais do direito fundamental à duração razoável do processo.......69

    2.1. As origens históricas do direito fundamental à duração razoável do processo...........70

    2.2. A titularidade do direito fundamental à duração razoável do processo.................80

    2.3. Os destinatários ou coobrigados do direito fundamental à duração razoável do processo...84

    2.4. O inciso LXXVIII do artigo 5º da Constituição Federal e dois direitos fundamentais autônomos: a duração razoável do processo e a celeridade processual.................90

    2.5. A eficácia imediata do direito fundamental à duração razoável do processo............94

    2.6. A autonomia do direito fundamental à duração razoável do processo...................101

3. A problemática sobre o tempo do processo...111

    3.1. Desmi(s)tificando conceitos: celeridade *versus* tempestividade e morosidade *versus* intempestividade...116

    3.2. Causas da intempestividade do processo no Brasil.................................122

    3.3. As consequências danosas em decorrência da intempestividade do processo no Brasil...133

    3.4. As soluções para o combate da intempestividade processual no Brasil.................136

    3.5. A não fixação de limite temporal à concretização do processo.......................155

    3.6. O direito fundamental à duração razoável do processo e a fase de expropriação de bens...160

    3.7. Tempo do processo e responsabilidade...163

4. A responsabilidade civil do Estado na Itália e no Brasil em decorrência do processo intempestivo...173

    4.1. A *Legge* Pinto e sua história...177

    4.2. Aspectos relevantes da *Legge* Pinto...183

    4.3. Aspectos legais da responsabilidade do Estado pela intempestividade processual...198

    4.4. Da doutrina sobre a responsabilidade civil do Estado pela intempestividade processual...204

    4.5. Análise crítica do Projeto de Lei 7.599, de 2006.................................211

Considerações finais..219

Referências..223

Anexos..235
Anexo A – Legge 24 marzo 2001, n. 89..235
Anexo B – Projeto de Lei nº 7.599 de 2006 (Sr. Carlos Souza)...................239
Anexo C – Íntegra do relatório da Comissão de Finanças e Tributação da Câmara de
Deputados sobre o Projeto de Lei 7.599/06..242
Anexo D – Voto Deputado Pedro Eugênio – Projeto de Lei nº 7.599, de 2006...............245
Anexo E – Íntegra da sentença de improcedência de ação de indenização
de processo intempestivo..248

Nota prévia à 2ª edição

Desde o lançamento da 1ª edição da obra até os dias de hoje, alguns livros importantes foram publicados ou adquiridos sobre a temática e que foram objeto de análise pelo autor para que compusesse a 2ª edição. Não só livros jurídicos fizeram parte dessas publicações, mas importantes obras na área da psicologia e da filosofia.

É o caso, por exemplo, da tradução da obra de Paul Ricoer, denominda "Tempo e narrativa", publicada pela editora Martins Fontes, que não podia ficar de fora de uma reflexão para complementar o capítulo I do livro, assim como a obra de Sêneca, intitulada "Sobre os enganos do mundo", também publicada pela mesma editora.

Na área da psicologia, talvez o maior estudo acerca das ligações do tempo em nossa vida tenha sido publicada com a chegada da obra "O paradoxo do tempo: você vive preso ao passado, viciado no presente ou refém do futuro?", de John Boyd e Philip Zimbardo, publicado pela Editora Objetiva, que atestam a importância do tempo para a vida do ser humano, o que repercute, ainda mais, quando se defende que o tempo perdido no processo deve ser indenizado pelo Estado. Os autores analisaram, para chegar às suas conclusões, mais de 15 mil questionários respondidos nas mais variadas cidades no mundo o que, por si só, atesta a seriedade do estudo publicado.

Já na área jurídica, a obra premiada pela Capes, de Fabiana Marion Spengler, denominada *Da jurisdição à mediação: por uma outra cultura no tratamento de conflitos*, publicada pela Editora Unijuí, traz importantes conceitos a ser alvo de reflexão para a obra agora revisada.

De igual soma na doutrina nacional, Luiz Guilherme Marinoni publica a obra *Precedentes obrigatórios* que contribui para a busca de um processo em tempo razoável.

Foi adquirida uma clássica obra de Lorenzo Carnelli, "Tempo e direito", de 1960, que contribui para uma reflexão passada sobre as ligações tempo/direito e consequentemente, no processo.

Gilson Bonato, Cleverson Leite Bastos e Murilo Duarte Costa Corrêa publicam "Dobraduras do tempo: ensaios sobre a história de algumas durações no direito", um importante estudo que abarca questões relacionadas ao tema "tempo" sob as perspectivas: histórica e filosófica.

Outras obras de importância foram, também, alvo de reflexão e citação no trabalho, como "Colaboração no processo civil: pressupostos sociais, lógicos e éticos", de Daniel Mitidiero; "Morosidade da justiça: como podem ser indemnizados os injustiçados por causa da lentidão dos Tribunais à luz da Convenção Europeia dos Direitos do Homem e da legislação nacional", de Jorge de Jesus Ferreira Alves; "A razoável duração do processo", de Antonio Adonias Bastos; "O reexame necessário à luz da duração razoável do processo: uma análise baseada na teoria dos direitos fundamentais de Robert Alexy", de Rafael Sérgio Lime de Oliveira e "Metafísica do tempo", de Mafalda Faria Blanc.

Frutos de minhas reflexões no doutorado em Direito da PUC/RS, escrevi o livro "Cultura, escolas e fases metodológicas do processo", no qual trabalho a questão do tempo de duração do processo e que também faz parte de novas reflexões para esta obra.

Aliado a tudo isso, reflexões acerca do projeto do novo Código de Processo Civil brasileiro devem ser feitas, uma vez que a comissão nomeada levantou o estandarte da tempestividade do processo para sua elaboração, razão pela qual alguns artigos serão objeto de análise nesta revisão.

No meio de tudo isso, é proferida uma das primeiras decisões em ação de indenização pela intempestividade do processo, julgando improcedente a mesma, indo de encontro com grande parte de toda a doutrina e jurisprudência internacional já produzida, decisão esta que será alvo de duras reflexões.

Por fim, uma revisão geral em algumas questões pontuais faz com que a 2ª edição chegue para aperfeicoar a primeira, agradecendo aos leitores os elogios e as críticas já realizadas sobre a obra.

Sugestões para a próxima edição são bem-vindas pelo correio eletrônico marco@jobimesalzano.com.br.

Boa leitura a todos.

Introdução

Este estudo visa a apresentar uma contribuição sobre o tempo do processo e a possibilidade de responsabilização do Estado pela intempestiva tutela jurisdicional. A Emenda Constitucional 45, de 8 de dezembro de 2004, publicada em 31 de dezembro do mesmo ano, também conhecida como a reformista do Poder Judiciário, equivocadamente, pois pouco modificou sua estrutura, além de trazer em seu bojo normas não relacionadas com a referida reforma, ao introduzir como direito fundamental positivado o princípio da duração razoável do processo, faz um apelo para que todos, em conjunto, trabalhem para liquidar de vez com este mal que assola o sistema Judiciário pátrio, tornando-o desacreditado perante seu jurisdicionado, pelo costumeiro problema da intempestividade processual.

O princípio foi catalogado na Constituição da República Federativa do Brasil, no artigo 5º, inciso LXXVIII, prescrevendo que "a todos, no âmbito administrativo e judicial, são assegurados a duração razoável do processo e os meios que garantam a celeridade de sua tramitação". Contudo, a só positivação de um princípio abstrato como este traz diversos questionamentos que devem ser alvo de muita reflexão pela processualística contemporânea, entre eles a resposta sobre questões como qual o real alcance da expressão "razoável", ou ainda, o que significam "os meios que garantam sua celeridade" no contexto colocado no referido inciso. E mais, realmente a duração razoável do processo e a celeridade processual podem ser considerados como um mesmo princípio, como aponta parte da doutrina nacional?

Essas são indagações levantadas preliminarmente que obterão a devida reflexão no transcorrer do trabalho. Mas, o mais intrigante, o questionamento que o jurisdicionado não deixa de fazer, é se ele, que já está com um processo em andamento no Poder Judiciário há vários anos, depois de ser efetivamente catalogado como direito fundamental na Constituição Federal o princípio da duração razoável do processo, pode, aqui entendido, em caráter preliminar, como titular do direito de ação, aquele que se sente prejudicado pela intempestiva tutela jurisdicional, ser indenizado pelo demasiado tempo processual? E, principalmente, e aqui reside a hipótese de trabalho, em caso positivo, esta indenização auxiliará no combate à intempestividade processual?

Rui Barbosa eternizou um de seus pensamentos ao dizer que a justiça atrasada não é justiça, senão injustiça qualificada e manifesta. Apesar de a frase ter sido dita em 1920, no seu discurso como paraninfo dos bacharelandos da Faculdade de Direito do Largo de São Francisco, em São Paulo, o tema nunca esteve tão atual e polêmico após dezembro de 2004, razão pela qual se opta por este estudo.

É o momento de parar e refletir sobre conceitos antiquados que levam à intempestividade processual. O princípio do processo tempestivo vem a ser um clamor da sociedade que deve ser efetivado, e mais, deve trazer consigo uma revolução de novas ideologias para o Direito Processual, a fim de que alcance sua finalidade de realização de um processo com um mínimo de justiça, rompendo com dogmas passados.

Para que não restem lacunas no estudo da tempestividade do processo, necessita-se, antes de ingressar em seu estudo, de antemão, conhecer o que é tempo. Para tanto, será analisada, em especial, a importância do tempo para a vida humana, a fim de que reste comprovado que o tempo influi diretamente na vida do ser humano, razão pela qual sua importância. Será estudada a história do tempo métrico, desde seu início até a revolucionária invenção do relógio mecânico, assim como serão, ainda, analisados o tempo mítico na Literatura, o tempo relativo na Física, o conceito de distância temporal na Filosofia do alemão Hans-Georg Gadamer, o tempo social e, finalizando o capítulo, será realizado um estudo sobre a obra "O Tempo do Direito" do jurista e filósofo belga François Ost. A partir do conhecimento do que é tempo nessas diversas áreas de pensamento é que, em capítulo posterior, será verificado qual (ou quais) conceito (s) melhor se encaixa (m) para a sistemática do estudo do tempo do processo. Estas reflexões trazem um novo norte temporal a ser utilizado no tempo do processo, além de estar consolidando um estudo interdisciplinar sobre a matéria.

Em conseguinte, serão sopesados alguns aspectos constitucionais do princípio da duração razoável do processo, como a sua própria história, para que alcançasse sua constitucionalização em dezembro de 2004 como direito fundamental positivado no catálogo do artigo 5º da Constituição Federal; será examinado o aspecto da titularidade do princípio, tentando demonstrar quem efetivamente tem direito a um processo tempestivo no Poder Judiciário brasileiro, não sendo deixado de lado o estudo da sua destinação, para saber quem são os obrigados a cooperarem com a nova norma; será ventilada a possibilidade de o inciso LXXVIII comportar dois princípios constitucionais; será analisada a sua eficácia e, no fechamento do capítulo, a autonomia do novo direito fundamental, realizando um panorama com o do princípio do processo justo, se é que este efetivamente existe.

Nesse último tópico, será defendida, em especial, a separação dos conceitos de tempestividade e efetividade. Embora tenham intenções recíprocas, não pode existir dependência de um em relação ao outro, ainda por cima de caráter subsidiário, para a concretização do direito material da parte que detém a razão.

Após, serão estudadas algumas problemáticas relacionadas ao tempo do processo que causam muita controvérsia na doutrina nacional. O primeiro tópico a ser analisado, e serve de alerta ao leitor, é a terminologia que será utilizada durante o trabalho, a qual será antecipada desde já. Será defendido que processo célere não é sinônimo de processo tempestivo e tampouco processo moroso é sinônimo de processo intempestivo. O problema do Poder Judiciário não é sua morosidade, mas sim a intempestividade. Quando os doutrinadores falam em morosidade do Poder Judiciário, na realidade, deveriam estar discorrendo sobre sua intempestividade. Por isso, em algumas partes do trabalho, a fim de dar seguimento à linha adotada pelo doutrinador citado, serão reproduzidas as expressões moroso/morosidade e célere/celeridade para identificar o pensamento do autor do texto citado; em contrapartida, será adotada, no texto do trabalho, a expressão *intempestividade* para designar o problema do processo e do Poder Judiciário, devendo o leitor saber, de antemão, que o termo no texto será diferente daquele transcrito na citação pela ótica adotada pelo estudo. Depois será analisada a tríade causas/consequências/soluções da intempestividade do processo, sempre tendo em vista aquelas que mais podem ser relacionadas com uma possível indenização futura do lesado frente ao Estado. Também será defendido que o processo não pode ter um prazo fixo para sua finalização, sob pena de severos prejuízos às partes.

Em fechamento ao capítulo, dois importantes assuntos serão abordados. O primeiro relacionado a até que momento do processo tem o Estado, por meio do Poder Judiciário, o dever de garantir a tempestividade do processo e, por fim, e aqui inicia o contexto para se ter um posterior processo indenizatório do lesado frente ao Estado, qual ou quais as melhores percepções de tempo que se encaixam para o estudo do tempo do processo. Há um tempo para o processo ser concretizado? Ao responder este questionamento afirmativamente, abre-se a possibilidade de o jurisdicionado ter, contra o Estado, a respectiva ação indenizatória pela intempestividade processual.

Já ingressando na fase final do trabalho será confirmado que o Brasil não é o único país a enfrentar a intempestividade do seu Poder Judiciário. Para tanto, será estudada a legislação italiana, em especial a história do advento da *Legge* Pinto, que confere ao cidadão italiano o direito de se ver indenizado pela intempestividade do processo na Itália, assim como alguns aspectos importantes da lei.

Em seguimento ao capítulo, será cogitada a possibilidade de o jurisdicionado que ingressa com uma ação no Poder Judiciário brasileiro ser indenizado pela sua intempestividade, o que a doutrina pátria tem pensado sobre o assunto e, encerrando o capítulo, será realizada uma análise ao projeto de Lei nº 7.599, de 2006, o qual pretendia regular a indenização da parte pela intempestividade processual, debatendo sobre sua (in)constitucionalidade.

Tais reflexões deságuam no enfrentamento da hipótese sobre se a indenização auxiliará ou não no combate à intempestividade do processo.

O trabalho busca, outrossim, reinserir o estudo da tempestividade processual por meio de uma análise crítica sobre o direito de o jurisdicionado receber indenização pelo seu processo intempestivo, tendo em vista o dissabor de litigar por anos para ver seu direito efetivado.

Na busca de elementos para escrever a dissertação, deparou-se com um tema de ampla complexidade que merece da doutrina e das decisões judiciais o melhor de seus esforços para liquidar ou pelo menos minimizar esse mal que assola o Poder Judiciário e que reflete negativamente no jurisdicionado. O estudo volta-se para a área do Direito Processual Civil, por isso os exemplos sempre estão comprometidos com essa seara sem, contudo, engessar conceitos que poderão ser levados para outras áreas, em especial aqueles oriundos do capítulo destinado à indenização contra o Estado.

Ao final, espera-se que a leitura do trabalho seja proveitosa, e que os pontos de maior complexidade sejam refletidos, uma vez que, como se encontra hoje o Poder Judiciário em relação ao tempo do processo não mais se mostra sustentável sua permanência em sua estrutura, dependendo o direito fundamental a duração razoável do processo de uma nova força doutrinária que faça com que o Direito Processual Civil e a própria Teoria Geral do Processo sejam relidos sob a ótica da tempestividade processual sem, claro, atropelar outras garantias constitucionais processuais, o que será, também, alvo de debate em momento oportuno.

1. Conceito de tempo

Desde a antiguidade até os dias atuais, as mais variadas sociedades e os mais diversos pensadores sempre estiveram preocupados e em constante dúvida sobre as questões relacionadas ao tempo, não só por ser de vital importância para as diferentes áreas científicas,[1] mas também porque seu transcorrer está intimamente ligado à qualidade de vida do ser humano.

Hans-Georg Gadamer,[2] filósofo alemão do século XX, explicou, com base na tradição socrática, que a dificuldade reside na formulação da pergunta mais do que na resposta. Contudo, na questão relacionada ao tempo, a ideia gadameriana perde força, uma vez que a pergunta acaba por ser infinitamente mais fácil do que a resposta.[3] O autor inglês Gerald James Whitrow[4] insinua essa dificuldade de responder a esse questionamento ao afirmar:

---

[1] WHITROW, G. J. *O que é tempo?* Uma visão clássica sobre a natureza do tempo. Tradução Maria Ignez Duque Estrada. Rio de Janeiro: Jorge Zahar, 2005. p. 9. J. P. Fraser na introdução à obra afirma: "A experiência humana do tempo é penetrante, íntima e imediata. A vida, a morte e o tempo combinam-se de uma forma intrincada e intrigante, difícil de ser esclarecida, porém reconhecida em todas as grandes filosofias e religiões. O tempo é um componente de todas as formas de conhecimento humano, de todos os modos de expressão, e está associado às funções da mente. É também um aspecto fundamental do Universo. Ocorre que nenhuma faculdade de conhecimento isolada, por si só, é capaz de explicar a natureza do tempo. A conseqüente intensidade de interesse e argumentação em torno desse aspecto é compreensível".

[2] GADAMER, Hans-Georg. *Verdade e método.* Traços fundamentais de uma hermenêutica filosófica. Tradução Flávio Paulo Meurer. 7. ed. Petrópolis: Vozes; Bragança Paulista: Universitária São Francisco, 2005. V. I. p. 473-474: "Uma das mais importantes intuições que herdamos do Sócrates platônico é que, ao contrário da opinião dominante, perguntar é mais difícil que responder. Quando os companheiros do diálogo socrático procuram inverter o jogo para não responder às molestas perguntas de Sócrates, reivindicando para si a posição supostamente vantajosa daquele que pergunta, é quando mais propriamente fracassam. Por trás desse tom de comédia dos diálogos platônicos não é difícil descobrir a distinção crítica entre discurso autêntico e inautêntico. Na fala, quem só procura ter razão, sem se preocupar com o discernimento do assunto em questão, irá achar que é mais fácil perguntar do que responder. Assim, se livra do perigo de ficar devendo resposta a alguma pergunta. Para perguntar, é preciso querer saber, isto é, saber que não se sabe. E no intercâmbio de perguntas e respostas, de saber e não saber, descrito por Platão ao modo de comédia, acaba-se reconhecendo que para todo o conhecimento e discurso em que se queira conhecer o conteúdo das coisas a pergunta toma dianteira. Uma conversa que queira chegar a explicar alguma coisa precisa romper essa coisa através da pergunta".

[3] HABERMAS, Jürgen. *O futuro da natureza humana*: a caminho de uma eugenia liberal? Tradução Karina Jannini. São Paulo: Martins Fontes, 2004. p. 3. Confirmando a tese da dificuldade de conceder respostas aos questionamentos, o filósofo Alemão, em passagem de sua obra, escreve: "No romance Stiller, Max Frisch faz o promotor público perguntar: 'O que o homem faz com o tempo de sua vida? Uma questão da qual eu mal tinha consciência, ela simplesmente me irritava'. Frisch faz a pergunta no indicativo. O leitor reflexivo, inquietando-se consimo mesmo confere-lhe uma visão ética: 'O que devo fazer com o tempo de minha vida?' Durante muito tempo, os filósofos acharam que dispunham de conselhos adequados para tal pergunta. No entanto, hoje, após a metafísica, a filosofia já não se julga capaz de dar respostas definitivas a perguntas sobre a conduta de vida pessoal ou até coletivas".

[4] WHITROW, G. J. *Op. cit.*, p. 15.

Conta-se que o poeta russo Samuel Marshak, quando esteve em Londres pela primeira vez, antes de 1914, e não conhecia bem o idioma inglês, perguntou a um homem na rua: "Por favor, o que é o tempo?" O homem olhou-o muito surpreso e respondeu: "Mas essa é uma questão filosófica. Por que está perguntando para mim?" Muitos séculos atrás, um famoso padre preocupou-se com a mesma indagação e confessou que, se ninguém perguntasse, ele sabia o que era tempo, mas se tentasse explicar teria de admitir que não sabia. Embora haja muitas ideias importantes com as quais a maior parte das pessoas concorda sem entender, só o tempo tem essa qualidade peculiar de nos fazer sentir por intuição que o compreendemos perfeitamente, desde que ninguém nos peça para explicá-lo.

O padre referido por Gerald James Whitrow é Santo Agostinho,[5] que estudou com profundidade a questão relacionada ao tempo e imortalizou um de seus grandes questionamentos[6] ao refletir:

O que é realmente o tempo? Quem poderia explicá-lo de modo fácil e breve? Quem poderia captar o seu conceito, para exprimi-lo em palavras? No entanto, que assunto mais familiar e mais conhecido em nossas conversações? Sem dúvida, nós o compreendemos quando dele falamos, e compreendemos também o que nos dizem quando deles nos falam. Por conseguinte, o que é tempo? Se ninguém me pergunta, eu sei; porém, se quero explicá-lo a quem me pergunta, então não sei. No entanto, posso dizer com segurança que não existiria um tempo passado, se nada passasse; e não existiria um tempo futuro, se nada devesse vir; e não haveria o tempo presente se nada existisse. De que modo existem esses dois tempos – passado e futuro –, uma vez que o passado não mais existe e o futuro ainda não existe? E quanto ao presente, se permanecesse sempre presente e não se tornasse passado, não seria mais tempo, mas eternidade. Portanto se o presente, para ser tempo, deve se tornar passado, como poderemos dizer que existe, uma vez que a sua razão de ser é a mesma pela qual deixará de existir? Daí não podermos falar verdadeiramente da existência do tempo, senão enquanto tende a não existir.

Realmente, saber o que é tempo é muito diferente do que tentar explicar o que é tempo.[7] Explicar o que é tempo pode passar por diferentes conceitos científicos e, mesmo assim, não produzir concretamente qualquer resposta, ou pode, simplesmente, ser definido do modo mais simplório possível, por uma pessoa que sequer possui estudos e acabar convencendo com sua explicação, pois todos acabam por ter uma noção do que é tempo. Bilhões de

---

[5] SANTO AGOSTINHO. *Confissões*. Tradução Maria Luiza Jardim Amarante. São Paulo: Paulus, 1984. p. 338-339.

[6] RICOEUR, Paul. *Tempo e narrativa*. Vol. I. Tradução de Claudia Berliner. São Paulo: WMF Martins Fontes, 2010, p. 14-15. Refere o filósofo sobre o caráter quetionador sobre tempo na obra de Santo Agostinho: "Segunda observação preliminar: isolada da meditação sobre a eternidade pelo artifício metodológico que acabo de reconhecer, a análise agostiniana do tempo apresenta um caráter altamente interrogativo e até aporérito, que nenhuma das teorias antigas do tempo, de Platão a Plotino, leva a tal grau de acuidade. Não só Agostinho (como Aristóteles) procede sempre a aprtir de aporias aceitas da tradição, mas a resolução de cada aporia dá lugar a novas dificuldades que não cessam de levar a investigação sempre mais adiante. Esse estilo, que faz com que todo o avanço de pensamento suscite uma nova dificuldade, situa Agostinho alternadamente na vizinhança dos céticos, que não sabem, e dos platônicos e neoplatônicos, que sabem. Agostinho busca (o verbo quaerere, como veremos, reaparece de modo insistente ao longo de todo o texto). Talvez se deva até dizer que o que chamam de tese agostiniana sobre o tempo e que costumam qualificar de tese psicológica para opô-la à de Aristóteles e mesmo à de Plotino é ela mesma mais aporética do que Agostinho admitira".

[7] BLANC, Mafalda Faria. *Metafísica do tempo*. Lisboa: Instituto Piaget, 1999, p. 119. Refere a escritora: "*O que é tempo?* Esta pergunta, incontornável para uma investigação do tempo que se pretenda *filosófica*, constitui o embaraço e a perplexidade de todos aqueles que, com Santo Agostinho, se preocupam em saber alguma coisa acerca daquele conceito – o modo como se manifesta e determina, a sua natureza e significado, origem e finalidade".

anos, milhões de anos, séculos, décadas, anos, dias, horas, minutos, segundos, décimos de segundos, milissegundo, microssegundo, ou ainda, numa visão mais contemporânea de tempo,[8] podem ser citados os nanossegundos,[9] picossegundos,[10] femtossegundos[11] e attossegundos;[12] todas essas expressões que dão conta de distanciamento temporal faz parte do compreender para entender a noção de alcance que o tempo confere (como o passado, o presente e o futuro), mas, realmente, sabe-se o que é tempo?

Os conceitos de outrora sobre tempo são difíceis de serem sustentados numa sociedade pós-moderna, tendo em vista que as pessoas vivem constantemente sem tempo, diferentemente de, como lembra Bodil Jönsson,[13] algumas décadas atrás, quando rememora os seus antepassados, ao afirmar:

---

[8] CARREIRA ALVIM, J. E; CABRAL JÚNIOR, Silvério Luiz Nery. *Processo judicial eletrônico*. Curitiba: Juruá, 2008. p. 17-78. Esta nova forma de contagem do tempo na atualidade será aquela que regerá, por exemplo, a contagem do tempo do processo eletrônico, tendo em vista que a velocidade dos atos processuais praticados através da internet não poderá ser contabilizada pelo tempo em segundos, minutos ou horas, mas sim por esta nova concepção adotada pela física. Para se ter uma ideia da complexidade com que se trabalhará no processo eletrônico, J. E. Carreira Alvim e Silvério Luiz Nery Cabral Junior assim expõem um pouco do funcionamento interno da nova modalidade virtual de processo: "Também as peças processuais poderão ser transmitidas por meio eletrônico, através da técnica de escaneamento, que permite enviar através da internet documentos que devam compor os autos, como, por exemplo, uma certidão (de nascimento, casamento etc.) ou uma escritura (compra e venda, cessão de direitos, etc.). O escaneamento é feito através de *scaner*, dispositivo ótico de entrada que usa censores de luz para capturar uma imagem no papel ou algum outro meio, a qual é traduzida em sinais digitais que podem ser processados por softwares de reconhecimento de caracteres óticos (OCR) ou *softwares* gráficos. O *software*, logiciel ou programa de computador é uma seqüência de instruções a serem seguidas ou executadas, na manipulação, redirecionamento ou modificação de um dado ao comportamento exibido por essa seqüência de instruções quando executada em um computador ou máquina semelhante. Espécie de bem digital, com características peculiares, o software ou programa de computador tem a função de codificar todo o conteúdo digital armazenado em bits e transformá-lo em diversos tipos de informação, sendo conceituado por Bill Gates como 'um grupo de regras que pode ser dado a uma máquina para instruí-la como realizar determinadas tarefas'. Tecnicamente, software é ainda o nome dado ao conjunto de produtos desenvolvidos durante o processo de *software*, o que inclui não só o programa de computador propriamente dito, mas também manuais, especificações, planos de teste, etc. Fala-se também em software livre para designar aquele que está disponível e tem permissão para qualquer um usá-lo, copiá-lo e distribuí-lo, seja na sua forma original ou com modificações, seja gratuitamente ou com custo".

[9] LABRADOR, David. Do instantâneo ao eterno. *Scientific American*, São Paulo: Ediouro, Ed. 21, p. 24, 2007: "NANOSSEGUNDO (um bilionésimo de segundo). Um feixe de luz percorre apenas 30 centímetros no vácuo nesse espaço de tempo. O microprocessador de um computador doméstico leva normalmente de dois a quatro nanossegundos para executar uma instrução simples, como somar dois números. O méson k, outra partícula subatômica rara, tem vida de 12 nanossegundos".

[10] *Ibidem*, p. 24: "PICOSSEGUNDO (a milésima parte de um bilionésimo de segundo). Os transmissores mais rápidos operam em picossegundos. O quark para baixo, uma partícula subatômica rara criada em aceleradores de alta energia, dura um picossegundo antes de decair. O tempo médio de vida de ligação de hidrogênio nas moléculas de água em temperatura ambiente é de três picossegundos".

[11] *Ibidem*, p. 24.

[12] STIX, Gary. Tempo real. *Scientific American*, São Paulo: Ediouro, Ed. 21, p. 9, 2007, apenas para se ter uma ideia de como o segundo é hoje dividido: "Uma equipe da França e da Holanda conseguiu estabelecer um novo recorde de velocidade na subdivisão do segundo, ao anunciar, em 2001, que uma luz estroboscópica a laser emitiria pulsos com duração de 250 attossegundos – o que significa 250 bilionésimos de um bilionésimo de segundo. Esse estreboscópio poderá, no futuro, ser a base para a construção de uma máquina capaz de fotografar os movimentos de elétrons individuais. A era moderna já registrou avanços na mensuração de grandes intervalos de tempo. Métodos da datação radiométrica, que são como varas de medição de 'tempo profundo', informaram a idade da Terra".

[13] JÖNSSON, Bodil. *Dez considerações sobre o tempo*. Tradução Marcos de Castro. Rio de Janeiro: José Olympio, 2004. p. 11.

> Quase não há ídolos em minha vida. Com uma exceção, talvez: minha avó paterna. Ela morreu antes que eu completasse sete anos. É ela quem domina as raras lembranças concretas que tenho de minha infância.
>
> As razões que explicam a força dessas lembranças sem dúvida são muitas, mas uma me vem ao espírito imediatamente: ela tinha tempo. Segundo os nossos critérios, faltava-lhe espaço, às vezes alimentação, aquecedor e luz. Mas tinha tempo. Nunca dava a impressão de que faltava tempo, ela não via a vida assim.

Ou seja, a noção de perda do tempo é nova. Não existia, há pouco mais de 50 anos, essa sensação contínua de que se vive num mundo no qual o tempo é escasso, limitado. Quem não se lembra dos seus antepassados, como Bodil Jönsson, como pessoas que faziam de tudo e sempre sobrava aquele tempo para descanso, para o lazer, para a leitura de um livro despretensioso na cadeira de balanço na frente da casa, enfim, tempo para desfrutar a vida com uma boa qualidade. A falta de tempo é algo da sociedade atual, como lembram Auri Lopes Jr. e Gustavo Henrique Badaró:[14]

> Desnecessária maior explanação em torno da regência de nossas vidas pelo tempo, principalmente nas sociedades contemporâneas, dominadas pela aceleração e a lógica do tempo curto. Vivemos numa sociedade regida pelo tempo, em que a velocidade é a alavanca do mundo contemporâneo, nos conduzindo à angústia do presenteísmo. Buscamos expandir ao máximo este fragmento de tempo que chamamos de presente, espremido entre um passado que não existe, uma vez que já não é, e um futuro contingente, que ainda não é, e que por isso, também, não existe. Nessa incessante corrida, o tempo rege nossa vida pessoal, profissional e, como não poderia deixar de ser, o próprio direito.

A velocidade com que alguns acontecimentos ocorrem não poderia sequer ser imaginada alguns anos atrás. Uma pesquisa que poderia demorar anos ou até mesmo uma vida inteira, pode ser feita "num piscar de olhos" pela *internet*, bastando fazer um cruzamento de informações e clicar o botão *"Enter"*.[15] E isso é fruto de uma sociedade que necessita dessa agilidade, pois, ao invés de um compromisso apenas, o ser humano tem dezenas a realizar no mesmo dia, na mesma hora, o que acaba por tornar escasso o tempo, mesmo que existam ferramentas que facilitam o dia a dia como a acima mencionada. E o ser humano sente epidermicamente o passar do tempo e se preocupa, constantemente, com essa falta existente nos dias de hoje. Dando uma ótica de vivência humana ao tempo, Marcio Jaguaribe[16] afirma:

> O tempo, como vivência humana, se apresenta como contínuo e irreversível fluxo de sucessivos instantes. Esse fluxo marca o ritmo biológico do homem (uma batida do coração depois de outra, tantas batidas por minuto) e o ritmo de seus estados de consciência, a sucessividade de vivências.

---

[14] LOPES JÚNIOR, Aury; BADARÓ, Gustavo Henrique. *Direito ao processo penal no prazo razoável*. Rio de Janeiro: Lumen Juris, 2006. p. 3.

[15] Apenas para se ter uma noção, digitar a expressão "tempo" no *site* de busca do "Google" serão pesquisadas 297.000.000 de informações para um tempo de apenas 0,04 segundos. Disponível em: <http://www.google.com.br>. Acesso em: 20 jan. 2009.

[16] JAGUARIBE, Marcio. Tempo e história. In: DOCTORS, Marcio (Org.). *Tempos dos tempos*. Rio de Janeiro: Jorge Zahar, 2003. p. 157.

Talvez seja por esse pulsar constante de cada segundo da vida do ser humano que está intimamente ligado a sua própria finitude que o estudo do tempo se mostra cada vez mais marcante para que as pessoas, no futuro, não estejam com essa escassez temporal que hoje é cotidiana, real e profundamente preocupante.[17]

Tanto é assim que não é de se estranhar que o conhecido e antigo adágio popular *"time is Money"*[18] nunca esteve tão em voga, e não apenas pela força da expressão, mas sim, pois, estando a sociedade sem tempo, nada mais justo que aqueles que o têm consigam vendê-lo para aqueles que não o têm e sejam devidamente compensados, da melhor forma possível. Exemplo corriqueiro no dia a dia do Estado brasileiro é a proliferação da categoria dos "motoboys" nas grandes cidades e centros econômicos. Eles vendem nada mais que tempo, oferecendo aos seus clientes alguns minutos ou horas a mais durante o dia, pagando suas contas, esperando em filas ou entregando e autenticando documentos.

Importante ressaltar que quanto à perda do tempo, já há séculos tem-se mostrado certa preocupação, pois uma vez retirado ele de nós, não existe mais retorno. Lúcio Sêneca,[19] em lição inesquecível sobre a perda do tempo, em um diálogo com Lucílio, no qual o saúda, já alertava:

> Faze isto, meu caro Lucílio, apodera-te novamente de ti mesmo, e o tempo, que até agora te era arrebatado, subtraído ou simplesmente te escapava, recupera-o e conserva-o. Fica certo de que as coisas são como escrevo: parte do tempo nos é arrancada, parte nos é subtraída por amenidades, e o resto escorrega de nossas mãos. No entanto, a perda mais lastimável é a que se dá pela negligência. E, se considerardes bem, a maior parte da vida se passa agindo mal, uma grande parte sem fazer nada, toda a vida se passa fazendo outra coisa que não o que seria necessário fazer. Que exemplo me darás de alguém que saiba valorizar o tempo, que dê consideração a um dia, que compreenda estar morrendo cotidianamente? Este é o erro: colocamos a morte no futuro, quando grande parte dela já passou. Tudo o que está no passado, a morte já o possui.

---

[17] POSCENTE, Vince. *A era da velocidade*: aprendendo a prosperar em um universo mais-rápido-já. Tradução de Suely Cuccio. São Paulo: DVS, 2008, p. 13. Neste livro, aponta o autor para uma pesquisa realizada nos Estados Unidos onde demonstra que 23% dos estadounidenses não toleram mais sequer aguardar 5 minutos numa fila, ao mencionar: "Imploramos a velocidade, e não ficamos satisfeitos até conseguir. Nossa tolerância à lentidão tem diminuído com a mesma intensidade que a ânsia pela velocidade tem aumentado. Hoje, tempo de espera e tempo ocioso são considerados inaceitáveis. A tolerância anda tão reduzida que 23% dos norte-americanos afirmam perder a paciência em cinco minutos quando esperam na fila. Embora essa atitude vagamente possa parecer imatura ou mimada, a base da intolerância pode estar enraizada em algo bem razoável: cinco minutos esperando na fila equivalem a abrir mão de cinco unidades de nosso bem mais valioso – o tempo. Exploramos o potencial de cada minuto e sabemos exatamente o que conseguimos realizar em cinco minutos. Quando somos forçados a diminuir o ritmo por algum agente externo, estamos sendo roubados de atividades que poderíamos realizar nesse tempo".

[18] STIX, Gary. *Op. cit.*, p. 7: "Um professor inglês de economia chegou ao ponto de tentar capturar o 'espírito do tempo' do milênio atribuindo ao provérbio de Franklin um substrato quantitativo. Segundo uma equação formulada por Ian Walker, da University of Warwick, três minutos gastos escovando os dentes equivalem a US$ 0,45, o valor médio da remuneração (descontados os impostos e a contribuição para a seguridade social) que o cidadão britânico deixa de ganhar, ao fazer algo que não seja trabalhar. Meia hora despendida lavando um carro equivale a US$ 4,50".

[19] SÊNECA. *Sobre os enganos do mundo*. Revisão da tradução de Mariana Sérvulo da Cunha. São Paulo: WMF Martins Fontes, 2011, p. 7.

Portanto, meu caro Lucílio, faze tal como escreves: abarca todas as horas. Dependerás menos do amanhã se fizerdes hoje o que tem que ser feito. Enquanto postergamos, a vida não deixa de correr. Todas as coisas, Lucílio, nos são alheias, somente o tempo é nosso. Com efeito, a natureza nos deu essa única cosa fugaz e que nos escorrega das mãos, e que qualquer um pode nos tomar. E tal é a estultícia dos mortais que, pelas menores coisas e mais vis, facilmente substituíveis, contraem dívidas que aceitam de bom grado, mas não há quem julgue que alguém lhe deva algo quando toma o seu tempo, e no entanto ele é único, e nem mesmo quem reconhece que o recebeu pode devolvê-lo ao outro.

Se no passado o tempo era uma raridade, conforme alertado por Sêneca, hoje em dia ele se tornou, como afirma Gary Stix, algo incomensurável ao afirmar que "o tempo, no século XXI, tornou-se o equivalente do que foram os combustíveis fósseis e os metais preciosos em outras épocas",[20] mostrando que ele está se tornando uma raridade e, pior, comercializável.

Mais radical ainda é o pensamento de Philip Zimbardo e John Boyd[21] que, ao estudarem em profundidade as questões relacionadas ao tempo e ao ser humano, ao analisarem milhares[22] de questionários acerca do tema, relatam ser o tempo nosso bem mais valioso, ao afirmarem:

O tempo é nosso bem mais valioso. Na economia clássica, quanto mais escasso for um recurso, maior será a quantidade de usos que se pode fazer dele e maior o seu valor. O ouro, por exemplo, não tem nenhum valor intrínseco e não passa de um metal amarelo. Entretanto, os veios de ouro são raros no planeta, e esse metal tem muitas aplicações. Primeiramente o ouro era usado na confecção de jóias, e mais recentemente passou a ser usado como condutor em componentes eletrônicos. A relação entre escassez e valor é bem conhecida, e por isso o preço exorbitante do ouro não é nenhuma surpresa.

A maioria das coisas que podem ser possuídas – diamantes, ouro, notas de cem dólares – consegue ser reposta. Novas reservas de ouro e diamante são descobertas, e novas notas são impressas. O mesmo não acontece com o tempo. Não há nada que qualquer um de nós possa fazer nesta vida para acrescentar um momento a mais no tempo, e nada permitirá que possamos reaver o tempo mal-empregado. Quando o tempo passa, se vai para sempre. Então, embora Benjamin Franklin estivesse certo a respeito de muitas coisas, ele errou ao dizer que tempo é dinheiro. Na verdade o tempo – nosso recurso mais escasso – é muito mais valioso do que o dinheiro.

Mas será que realmente o ser humano não tem tempo para fazer tudo que deseja na vida? Será que necessita ele que outros façam suas necessida-

---

[20] STIX, Gary. *Op. cit.*, p. 7. A passagem completa do texto refere: "Há mais de 200 anos Benjamin Franklin criou a famosa frase comparando a passagem de minutos e segundos aos xelins e libras. O novo milênio – e as décadas que o antecederam – terminaram por dar às palavras de Franklin seu verdadeiro significado. O tempo, no século XXI, tornou-se o equivalente do que foram os combustíveis fósseis e os metais preciosos em outras épocas. Constantemente medida e valorada, essa matéria-prima vital continua a fomentar o crescimento de economias construídas com base em terabytes e gigabits por segundo".

[21] ZIMBARDO, Philip; BOYD, John. *O paradoxo do tempo*: Você vive preso ao passado, viciado no presente ou refém do futuro? Tradução de Saulo Adriano. Rio de Janeiro: Objetiva, 2009, p. 16.

[22] ZIMBARDO, Philip; BOYD, John. Op Cit, p. 14: "Nessas três décadas, mais de 10 mil pessoas responderam ao nosso questionário. Em todo o mundo, nossos colegas em mais de 15 países usaram esses questionários com mais outros milhares de pessoas. É recompensador constatar que as pessoas se submetem a este teste e percebem que distribuem o fluxo de suas experiências pessoais em categorias mentais ou zonas temporais".

des diárias, pagando por elas, para que tenha mais tempo? Um dado interessante traz Bodil Jönsson,[23] ao afirmar que na Suécia a vida dura em torno de 30 mil dias, o que equivale a uma expectativa de vida de 82 anos. No Brasil,[24] a média baixa drasticamente para, dependendo da região habitada, 65 anos e, na maior das expectativas, 73 anos. Ora, 30 mil dias na Suécia ou 23.765 na pior das expectativas no Brasil não é tempo de sobra para que o ser humano cumpra sua missão em vida? Mas o que é que se faz nesse tempo que acaba por ser dito como pouco por muitos e muito por poucos? Enfim, o que é tempo para as diversas áreas e pensadores do mundo através dos séculos é o que se passará a tentar abordar. E mais, é justo que num país no qual, em alguns Estados, a expectativa de vida seja de 23.765 dias, passe ele 1.825, 3.650, 5.475 ou 7.300[25] dias esperando a solução ou a efetividade para seu processo judicial?

Paul Davies,[26] físico estadunidense e um dos grandes estudiosos contemporâneos sobre tempo, em conceito baseado no senso comum do ser humano, afirma:

> Na vida cotidiana, dividimos o tempo em três partes: passado, presente e futuro. A estrutura gramatical da linguagem gira em torno dessa distinção fundamental. A realidade está associada ao momento presente. Pensamos no passado como algo que já não é, pois ficou para trás, enquanto o futuro está ainda envolto nas sombras, com seus detalhes indefinidos. Dessa perspectiva simples, o "agora" de nossa consciência avança, transformando eventos que faziam parte do futuro na realidade concreta, porém fugaz, e então relega-os ao passado.

Contudo, o conceito de tempo é algo mais complexo do que o simplesmente pensar no passado, presente e futuro, baseado no senso comum das pessoas, sendo que para melhor entender o fenômeno, nada mais evolutivo que passar pelas diversas áreas que tentam conceituá-lo.

Em sua obra *Modernidade, Tempo e Direito*, Cristiano Paixão de Araújo analisou o tempo e a sociedade moderna sob a ótica da Sociologia Jurídica, utilizando como marco referencial teórico a obra de Niklas Luhmann, conforme aponta ao assegurar que "a investigação que ora se inicia insere-se na matriz sistêmica luhmanniana",[27] para, após, complementar:[28]

> Como já assinalado, a investigação sobre o tempo é um tema clássico da filosofia. O estudo que ora se apresenta situa-se, por sua vez, no terreno da sociologia jurídica (eis que elege como teoria de base a matriz sistêmica, de cunho sociológico). Nesse contexto, é fundamental que fique claro: não será aprofundado, ao longo da narrativa, o estudo do tempo sob o enfoque filosófico. Para que essa modalidade de pesquisa pudesse ser viabilizada, impor-se-ia o exame da questão do tempo na obra de autores de linhas de pensamento tão diversas como PLATÃO, SANTO AGOSTINHO, KANT, HEIDEGGER e BERGSON, entre muitos outros (não

---

[23] JÖNSSON, Bodil. *Op. cit.*, p. 11.

[24] Ver *site* do IBGE. Disponível em: <http://www.ibge.gov.br>.

[25] Considerando que o tempo do processo tenha sido de 5, 10, 15 ou 20 anos, respectivamente.

[26] DAVIES, Paul. Esse fluxo misterioso. *Scientific American*, São Paulo: Ediouro, Ed. 21, p. 10, 2007.

[27] PINTO, Cristiano Paixão Araújo. *Modernidade, tempo e direito*. Belo Horizonte: Del Rey, 2002. p. 4.

[28] *Ibidem*, p. 6.

menos importantes) da tradição filosófica ocidental. Tal empreitada, contudo, além de revelar um campo de abrangência exageradamente vasto, escaparia por completo ao tema central aqui proposto, que consiste no estudo da dimensão temporal relacionada ao sistema social do direito.

Em que pese a preocupação do autor com a imensidão do estudo do tempo na filosofia, assim como tendo ele escolhido a teoria sistêmica para enquadrar ao sistema social do direito, o estudo sociológico do tempo, o filosófico, o literário, bem como a própria história da criação do relógio mecânico mostram-se relevantes e pertinentes para a conclusão deste estudo, tendo em vista que deverá ser escolhido, entre os diversos conceitos existentes sobre tempo, aquele ou aqueles que melhor se enquadram na sistemática processual constitucional vigente, em especial no direito fundamental à duração razoável do processo. Essa é a razão pela qual o tempo será estudado em algumas áreas[29] do conhecimento humano para, ao final, ser inserido aquele conceito que melhor corresponde com o sistema processual-constitucional[30] contemporâneo.

Definir tempo é um dos grandes mistérios da humanidade. Não há filósofo, historiador, sociólogo ou jurista que tenha deixado de se preocupar com a questão relacionada ao tempo. E mais, a importância do estudo para o processo é de fundamental importância, uma vez que a mínima noção tempo faz lembrar ao ser humano que ele é finito, razão pela qual, empregando-se mal o tempo, se está, necessariamente, aniquilando-se vida. Assim, neste capítulo, pretende-se trazer alguns conceitos de tempo para ver qual deles melhor se encaixa no direito fundamental à duração razoável do processo e se irradia para as demais áreas do ordenamento jurídico brasileiro, em especial o Direito Processual Civil.

---

[29] SPENGLER, Fabiana Marion. *Tempo, direito e constituição*: reflexos na prestação jurisdicional do Estado. Porto Alegre: Livraria do Advogado, 2008. p. 17-18, discorre sobre a multiplicidade de áreas onde a preocupação com o tempo é constante: "A modernidade se descortina com novos e inusitados desafios que nascem frente às principais investigações teórico-científicas a respeito de grandes temas. Um desses desafios diz respeito justamente à semântica do conceito de tempo e dos vários desdobramentos advindos de suas mais variadas dimensões: histórica, estrutural, política, econômica, dentre outras. É nesse emaranhado de dimensões temporais que percebemos que a palavra 'tempo' suscita inúmeras interpretações e pode ensejar inúmeras discussões: cotidianamente, fala-se da 'falta de tempo', de 'perder tempo', de 'dar um tempo'. Cientificamente, fala-se de 'espaço-tempo', de 'mecânica quântica', de 'tempo cosmológico' e de 'tempo fenomenológico', de 'tempo linear e circular'. Finalmente, o tempo pode ser motivo para entabular uma simples conversa de rotina ou servir de pano de fundo para uma acalorada discussão acadêmica".

[30] NOVAES, Adauto. Sobre tempo e história. In: NOVAES, Adauto (Org.). *Tempo e história*. São Paulo: Companhia das Letras, Secretaria Municipal de Cultura, 1992. p. 9, diz: "O que é experiência do tempo? Pode uma cultura falar do tempo sem recorrer às diversas formas de elaborar suas tradições e de narrar a História? Como pensar a História a partir de uma tradição que trabalha com a idéia de tempo absoluto, sem conexão com as diferentes dimensões sociais, políticas e intelectuais, e que procura identificar a sociedade a uma única experiência temporal? Como pensar, enfim, a natureza do contemporâneo: tempo fragmentado, tempo deslocado, tempo modelado, tempo repetitivo-veloz-volátil, tempo sem memória?".

1.1. Da instintividade ao relógio mecânico: a contagem do tempo métrico

Como e onde surgiu o tempo? Mesmo antes de o ser humano existir, o tempo já se fazia presente.[31] Dia e noite sempre estiveram presente nas civilizações passadas dando noção de tempo, e coube a elas orientá-lo através de suas observações e respectivas necessidades. Por isso, estuda-se o tempo de quando ele começou a poder ser calculado, mesmo que instintivamente, sendo essa a intenção deste capítulo ao pretender, por meio de um estudo histórico, conceituar o tempo dito métrico ou cronológico até o surgimento do relógio mecânico. Para se ter uma ideia de quando se pode iniciar a contar a noção de tempo, Geofrey Blainey,[32] discorrendo sobre os primeiros seres humanos, aponta:

> Há 2 milhões de anos, esses seres humanos, conhecidos como hominídeos, viviam principalmente nas regiões dos atuais Quênia, Tanzânia e Etiópia. Se dividirmos a África em três zonas horizontais, a raça humana ocupava a zona central, ou zona tropical, constituída principalmente de pastos. Uma mudança no clima, cerca de um ou dois milhões de anos antes, que fez com que em certas regiões os pastos tenham substituído boa parte das florestas, pode ter incentivado esses hominídeos a, gradualmente, descendo das árvores, deixar a companhia de seus parentes, os macacos, e passar mais tempo no chão.

Ainda, segundo o historiador, esses hominídeos se alimentavam de frutas, nozes, sementes e, posteriormente, de carne, sendo que "precisavam fazer longas caminhadas a lugares onde sementes e frutas pudessem ser encontradas",[33] ou seja, já demonstrando que para aquela raça antiga havia certa noção de sazonalidade[34] para que buscassem sua alimentação, dando a entender que, em certa época, e em determinado local, a semente ou a fruta estava em sua estação. Pode-se chegar à mesma conclusão analisando a história dos hominídeos trazida por Geofrey Blainey e comparando com a lição dada por Gerald James Whitrow,[35] ao dizer:

---

[31] VENEZIANO, Gabriele. O enigma envolvendo o início do tempo. *Scientific American*, São Paulo: Ediouro, Ed. 21, p. 72, 2007: "Será que o tempo realmente começou com o Big Bang? Ou será que o Universo já existia antes dele? Uma pergunta como essa era quase uma blasfêmia há apenas uma década. Muitos cosmólogos insistiam que ela simplesmente não fazia sentido – que observar um tempo anterior ao Big Bang era como pedir informações sobre um lugar ao norte do Polo Norte. Mas os desenvolvimentos da física teórica, particularmente a ascensão da teoria das cordas, mudaram essa perspectiva. O universo pré-Big Bang tornou-se a última fronteira da cosmologia".

[32] BLAINEY, Geofrey. *Uma breve história do mundo*. 2. ed. São Paulo: Fundamento Educacional, 2007. p. 8.

[33] *Ibidem*, p. 7.

[34] VAN LOON, Hendrick Willem. *A história da humanidade*: a história clássica de todas as eras, atualizada em nova versão para o século XXI. Tradução Marcelo Brandão Cipolla. São Paulo: Martins Fontes, 2004. p. 13: "O homem primitivo não conhecia o significado do tempo. Não mantinha registros de aniversários de nascimento ou casamento, nem da hora em que as pessoas morriam. Não tinha ideia do que era um dia, uma semana ou mesmo um ano. Mas, de modo geral, acompanhava as sucessões das estações, pois notara que o frio do inverno inevitavelmente seguia-se a suavidade da primavera; que a primavera transformava-se no verão calorento, quando os frutos amadureciam e as espigas dos cereais selvagens estavam prontas para ser comidas; e que o verão terminava quando súbitas rajadas de vento arrancavam as folhas das árvores e diversos animais se preparavam para o longo sono da hibernação".

[35] WHITROW, G. J. *O tempo na história* – concepções do tempo da pré-história aos nossos dias. Tradução Maria Luiza X. de A. Borges. Rio de Janeiro: Jorge Zahar, 1993. p. 37-38.

Em sua maioria, por primitivos que sejam, os povos têm algum método para registrar e marcar o tempo, fundado nas fases da natureza indicadas pelas variações temporais do clima e da vida vegetal e animal, ou em fenômenos celestes revelados por observações astronômicas rudimentares.

Então, pode-se concluir que há dois milhões de anos, quando o hominídeo conseguia concatenar, mesmo que primitivamente, que havia uma ligação temporal entre épocas de colheita de semente e frutas a certos locais, estava já, ao seu modo, construindo uma noção de temporalidade. Também é a lição dada por Gerald James Whitrow, ao recordar o momento histórico da era paleolítica em trecho de sua obra, ao afirmar:[36]

De maneira similar, as primeiras transições na natureza eram consideradas repentinas e dramáticas. No período paleolítico os homens já sabiam que, em certas épocas do ano, animais e plantas são menos prolíficos que em outras, e, nessas ocasiões, consideravam necessária a prática de rituais sazonais para garantir um suprimento adequado de ambos. Com a passagem do nomadismo e da coleta de alimentos para uma forma de sociedade agrícola e mais organizada, a ansiedade do homem com relação a si mesmo e aos animais que caçava incorporou-se a uma ansiedade mais geral com relação à natureza. Nas estações críticas, impunha-se uma resposta ritual para enfrentar fatores imprevisíveis que, de outra forma, poderiam interferir no crescimento regular das plantações. A sucessão de fenômenos e fases naturais serviu de base a uma interpretação fabulosa do universo. A natureza era vista como um processo de luta entre forças caóticas demoníacas, da qual os humanos não eram meros expectadores: cabia-lhes desempenhar, agindo em plena consonância com a natureza, um papel ativo que auxiliaria a promoção dos fenômenos necessários. Isto significava a execução de determinado conjunto de rituais nas ocasiões devidas.

Todo esse tempo na antiguidade era baseado, praticamente, no transcorrer dos eventos da natureza.[37] Isso não foi diferente, também, para algumas civilizações já mais avançadas. Contudo, essas já não se contentavam somente com essa instintividade para saber como se calculava o tempo. Por isso, para recontar a história do tempo cronológico é imprescindível lembrar que, ao construírem cidades às margens do Rio Nilo, os Egípcios lograram, por meio dos eventos da natureza, com base nas constantes secas e enchentes, que coincidiam sempre com estações de frio ou calor, chegar ao primeiro calendário conhecido da história. Gerald James Whitrow[38] discorre:

A preocupação histórica dos egípcios não era maior que a dos antigos mesopotâmicos. Mas, sob um aspecto, eles deram uma notável contribuição à ciência do tempo: arquitetaram o que Otto Neugebauer descreveu como "o único calendário inteligente da história da humanidade". O ano deles era constituído de 12 meses, com 30 dias cada, e cinco dias adicionais no final

---

[36] WHITROW, G. J. *O tempo na história* – concepções do tempo da pré-história aos nossos dias. *Op. cit.*, p. 38.

[37] OLIVEIRA, Luiz Alberto. Imagens do tempo. In: DOCTORS, Marcio (Org.). *Op. cit.*, p. 37, traz assim seu entendimento sobre a origem da contagem do tempo: "A observação de que a natureza é rica em regularidades – foi um dos sinais inequívocos do desenvolvimento da inteligência do homem, e suas evidências arqueológicas remontam a dezenas de milhares de anos atrás. Não admira que a imagem mais arcaica do tempo de que podemos dispor, segundo os historiadores das ideias, seja o ciclo. Desde as eras mais remotas, inúmeros povos compartilharam a convicção de que a natureza se organizaria ritmicamente, sendo a conjugação dos diversos ritmos naturais a própria expressão da ordem cósmica ou divina vigente".

[38] WHITROW, G. J. *O que é tempo?* Uma visão clássica sobre a natureza do tempo. *Op. cit.*, p. 21.

do ano. Acredita-se que ele tenha se originado de bases puramente práticas, pela observação contínua, para determinar a média dos intervalos entre sucessivas enchentes no Nilo no Cairo.

Não é à toa que foi no Egito que o primeiro calendário[39] foi introduzido, no ano de 2773 a.C., denominado de Sotiacal.[40] O que realmente impressiona nessa civilização é a exatidão com que, há quase três mil anos atrás, logrou realizar um calendário que até hoje é utilizado.

Quando se afirmou que grande parte do cálculo do tempo era realizada com base na natureza, utilizou-se a expressão praticamente para deixar de lado outros tipos de sociedades que, a seu modo, realizaram a sua contagem do tempo com base em suas observações. Assim, deve-se ressaltar, pelo menos, antes de continuar apenas com o cálculo de tempo iniciado no Egito pelos eventos da natureza, a origem do tempo na civilização mesopotâmica que, antes ou concomitantemente com a criação do calendário egípcio, já havia criado o seu próprio, baseado, basicamente, em eventos ligados à religião. Para tanto, basta a lembrança de que nessa civilização havia festanças que comemoravam várias datas fixas, sempre acompanhadas de sacrifícios, através de rituais aos deuses, conforme afirma Gerald James Whitrow:[41]

Os babilônicos prestavam especial atenção aos períodos de sete dias associados às sucessivas fases da lua, cada um dos quais terminava com um "dia maligno". Neles, tabus específicos eram impostos para aplacar e reconciliar os deuses. Essas normas proibitivas eram similares às observadas por muitos outros povos em diferentes partes do mundo nos momentos em que a Lua mudava de aspecto, mas os babilônios influenciaram os judeus, que por sua vez influenciaram os primeiros cristãos e, por fim, a nós mesmos. É entre os babilônios, portanto,

---

[39] CANETTI, Elias. *A consciência das palavras*: ensaios. Tradução Márcio Suzuki e Herbert Caro. São Paulo: Companhia das Letras, 1990. p. 58, traz uma interessante passagem sobre o calendário: "Cada pessoa gostaria de criar o seu próprio calendário, segundo o modelo de toda a humanidade. O principal atrativo do calendário reside no fato de ele ir sempre adiante. Tantos dias se passaram, outros tantos virão. Os nomes dos meses retornam e, com mais freqüência, os dias. Porém, o número que assinala os anos é sempre um outro. Ele cresce, não pode jamais diminuir: a cada vez, recebe um ano a mais. Crescendo constantemente, jamais se salta um ano e, dessa forma, procede-se como na enumeração: sempre se acrescenta apenas *um*. A contagem do tempo exprime de maneira precisa aquilo que o ser humano mais deseja. O retorno dos dias, cujos nomes conhece, lhe dá *segurança*. Ele desperta: que dia é hoje? Quarta-feira; é de novo quarta-feira; já houve muitas quartas-feiras. Mas ele não passou apenas por quartas-feiras: hoje é 30 de outubro, e isso é algo maior. Já conheceu também um grande número de dias como esse. Quanto ao número do ano, em seu crescimento linear, espera que ele o leve junto para cifras cada vez mais elevadas. Segurança e desejo de uma longa vida encontram-se na contagem do tempo, e esta foi como que planejada para aquelas".

[40] WHITROW, G. J. *O tempo na história* – concepções do tempo da pré-história aos nossos dias. *Op. cit.*, p. 40-41: "Cálculos astronômicos revelam que o primeiro dia dos dois calendários coincidem no ano de 2773 a.C., e conclui-se que esse foi o ano da introdução do calendário sotiacal. Há razões para associar isso com o ministro do rei Djoser da terceira Dinastia, conhecido como Imhotep, mais tarde deificado como o Pai da ciência egípcia. O calendário sotiacal acompanhava as estações de 1460 (= 355 X 4) anos. O ano civil era dividido em três 'estações' convencionais – chamadas tempo da inundação, tempo da semeadura e tempo da colheita – e cada uma delas era dividida em quatro meses, evidentemente também convencionais e sem conexão com a lua". Na mesma linha, JAGUARIBE, Marcio. *Op. cit.*, p. 158: "O ano egípcio continha doze meses de trinta dias cada, com cinco dias adicionais no fim do ano, perfazendo 365 dias. O calendário egípcio se baseava na observação das cheias do Nilo, que ocorrem quando a última estrela visível antes da aurora de Sírius. Estima-se, por cálculos astronômicos regressivos, que esse calendário foi adotado em 2773 a.C., no tempo do ministro Inhope e do rei Djoser, na Terceira Dinastia".

[41] WHITROW, G. J. *O tempo na história* – concepções do tempo da pré-história aos nossos dias. *Op. cit.*, p. 47.

que deve ser buscada a origem da primeira de nossa semana de sete dias e das restrições por tanto tempo impostas às atividades dominicais.

O povo na antiguidade que mais se preocupou com a questão temporal foram os Maias,[42] que chegaram a ser, nas palavras de Gerald James Whitrow, "obcecados pela ideia de tempo",[43] tanto que, todos os dias, para eles, eram divinos, devendo ser venerados através de monumentos que celebravam a passagem do tempo, ao contrário do que ocorria, por exemplo, na antiguidade europeia, na qual "considerava-se que todos os dias da semana eram influenciados pelos principais corpos celestes – Saturn-day, Sun-day, Moon-day (dia de saturno, dia do sol, dia da lua, e assim por diante)".[44]

Dado esse salto histórico para outras civilizações, retorna-se à estruturação do calendário no Egito, onde o homem não se satisfazia mais em apenas contar os dias, por isso, dando continuidade à contagem do tempo, também é da civilização egípcia a primeira tentativa de realizar um marcador de tempo[45] que foi baseado no Sol, denominado de relógio solar, sendo a lição corroborada por Gerald James Withrow[46] ao dizer:

> Num país de céu quase sem nuvens, como o Egito, a observação do Sol era um útil recurso para determinar os momentos do dia, de modo que não surpreende que o mais antigo relógio solar conhecido tenha se encontrado ali.

Contudo o relógio solar tinha um grave defeito, já identificável no próprio nome, qual seja o de somente funcionar quando havia sol. Na falta da luz solar, o tempo deixava de ser medido. As investigações continuavam na busca de medidores de tempo integrais, os quais não dependessem seu funcionamento de eventos que ora existiam, ora não, como o sol. Luiz Alberto Oliveira[47] faz uma síntese dos meios criados sucessivamente após o relógio solar para a medição do tempo, afirmando:

---

[42] WHITROW. *O que é tempo?* Uma visão clássica sobre a natureza do tempo. *Op. cit.,* p. 17: "Apesar dessa constante preocupação com os fenômenos temporais e da incrível exatidão de seu calendário, os maias nunca chegaram à ideia de tempo como a jornada de um portador com a sua carga. Seu conceito de tempo era mágico e politeísta. Embora a estrada na qual os portadores divinos caminhassem em revezamento não tivesse começo nem fim, os eventos ocorriam em um círculo representado por períodos recorrentes de serviço a cada deus na sucessão dos portadores. Dias, meses, anos, e assim por diante, eram membros de grupos que caminhavam em revezamento pela eternidade. A carga de cada deus era o presságio para o intervalo de tempo em questão. Num ano a carga podia ser a seca, no outro, uma boa colheita. Pelo cálculo dos deuses que estariam caminhando juntos em um determinado dia, os sacerdotes podiam determinar a influência combinada de todos os caminhantes, e assim prever o destino da humanidade".

[43] *Ibidem,* p. 16.

[44] *Ibidem,* p. 16.

[45] OLIVEIRA, Luiz Alberto. *Op. cit.,* p. 40-41. Relatando o surgimento do primeiro marcador de tempo, diz: "Assim, no Egito, por volta de 4000 AEC (Antes da Era Comem), o dia foi separado em doze horas, medidas segundo o cumprimento da sombra de uma varinha fincada verticalmente no chão – o primeiro relógio de sol de que temos notícia. As razões da escolha do número doze não são evidentes. Especula-se que ele teria surgido no fato de que o ciclo completo das estações – o ano – corresponder aproximadamente a trezentos e sessenta dias ou doze meses de trinta dias, o que teria motivado a divisão em ciclo diário também de doze partes. Curiosamente os egípcios contavam na base de dez, e não doze".

[46] WHITROW. *O tempo na história* – concepções do tempo da pré-história aos nossos dias. *Op. cit.,* p. 41.

[47] OLIVEIRA, Luiz Alberto. *Op. cit.,* p. 41.

A necessidade de se medirem as horas também na ausência do Sol levou ao desenvolvimento de uma série de dispositivos. Na verdade, qualquer processo aproximadamente constante durante um período serve para medir (ainda que grosseiramente) o tempo. A queima de azeite em uma lamparina, ou de velas de comprimento fixado (como na Grécia e em Roma), o rastro de cinzas deixado por uma vara de incenso ao arder (as perfumadas "horas" dos chineses), dentre outros, foram métodos empregados com relativo sucesso. Bem mais disseminado foi o emprego de relógios de água, que os egípcios e chineses já utilizavam e que consistiam primitivamente de uma simples vasilha furada da qual a água escorria em uma taxa razoavelmente uniforme. Mais tarde, uma escala de divisões "horárias" começou a ser marcada da borda até o fundo do vasilhame; todavia, o desgaste do orifício e os constantes entupimentos tornavam pouco eficiente o uso prolongado desse dispositivo.

Na mesma linha do relógio solar, o relógio d'água também não respondia a todas as questões relacionadas com medição do tempo, até mesmo porque era incapaz da medição dos minutos e segundos, apenas medindo, prioritariamente, as horas. O homem já necessitava de algo que medisse o tempo mais precisamente. Os eventos não precisavam mais ser medidos por meses, como nas estações para angariar alimentos, nem por dias, pois já havia compromissos que iniciavam numa manhã e tinham que acabar até o anoitecer.

O próximo salto da humanidade em relação à confecção de um marcador de tempo foi extremamente importante, tendo em vista que não precisava mais depender do sol ou da água, mas apenas de um punhado de grãos de areia que não necessitavam, sequer, serem trocados. Como ressalta Luiz Alberto Oliveira, a medição do tempo, após o homem iniciar a descoberta da perfectibilização da fabricação do vidro, se deu com a ampulheta, a qual "[...] tinha a vantagem de não depender de uma fonte para se manter em operação – bastava inverter a ampulheta para que a medição recomeçasse".[48] A ampulheta auxiliou na marcação do tempo por gerações até que, um passo à frente, o homem encontrou no relógio mecânico a forma mais correta de padronizar a contagem do tempo, tendo em vista que "[...] ao receber ponteiros de minutos e segundos, os relógios passaram a exibir uma grande confiabilidade, o que ajudou a sedimentar a imagem de homogeneidade, universalidade e unicidade [...]",[49] conforme exprime Luiz Alberto Oliveira.

Idealizado e construído o marcador de tempo ideal e universal por meio do relógio mecânico, estava pacificada a questão da contagem do tempo. Após isso, foram realizadas importantes modificações no calendário para que esse se ajustasse aos alinhamentos do tempo, como aquela realizada pelo Papa Gregório XIII, em 1582, retirando 10 dias do calendário Juliano, tornando-se o calendário gregoriano até hoje utilizado na maior parte do mundo. Diante dos fatos históricos apresentados, conclui-se que a humanidade necessita de um marcador de tempo, ou seja, um relógio padronizado.[50] Esse

---

[48] OLIVEIRA, Luiz Alberto. *Op. cit.*, p. 42.

[49] *Ibidem*, p. 45.

[50] DAVIES, Paul. *O enigma do tempo*: a revolução iniciada por Einstein. Tradução Ivo Korytowski. Rio de Janeiro: Ediouro, 2000. p. 23-24, discorre sobre o "relógio padrão": "Em um laboratório de Bonn existe um cilindro de metal em forma de submarino. Medindo cerca de três metros de comprimento, repousa confortavelmente em uma estrutura de aço cercado de fios, tubos e diais. À primeira vista, todo dispo-

tempo, dito métrico, é algo que regula as mais diversas atividades e, sendo ele universal, sabe-se que num quadrante ou noutro do mundo a contagem será sempre a mesma. Isso nos faz escravos do tempo e se tornou tão importante que, raramente, não se vê alguém utilizando o relógio em seu pulso.

Não é outra a conclusão, que chega Luiz Alberto Oliveira[51] sobre a importância do tempo métrico, ao dizer:

> Para nós, que vivemos cercados de relógios, o tempo metrificado – o conceito de uma sucessão de durações unitárias, mensuráveis e independentes que pode ser acompanhada por meio das pequenas algemas presas a nossos pulsos – parece completamente natural. Esse tempo métrico encontra-se de tal modo embebido em nossas mentalidades, parece-nos ser uma entidade tão básica, tão fundamental, que podemos até acreditar não haver muito que se possa dizer sobre ele, exceto as trivialidades mais comezinhas. É com surpresa que nos damos conta de que a história demonstra ser esta uma invenção a que nos habituamos. De fato, é uma noção revolucionária em sua origem, posteriormente refinada por avanços técnicos e cada vez mais sofisticada conceitualmente. Ela tornou-se uma das pedras angulares da recente civilização ocidental, pois, sem o tempo métrico, a ciência, a tecnologia, a indústria – a sociedade contemporânea, em suma – poderiam nunca ter existido; de tanto generalizar-se, o tempo acabou por adquirir a "invisibilidade" do que é absolutamente comum.

Assim, "a invenção dos relógios mecânicos que, quando regulados de forma adequada, funcionam continuamente durante anos a fio influenciou muito a ideia de uniformidade e da continuidade do tempo",[52] conforme menciona Gerald James Whitrow. E foi somente por meio da concepção de medição de tempo que trouxe o relógio mecânico que algumas teorias restaram devidamente comprovadas na prática, conforme salienta Cristiano Paixão de Araújo:[53]

> Entretanto, para que a descrição matemática do movimento dos corpos preconizada por Galileu pudesse ser efetivamente testada, era imprescindível a medição de tempo, por alguma espécie de instrumento mecânico, especialmente em relação aos intervalos curtos de tempo.

---

sitivo se assemelha ao interior de um gigantesco motor de automóvel. Na verdade, é um relógio – ou melhor, o relógio. O dispositivo de Bonn e uma rede de instrumentos semelhantes ao redor do mundo constituem, conjuntamente, 'o relógio padrão'. Os instrumentos individuais, dos quais o modelo alemão é atualmente o mais preciso, são relógios atômicos de raios de césio. Eles são constantemente monitorados, comparados, regulados e refinados através de sinais de rádio de satélites e estações de televisão, persuadindo-os a um andamento quase perfeito. No Bureau Internacional de Pesos e Medidas, em Sèvres, não longe de Paris, os dados são coletados, analisados e transmitidos a um mundo obcecado pelo tempo. Essa é a origem dos famosos 'bips', os sinais de rádio horário pelos quais ajustamos nossos relógios.

Assim, enquanto realizamos nossa faina diária, o relógio de raios de césio de Bonn marca o tempo. Ele é, por assim dizer, um guardião do tempo terrestre. O problema é que a própria Terra nem sempre marca o tempo certo. Ocasionalmente, nossos relógios, todos supostamente ligados ao sistema mestre na França, como um séquito de escravos obedientes, têm que ser ajustados em um segundo para acompanhar mudanças no ritmo de rotação da Terra. O último desses 'segundos saltados' foi acrescentado em 30 de junho de 1994. A rotação do planeta, precisa o suficiente para servir de relógio perfeitamente adequado para mil gerações, está agora morta como um cronômetro confiável. Nesta era de cronometragem de alta precisão, a pobre e velha Terra não dá conta do recado. Somente um relógio atômico, artificial e misterioso, serve para soar aqueles importantes tique-taques coma precisão exigida por navegadores, astrônomos e pilotos de aviões. Um segundo não é mais definido como 1/86.400 de um dia: são 9.192.631.770 batidas de um átomo de césio".

[51] OLIVEIRA, Luiz Alberto. *Op. cit.*, p. 49.

[52] WHITROW, G. J. *O que é tempo? Uma visão clássica sobre a natureza do tempo. Op. cit.*, p. 100.

[53] PINTO, Cristiano Paixão Araujo. *Op. cit.*, p. 24.

Pode-se dizer, assim, que a invenção do relógio mecânico, no século XVII, foi um passo importante no estabelecimento das condições que proporcionaram o surgimento da noção de tempo como entidade autônoma, independente de outros eventos.

Com um instrumento de medição de tempo que conseguisse captar segundo por segundo o momento do acontecimento, as teorias foram sendo comprovadas, refeitas e inovadas, tendo em vista a importante contribuição que trouxe o relógio mecânico para a concepção pós-moderna de tempo. Mas essa concepção está tão violenta que após o relógio mecânico, outras tantas formas de medir o tempo estão sendo criadas para que cada vez mais se precise exatamente o momento, podendo ser citados o relógio de quartzo, o atômico e o de feixe de césio, não parando os modelos, conforme previsão de William J. H. Andrewes:[54]

A medição precisa do tempo tem tamanha importância para a ciência que a busca de precisão ainda maior continua. Gerações futuras de relógios atômicos, como o de maser de hidrogênio (um oscilador de freqüência), o de fonte de césio e, especialmente, o relógio óptico (ambos discriminadores de freqüência) provavelmente terão precisão (ou, melhor, estabilidade) de cem quatrilionésimos de segundo por dia.

Apenas a título de curiosidade, deve-se registrar que o pensamento cristão está em contraposição às considerações do tempo antigo, tendo em vista que para esse o tempo é circular, ou seja, o que aconteceu ontem pode acontecer hoje ou amanhã, enquanto para aquele há eventos que nunca poderão ocorrer duas vezes, tendo em vista ser ele linear.[55]

Alysson Leandro Mascaro[56] aponta esse rompimento:

A linearidade do tempo cristão e do tempo iluminista opõe-se à circularidade do tempo antigo, o tempo do retorno ou o tempo pagão, no contraste dos cristãos. A noção grega do tempo circular, esférico, do "começo e fim como um ponto comum na periferia do círculo", conforme verso de Heráclito, é a espinha dorsal a ser quebrada pelo pensamento cristão. Se o tempo antigo era baseado na constatação da geração e da corrupção da natureza, portanto, numa perspectiva calcada à physis mesma das coisas, o tempo cristão é um tempo baseado numa construção interna, subjetiva, da fé no futuro como salvação. O tempo cristão, assim, é o tempo trabalhado, internalizado, em face do tempo antigo, objetivado, que se baseia no nascimento e no perecimento constantes.

Esse tempo dito linear, muito difundido pela Bíblia, entende que "[...] há acontecimentos singulares que nunca se repetirão (a gênese, a crucificação, o Apocalipse), sendo o tempo demarcado por esses eventos únicos",[57]

---

[54] ANDREWES, William J. H. Uma crônica do registro do tempo. *Scientific American*, São Paulo: Ediouro, Ed. 21, p. 53, 2007.

[55] JAGUARIBE, Marcio. *Op. cit.*, p. 157 alerta para a diferença entre o tempo linear e o circular: "O tempo tem sido entendido, no curso da história, sob forma circular ou linear. As civilizações cosmológicas e a helênica tiveram uma concepção circular de tempo, que seria retomada por Nietzsche, com sua teoria de eterno retorno. Diversamente, as civilizações escatológicas, como a persa, a judaica, e a cristã, tiveram uma concepção linear, sendo o tempo entendido como algo que teve um começo absoluto com a criação do mundo e terá um fim absoluto, com seu fim".

[56] MASCARO, Alysson Leandro. *Utopia e direitos*: Ernest Bloch e a ontologia jurídica da utopia. São Paulo: Quartier Latin, 2008. p. 18.

[57] OLIVEIRA, Luiz Alberto. *Op. cit.*, p. 38-39.

como elucida Luiz Alberto Oliveira; por isso a linearidade desse tempo. Isso não afeta todo o transcorrer histórico por qual passou a contagem do tempo na antiguidade; apenas é outra visão oferecida pela ótica cristã sobre uma qualidade a ser dada ao tempo. Prova viva de que a linearidade não afeta o relógio mecânico e a contagem de seu tempo, sendo apenas uma questão mais religiosa, que a mais difundida das religiões que prega o cristianismo, a Católica, usa constantemente esse marcador temporal para reger os seus momentos, tendo, aliás, muita influência na própria modernização do relógio, como afirma William J. H. Andrewes:[58]

> O relógio mecânico acionado por pesos mais antigo de que se tem notícia foi instalado em 1283 no monastério de Dunstable, em Bedfordsire, na Inglaterra. Não surpreende que a Igreja Católica tenha tido um papel muito importante na invenção e desenvolvimento da tecnologia dos relógios: a severa observância dos horários de orações das ordens monásticas tornava necessário um instrumento preciso para o registro do tempo. A Igreja também controlava o ensino e tinha recursos para contratar os mais hábeis artesões. O crescimento da população urbana e do comércio na Europa durante a segunda metade do século 13 também aumentou a demanda por instrumentos mais seguros de medição de tempo. Por volta de 1300 havia vários artesãos especializados na construção de relógios para igrejas e catedrais na França e na Itália. Vem desse período o hábito dos sinos das igrejas indicarem as horas.

O conceito de linearidade e circularidade do tempo pode, inclusive, ser aplicado ao tempo do processo, uma vez que, em tese, o processo deveria, obrigatoriamente, ser um caminhar para um fim,[59] como o tempo linear. Contudo, a interposição de um recurso, ou a declaração de nulidade da sentença, traz a ideia de tempo circular, tendo em vista que os atos processuais sofrem uma pausa ou retrocesso[60] para serem revistos, o que será mais bem apurado adiante.

Este capítulo analisou a forma como o tempo iniciou a ser contado para que, de uma maneira geral, tivesse o ser humano um modo de guiar-se universalmente. Esse tempo, denominado de métrico ou cronológico, é de suma importância para o enfrentamento deste, uma vez que é por ele que o ser humano, em geral, rege sua vida e influi, diretamente, no seu dia a dia, o que se faz através do relógio mecânico, o qual influencia, sobremaneira, o tempo do processo, pois é por ele que são contados a grande maioria dos prazos e atos processais.

---

[58] ANDREWES, William J. H. *Op. cit.*, p. 46.

[59] SILVA, Ovídio A. Baptista da. *Curso de processo civil*. Vol. 1 Tomo I: processo de conhecimento. 8. ed. Rio de Janeiro: Forense, 2008, p. 2. Refere o autor: "Processo (processus, do verbo procedere) significa avançar, caminhar em direção a um fim. Todo processo, portanto, envolve a idéia de temporalidade, de um desenvolver-se temporalmente, a partir de um ponto inicial até atingir o fim desejado".

[60] Op cit, p. 319: "Recurso, em direito processual, é o procedimento através do qual a parte, ou quem esteja legitimado a intervir na causa, provoca o reexame das decisões judiciais, a fim de que elas sejam invalidadas ou reformadas pelo próprio magistrado que as proferiu ou por algum órgão de jurisdição posterior. Daí, desta idéia de reexame, é que se explica o vocábulo recurso, originário do verbo recursare, que em latim significa correr para trás ou correr para o lugar de onde se veio (*re + cursus*). Sendo o processo um progredir ordenado no sentido de obter-se com a sentença a prestação da tutela jurisdicional que se busca, o recurso corresponderá sempre a um retorno (um *recursus*) no sentido de refluxo sobre o próprio percurso do processo, a partir daquilo que se decidiu para trás, a fim de que se reexamine a legitimidade e os próprios fundamentos da decisão impugnada".

1.2. O tempo mítico na Literatura

Estudou-se no item anterior um pouco da história do tempo métrico e como pôde ele ser calculado para ser idealizado um marcador universal de tempo denominado de relógio mecânico a fim de que a humanidade se orientasse. Essa orientação é objetiva, tendo em vista que um segundo é para ser equivalente a um segundo em qualquer quadrante do mundo no qual o tempo métrico se faça presente. Contudo, o conceito de tempo pode nem sempre ser objetivo para as outras áreas de ensino, o que, aliás, pode ser encontrado no tempo denominado de mítico na Literatura.

Pode parecer que dito conceito foge às amarras de um estudo voltado à área jurídica. Pois bem, reconsiderar a Ciência do Direito tem sido um dos grandes desafios da nova geração de juristas que se dedica à Teoria Geral do Direito. O enfraquecimento do positivismo jurídico e as novas teorias que se desenvolveram após a 2ª Guerra Mundial, entre elas o (neo)positivismo, o (neo)constitucionalismo, a autopoiese, o *Law and Economics*, a teoria da argumentação jurídica e, pode-se também dizer, a própria renovação da hermenêutica, são exemplos disso e estão rompendo as barreiras da análise do direito limitada ao que está somente positivado na lei para uma melhor compreensão da Ciência do Direito.

Entre as novidades, vem crescendo uma alternativa que estuda a conexão do Direito e da Literatura, denominado de *Law and Literature Movement*.[61] André Karan Trindade[62] e Roberta Magalhães Gubert assim apontam para esse momento na história:

> Repensar o direito, neste início de século, é o desafio que se impõe aos juristas. E, dentre as inúmeras e mais variadas alternativas que se apresenta, o estudo do direito e literatura adquire especial relevância. Além do destaque que confere à interdisciplinaridade, na medida em que se baseia no cruzamento dos caminhos do direito com as demais áreas do conhecimento – fundado um espaço crítico por excelência, através do qual seja possível questionar seus pressupostos, seus fundamentos, sua legitimidade, seu funcionamento, sua efetividade etc. –, a possibilidade da aproximação dos campos jurídicos e literário favorece ao direito assimilar a capacidade criadora, crítica e inovadora da literatura e, assim, superar as barreiras colocadas pelo sentido comum teórico, bem como reconhecer a importância do caráter constitutivo da linguagem, destacando-se os paradigmas da intersubjetividade e intertextualidade.

---

[61] SCHWARTZ, Germano. O direito como arte e um de seus expoentes: o *Law and Literature Movement*. In: TRINDADE, André; SCHWARTZ, Germano (Coord.). *Direito e literatura*: o encontro entre Themis e Apolo. Curitiba: Juruá, 2008. p. 83-84: "O movimento *Law and Literature*, iniciado nos anos 70, nos Estados Unidos, e que toma corpo durante os anos 80 naquele país, é uma reação à não utilização de elementos literários na análise do Direito, sendo encabeçado por autores como J. Boyd-White e Richard Weisberg. Mesmo que alguns teóricos do Direito já houvessem percebido as possibilidades dessa conexão, foi o *Law and Literature Movement* que deu impulso aos estudos da Literatura no Direito, sistematizando e organizando seu método de estudo. O movimento conseguiu alguma repercussão no Velho Continente e nos países anglo-saxões, mas resta despercebido na cultura jurídica brasileira".

[62] TRINDADE, André Karan; GUBERT, Roberta Magalhães. Direito e literatura: aproximações e perspectivas para se repensar o direito. In: TRINDADE, André; GUBERT, Roberta Magalhães; COPETTI NETO, Alfredo (Org.). *Direito & Literatura* – reflexões teóricas. Porto Alegre: Livraria do Advogado, 2008. p. 11-12.

Deve-se trabalhar nessa ótica apontada pelos autores de superação do senso comum, trabalhando com o caráter da linguagem para vencer as já conhecidas barreiras que existem para as inovações, principalmente em se tratando de institutos consagrados do Direito. Vê-se que a Literatura abre portas para, como mencionado pelos autores, a capacidade criadora, crítica e inovadora para que novos conceitos sejam alocados na doutrina jurídica ou vice-versa. O próprio Poder Judiciário[63] começa a dar sinais de que está

---

[63] No *site* do Tribunal de Justiça do Estado do Rio Grande do Sul, foi noticiado que um acórdão julgado na Turma Recursal foi proferido em forma de verso, n. 71001770171, sendo acompanhado por unanimidade dos magistrados integrantes. RIO GRANDE DO SUL. Tribunal de Justiça. Recurso inominado 71001770171. 2ª Turma Recursal Cível, Relator Afif Jorge Simões Neto, julgado em 21.01.09. Disponível em: <http://www.tj.rs.gov.br/site_php/noticias/mostranoticia.php?assunto=1&categoria=1&item=75 709>. Acesso em: 22 jan. 2009. O teor é o seguinte:

Magistrado profere decisão em forma de verso

O Juiz de Direito Afif Jorge Simões Neto, da 2ª Turma Recursal Cível, proferiu voto em forma de verso, em julgamento realizado na manhã dessa quarta-feira (21/1). A ação, que tramitou perante o Juizado Especial Cível da Comarca de Santana do Livramento, trata de pedido de indenização por dano moral.

O autor da ação, patrão do CTG Presilha do Pago, afirmou ter sido ofendido em sua honra pessoal durante pronunciamento feito por Conselheiro Fiscal da 18ª Região Tradicionalista durante o uso da tribuna livre da Câmara de Vereadores. O ofensor teria dito que o Patrão não prestava conta das verbas públicas recebidas para a realização de eventos. Salientou que as afirmações foram publicadas também no jornal local A Plateia. O réu negou as ofensas.

A decisão no Juizado Especial Cível de Livramento condenou o Conselheiro ao pagamento de R$ 1,5 mil. Houve recurso à Turma Recursal. Para o relator, a ofensa não aconteceu (veja integra do voto abaixo). Os Juízes Eduardo Kraemer e Leila Vani Pandolfo Machado acompanharam o voto do relator, reformando a decisão de 1º Grau para negar o pedido de indenização.

"Este é mais um processo
Daqueles de dano moral
O autor se diz ofendido

Na Câmara e no jornal.
Tem até CD nos autos
Que ouvi bem devagar

E não encontrei a calúnia
Nas palavras do Wilmar.
Numa festa sem fronteiras

Teve início a brigantina
Tudo porque não dançou
O Rincão da Carolina.

Já tinha visto falar
Do Grupo da Pitangueira
Dançam chula com a lança

Ou até cobra cruzeira.
Houve ato de repúdio
E o réu falou sem rabisco

Criticando da tribuna
O jeitão do Rui Francisco
Que o autor não presta conta

Nunca disse o demandado
Errou feio o jornalista
Ao inventar o fraseado.

Julgar briga de patrão
É coisa que não me apraza
O que me preocupa, isso sim

incorporando o Direito e a Literatura, embora uma sentença em forma de verso ainda esteja a passo largo do entendimento sobre o que realmente significa o referido movimento.

Aqui, neste estudo, a Literatura não está vinculada diretamente ao Direito, mas sim à expressão "tempo", sendo que, por um dos sentidos que lhe empresta é que, indiretamente, será seu conceito utilizado ou não ao tempo do processo. Mas, antes disso deve-se analisar se o conceito de uma expressão como tempo retirado da Literatura pode-se prestar a ser empregado na doutrina jurídica.

O *Law and Literature Movement* é dividido, conforme afirma Germano Schwartz,[64] em três conceitos distintos, ao afirmar:

> Para tanto, o *Law and Literature Movement* faz com que esse estudo apareça, via de regra, em uma divisão tripla: o Direito na Literatura, o Direito como Literatura e o Direito da Literatura. Dessa tripartição, aceita também na Europa, exsurge o formato de como estudar o Direito com base na Literatura, a seguir analisado.

Diante disso deve-se definir em qual das três divisões um conceito extraído da Literatura pode ser usado no estudo do Direito. Como primeiro, tem-se o denominado Direito na Literatura, o qual define Germano Schwartz ser "o ramo da disciplina Direito e Literatura que estuda as formas sob as quais o Direito é representado na Literatura",[65] e acaba dando exemplos de livros clássicos como *O Mercador de Veneza*, de Willian Shakespeare, ou *O Processo*, de Franz Kafka, para ilustrar o que vem a ser o ramo da disciplina. Em segundo lugar, foi citado o Direito como Literatura, que é definido como o estudo "feito por intermédio da lógica do sistema da arte, e não mais do sistema jurídico, o que não significa, por óbvio, que este não possa usufruir da autopoiese daquele".[66] Por fim, tem-se o Direito da Literatura, definido como "o ramo do sistema jurídico que já recebeu as informações necessárias advindas do sistema da arte e do sistema político".[67]

São as bombas lá em Gaza.
Ausente a prova do fato
Reformo a sentença guerreada
Rogando aos nobres colegas
Que me acompanhem na estrada.

Sem culpa no proceder
Não condeno um inocente
Pois todo o mal que se faz
Um dia volta pra gente.

E fica aqui um pedido
Lançado nos estertores
Que a paz volte ao seu trilho
Na terra do velho Flores."

[64] SCHWARTZ, Germano. *A Constituição, a literatura e o direito.* Porto Alegre: Livraria do Advogado, 2006. p. 52-53.

[65] *Ibidem*, p. 53.

[66] *Ibidem*, p. 58.

[67] *Ibidem*, p. 60.

Parece que, dos conceitos acima referidos, o que mais se coaduna com a utilização do conceito do tempo mítico da Literatura é a segunda divisão denominada de Direito como Literatura, ou, na expressão utilizada por Arnaldo Sampaio de Moraes Godoy, "A literatura como possibilidade de expressão do direito", que conceitua como um "modelo que sugere o uso da literatura como possibilidade de expressão do direito. Trata-se de sessão que sugere o uso pedagógico da literatura, no que toca o ensino jurídico".[68] Assim, resta, portanto, frutífera a tentativa de, na literatura, buscar conceitos que possam ser utilizados na doutrina jurídica, razão pela qual se optou em trazer o conceito de tempo mítico para poder ou não ser enquadrado no tempo do processo.

É no ramo da Literatura que se têm as manifestações mais belas sobre o tempo, até porque a própria disciplina é voltada para esse norte lírico e belo das coisas, transformando simples palavras em verdadeiras obras de arte que podem ser lidas em todo o mundo.

Não é diferente com o que se pensa na Literatura sobre o tempo, podendo ser analisadas algumas obras e poemas para mostrar que ele não é somente aquele tempo cronológico anteriormente analisado. Por exemplo, Machado de Assis,[69] na sua obra *Esaú e Jacó*, conceitua tempo fazendo algumas ilações entre ele e um tecido invisível que pode ser tudo ou nada, ao dizer:

> O tempo é um tecido invisível em que se pode bordar tudo, uma flor, um pássaro, uma dama, um castelo, um túmulo. Também se pode bordar nada. Nada em cima de invisível é a mais sutil obra deste mundo, e acaso de outro.

Luiz Coronel[70] fala sobre o tempo em sua poesia que chamou de "O Passado", ao escrever:

> O passado não larga do teu pé.
> Fecha a garagem,
> Se arranca, e retorna, de
> Marcha à ré.
>
> O passado qual a sombra
> Adere ao corpo e não deseja.
> Instala-se na ante-sala,
> Cobre-se com tuas cobertas.
>
> O presente, às vezes, pensa
> Reinar sobre as ampulhetas.
> Mas seu tempo é frágil, breve
> Qual o vôo das borboletas.
>
> A memória com seus espelhos
> Ofuscamos com seus sinais.
> Lembrar é viver duas vezes
> E uma só vez, é demais.

---

[68] GODOY, Arnaldo Sampaio de Moraes. *Direito & literatura*: ensaios de síntese teórica. Porto Alegre: Livraria do Advogado, 2008. p. 75.

[69] ASSIS, Machado. *Esaú e Jacó*. São Paulo: Abril Cultural, 1984. p. 52.

[70] CORONEL, Luiz. *Correio do Povo*, Porto Alegre, p. 4, 30 ago. 2008.

Se o que passou é um mar,
O que há de vir, continente.
Tênue bordado de espumas
Molda as linhas do presente.

Das adegas do coração
Põe-se a correr o precário.
Pauta-se o riso e o pranto
Nas linhas do calendário.

O relógio dos anciões
Tem ponteiros displicentes.
O agora é bem distante
E os fatos de outrora recentes.

Nunca intimes o tempo
A assumir postura plena.
Sonho e lembrança se enlaçam
De forma espúria, obscena.

Bem que queiras Tereza
Longe de teus domínios.
Mas há fotos e há perfumes
E outros detalhes mínimos.

A vida é um baile de máscaras
Entre berçários e tumbas.
Enquanto gotejas soluços,
A moça dança uma rumba.

Grafites, sim são grafites
Rabiscados em tua alma
Essas mãos em despedidas,
Rostos difusos e traumas.

Lá longe brilham os astros
Alheios ao seu desalento.
Hão de apagar tuas lembranças: o vento.
As chuvas. O tempo.

Mas o tempo a que o estudo visa se preocupar pelo conceito que lhe emprega a literatura é o tempo mítico. Essa concepção mitológica de tempo pode ser apontada em duas importantes obras da literatura romancista brasileira. A primeira delas o épico romance *O Tempo e o Vento*, do escritor gaúcho Erico Verissimo, assim como no romance *Os Ratos*, de Dyonélio Machado.

Em *O Tempo e o Vento*, o autor quebra a linearidade temporal, conforme analisa Sergius Gonzaga:[71]

> Do ponto de vista da técnica e da estrutura narrativa, *Erico* quebra a linearidade cronológica por meio de contrapontos temporais. Em O Continente, por exemplo, o último episódio, pela cronologia interna da obra, é O Sobrado. O escritor, no entanto, fragmenta-o em sete capítulos e os espalha ao longo da narrativa, para que o primeiro fragmento (O Sobrado I) abra o relato e o último (O Sobrado VII) o encerre.

---

[71] GONZAGA, Sergius. *Curso de Literatura brasileira*. 2. ed. Porto Alegre: Leitura XXI, 2007. p. 376.

Essa quebra do tempo também é confirmada com a leitura de Regina Zilberman,[72] ao dizer:

A obra divide-se em sete segmentos, sendo que um deles, "O Sobrado", emoldura todos os outros. É também o trecho que se apresenta fragmentado, porque a ação narrada não se oferece toda de uma vez, e sim aos pedaços, à medida que o leitor vai avançando no conhecimento da história da família Cambará. "O Sobrado" corresponde à parte final dessa história, mas tomamos contato com ela em primeiro lugar, a sequência sendo interrompida para o narrador dar ciência do que passou antes, desde os tempos mais remotos até a atualidade, representada pelo cerco da casa de Licurco, assunto da moldura em questão.

Analisando a ordem cronológica pensada por Erico Verissimo em sua obra, vê-se que as barreiras temporais realmente são quebradas, não admitindo que o tempo linear tome conta da narrativa da obra. Em "O Sobrado I", o romancista não dá a data inicial do dia que abre a obra, apenas iniciando que "era uma noite fria de lua cheia",[73] para, após, no mesmo capítulo, dar uma noção temporal ao referendar o pensamento de Licurgo de que a moça "nasceu numa madrugada de junho de 1895",[74] dando conta do mês e ano que a narração se passa. No capítulo "A fonte", subsequente ao "O Sobrado I", inicia o texto com "naquela madrugada de abril de 1745, o pe. Alonzo acordou angustiado",[75] para, ao iniciar o próximo capítulo, "O Sobrado II", informar ao leitor que a data em que passa o texto é no dia 25 de junho de 1895, e assim, sucessivamente, traz a obra essa quebra temporal. Então, muitas vezes, durante a leitura da obra, o leitor deve atentar para ver se a narrativa está sendo contada no passado, no presente ou no futuro para que possa compreender o texto.

Já em *Os Ratos*, o tempo mítico toma outra forma. Conforme lembra Sergius Gonzaga:[76]

Os ratos apresenta uma novidade em sua estrutura narrativa: o tempo de narração coincide com o tempo de ação – as *vinte e quatro horas* que medeiam entre as duas idas do leiteiro à casa de *Naziazeno*, nas duas madrugadas consecutivas. Ao concentrar temporalmente a ação de seu relato, Dyonélio Machado aproxima-o de experiências vanguardistas de sua época, das quais a mais célebre é *Ulisses*, de *James Joyce*, cuja ação transcorre em apenas 18 horas. É pouco provável, contudo, que o escritor gaúcho conhecesse Joyce. A técnica narrativa do *Os ratos*, ao que parece, resulta da própria natureza do relato.

Também pode ser lido o posfácio escrito por Davi Arrigucci Jr.,[77] na própria obra de Dyonelio Machado, ao dizer:

Naziazeno Barbosa precisa de cinquenta e três mil-réis para pagar a conta do leiteiro e sai pela cidade – uma Porto Alegre do começo do século XX – para cavar o dinheiro. Como num lance de jogo, a narração seguirá as andanças desse pequeno funcionário público, movido pela mais

---

[72] VERISSIMO, Erico. *O tempo e o vento*. O continente, vol. I. São Paulo: Companhia das Letras, 2005. V. I. Regina Zilberman, em prefácio à obra, p. 11.

[73] *Ibidem*, p. 21.

[74] *Ibidem*, p. 34.

[75] *Ibidem*, p. 44.

[76] GONZAGA, Sergius. *Op. cit.*, p. 383.

[77] MACHADO, Dyonelio. *Os ratos*. São Paulo: Planeta do Brasil, 2004. p. 199.

estrita necessidade, durante um único dia. O retorno à casa com alguns cobres, já foi feita, o leiteiro pago e o jorro cantante do leite, na madrugada seguinte, encerra o círculo de uma narrativa paranóide, marcada pela busca obsessiva que raia pelo delírio, sem que, afinal de contas, se resolva o problema mais geral da existência de Naziazeno.

Da leitura da própria obra, vê-se que o autor realmente deu um tom narrativo intenso de cumprimento do tempo da narração com o tempo da ação, bastando exemplificar com alguns trechos do livro, iniciando a narrativa as "sete e meia passadas"[78] para, algumas páginas após, dizer que "o relógio da Prefeitura marca um pouco mais de oito horas"[79] e iniciar o capítulo 4 informando novamente o horário "9 horas",[80] continuando a narrativa até seu final.

Então, o tempo mítico está presente em algumas obras importantes da literatura nacional[81] e estrangeira, sabendo que ele é o responsável pelo tempo na narração com o tempo do acontecimento, podendo ou não ser quebrada a ordem de frequência da narrativa, como fez Erico Veríssimo em *O Tempo e o Vento*.

Resta saber se esse tempo dito mítico pode ser inserido para dentro do conceito do tempo do processo, o que será analisado em momento posterior, bastando, por ora, conhecer seu conceito.

1.3. A relatividade do tempo na física

Outra abordagem conceitual de tempo pode ser analisada sobre a ótica da Física, tendo em vista que é nessa área de conhecimento que a cientificidade se faz presente para que teorias[82] sejam comprovadas por intermédio de experimentos, mesmo que com caráter provisório.[83] Assim, resta saber se

---

[78] MACHADO, Dyonelio. *Op. cit.*, p. 15.

[79] *Ibidem*, p. 25.

[80] *Ibidem*, p. 29.

[81] Apenas para exemplificar ainda mais, podem ser citadas obras em que o tempo mítico está presente, em nível nacional, como *Macunaíma*, de Mário de Andrade, e, a nível internacional na obra *O Çaçador de Pipas*, de Khaled Hosseini.

[82] POPPER, Karl. *A lógica da pesquisa científica*. Tradução Leonidas Hegenberg e Octanny Silveira da Mota. São Paulo: Cultrix, 2007. Isso não importa dizer que a verdade absoluta sempre esteja na teoria que foi comprovada, conforme se lê na página 119 de sua obra: "A base empírica da ciência objetiva nada tem, portanto de 'absoluto'. A ciência repousa em pedra firma. A estrutura de suas teorias levanta-se, por assim dizer, num pântano. Semelha-se a um edifício construído sobre pilares. Os pilares são enterrados no pântano, mas não em qualquer base natural ou dada. Se deixarmos de enterrar mais profundamente esses pilares, não o fazemos por termos alcançado terreno firme. Simplesmente nos detemos quando achamos que os pilares estão suficientemente assentados para sustentar a estrutura – pelo menos por algum tempo".

[83] HAWKING, Stephen W. *Uma breve história do tempo*: do Big Bang aos buracos negros. Tradução Maria Helena Torres. Rio de Janeiro: Rocco, 1988. Em sua revolucionária obra, na página 29, assim relata esta provisoriedade: "Qualquer teoria física é sempre provisória, no sentido de que não passa de uma hipótese: não pode ser comprovada jamais. Não importa quantas vezes os resultados de experiências concordem com uma teoria, não se pode ter certeza de que, da próxima vez, o resultado não vai contradizê-la. Por outro lado, pode-se rejeitar qualquer teoria ao se descobrir uma única observação que contrarie suas previsões. Como o filósofo Karl Popper enfatizou, uma boa teoria é caracterizada pelo fato de ser capaz

o conceito de tempo na Física, em particular o relativo, serve para classificar o tempo no processo.

Antes disso, da mesma forma como foi explicado no tempo mítico na Literatura, deve ser esclarecido como um conceito advindo da Física poderia servir para o Direito, mais especificamente ao processo. Isso pode ser clarificado com a leitura de Pontes de Miranda,[84] ao afirmar que se deve procurar uma abordagem do tempo relativo nas outras áreas do ensino humano:

> O princípio da relatividade deve ser mais geral ainda, – devemos procurar a diferença de tempo nas realizações biológicas e sociais, – o tempo local das espécies e dos grupos humanos. Isto poderá explicar muitos fenômenos que resistem às explicações atuais. Mas para conseguir tais fórmulas muito terá que lutar o espírito humano contra os preconceitos, que o rodeiam, e contra as obscuridades da matéria, que irá estudar. Dos dois empecilhos, nenhum é maior que o outro.

Após, conclui Pontes de Miranda:[85]

> A relatividade está no conhecimento e em todas as coisas. Pela comparação anatômica dos olhos de vários animais podemos saber que nem todos veem as mesmas formas e qualidades. A própria toxidade é relativa: a beladona mata o cão e o homem, posto que inofensiva para o coelho, quando comida. Batráquios, pássaros e insetos apanham abelhas, a despeito do aguilhão delas. Onde quer que haja organismos, o que mais importa conhecer é o complexo "organismo x meio". Os próprios elementos dos organismos estão sempre, e necessariamente, em relação mediata ou imediata com o conjunto dos outros elementos. A interação é o fato perene do mundo. Como, pois, limitar a aplicação do relativismo?

Demonstrado que o princípio da relatividade pode ser alocado nas diferentes áreas, deve-se analisar o conceito de tempo relativo da Física para ver se tem algo a auxiliar no tempo do processo.

A Física tem por arcabouço teórico clássico dois[86] conceitos totalmente opostos do que é tempo, o primeiro advindo da teoria de Isaac Newton, denominado de tempo absoluto, e o segundo da teoria de Albert Einstein,

---

de fazer um número de previsões que possam, em princípio, ser rejeitadas ou frustradas pela observação. Cada vez que nossos experimentos comprovam as previsões, a teoria se mantém e nosso nível de confiança nela aumenta; mas se uma nova observação a contradisser, é necessário que seja abandonada ou modificada. Pelo menos é o que se supõe que aconteça, embora sempre se possa questionar a competência de quem realizou as observações".

[84] MIRANDA, Pontes de. *Sistema de ciência positiva de direito*. Atualização Vilson Rodrigues Alves. Campinas: Bookseller, 2000. T. I. p. 95.

[85] MIRANDA, Pontes de. *Op. cit.*, p. 96-97.

[86] DAVIES, Paul. *O enigma do tempo*: a revolução iniciada por Einstein. *Op. cit.*, p. 217. Apenas a título de curiosidade, tendo em vista que o tema não será abordado, há na física quem defenda a existência de uma terceira noção de tempo, o quântico: "Em sua busca insaciável de potência computacional crescente, os cientistas criaram circuitos e chaves cada vez mais rápidos. Progressivamente, eles estão passando da eletrônica para a fotônica – o uso da luz em vez da eletricidade – para obter rapidez extra. Porém, mais cedo ou mais tarde, eles esbarrarão nas próprias limitações fundamentais de velocidade da natureza. O tempo de Einstein impede qualquer informação de transpor os circuitos acima da velocidade da luz. Para um computador de um metro de tamanho, isso impõe um limite de três nanossegundos à velocidade de transferência de informação através da máquina. Para contornar isso, os cientistas da computação tornaram-se seus componentes cada vez menores. Mas agora topamos com outro limite básico: a física quântica. Os elétrons e fótons individuais em uma máquina computadora estão sujeitos ao princípio da incerteza de Heisenberg, que introduz uma imprecisão irredutível na própria noção de velocidade, ritmo e tempo".

conhecido como tempo relativo. Em que pese o tempo newtoniano não ser a abordagem principal do capítulo, uma vez que é no tempo relativo que o conceito servirá ou não para o processo, deve-se saber o que, pelo menos, foi a ideia principal de Isaac Newton sobre a temática do tempo, que considerava, em sua essência, matemático.

Paul Davies[87] relembra o tempo absoluto em Isaac Newton, afirmando:

> A posição crucial ocupada pelo tempo nas leis do universo só se tornou plenamente manifesta com a obra de Newton, no final do século XVII. Newton prefaciou sua apresentação com uma famosa definição de "tempo absoluto, verdadeiro e matemático, [que] flui sempre igual por si mesmo e por sua natureza, sem relação com qualquer coisa externa".
>
> Central a todo o esquema de Newton foi a hipótese de que os corpos materiais se movem pelo espaço através de trajetórias previsíveis, sujeitos a forças que os aceleram, de acordo com leis matemáticas rigorosas. Tendo descoberto quais eram essas leis, Newton conseguiu calcular o movimento da Lua e dos planetas, bem como as trajetórias de projéteis e outros corpos terrestres. Isso representou um gigantesco avanço na compreensão humana do mundo físico e o início da teoria científica como a entendemos hoje.

Retira-se como principal característica do tempo absoluto ser ele constante, ou seja, que flui sempre igual.[88] Então, se a percepção de uma pessoa sobre algum evento acontece em 60 segundos, não importa quantas pessoas estejam observando esse mesmo acontecimento, ele terá os mesmos 60 segundos. No caso de algum observador acreditar que o episódio ocorreu em menos ou em mais tempo, será apenas um erro de diagnóstico sobre a contagem do tempo.

Discorrendo o tempo absoluto newtoniano, Dietrich Schwanitz[89] observa:

> Mais decisivo ainda é o conceito de um tempo abstrato e homogêneo, no qual todas as coisas podem ser sincronizadas umas com as outras. Na Idade Média, o tempo era dividido em um aquém fugaz e um além em repouso eterno. O aquém não era limitado à causalidade, mas estava sujeito a interferências do além, ou seja, aos milagres de Deus.
>
> Mas o tempo de Newton é tão integral e absoluto quanto o espaço. Já não existe um além. Em vez disso, o tempo se divide em passado e futuro. Com isso, o real e o possível estão interligados. O possível já não é algo que irrompe no aquém, a partir da presença paralela do além, mas algo que o futuro havia reservado como dimensão do possível. A direção do fluxo do tempo é determinada pelo encadeamento entre causa e efeito. Por meio de um entrelaçamento fechado de causalidades, o mundo torna-se então um sistema fechado. Nela, as interferências de Deus com seus milagres tornam-se impossíveis. O mundo é imaginado como um relógio, que funciona por si próprio. Até Deus, nesse caso, seria um empecilho para seu funcionamento. Tempo e espaço conectam-se num contexto de movimento permanente. O cosmos torna-se

---

[87] DAVIES, Paul. *O enigma do tempo*: a revolução iniciada por Einstein. *Op. cit.*, p. 36.

[88] *Ibidem*, p. 38: "Para Newton, existe um só tempo universal que tudo abarca. Ele está simplesmente aí. O tempo não pode ser afetado por nada; ele simplesmente continua fluindo em uma marcha uniforme. Qualquer impressão de variação na marcha do tempo é tratada como erro de percepção. Onde quer que você esteja e qualquer que seja o momento, seja lá como esteja se movendo, o que quer que esteja fazendo, o tempo simplesmente avança confiantemente na mesma marcha para todo mundo, marcando sem erro os momentos sucessivos da realidade através do cosmo".

[89] SCHWANITZ, Dietrich. *Cultura geral* – tudo o que se deve saber. Tradução Beatriz Silke Rose, Eurides Avance de Souza e Inês Antonia Lohbauer. São Paulo: Martins Fontes, 2007. p. 107.

um sistema de partes que se encaixam umas nas outras. Deus, como Criador, é remetido ao início do universo.

E mais, Auri Lopes Jr. e Gustavo Henrique Badaró[90] comentam a fase do tempo newtoniano:

> Para iniciar, num proposital salto histórico, recordemos que para Newton o universo era previsível, um autômato, representado pela figura do relógio. Era a ideia de tempo absoluto e universal, independente do objeto e de seu observador, eis que considerado igual para todos e em todos os lugares. Existia um tempo cósmico em que Deus era o grande relojoeiro do universo. Tratava-se de uma visão determinista com a noção do tempo linear, pois, para conhecermos o futuro, bastava dominar o presente.

As duas citações acima referidas, a primeira de Dietrich Schwanitz e a segunda de Auri Lopes Jr. e Gustavo Henrique Badaró, ou ainda uma terceira, de Cristiano Paixão de Araújo,[91] apontam para um tempo que pode ser reproduzido por meio de um instrumento, como o relógio. Isso demonstra a semelhança entre esse tempo pensado por Isaac Newton e o tempo métrico ou cronológico, estudado anteriormente. Por essa razão de já ter sido estudado um conceito de tempo absoluto é que se deixa de lado aquele pensado pelo físico e se passa diretamente ao tempo relativo.

Assim, em contrapartida ao tempo newtoniano, que numa determinada época[92] deixou de responder[93] a todos os questionamentos relacionados com o tempo,[94] a teoria da relatividade especial proposta por Albert Eins-

---

[90] LOPES JÚNIOR, Aury; BADARÓ, Gustavo Henrique. *Op. cit.*, p. 1.

[91] PINTO, Cristiano Paixão Araujo. *Op. cit.*, p. 31: "Estas são as principais características da noção de tempo estabelecida na mecânica newtoniana: o tempo é absoluto (independe de qualquer acontecimento externo) e flui uniformemente; as equações da física clássica são reversíveis em relação ao tempo, o que conduz à inexistência de distinção entre passado e futuro; a mecânica newtoniana é determinista, permitindo que o conhecimento de determinadas condições de um corpo, num instante, possa explicar todos os demais estados possíveis deste mesmo corpo, no passado e no futuro".

[92] Quando foi pensada, a teoria do tempo absoluto de Newton era, praticamente, incontestável para quem a estuda, exceto por Leibniz. WHITROW, G. J. *O que é tempo?* Uma visão clássica sobre a natureza do tempo. *Op. cit.*, 2005, p. 104: "A ideia de que momentos de tempo absoluto existem por si só foi rejeitada por Leibniz, contemporâneo de Newton. Ele argumentou que os eventos são mais fundamentais. A seu ver, os momentos são meros conceitos abstratos, classes ou conjuntos de eventos simultâneos. Ele definiu o tempo não como uma coisa em si, mas simplesmente como a ordem na qual se dão os eventos. Baseou sua filosofia de tempo no princípio de que todo evento tem razão de ser uma forma, e não outra".

[93] ROCHA, Leonel Severo. Tempo e Constituição. In: COUTINHO, Jacinto Nelson de Miranda; BOLZAN DE MORAIS, José Luis; STRECK, Lenio Luiz (Org.). *Estudos constitucionais*. Rio de Janeiro: Renovar, 2007. p. 200: "A concepção de Tempo e espaço de Newton, que se mantinha filosoficamente com Kant, é uma categoria que permitiria duração, permitiria antecipação: Tempo para pensar, Tempo para refletir, Tempo de continuidade. O fato é que depois de Albert Einstein a Teoria da Relatividade vai destruir a noção de Tempo linear, abrindo lugar para as teorias da indeterminação e da imprevisibilidade. Isto é, não é mais possível contentar-se com a observação do Tempo como lugar do antes e do depois, o passado e o futuro. Assim deixa de ser sentido toda epistemologia montada numa racionalidade ligada à ideia de Tempo e espaço newtoniano. Por tudo isso, então é necessário procurar-se como alguns chamam o ponto de mutação, pensa um novo Tempo, um Tempo da relatividade. Neste novo Tempo tudo é instantâneo, não existindo mais a concepção de uma separação rígida entre passado, presente e futuro. O tempo é imediato impedindo que a Teoria do Direito possa se desenvolver dentro dos padrões normativistas kelsianos".

[94] DAVIES, Paul. *O enigma do tempo*: a revolução iniciada por Einstein. *Op. cit.*, p. 39: "Mas essa visão simples do tempo como rígido e absoluto – por mais que seja poderosa e conforme o sendo comum – é fundamentalmente falha. Em torno da passagem para o século XX, o conceito newtoniano de tempo universal começou a fornecer conclusões absurdas ou paradoxais no tocante ao comportamento de sinais de

tein,[95] em artigo publicado em 1905,[96] intitulado "Sobre a eletrodinâmica dos corpos em movimento", trouxe as bases para uma nova compreensão do tema proposto.

O próprio Albert Einstein[97] e Leopold Infeld assim colocam como deve ser pensada, inicialmente, a teoria da relatividade:

> São as seguintes as nossas suposições:
> 1) A velocidade da luz *in vácuo* é a mesma em todos os SC que se movem uniformemente em relação aos outros.
> 2) Todas as leis da natureza são as mesmas em todos os que se movem uniformemente uns em relação aos outros.
> A teoria da relatividade começa com essas duas suposições.

Essa também é a interpretação dada por Cristiano Paixão de Araújo Pinto,[98] estudando a teoria, ao dizer:

> A relatividade especial fundamenta-se em duas premissas essenciais, a saber: (1) todas as verdadeiras leis da física são absolutas, ou seja, devem ser as mesmas em qualquer lugar do universo, independentemente da velocidade do observador; (2) a velocidade da luz é absoluta, o que implica concluir que ela é constante e não depende do movimento da fonte da luz.

Ora, o princípio da relatividade aponta que todas as leis da física devem ser universais, ou seja, o que vale no Brasil, por exemplo, também deve valer para todo e qualquer quadrante do mundo. Se a velocidade da luz é de 300.000 km/s, esse é um dado absoluto, objetivo e universal, devendo, a todos que aplicarem a velocidade da luz, utilizar-se esse elemento, assim como poderia ser citado ponto de congelamento da água em 0°C ou seu ponto de ebulição de 100°C.

---

luz e ao movimento de corpos materiais. Em poucos anos, a visão de mundo newtoniana havia espetacularmente desmoronado, levando consigo a noção senso comum do tempo. Essa transformação profunda e de longo alcance deveu-se primariamente à obra de Einstein".

[95] ISAACSON, Walter. *Einstein*: sua vida, seu universo. Tradução Celso Nogueira [*et al.*]. São Paulo: Companhia das Letras, 2007. p. 16: "HANS ALBERT EINSTEIN (1904-73). Primeiro filho de Mileva Maric e Einstein, um papel difícil que ele desempenhou com dignidade. Estudou engenharia na Politécnica de Zurique. Casou-se com Frieda Knecht (1895-1958) em 1927. Tiveram dois filhos, Bernard (1930) e Klaus (1932-8), além de uma filha adotiva, Evelyn (1941). Mudaram-se para os Estados Unidos em 1938, onde ele se tornou professor de engenharia hidráulica em Berkeley. Após a morte de Frieda, casou-se com Elizabeth Roboz (1904-95), em 1959. Bernard tem cinco filhos, os únicos bisnetos conhecidos de Albert Einstein".

[96] *Ibidem*, p. 125 afirma que a teoria da relatividade teria iniciado antes do artigo produzido por Einstein, ao dizer: "A história da relatividade começa em 1632, quando Galileu articulou o princípio de que as leis do movimento e da mecânica (as leis do eletromagnetismo ainda não haviam sido descobertas) eram as mesmas em todos os sistemas de referência com velocidade constante. Em seu diálogo sobre os dois máximos sistemas do mundo: ptolomaico e copernicano, Galileu queria defender a ideia de Copérnico de que a Terra não está imóvel no centro do universo enquanto tudo gira em torno dela. Os céticos diziam que, se a terra estivesse em movimento, como alegava Copérnico, nós perceberíamos. Galileu refutou isso com um experimento mental brilhante e claro sobre estar dentro de uma cabine de navio que navega suavemente".

[97] EINSTEIN, Albert; INFELD, Leopold. *A evolução da física*. Rio de Janeiro: Jorge Zahar, 2008. p. 150.

[98] PINTO, Cristiano Paixão Araujo. *Op. cit.*, p. 39.

Walter Isaacson,[99] homem responsável pela mais recente biografia de Albert Einstein publicada, exemplifica como deve ser analisada a Teoria da Relatividade sob dois pontos de vista:

> Para o caso especial de observadores que se movem a uma velocidade constante, esse conceito é fácil de aceitar. Imagine um homem numa poltrona, em casa, e uma mulher num avião que voa acima, com suavidade. Cada um deles pode servir uma xícara de café, bater uma bola, acender uma lanterna ou aquecer um bolinho num microondas, pois as mesmas leis da física se aplicam.
>
> Na verdade, não há meio de determinar qual deles está "em movimento" e qual está em "repouso". O homem da poltrona pode se considerar em repouso, e o avião, em movimento. E a mulher no avião pode se considerar em repouso enquanto a terra passa. Não há experimento capaz de provar quem tem razão.

Auri Lopes Jr. e Gustavo Henrique Badaró[100] afirmam:

> Com EINSTEIN e a Teoria da Relatividade, opera-se uma ruptura completa dessa racionalidade, com o tempo sendo visto como algo relativo, variável conforme a posição e o deslocamento do observador, pois ao lado do tempo objetivo está o tempo subjetivo.

Alguns anos mais tarde, entre 1911 e 1913, Albert Einstein reviu parte de sua teoria da relatividade para ampliá-la. Discorre Walter Isaacson[101] sobre esta segunda fase:

> Depois de ter formulado a teoria da relatividade especial em 1905, Einstein deu-se conta de que ela estava incompleta ao menos em dois aspectos. Em primeiro lugar, afirmava que nenhuma interação física poderia se propagar mais depressa que a velocidade da luz; isso conflitava com a teoria da gravidade de Newton, que concebia a gravidade como uma força que agia instantaneamente sobre objetos distantes. Em segundo lugar, aplicava-se apenas ao movimento em velocidade constante. Por isso, nos dez anos seguintes, Einstein dedicou-se a um esforço articulado para apresentar uma nova teoria no campo da gravidade e generalizar a sua teoria da relatividade, a fim de que possa aplicá-la ao movimento acelerado.

A partir das novas concepções oriundas da teoria da relatividade, o tempo também foi pensado sob esse novo ponto de vista, conforme explica Stephen W. Hawking:[102]

> Outra previsão da teoria da relatividade geral é que o tempo deve parecer correr mais lentamente perto de um corpo volumoso como a Terra. Isto é devido à relação entre a energia da luz e sua frequência (ou seja, o número de ondas de luz por segundo): quanto maior a energia, mais alta a frequência. À medida que a luz percorre verticalmente o campo gravitacional da Terra, ela perde energia e, assim, sua frequência diminui. (O que significa que a extensão do tempo entre a crista de uma onda e a onda seguinte aumenta). Para alguém colocado num nível superior pode parecer que tudo abaixo está demorando mais para acontecer. Esta previsão foi testada em 1962, através do uso de um par de relógios de alta precisão, instalados no alto e na base de uma torre de água. Verificou-se que o relógio da base, mais próximo da Terra, funcionava mais devagar, em perfeita harmonia com a relatividade geral. A diferença entre as velocidades registradas pelos relógios colocados em diferentes níveis sobre a Terra é, atual-

---

[99] ISAACSON, Walter. *Op. cit.*, p. 124.

[100] LOPES JÚNIOR, Aury; BADARÓ, Gustavo Henrique. *Op. cit.*, p. 1.

[101] ISAACSON, Walter. *Op. cit.*, p. 205.

[102] HAWKING, Stephen W. *Op. cit.*, p. 58-59.

mente, de considerável importância prática, com o advento de sistemas de navegação de alta precisão, baseados em sinais emitidos por satélites. Se ignorássemos as previsões da relatividade geral, a posição calculada poderia conter um erro de muitos quilômetros.

Nada melhor do que explicar uma teoria por meio de uma exemplificação.[103] Stephen W. Hawking[104] comenta o caso do par de gêmeos:

> As leis do movimento de Newton puseram um fim na ideia da posição absoluta no espaço. A teoria da relatividade libertou-se do tempo absoluto. Consideremos um par de gêmeos. Suponhamos que um deles vá viver no topo de uma montanha e o outro permanecerá ao nível do mar. O primeiro gêmeo envelhecerá mais rápido que o segundo. Assim, ao se encontrarem novamente, um será mais velho que o outro. Neste caso, a diferença de idades seria muito pequena, mas se tornaria muito maior se um dos gêmeos embarcasse, para uma longa viagem, numa nave espacial que se deslocasse em velocidade aproximada à da luz. Ao voltar, ele estaria muito mais jovem do que seu irmão que ficou na Terra. Isto é conhecido como o paradoxo dos gêmeos, mas só é um paradoxo se acreditarmos na ideia do tempo absoluto. Na teoria da relatividade não há qualquer tempo absoluto; em vez disso, cada indivíduo tem sua própria medida pessoal de tempo, que depende de onde se está e como se desloca.

Então, diante disso, pode-se inferir que realmente o tempo pode ser relativo e as pessoas podem ter impressões diferentes do tempo real de um acontecimento, sem que isso seja fruto de uma má interpretação, como afirmava Isaac Newton.

Em matéria recente publicada na Revista *Mente e Cérebro*[105] sobre tempo, é de destacar um trecho no qual há um paradoxo sobre o tempo que pode ser considerado relativo:

> As tranças do tempo expressam singularidades e revelam subjetividades. Seria ingênuo dizer que as horas contêm os mesmos 60 minutos quando nos deixamos levar pelo riso descontraído ao lado de pessoas queridas ou quando, ansiosos, aguardamos o resultado de uma decisão que poderá alterar o curso de nossa vida.
>
> No primeiro caso, os instantes deslizam como finos grãos de areia por entre os dedos de uma criança. No segundo, o tempo parece brincar com nossas expectativas, arrastar-se e fazer voltas. A formação da história pessoal de cada sujeito se dá nessa dança de tempos possíveis, cronológicos e subjetivos, desejados e temidos, vividos e sonhados, lembrados e sabidos.

Veja-se que o exemplo dado pode ser analisado pelos dois tempos físicos anteriormente expostos. O primeiro, absoluto, newtoniano, apenas fa-

---

[103] Outro exemplo é dado por DAVIES, Paul. Esse fluxo misterioso. *Op. cit.*, p. 11-12: "Por exemplo, durante expedição tripulada enviada a Marte, os controladores da missão aqui na Terra poderiam perguntar: 'O que será que o Comandante Jones está fazendo na Base Alfa, agora?' Olhando para seus relógios e vendo que são 12:00 em Marte, a resposta poderia ser: 'Almoçando'. Mas um astronauta passando pela Terra no mesmo momento a uma velocidade próxima da luz poderia, ao olhar para seu relógio, dizer que o horário em Marte era anterior ou posterior a 12:00, dependendo do sentido de seu movimento. A resposta desse astronauta à pergunta sobre as atividades do Comandante Jones seria 'Preparando o almoço' ou 'Lavando a louça'. Esse tipo de desencontro torna cômica qualquer tentativa de conferir um status especial ao momento presente. Se você e eu estivéssemos em movimento relativo, um evento que eu poderia considerar como parte do futuro ainda não decidido poderia já existir para você num passado fixo. A conclusão mais imediata disso é de que tanto o passado quanto o futuro são fixos. Por essa razão, os físicos preferem pensar o tempo como inteiramente mapeado – uma paisagem temporal (*'timespace'*), em analogia a uma paisagem espacial (*'landscape'*) – contendo todos os eventos passados e futuros".

[104] HAWKING, Stephen H. *Op. cit.*, p. 59.

[105] A TRAMA das horas. *Mente e Cérebro*, São Paulo: Duetto, n. 192, p. 38, jan. 2009.

O DIREITO À DURAÇÃO RAZOÁVEL DO PROCESSO

laria que essa percepção de a pessoa estar rindo, entre familiares, ou estar apenas aguardando uma notícia angustiante, seria apenas uma questão de interpretação, sendo o tempo igualmente contado em ambos os casos. Já em Albert Einstein, em seu tempo relativo, isso poderia ser possível, dependendo da posição na qual se encontrasse cada um dos participantes do exemplo. Já para o autor da matéria, isso não seria fruto de nenhum dos dois tempos, absoluto ou relativo, sequer advindo da Física, mas outro tipo que define "tempo mental" como sendo aquele "que diz respeito à maneira como experimentamos a passagem do tempo e como organizamos nossa cronologia".[106] Isso apenas aponta para a inesgotável riqueza de conceitos que se tem por intermédio da expressão "tempo".

Em passagem interessante, Gerald James Whitrow[107] alerta para a contagem do tempo por dois relógios, um estando numa velocidade perto dos 300.000 km/s e o outro em repouso:

> Uma importante conseqüência da teoria especial da relatividade de Einstein é que um relógio que se desloque parecerá funcionando lentamente comparado a um relógio similar em repouso com relação ao observador e, quando mais a velocidade do relógio que se desloca se aproximar da velocidade da luz, mais lentamente ele parecerá marchar. Esse aparente lenteamento de um relógio que se desloca é chamado de "dilatação do tempo". De todas as conseqüências da teoria de Einstein, foi esta que pareceu a muita gente a mais difícil de aceitar, uma vez que entra em conflito com nossa intuição do tempo ditada pelo senso comum. Entretanto, existem hoje fartas provas experimentais, particularmente as fornecidas por partículas de alta velocidade, que corroboram esta conclusão.

Resta comprovada a teoria de Albert Einstein do tempo relativo com o exemplo dos relógios, um em movimento e o outro em repouso. Se o primeiro relógio embarcar numa viagem de 60 minutos, em tempo real, numa velocidade de 300.000 Km/s e o outro ficar em repouso, marcando os mesmos 60 minutos, ao final deste tempo aquele que estava em movimento não terá marcado os mesmos 60 minutos, mas terá marcado um tempo menor.

Diante disso e dos demais tópicos do capítulo, vê-se o quão interessante é o conceito de tempo relativo, deixando de lado, por enquanto, a fim de que, mais adiante, sirva ou não como noção de tempo do processo.

1.4. O conceito de distância temporal da filosofia de Hans-Georg Gadamer

A história da Filosofia é tão densa e complexa como a própria história da humanidade. Remonta a Filosofia aos séculos antes do nascimento de Cristo quando, de lá para o século XXI, muitos foram os pensadores que poderiam ser lembrados como verdadeiros filósofos que se preocuparam em pensar essa arte. O tempo, na Filosofia, se mostra um grande mistério, não havendo

---

[106] A TRAMA das horas. *Op. cit.*, p. 40.

[107] WHITROW, G. J. *O tempo na história* – concepções do tempo da pré-história aos nossos dias. *Op. cit.*, p. 194.

um verdadeiro filósofo que não tenha se preocupado com o fenômeno no transcorrer dos séculos, com as mais variadas teses e pensamentos.

Seria irresponsabilidade analisar perfunctoriamente o pensamento de cada um dos filósofos que se manifestaram sobre o tema, uma vez que acabaria o trabalho sem investigação crítica, apenas sendo baseado em inúmeras citações, tendo em vista a diversidade de reflexões ocorridas e renovadas no transcorrer dos séculos. Por isso, opta-se em estudar o que pensa um único filósofo sobre a matéria, uma vez que seu pensamento sobre o tema é de grande importância para o estudo do processo pelo conceito que emprega ao tempo em sua obra. Trata-se de Hans-Georg Gadamer,[108] que contribuiu muito com suas ideias filosóficas no século XX, em especial com sua principal obra, *Verdade e Método*.

Além da Filosofia, tinha amplo conhecimento em outras áreas, conforme comenta Paulo Cesar Duque-Estrada,[109] assim como sobre as influências que sofreu o filósofo alemão:

> Embora a sua formação intelectual seja extremamente ampla, compreendendo, além da própria filosofia, uma grande variedade de áreas, como filologia, história, psicologia, história da arte, musicologia, dentre outras, é possível identificar cinco elementos centrais na determinação de sua identificação filosófica: 1) influência de Heidegger; 2) a Filosofia grega (dialética platônica e ética aristotélica); 3) a história da hermenêutica clássica (Schleirermacher, Dilthey); 4) a dialética hegeliana; 5) a terceira crítica de Kant. Desses cinco elementos, a influência de Heidegger vem em primeiro lugar, uma vez que é à luz do pensamento heideggeriano que os outros quatro se articulam no interior da sua hermenêutica filosófica.

A influência de Martin Heidegger na obra de Hans-Georg Gadamer não poderia deixar de ser, tendo em vista que este foi aluno daquele. Contudo, não levou todos os ensinamentos de seu mestre para vida, rompendo com muitos conceitos da obra do autor da *Floresta Negra*, dando-se como exemplo o próprio historicismo. Isso pode ser notado com a leitura da obra *Verdade e Método*, no qual uma das ideias do filósofo alemão a ser colocada no texto é o rompimento do conceito de crítica histórica com o fim ontológico do desenvolvimento da compreensão. Dissertou Hans-Georg Gadamer:[110]

> Heidegger só se interessa pela problemática da hermenêutica histórica e da crítica histórica com a finalidade ontológica de desenvolver, a partir delas, a estrutura prévia da compreensão. Nós, ao contrário, uma vez tendo liberado a ciência das inibições ontológicas do conceito de

---

[108] DESPEYROUX, Denise. *La escuela de los filósofos* – inspiraciones esenciales de los 100 pensadores más influyentes de la historia. Barcelona: Oceano, 2008. p. 84, apresenta os 100 maiores filósofos da história, onde coloca Hans-Georg Gadamer entre eles, assim descrevendo o filósofo: "Hijo de un químico farmacéutico que llegó a ser rector de La Universidad de Marburgo, siguió el camino de las humanidades. Fue alumno de Husserl y amigo de Hannah Arendt, pero la figura principal en su formación fue Heidegger. A diferencia de su maestro, Gadamer se opuso al régimen nazi y se estancó en la escalafón académico hasta ser nombrado rector de la Universidad de Leipzig en 1946. Abandonó este puesto cuando Leipzig entró a formar parte de la República Democrática de Alemania, se transladó a la Universidad de Frankfurt y luego definitivamente a la de Heidelberg. Sostuvo un fructífero debate público con Jurgen Habermas sobre la posibilidad de transcendencia histórico-cultural en la busca de uma situación social moldeada por el pensamiento crítico".

[109] DUQUE-ESTRADA, Paulo Cesar. Verbete Hans-Georg Gadamer. In: BARRETO, Vicente de Paula (Coord.). *Dicionário de Filosofia do Direito*. São Leopoldo: Unisinos, 2006. p. 372.

[110] GADAMER, Hans-Georg. *Op. cit.*, p. 354.

objetividade, buscamos compreender como a hermenêutica pôde fazer jus à historicidade da compreensão.

Isso mostra que o aluno foi além dos ensinamentos de seu professor, não se contentando apenas na reprodução e melhoramento da obra, criando sua própria visão crítica e identidade filosófica.

Já realizado o gancho sobre a possibilidade do compreender, Hans-Georg Gadamer afirma que "a compreensão só alcança sua verdadeira possibilidade quando as opiniões prévias com as quais inicia não foram arbitrárias",[111] já dando seus sinais de que o intérprete deve se livrar das falsas concepções para analisar uma obra, ou ainda retirar aquela ideia de Martin Heidegger de que compreender está exposto aos erros das opiniões prévias, para, após, concluir que por essa razão "faz sentido que o intérprete não se dirija diretamente aos textos a partir da opinião prévia que lhe é própria, mas examine expressamente essas opiniões quanto à sua legitimação, ou seja, quanto à sua origem e validez", ou seja, ao analisar o texto o intérprete deve estar atento aos preconceitos[112] que já traz em sua bagagem cultural para não realizar uma interpretação direcionada da obra. Para o filósofo alemão existem preconceitos legítimos que devem ser levados em conta "se quisermos fazer jutiça ao modo de ser finito e histórico do homem [...]".[113]

Note-se que nas citações gadamerianas, a noção de distância que o tempo dá está sempre inserida em seus pensamentos. Isso pode ser comprovado quando relata a ideia de Martin Heidegger sobre a crítica histórica com a estrutura prévia da compreensão, ou quando fala sobre as opiniões prévias de uma obra, o que quer dizer que está se pronunciando sobre o passado e a sua interpretação. Isso deve ser ressaltado, desde já, como forma de concatenação de pensamento do filósofo quando elenca fatos pretéritos ligados ao compreender, dando a noção de tempo. Isso também pode ser visto quando discorre Hans-Georg Gadamer[114] sobre a interpretação posterior de uma obra em relação a sua origem:

> O fato de a compreensão posterior possuir uma superioridade de princípio face à produção originária e possa, por isso, ser formulada como um "compreender melhor" não se deve a uma conscientização posterior capaz de equiparar o intérprete com o autor original (como opinava Schleiermacher), mas, ao contrário, descreve uma diferença insuperável entre o intérprete e

---

[111] GADAMER, Hans-Georg. *Op. cit.,* p. 356.

[112] *Ibidem,* p. 360: "Preconceito não significa, pois, de modo algum, falso juízo, uma vez que seu conceito permite que ele possa ser valorizado positiva ou negativamente. É claro que ali está operando o parentesco com o praeiudicium latino, fazendo com que junto ao matiz negativo da palavra possa haver também um matiz positivo. Existem *préjugés legitimes.* Evidentemente isso passa muito distante dos sensores de nossa linguagem atual. O termo alemão Vorurteil (preconceito) – assim como o termo francês *préjugé,* mas de modo ainda mais pregnante – parece ter sido restringido, pela Aufklärung e sua crítica religiosa, ao significado de 'juízo não fundamentado'. É só a fundamentação, a garantia do método (e não o encontro com a coisa como tal), que confere ao juízo sua dignidade. Aos olhos da Aufkärung, a falta de fundamentação não deixa espaço a outros modos de validade, pois significa que o juízo não tem um fundamento na coisa em questão, que é um juízo 'sem fundamento'. Essa é uma conclusão típica do espírito do racionalismo. Sobre ele funda-se o descrédito dos preconceitos em geral e a pretensão do conhecimento científico de excluí-los totalmente".

[113] GADAMER, Hans-Georg. *Op. cit.,* p. 368.

[114] *Ibidem,* p. 392.

o autor, diferença que é dada pela distância histórica. Cada época deve compreender a seu modo um texto transmitido, pois o texto forma parte do todo da tradição na qual cada época tem um interesse objetivo e onde também ela procura compreender a si mesma.

Novamente está-se diante de uma noção de distância temporal para referir-se a obra e sua interpretação. Essa ilação acaba por restar mais cristalina quando Hans-Georg Gadamer analisa o tempo, por intermédio da mesma distância acima referida, como forma de compreender, de interpretar, o texto, a obra, ou, como mesmo denomina, como uma forma de acontecer, conforme afirma o filósofo:[115]

O tempo já não é, primariamente, um abismo a ser transposto porque separa e distancia, mas é, na verdade, o fundamento que sustenta o acontecer, onde a atualidade finca suas raízes. Assim, a distinção dos períodos não é algo que deva ser superado. Esta era, antes, a pressuposição ingênua dos historicismo, ou seja, que era preciso deslocar-se ao espírito da época, pensar segundo seus conceitos e representações em vez de pensar segundo os próprios, e assim se poderia alcançar a objetividade histórica. Na verdade trata-se de reconhecer a distância do tempo como uma possibilidade positiva e produtiva de compreender.

A primeira lição que se tira da leitura do trecho acima é o repúdio do filósofo ao historicismo, o que Martin Heidegger tinha como uma das bases de seu pensamento, conforme já abordado. Basta, para exemplificar o que quis dizer Hans-Georg Gadamer, buscar uma grande obra e, por meio do estudo referente a ela por diversos anos, cumulativo, chegar a uma interpretação concisa na atualidade. Não precisa mais o intérprete se deslocar ao passado para analisar a vontade do que quis dizer o autor da obra.

Em continuidade aos seus pensamentos, ingressa Hans-Georg Gadamer[116] no cerne do que entende por distância temporal, ao afirmar:

A distância temporal possui ainda um outro sentido além da morte do interesse pessoal pelo objeto. Ela é a única que permite uma expressão completa do verdadeiro sentido que há numa coisa. Entretanto, o verdadeiro sentido contido num texto ou numa obra de arte não se esgota ao chegar a um determinado ponto final, visto ser um processo infinito. Não se eliminam apenas novas fontes de erro, de modo a filtrar todas as distorções do verdadeiro sentido. Antes, estão surgindo sempre novas fontes de compreensão, revelando relações de sentido insuspeitadas. A distância temporal que possibilita essa filtragem não tem uma dimensão fechada e concluída, mas está ela mesma em constante movimento e expansão. Ao lado do aspecto negativo da filtragem operada pela distância temporal, aparece, simultaneamente, seu aspecto positivo para a compreensão. Essa distância, além de eliminar os preconceitos da natureza particular, permite o surgimento daqueles que levam a uma compreensão correta.

Então, conforme palavras do próprio filósofo alemão, a distância temporal permite a completude para o desenvolvimento do real significado da obra. Isso não quer dizer que se utilizando desse distanciamento de tempo a interpretação vai estar correta, tendo em vista que ela está em constante evolução, mas ela, no mínimo, possibilita que o intérprete tenha uma me-

---

[115] GADAMER, Hans-Georg. *Op. cit.*, p. 393.
[116] *Ibidem*, p. 394-395.

lhor filtragem, tentando-se eliminar os falsos preconceitos,[117] para se chegar à perfeita compreensão da coisa.

Assim, analisando os conceitos até o momento ditados pelo filósofo alemão, tem-se que a distância temporal é o mais importante passo a ser dado pelo intérprete para tentar a melhor realização do compreender. É a partir desse distanciamento que o intérprete pode analisar melhor o que já foi dito sobre a obra e, ao mesmo tempo, fugir dos falsos preconceitos. E para que haja um fechamento da estrutura do compreender na obra de Hans-Georg Gadamer, pelo menos para que sejam identificados alguns conceitos para a alocação desses no direito fundamental à duração razoável do processo, deve-se ainda saber o que significam mais três pensamentos na obra do filósofo, que auxiliam, tanto na estruturação do compreender, como ao preenchimento de lacunas que ficam com a ruptura do pensamento no tópico da distância temporal. Se o capítulo fosse agora interrompido, ficaria o leitor sem saber o que significa história efeitual,[118] horizonte e tradição.

Hans-Georg Gadamer afirma que compreender é essencialmente um processo de história efeitual. Essa se busca de uma maneira, qual seja, por meio da distância histórica, conforme mesmo discorre:[119]

> Quando procuramos compreender um fenômeno histórico a partir da distância histórica que determina nossa situação hermenêutica como um todo, encontramo-nos sempre sob os efeitos dessa história efeitual. Ela determina de antemão o que se nos mostra questionável e se constitui como objeto de investigação. E, cada vez que tomamos o fenômeno imediato como toda a verdade, esquecemos praticamente a metade do que realmente é, ou melhor, esquecemos toda a verdade deste fenômeno.

Novamente vê-se a noção temporal. A distância histórica nada mais é que a própria busca da compreensão, o que se faz navegando pelo tempo, ou seja, da distância temporal. Os conceitos gadamerianos estão sempre interligados, por isso não se pode dar um rompante no pensamento e partir para outro capítulo.

Tanto é assim que tudo isso que Hans-Georg Gadamer visualiza para a perfectibilização do compreender não se dará se o ser humano não estiver propenso à abertura de seus horizontes,[120] outra ilação que faz para que a

---

[117] Sobre a eliminação dos falsos preconceitos há uma passagem mais precisa na obra *Verdade e Método*: "Muitas vezes essa distância temporal nos dá condições de resolver a verdadeira questão crítica da hermenêutica, ou seja, distinguir os verdadeiros preconceitos, sob os quais compreendemos, dos falsos preconceitos que produzem os mal-entendimentos. Nesse sentido, uma consciência formada hermeneuticamente terá que incluir também a consciência histórica". *Ibidem*, p. 395.

[118] GADAMER, Hans-Georg. *Op. cit.*, p. 396: "Um pensamento verdadeiramente histórico deve incluir sua própria historicidade em seu pensar. Só então deixará de perseguir o fantasma de um objeto histórico – objeto de uma investigação que está avançando – para apreender a conhecer no objeto o diferente do próprio, conhecendo assim tanto um quanto outro. O verdadeiro objeto histórico não é um objeto, mas a unidade de um e de outro, uma relação formada tanto pela realidade da história quanto pela realidade do compreender histórico. Uma hermenêutica adequada à coisa em questão deve mostrar a realidade da história na própria compreensão. A essa exigência eu chamo de 'história efeitual'. O compreender é, essencialmente, um processo de história efeitual".

[119] *Ibidem*, p. 397.

[120] *Ibidem*, p. 399. Conceitua em sua obra *Verdade e Método* horizonte como sendo: "Horizonte é o âmbito de visão que abarca e encerra tudo o que pode ser visto a partir de um determinado ponto. Aplicando

compreensão seja satisfatória. Ensina o filósofo alemão[121] o que entende por horizonte:

> Aquele que não tem um horizonte é um homem que não vê suficientemente longe e que, por conseguinte, supervaloriza o que lhe está mais próximo. Ao contrário, ter horizontes significa não estar limitado ao que há de mais próximo, mas poder ver para além disso. Aquele que tem horizontes sabe valorizar corretamente o significado de todas as coisas que pertencem ao horizonte, no que concerne à proximidade e distância, grandeza e pequenez. A elaboração da situação hermenêutica significa então a obtenção do horizonte de questionamento correto para as questões que se colocam frente à tradição.

A última palavra acima na citação demarca o encontro onde se dá a compreensão da obra, por meio da tradição, que marca a fusão dos horizontes, ou seja, o encontro com o passado com a nova interpretação. Assim sintetiza Hans-Georg Gadamer:[122]

> Na verdade, o horizonte do presente está num processo de constante formação, na medida em que estamos obrigados a pôr constantemente à prova todos os nossos preconceitos. Parte dessa prova é o encontro com o passado e a compreensão da tradição da qual nós mesmos procedemos. O horizonte do presente não se forma pois à margem do passado. Não existe um horizonte do presente por si mesmo, assim como não existem horizontes históricos a serem conquistados. Antes, compreender é sempre o processo de fusão desses horizontes presumivelmente dados por si mesmos. Conhecemos a força dessa fusão sobretudo de tempos mais antigos e da ingenuidade de sua relação com sua época e com suas origens. A vigência da tradição é o lugar onde essa fusão se dá constantemente, pois nela o velho e o novo sempre crescem juntos para uma validez vital, sem que um e outro cheguem a se destacar explícita e mutuamente.

Diante da lição ofertada pelo filósofo alemão, entende-se que, quando se está falando em compreender, se está ao mesmo tempo o fazendo por meio de algumas premissas básicas que entende devidas, todas elas ligadas à questão temporal. Para se livrar, por exemplo, dos falsos preconceitos, deve o intérprete olhar para o passado, não só para a obra em si, mas para as diversas interpretações relacionadas a ela, o que também se dá quando fala na interpretação posterior ser superior à anterior. A própria noção de distância temporal é o exemplo crasso da importância que o transcorrer do tempo tem em sua obra. Esse distanciamento de tempo desemboca na história efeitual, outra forma que nada mais é do que compreender a história pelo seu próprio caminho, ou seja, percorrendo-o temporalmente até a presente interpretação. O próprio horizonte é a possibilidade de o intérprete poder ter a visão de olhar o passado e realizar, por intermédio da fusão dos horizontes, a tradição que deságua no compreender.

Diante disso tudo, o conceito que reforça a ideia de compreender na obra de Hans-Georg Gadamer pelo tempo é esse distanciamento temporal. Sem essa distância o intérprete não consegue uma interpretação legítima

---

esse conceito à consciência pensante, falamos então da estreiteza do horizonte, da possibilidade de ampliar o horizonte, da abertura de novos horizontes, etc.".

[121] *Ibidem*, p. 400.

[122] GADAMER, Hans-Georg. *Op. cit.*, p. 404-405.

da obra. Isso é maturação e serve como conceito posterior para a análise do tempo do processo.

1.5. O conceito de tempo social

A partir deste momento ingressar-se-á em outra concepção de tempo que ainda não havia sido abordada nos capítulos anteriores, qual seja, a do tempo social. Para Cristiano Paixão de Araújo, a análise do tempo social, passa, obrigatoriamente, pela obra de Robert K. Merton e Pitirim A. Sorokin que, em 1937, publicaram *"A social time: a methodological and fonctional analysis"*, ao dizer que "é, pois, sobre a contribuição de Merton e Sorokin que deve recair, num primeiro momento, a análise do tempo social".[123]

E, em continuidade, afirma Cristiano Paixão de Araújo[124] que um dos grandes desafios do tempo social é responder ao questionamento que Merton e Sorokin fazem no referido artigo:

A investigação proposta pelos autores inicia-se com uma interrogação: a medida do tempo em unidades como anos, meses ou dias representa a única – ou então a melhor – possibilidade de compreensão dos aspectos temporais da dinâmica social?

Para Merton e Sorokin, parece que muitos cientistas sociais, à época em que o artigo foi redigido, tendiam a concordar com a indagação, assumindo, implicitamente, a utilização do tempo astronômico como a melhor forma de mensuração da atividade social dos mais diversos grupos. Os autores lamentam, ainda, a pouca importância atribuída, naquele momento, à discussão em torno de uma categoria sociológica fundamental – o tempo social.

A assertiva também é confirmada com a leitura do próprio artigo de Merton e Sorokin,[125] que afirmam:

No concept of motion is possible without the category of time. In mechanics, for example, time is considered the independent variable which is a continuous function of the three co-ordinates which determine the position of a particle. Time is likewise a necessary variable in social change. The adequacy of the concepts of astronomical or calendrical time in the study of the motion or change of social phenomena thus represents a problem of basic importance. Are periods of years, months, weeks, days the only, or even the most readily applicable, temporal measures in a system of social dynamics? Most social scientists have proceeded on the tacit assumption that no system of time other than those of astronomy or the imperfectly related calendar is possible or, IF possible, useful. They have assumed a time, the parsof wich are comparable, wich is quantitative and possessed of not qualitative aspects, which is continuous and permits of no lacume. It is the object of this paper to demonstrate that in the Field of social dynamics such restriction to a single conception of time involves several fundamental shortcomings.[126]

---

[123] PINTO, Cristiano Paixão Araujo. *Op. cit.*, p. 151.

[124] *Ibidem*, p. 151.

[125] SOROKIN, Piritim A.; MERTON, Robert K. Social time: a methodological and functional analysis. *The American Journal of Sociology*. v. XLII. n. 5. p. 615, March 1937.

[126] Nenhum conceito de movimento é possível sem a categoria de tempo. Em mecânica, por exemplo, tempo é considerado a variável independente a qual é uma função contínua de três coordenadas que determinam a posição de uma partícula. Tempo é igualmente uma variável necessária em mudança social. A suficiência dos conceitos de astronômicos ou tempo calendrical no estudo do movimento ou mudança de fenômenos sociais deste modo representa um problema de importância básica. Os períodos são de

O questionamento vale a pena ser mais bem analisado. Será mesmo que o tempo astronômico deve ser aquele que rege a vida em sociedade? Não necessita essa de um tempo próprio para seus habitantes, diferentemente daquele convencionado pela humanidade? Ora, existem certos locais ainda inacessíveis à tecnologia, ou melhor, existem pessoas que não necessitam dela para sobreviver. Deve-se obrigá-las a viver sobre as égides criadas pela maioria ou elas podem ter uma vida à parte, sem se subsumirem a todas as criações massificadas universais? Isso, em outras palavras, parece ser o que querem dizer Merton e Sorokin, assim como Cristiano Paixão de Araújo[127] que sintetiza qual seria o ponto nefrálgico da mesma:

> E, no que diz respeito ao tempo social propriamente dito, Merton e Sorokin já se encontravam em posição de enunciar a tese central do artigo: o tempo verificado na dinâmica dos grupos sociais não depende da evolução dos corpos celestes (tempo astronômico) ou da cronologia (tempo-calendário).

Então, o tempo social independe daquilo preconizado pelo tempo astronômico ou o tempo calendário, tendo vida própria nas sociedades que são regidas por ele, não havendo uma obrigação de sempre o individual ter que seguir a coletividade.

Parece que não existe esta obrigatoriedade, por exemplo, para alguns indivíduos ou sociedades no ordenamento jurídico brasileiro, sendo o exemplo do indígena algo a ser destacado. O artigo 231 da Constituição Federal aponta:

> São reconhecidos aos índios sua organização social, costumes, línguas, crenças e tradições, e os direitos originários sobre as terras que tradicionalmente ocupam, competindo à União demarcá-las, proteger e fazer respeitar todos os seus bens.

Ou seja, os indígenas devem ser respeitados pelos seus costumes. Assim, se existe dentro daquela comunidade indígena um tempo alternativo ao astronômico, como o tempo social deles próprios, deve este ser respeitado pela importância que tem naquela comunidade.

E mesmo sem ter uma legislação própria afirmando que os costumes daquela sociedade devem ser respeitados, outros exemplos que foram frutos de estudos poderiam ser citados, como exemplifica Cristiano Paixão de Araújo:[128]

> O mesmo fenômeno é constatado em alguns povos indígenas estudados. Nestas comunidades, as referências temporais são derivadas de atividades do cotidiano do grupo. Em Madagascar, a expressão "enquanto cozinha o arroz" equivale a cerca de meia hora; os nativos de

---

anos, meses, semanas, dias, as únicas, ou até as mais prontamente aplicáveis, medidas temporais em um sistema de dinâmica social? A maioria dos cientistas sociais prosseguiu na suposição tácita que nenhum sistema de tempo diferente daquele de astronomia ou o calendário imperfeitamente relacionado é possível ou, se possível, útil. Eles assumiram um tempo, o *parsof*, o qual é comparado como quantitativo e possuído de aspectos não qualitativos, que é contínuo e licenças de nenhum lacume. É o objeto deste jornal para demonstrar aquele no Campo de dinâmica social como restrição para uma concepção única de tempo envolve várias negligências fundamentais. (Tradução livre do autor).

[127] PINTO, Cristiano Paixão Araujo. *Op. cit.*, p. 152.

[128] *Ibidem*, p. 153.

Maori, por sua vez, dizem: "o homem morreu antes que o cereal estivesse cozido", ou seja, em menos de quinze minutos.

Gerald James Whitrow[129] em *O Tempo na História*, também exemplifica outra sociedade que vive pelo tempo social ao dizer:

> Outra raça sudanesa estudada por Evans-Prichard, os Nuers, que vivem em ambas as margens do Nilo Branco, não tem equivalente algum de nossa palavra "tempo" e não são capazes de falar dele como se algo que passa e que pode ser poupado e desperdiçado. Seus pontos de referência para o tempo são fornecidos por suas atividades sociais: "Os eventos [para eles] seguem uma ordem lógica, mas não são controlados por um sistema abstrato, não existindo pontos autônomos de referência e que as atividades devam corresponder com precisão". Os Nuers não têm unidades de tempo como horas ou minutos, pois não medem o tempo, pensando, apenas em termos de sucessões de atividades. E são tantas as que envolvem seus rebanhos que Evans-Prichartd fala de seu "relógio de gado". Os anos são referidos pelas enchentes, pestilências, fomes, guerras e outros acontecimentos que neles ocorreram. Aos poucos, os nomes dados aos anos são esquecidos e todos os eventos que escapam a esse rudimentar registro histórico passam a ser pensados como tendo ocorrido muito tempo atrás. O tempo histórico fundado numa sequência de eventos de grande significação para toda uma tribo abrange um lapso maior que o tempo histórico de grupos menores, mas, na opinião de Evans-Prichard, nunca engloba um período de mais de 50 anos e, quanto mais distante do presente, menos numerosos e mais vagos são os pontos de referência. A distância entre os eventos não é computada pelos Nuers em termos de conceitos temporais, mas relacionadas à estrutura social, em especial ao que Evans-Prichartd chama de "sistema de conjunto de idade", já que todos os meninos "iniciados" num número sucessivo de anos pertencem a um único conjunto de idade. Na época em que fez sua pesquisa, Evans-Prichard encontrou vivos os membros de seis conjuntos. Embora não tenha conseguido elucidar plenamente o modo como um indivíduo percebia efetivamente o tempo, uma vez que o assunto "estava envolto em dificuldades", concluiu que, entre os Nuers, o tempo é percebido como mero movimento de pessoas, frequentemente como grupo, através da estrutura social. Em consequência, não há uma verdadeira impressão das distâncias temporais entre os acontecimentos, como aquela produzida por nossas técnicas de datação. Em particular, a distância temporal entre o início do mundo e o dia presente permanece fixa. A contagem do tempo é essencialmente uma conceitualização da estrutura social, os pontos de referência sendo uma projeção, no passado, das relações presentes entre grupos sociais. "É menos um meio de coordenar eventos que de coordenar relações, e por isso é sobretudo um olhar para trás, uma vez que as relações devem ser explicadas em ternos do passado".

Ora, é fácil imaginar como outras sociedades que pouco tiveram contato com o mundo tecnológico podem se guiar por outro tipo de noção de tempo. Um ser humano pode se guiar pelo tempo social na sociedade massificada em que vive, desde o momento que desperta, diga-se às 6h, até o momento em que vai deitar às 24h, sem precisar consultar incessantemente o relógio? Como sabe ele que está na hora de trabalhar, do almoço, do compromisso, do jantar ou da hora de dormir, se nunca esteve ele com um relógio para consultar? Aliás, não parece ser sequer difícil idealizar as respostas aos questionamentos acima feitos, bastando imaginar como seria a sua vida em uma grande sociedade que se baseasse somente num tempo alternativo como é o social. Sabendo da rotina do que ocorre diariamente com outras

---

[129] WHITROW, G. J. *O que é tempo?* Uma visão clássica sobre a natureza do tempo. *Op. cit.*, p. 22-23.

pessoas e situações, as respostas são afirmativas, vivendo ele por uma forma de tempo social. Para tanto basta fazer a ilação dos momentos em que necessita realizar alguma atividade com algo que acontece cotidianamente. Para tanto basta, por exemplo, analisar o hábito de uma pessoa que todo dia passa num local no mesmo momento para saber que é hora de ir trabalhar. Ou ainda, quando, de sua sala, vê o trem passar na direção norte/sul, sabe que o momento do almoço está chegando. Não precisa esse homem ficar preso ao relógio 24 horas por dia, pois rege sua vida com outra conotação temporal.

E também se pode exemplificar outra forma de viver sobre um tempo social numa sociedade massificada. Antônio R. Damasio, diretor do departamento de neurologia da Faculdade de Medicina da Universidade de Iowa, em estudos[130] sobre seus pacientes que sofreram lesões no córtex do lobo temporal, afirma que esses vivem em um mundo temporal próprio. Esse tempo pode ser comparado a essas sociedades que vivem seu próprio tempo social, tendo em vista que em ambos não existe a importância do tempo cronológico, podendo o tempo social ser apenas estimado.

Pontes de Miranda,[131] ao falar sobre o tempo social, afirma:

> Por agora o que nos interessa é o tempo social ou, mais amplamente, o tempo geral de cada grupo ou círculo. Esse tempo geral difere do de outros círculos e, assim confirma a descontinuidade, e nos dá o uno de cada sistema, o que reforça a noção de continuidade. O mesmo fato comprova o monismo e o pluralismo, o mundo cantoriano e o mosaico, disjuntivo e múltiplo.
>
> Os círculos sociais impõem condições especiais, tanto mais expressivas, na sua atuação, quanto mais independentes umas das outras. O indivíduo figura em vários sistemas, como se fossem muitos: às variações correspondem, nele, outras tantas modalidades morais, econômicas, artísticas, políticas, jurídicas, e até de costumes e de crenças. O mesmo homem desempenha, na família, a missão de membro (pai, filho, parente), a sua função individual, a de individualidade ou cidadão do Estado federado ou província, a nacional, a continental, a humana. No entanto, a diferença qualitativa é resultante de atos, vontades e efeitos de coesão, no interior, e repulsão, no exterior. A família é outro exemplo. E exemplos são todas as criações e todos os fenômenos da vida social.

---

[130] Em artigo recente, DAMASIO, António R. Quando tudo aconteceu. *Mente e Cérebro*, São Paulo: Duetto, n. 192, p. 43-44, jan. 2009, refere um de seus casos: "Em pacientes que sofreram danos no córtex do lobo temporal, vários anos, e até mesmo décadas de lembranças autobiográficas podem ser irrevogavelmente expurgadas. Encefalites virais, derrames cerebrais e o mal de Alzheimer estão entre os problemas neurológicos causadores dos danos mais graves.

Num desses pacientes, que eu e colegas estudamos há 25 anos, a ausência de lembranças vai até os primeiros anos de vida. Quando este homem tinha 46 anos, sofreu danos no hipocampo e em partes do lobo temporal. Em consequência, sofre de amnésia anterógrada e retrógrada: não consegue formar novas memórias e nem recordar lembranças antigas. O paciente está confinado a um presente permanente, sendo incapaz de lembrar o que aconteceu há um minuto ou há 20 anos: não tem nenhuma noção de tempo. Não é capaz de nos dizer em que ano estamos, e quando pedimos que dê um palpite, suas respostas são disparatadas, não podendo dizer 1942 ou 2013.

Ele estima a passagem do tempo mais precisamente quando tem acesso a uma janela e pode fazer um cálculo aproximado com base no contraste de luz e sombra. Mas para ele, sem um relógio ou uma janela, a manhã não é diferente da tarde, e a noite não difere do dia; seu relógio de tempo corporal não funciona. Esse paciente também não consegue dizer qual é sua idade. Ele pode tentar, mas o palpite costuma ser incorreto.

[131] MIRANDA, Pontes de. *Op. cit.*, p. 222-223.

Em seu artigo, os próprios Merton e Sorokin[132] acabam por exemplificar o que querem dizer com o tempo social:

Agricultural peoples with a social rhythm different from that of hunting or a pastoral peoples differentiate time intervals in a fashion quite unlike the latter. Periodic rest days seem to be unknown among migratory hunting and fishing peoples or among nomadic pastoral tribes, although they are frequently observed by primitive agriculturists. Likewise, a metropolis demands a frame of temporal reference entirely different from that of a small village. This is to say, time reckoning is basically dependent upon the organization and functions of the group. The mode of life determines which phenomena shall represent the beginning and close of seasons, months, or other time units. Even in those instances where natural phenomena are used to fix the limits of time periods, the choice of them is dependent upon the interest and utility which they have for the group. Thus, the year among the Hebrews, "as naturally it would with an agricultural people", dependent upon the annual course of the crops. The system of time varies whith the social structure.[133]

Um dos grandes idealizadores do tempo social é Niklas Luhman.[134] Em sua obra de sociologia jurídica, traz alguns exemplos de como esse tempo pode ser concebido ao referir:[135]

A positividade, isto é, o princípio da variabilidade estrutural do direito, só se torna compreensível quando se vê o presente como consequência do futuro, ou seja, como decisão. Uma condição essencial para isso é criada com a abstração da concepção moderna de tempo: atualmente o tempo pode ser imaginado como um esquema infinito da complexidade do mundo, independentemente do que exista ou ocorra em termos temporais. Imaginado como sequência

---

[132] SOROKIN, Piritim A.; MERTON, Robert K. *Op. cit.*

[133] As pessoas agrícolas com um ritmo social diferente daquela de caça ou umas pessoas pastorais diferenciam intervalos de tempo em uma moda bastante diferentemente da posterior. Dias de resto periódicos parecem ser desconhecidos no meio de caça e as pessoas de pesca migratória ou no meio de tribos pastorais nômades, embora estejam frequentemente observados por primitivos agricultores. Igualmente, uma metrópole exige uma armação de referência temporal completamente diferente daquela de uma aldeia pequena. Isto é, para dizer, conta de tempo é basicamente dependente na organização e funções do grupo. O modo vitalício determina que fenômenos devem representar o início e fechar de estações, meses, ou outras unidades de tempo. Até naquelas instâncias onde os fenômenos naturais são usados para consertar os limites de períodos de tempo, a escolha delas é dependente no interesse e utilidade que eles têm para o grupo. Desse modo, o ano entre os hebreus, "como naturalmente iria com umas pessoas agrícolas", dependente no curso anual das colheitas. O sistema de tempo varia como a estrutura social. (Tradução livre do autor).

[134] SCOTT, John. *50 grandes sociólogos contemporâneos.* Tradução Renato Marques de Oliveira. São Paulo: Contexto, 2009. p. 182. "Luhmann nasceu em 1927 em Lüneburg, Alemanha. Estudou Direito na Universidade de Freiburg e exerceu a advocacia, atividade que serviu de base para seu envolvimento na política regional. Visitou os Estados Unidos na década de 1960 e, no período que passou em Harvard, descobriu a sociologia, na forma no funcionalismo de Parsons. Quando voltou para a Alemanha, doutorou-se na Universidade de Münster. Em 1968, tornou-se professor de sociologia da Universidade de Bielefeld, onde permaneceu até sua morte, em 1988. Nos anos 1960, Luhmann publicou uma série de artigos sobre função e sistema, aplicando suas idéias incipientes em livros sobre organizações e direito. Em 1971, travou um famoso debate com Habermas sobre os usos da teoria dos sistemas, discussão que foi seguida de uma enxurrada de livros seus sobre poder, confiança e religião. Embora alguns artigos tenham começado a ser publicados em tradução para o inglês ainda na década de 1970, foi apenas em 1982 que seus artigos teóricos mais importantes e de maior fôlego foram reunidos e ganharam edição em um único volume de língua inglesa, com o título The Defferentiation of Society. A publicação desse livro estabeleceu a reputação de Luhmann fora da Alemanha, e desde então seus livros vêm sendo lançados no mercado regularmente na Grã-bretanha e na Alemanha. Luhmann escreveu sobre tópicos como amor, religião, bem-estar, risco, meios de comunicação de massa e modernidade, e produziu um tratado geral de teoria dos sistemas".

[135] LUHMANN, Niklas. *Sociologia do Direito II.* Tradução Gustavo Bayer. Rio de Janeiro: Tempo Brasileiro, 1985. p. 168-169.

abstrata de momentos, ele está principalmente purificado de relevâncias materiais e sociais – enquanto mero tempo ele não é motivo para festejos, nem de modo algum fator causal. Aí reside concomitantemente a possibilidade de descolar o futuro dos acontecimentos passados e dos acervos que sempre acompanham o presente em permanente progressão. Apesar do tempo sempre ter uma história coletada, ele não fixa por si mesmo o futuro. Ele deixa o futuro em aberto, mantendo então a perspectiva de mais possibilidades que jamais pudessem tornar--se presente e, com isso, passado. O futuro é possibilitado pela presença de sistemas; ele se torna estruturado de forma determinável através de expectativas experimentadas no presente e carregadas na continuidade da experiência sempre presentificada. Assim, sua riqueza em possibilidades depende das respectivas estruturas atuais de elaboração da experiência. Tendo em vista um futuro em aberto, porém, o presente evidencia-se ao mesmo tempo como seleção entre outras possibilidades que o futuro tinha indicado.

Neste primeiro momento do texto citado de Niklas Luhmann fica evidenciada a inconformidade do autor com o tempo na sua forma mais conhecida, ou seja, como uma sequência abstrata de momentos, como apenas uma contagem, uma sobreposição de segundos sobre segundos, sem a preocupação com o estudo de um tempo que questione se um acontecimento presente pode interferir num acontecimento futuro. E para que haja um rompimento com este tempo ordinário, na sequência de sua obra, afirma:[136]

Essas considerações vão além do conceito de tempo atualmente comum em um aspecto importante. Elas não mais consideram o tempo como apenas uma sequência de momentos – constituída de forma real ou intersubjetiva – ao longo da qual a experiência avança. Com isso não se pretende negar a possibilidade de datação, mas sim descartar a implicação de que todos os momentos – sejam esses futuros, presentes ou passados – tenham o mesmo potencial com respeito à complexidade. Uma tal concepção desfigura a especificidade do tempo: exatamente a diferenciação entre futuro, presente e passado. O futuro e o presente diferenciam-se não só através da direção de sua distância relativa (e cambiável) com respeito à experiência momentânea, mas principalmente pelo seu grau de abertura ou fechamento para com outras possibilidades. Por isso, o presente não pode ser suficientemente caracterizado como aquele momento no qual a história mundial (subjetiva) acontece de encontrar-se. Em termos de sua função ele é uma redução da complexidade à medida do experimentável, uma eliminação inevitável e inexorável de outras possibilidades.

Continua Niklas Luhmann preocupado com esse novo tempo, diferente daquele que apenas considera a sequência de momentos. Para ele não basta para que o futuro aconteça o simples chegar lá, mas há possibilidades que somente podem ocorrer quando existe uma abertura ou fechamento à experiência atual. E conclui o autor seu pensamento alimentando a tese de que as estruturas sociais são fundamentais na construção do tempo, ao dizer:[137]

Ao pensamento atual faltam referências úteis para uma interpretação do fenômeno tempo. Essas breves considerações, portanto, não capazes de atingir uma compreensão suficiente dessa questão. Mas elas devem pelo menos permitir reconhecer que a questão do tempo depende das respectivas estruturas sociais, e como elas se modificam. A transição à sociedade sistematicamente diferenciada em termos funcionais, que apresenta uma grande variabilidade estrutural dos sistemas parciais, torna consciente a contingência do mundo e a seletividade também nas estruturas. Nem o tempo, nem o direito podem ser compreendidos na base da continuidade

---

[136] LUHMANN, Niklas. *Op. cit.*, p. 169.

[137] *Ibidem*, p. 169-170.

estrutural de uma "natureza", isto é, na base de um passado sem outras possibilidades. O "de onde" da seleção, o futuro das outras possibilidades do presente assume o comando da experiência do tempo e da decisão jurídica. O andar do tempo só pode ser concebido enquanto redução inexorável complexidade. O que flui no passado não pode mais ser mudado. Mas a estabilização de estruturas apropriadas de expectativas pode aumentar a complexidade do futuro e a seletividade do presente de tal forma que a ocorrência não é necessariamente causal, mas pode ser racionalizada como escolha sensata entre mais possibilidades. Então o presente não é mais apenas dar sentido à experiência imediata; antes ao contrário, do presente reivindica-se o recurso aos processos apropriados de seleção que criem aqueles passados futuramente úteis. Por isso vive-se na projeção e no desenvolvimento de planos.

Assim, partindo dessas considerações, Niklas Luhmann chega a conclusões estabelecidas na teoria sociológica de que o tempo deve ser considerado como um aspecto da construção social da realidade, assim como é um verdadeiro lugar-comum em Sociologia o fato de que ideias de tempo diferem de um sistema social em relação a outro, e dependem de estruturas sociais, ou seja, o tempo social deve ser interpretado de acordo com as atividades sociais de um determinado grupo, não havendo a necessidade, para orientação e organização desse determinado grupo, de um tempo regido pelos astros ou aritmeticamente feito.

O tempo social traz uma noção temporal que pode servir de base para certos acontecimentos que ocorrem durante a duração do processo que não conseguem ser explicados pela noção métrica de tempo, como a demora na distribuição e na conclusão de um processo, tempo esse sagrado das partes e que lhes é retirado sem qualquer explicação plausível, o que pode ser esclarecido quando utilizado o conceito de tempo social.

1.6. O tempo do direito em François Ost

O jurista e filósofo belga François Ost, em 1999, publicou *O Tempo do Direito* na qual, em suas próprias palavras, afirma ser a obra que estuda uma relação envolvendo o direito e o tempo, sendo, pois, seu estudo de grande importância para se entender o tempo que se deve utilizar para a contagem do tempo processual. Por essa razão, deve-se analisar o que pensa o autor sobre o tempo e o direito, que relações são essas e, principalmente, o que entende por "tempo do direito" uma vez que, mesmo o leitor menos atento, ao analisar o título da obra, com certeza se faz esse questionamento.

Embora hoje, após o conhecimento agregado dos seres humanos no transcorrer dos séculos, se considerem inverossímeis os mitos gregos, François Ost inicia seu estudo pela história de Kronos.[138] Este era o Deus-tempo

---

[138] Confirmando a história mitológica a leitura do verbete Cronos no Dicionário Ridell de Mitologia, referindo que foi "filho de Urano e Gaia, pai de Zeus, destronou seu pai e reinou sobre o mundo junto com Réia, sua irmã-esposa. Como o oráculo havia decretado que também seria destronado por um de seus filhos, ele os devorava assim que nasciam. No entanto, Réia conseguiu salvar Zeus, apresentando ao marido uma pedra enrolada em uma fralda no lugar do recém-nascido. Este foi enviado para Creta e, depois de adulto, declarou guerra ao pai e aos Titãs, que ele venceu e exilou no Tártaro". JULIEN, Nadia.

mitológico que cortou os testículos de seu pai, separando, assim, o Céu da Terra e, após ouvir o oráculo, para não ser destronado por um dos seus filhos, engolia-os tão logo nascidos. Um deles acabou por destroná-lo, Zeus, que havia escapado graças a um artifício utilizado por Reia, esposa de Kronos, que, tão logo este nascido deu ela de engolir a Kronos um pedaço de pedra envolto em bandagem. Com essa história, François Ost chega à negação do tempo, o que acaba por chamar de não tempo, pois, ao separar o Céu da Terra nega o passado e ao devorar seus filhos fulmina com o futuro, conforme mesmo ressalta:[139]

> Haverá forma de exprimir melhor a aterradora negatividade emprestada ao tempo? Pois, afinal, que faz Kronos que, ao desfazer o braço da Terra e do Céu, lança o próprio movimento da história! Ele coloca-se em posição de dono do tempo, bloqueando as suas saídas, tanto do lado do passado como do futuro: cortar os testículos de seu pai é negar o peso do passado, é privá-lo de qualquer prolongamento possível; comer os próprios filhos é fazê-los regredir a uma posição uterina, é privar desta feita o futuro de qualquer desenvolvimento... O tempo do tirano esgota-se num presente estéril, sem memória nem projeto.

A obra do escritor belga é dividida em três teses centrais, conforme explicitado no texto. François Ost[140] define assim as teses:

> Primeira tese: o tempo é uma instituição social antes de ser um fenómeno físico e uma experiência psíquica. Não há dúvida que ele apresenta uma realidade objectiva, tão bem ilustrada pelo curso das estrelas, pela sucessão do dia e da noite, ou pelo envelhecimento do ser vivo. Também é verdade que dependa da experiência mais íntima da consciência individual que pode experimentar um minuto de relógio, ora como o tempo interminável, ora como instante fulgurante. Mas quer o apreendamos em termos objectivos ou subjectivos, o tempo é antes do mais uma construção social – e, logo, uma questão de poder, uma exigência ética e um objecto jurídico.

Não nega o jurista e filósofo belga a existência do tempo calendário, ou seja, é objetivo e deve ser contado por meio dessa objetividade que os dias e noites apontam, dos astros e do próprio envelhecimento do ser humano. Contudo, afirma que antes disso tudo, o tempo é uma instituição social, ou seja, é uma convenção da sociedade. Trabalha, então, num primeiro momento, com um tempo subjetivo, por meio da construção social para se chegar a um tempo objetivo. A tese, então, mistura parte daquele tempo social estudado com o tempo cronológico, no qual daquele se chegaria nesse. E realmente, se convencionado que um dia seria a sucessão de duas noites, por exemplo, tudo seria diferente, modificando o tempo como hoje é conhecido. A Terra faria sua volta completa no Sol em 180,5 dias e não em 365, as pessoas teriam o dobro da idade que tem.[141] Nesta primeira tese torna-se claro

---

Dicionário Ridell de mitologia. Tradução Denise Radonovic Vieira. Ilustração Mônica Teixeira. São Paulo: Rideel, 2005. p. 59.

[139] OST, François. *O tempo do direito*. Tradução Maria Fernanda Oliveira. Lisboa: Instituto Piaget, 1999. p. 9.

[140] *Ibidem*, p. 12.

[141] *Ibidem*, p. 25. O autor exemplifica como um fato convencionado pode trazer consequências diferentes ao futuro: "A história dos calendários e dos instrumentos de medida do tempo é a este respeito exemplar, traduzindo o emaranhado permanente de dados naturais e de elaboração culturais. Com efeito, o que é

que o tempo realmente foi fruto de uma convenção social sendo que, caso fosse diferente esse pacto, muita coisa relacionada ao tempo acabaria sendo diferente de como hoje se conhece. Após afirmar sua primeira tese, François Ost[142] parte para a segunda:

> A segunda tese que sustenta esta obra diz respeito ao direito. Ela defende que a função principal do jurídico é contribuir para a instituição do social: mais do que interditos e sanções, como outrora se pensava, ou cálculo e gestão, como frequentemente se acredita hoje, o direito é um discurso performativo, um tecido de ficções operatórias que exprimem o sentido e o valor da vida em sociedade. Instituir quer aqui dizer estreitar o elo social e oferecer aos indivíduos os pontos de referência necessários à sua identificação e autonomia. É sob o ângulo do seu contributo para a subtracção ao estado de natureza e a sua violência sempre ameaçadora, sob o ângulo da sua capacidade de instituição, que o direito será, pois, interrogado.

O ponto nevrálgico da segunda tese apontada por François Ost é a ilação entre Direito e sociedade. Diz que a principal função do jurídico é a sua contribuição à instituição social. Não mais hoje funciona a velha fórmula de que o direito é pura sanção, mas sim o Direito constrói. E responde ao afirmar que essa construção se dá pelo discurso performativo que delineará a vida em sociedade. Realmente pensar o Direito somente como forma de repressão, de sanção, seria apenas reduzi-lo ao positivismo aplicado. O Direito está muito mais para construção de condutas coletivas por intermédio de decisões importantes do que para sancionar o indivíduo um a um. Por fim, sobre a terceira tese, diz François Ost:[143]

> Finalmente, a terceira tese resulta da interacção dialéctica das duas primeiras. Defender-se-á que se estabelece um elo poderoso entre temporalização social do tempo e instituição jurídica da sociedade. Em termos mais precisos: o direito afecta directamente a temporalização do tempo, ao passo que, em compensação, o tempo determina a força instituinte do direito. Em termos ainda mais precisos: o direito temporaliza ao passo que o tempo institui.

Para fechar o ciclo de teses, François Ost relaciona a primeira tese em total interação com a segunda. Assim, defende que existe um elo muito forte entre tempo e direito, afetando este a temporalização do tempo e esta instituindo o Direito, ou como mesmo afirma em suas próprias palavras, "o direito temporaliza e o tempo institui".

Leonel Severo Rocha[144] em análise da obra de François Ost, resume quais características possui o tempo do direito dentro das três teses acima relacionadas:

> Para Ost, claramente inspirado em Castoriadis, o Tempo do Direito possui três características: a primeira, "o Tempo é uma instituição social, é uma construção social", isto quer dizer, que não

---

um calendário senão um sistema social de medida do tempo articulado tanto na recorrência de certos fenómenos cósmicos atestados pela astronomia (assim, é significativo que os astrónomos do Alto Egipto e os da antiga civilização maia tenham desenvolvido separadamente um calendário com cerca de 365 dias), como no ter em conta um acontecimento fundados a partir do qual se considera que a história se pôs em marcha e ganhou sentido (o nascimento do Cristo na civilização cristã, o início da Hégira – ou fuga de Maomé para Medina – na civilização muçulmana)?".

[142] *Ibidem*, p. 13-14.

[143] *Ibidem,* p 14.

[144] ROCHA, Leonel Severo. *Op. cit.*, p. 201.

existe o Tempo em si, o Tempo da fatalidade, ou dos "bons tempos". O Tempo é construído pela sociedade. A segunda que "o Direito tem como função principal contribuir com a institucionalização social", isto quer dizer, que a função de controle do Tempo do Direito é uma função instituinte, o Direito tem que fazer com que aqueles instantes, aquelas possibilidades de construção e de decisão que nós realizamos na sociedade tenham duração, sejam assimiladas, sejam institucionalizadas. Isto é, o Direito tem que fazer com que a sociedade exista, o Direito constrói a sociedade. O Direito é um dos construtores da sociedade, é construtor de instituições, ou seja, de decisões, de valores, de experiências, de desejos, de atos. De situações que se quer que continuem, que se mantenham, que se institucionalizem, então o Direito tem realmente a função de institucionalizar a sociedade. A terceira característica seria que "é preciso uma dialética entre Tempo como instituição social e o Direito como institucionalização social".

Leonel Severo Rocha sintetiza as três teses desenvolvidas por François Ost de maneira clara ao leitor, analisando desde o fato sobre o tempo ser uma instituição social, até o Direito ser fundamental na construção da sociedade e, por fim, o cruzamento que, fatalmente, existe entre eles, referindo que a obra é inspirada no também autor francês Cornelius Castoriadis.[145]

Outra abordagem importantíssima na obra *O Tempo do Direito* são as quatro características, os quatro momentos que François Ost afirma serem essenciais para a regulação jurídica do tempo social, sendo eles: a memória,[146] perdão,[147] promessa[148] e questionamento.[149]

---

[145] CASTORIADIS, Cornelius. *A instituição imaginária da sociedade*. Tradução Guy Reynaud. 6. ed. Rio de Janeiro: Paz e Terra, 1982. Para saber mais sobre o que Conelius Castoriadis escreveu sobre a instituição social do tempo recomenda-se a leitura de sua obra, em especial as páginas 239 e ss, iniciando assim o capítulo que, desde já, se pode identificar traços com a obra de François Ost: "Todas essas perguntas reaparecem quando consideramos a instituição social do tempo. Parece-nos evidente que a instituição do mundo pela sociedade deve necessariamente comportar, como um de seus 'componentes' ou 'dimensões', uma instituição do tempo. Mas também é evidente que esta própria evidência é inseparável da nossa experiência de uma vida no interior de uma temporalidade instituída. Desta experiência, como poderíamos sair? Podemos tentar experimentar seus limites, e o fazemos interminavelmente, tanto na direção 'empírica' (do tempo como 'dado natural'), como na 'psicologia' (do tempo como evidência vivida), na 'transcendental' ou 'ontológica' do tempo como condição da experiência para um sujeito – ou como dimensão, elemento, horizonte, ou como quisermos dizer, do ser) ".

[146] ROCHA, Leonel Severo. *Op. cit.*, p. 201, entende ser a memória na obra de François Ost: "o Direito é a memória da sociedade. Os cartórios, os arquivos, e os nossos documentos, constitue aquilo que está dentro da memória do Direito. Em outras palavras, ou falando normativamente, só é válida a memória jurídica, pois o Direito tem como função manter, estabilizar, a memória. Nesse sentido, o Direito está ligado à ideia de tradição. O Direito constrói/mantém a memória da sociedade. Não existe Direito sem passado, sem memória, sem tradição, e vice-versa;"

[147] *Ibidem*, p. 201-202, aduz ser o perdão na obra de François Ost: "o Direito necessita do perdão. O perdão não quer dizer simplesmente esquecer, implica selecionar o que se vai esquecer. Ou seja, só pode existir Direito em uma sociedade a partir do momento que se inscreve o perdão. Até, ao contrário senso, o Direito só surge, é possível, quando alguém que tem Direito a alguma coisa, historicamente, por exemplo menos, na Lei de Talião, o Direito de vingança: olho por olho, dente por dente, aceita que esse Direito seja exercido por um terceiro. Mas o Tempo do perdão é uma seleção de esquecimento, porque perdoar não é esquecer tudo. Assim, é importante falar de perdão relacionado com a memória, no sentido de esquecimento, porque a memória, e Borges trabalha muito bem com essa questão, não é a capacidade de lembrar tudo, mas de selecionar a informação. Uma pessoa que hipoteticamente lembrasse de tudo não teria Tempo., estaria fora do Tempo, do espaço. Deve-se esquecer algumas coisas para se poder refletir e entrar no Tempo. Então ter memória implica saber lembrar, e saber esquecer, o que interessa, no momento presente: sendo o perdão uma seleção do que deve ser esquecido. No caso do Direito, o mecanismo utilizado é o Poder Judiciário, uma maneira moderna de encaminhar a questão da memória/esquecimento".

[148] *Ibidem*, p. 202, defende ser a promessa na obra de François Ost: "a promessa é uma tentativa de ligar o Direito e a sociedade com o futuro. Trata-se da tentativa de construção do futuro. O que seria, em nosso caso, o constitucionalismo? É um conjunto de promessas, é a tentativa de construir uma nova sociedade no futuro. A promessa é extremamente importante no sentido de que ela tem que romper com a tradição,

François Ost[150] inicia assim sua divisão pelo perdão e pela promessa:

Aqui estão seguramente dois polos essenciais da regulação jurídica do tempo social: o perdão, entendido em sentido amplo, como essa capacidade da sociedade para "saldar o passado": ultrapassá-lo ao estabelecê-lo, libertá-lo destruindo o ciclo sem fim da vingança e do ressentimento; a promessa, por outro lado, entendida em sentido amplo, como essa capacidade da sociedade para "creditar o futuro", comprometer-se em relação a ele por meio de antecipações normativas que balizarão doravante o seu desenrolar.

Após, acaba o filósofo e jurista belga[151] por introduzir a memória e o questionamento ao perdão e à promessa:

Mas perdão e promessa não bastam ainda para fazer uma instituição jurídica do tempo social. Por sua vez, cada um dos dois termos se desdobra, relançando a dialéctica no campo do passado e no campo do futuro. É por isso que ao perdão associamos a memória, e à promessa o requestionamento. A memória surge como a projeção da promessa no passado; quanto ao requestionamento, ele será a antecipação do perdão. De forma mais abrangente, é possível entrever uma escansão em quatro tempos: ligar e desligar o passado, ligar e desligar o futuro. Parece ser esse o ritmo necessário a uma produção significante do tempo social.

Tendo em vista ser o questionamento a mais complexa das quatro características apontadas por François Ost, a leitura de Jaqueline Mielke Silva[152] ajuda o leitor a elucidar o que vem a ser essa:

O questionamento se revela como o momento mais importante da reprodução do tempo no Direito, porque o questionamento não significa o rompimento com as promessas, porque, se for um rompimento, nós negamos o novo. Ao mesmo tempo, o questionamento também não pode ser um rompimento com a memória, pois, sem memória, sem passado, não temos história e ficaríamos também em um espaço vazio. O questionamento tem que possuir a capacidade de ligar o tempo e o Direito com a memória, com o perdão e com a promessa. O Direito, na sociedade globalizada que atualmente vivenciamos, tem que ter no questionamento a capacidade de se institucionalizar rapidamente, porque não temos mais a longa duração que antes tínhamos para criar institutos. É de ter a capacidade de uma vez institucionalizados, admitir a desistitucionalização e novamente uma outra re-institucionalização. O Direito tem que ter a capacidade de construir, reconstruir e desconstruir o tempo em si próprio.

Então, o tempo do direito é uma forma de se juntar quatro características que passam da memória ao perdão, da promessa ao questionamento. A memória está atrelada ao conhecimento passado da humanidade, das sociedades, cada uma delas com seu modo de arquivar esse passivo que reflete no perdão. Esse traz o dever do ser humano esquecer aquilo que desimporta e

---

mas tem que fazer esse rompimento de uma maneira sofisticada, por meio de uma tradução. Para isso é preciso entrarmos no quarto aspecto da dimensão temporal do Direito".

[149] ROCHA, Leonel Severo. *Op. cit.*, p. 202, afirma ser o questionamento na obra de François Ost: "o questionamento não significa o rompimento com as promessas, porque se assim fosse seria negado o novo (futuro). Mas, igualmente, o questionamento também não pode ser um rompimento completo com a memória, pois sem memória, sem passado não temos história, e ficaríamos assim num espaço vazio. O questionamento tem que possuir a capacidade de ligar o Tempo e o Direito com a memória, com o perdão e com a promessa".

[150] OST, François. *Op. cit.*, p. 42.

[151] *Ibidem*, p. 43.

[152] SILVA, Jaqueline Mielke. *O direito processual civil como instrumento de realização de direitos*. Porto Alegre: Verbo Jurídico, 2005. p. 318-319.

lembrar somente aquilo que interessa. Essa é a forma que a sociedade tem de perdoar. Cumprir a pena por um crime deve estar arquivado, mas ao mesmo tempo, se houve a devida contraprestação do réu à sociedade, esta deve conceder seu perdão naquilo que importa. Aí entra o questionamento, pois, ao mesmo passo que há o perdão, existe esse arquivo denominado de memória, que liga ao passado e parece querer engessar o futuro, se não fosse por um quarto item pensado por François Ost, qual seja, a promessa.

Jaqueline Mielke Silva,[153] em estudo sobre a obra do professor da Facultés Universitaires Saint-Louis, ao relatar sobre as características de memória, perdão, promessa e questionamento, aponta:

> O direito contemporâneo tem que procurar manter essas quatro propostas, inserindo-as numa velocidade maior, como hoje exige a globalização. A função básica do Direito é de criar institutos, institucionalizar determinados valores, mas com a consciência de que, em pouco tempo, esses valores virem a se modificar, por serem efêmeros.

Note-se que cada característica pensada por François Ost está intimamente ligada ao tempo, ao descrever que a memória está ligando o passado e, em contrapartida, o perdão está, consequentemente, desligando, esquecendo-se do passado. Já a promessa está intimamente ligada ao futuro, pois aquilo que se promete só pode ter consequências a partir dela, mas, ao mesmo tempo, ao falar sobre o questionamento está desligando o futuro.

Assim, a obra de François Ost é visionária quanto ao tempo e o direito. Como afirma Jaqueline Mielke Silva deve-se pensar a obra no mundo globalizado como forma de acompanhamento de mudanças sociais, econômicas e políticas da sociedade, que acabam embocando, quase sempre, no Poder Judiciário. Os quatro elementos pensados na obra – memória, perdão, promessa e questionamento – estão intimamente ligados ao Direito e ao tempo e podem ser de extrema importância para o tempo do processo, por trazer conceitos que influenciam na sistemática processual da atualidade.

---

[153] SILVA, Jaqueline Mielke. *Op. cit.*, p. 319.

2. Aspectos constitucionais do direito fundamental à duração razoável do processo

O momento não poderia ser mais propício para uma mudança radical no pensamento jurídico contemporâneo quanto aos problemas enfrentados pelos jurisdicionados na questão relacionada à intempestividade do processo. A sociedade anseia por transformações no Poder Judiciário e algumas delas foram contempladas com o advento da Emenda Constitucional 45, de 8 de dezembro de 2004, que, dentre as inovações, trouxe para a esfera dos direitos fundamentais[154] positivados o princípio da duração razoável do processo que passa a fazer parte integrante do já significativo catálogo do artigo 5º da Constituição Federal, em seu inciso LXXVIII, tendo a seguinte redação: "a todos, no âmbito judicial e administrativo, são assegurados a razoável duração do processo e os meios que garantam a celeridade de sua tramitação".

Finalmente é chegada a oportunidade para que os doutrinadores nacionais comecem a se preocupar mais com a questão relacionada ao tempo do processo, tendo em vista a escassez de obras existentes até os dias atuais disciplinando a matéria, iniciando-se uma maior produção científica após a referida emenda. Quanto ao descaso dos doutrinadores em relação ao tempo do processo isso é questão já denunciada por Luiz Guilherme Marinoni,[155] ao afirmar:

> A questão do tempo do processo sempre foi negligenciada pela doutrina do processo civil, que chegou a vê-la como "cientificamente" não importante. Não obstante, um dos grandes desafios – talvez o maior – da processualística moderna é conciliar o direito à tempestividade da tutela jurisdicional com o tempo necessário aos debates entre os litigantes, à investigação probatória e ao amadurecimento da convicção judicial.

Diante da consagração deste direito fundamental por intermédio de sua positivação na Constituição Federal, não há mais como a processualísti-

---

[154] Aqui se vale do conceito dos direitos fundamentais naquela concepção de direitos positivados em uma Constituição, diferentemente de outras expressões como "direitos dos homens" ou "direitos humanos", conforme sintetiza SARLET, Ingo Wolfgang. *A eficácia dos direitos fundamentais*. 8. ed. rev. e ampl. Porto Alegre: Livraria do Advogado, 2007. p. 36: "Assim, com base no exposto, cumpre traçar uma distinção, ainda que de cunho predominantemente didático, entre as expressões 'direitos dos homens' (no sentido de direitos naturais não, ou ainda não positivados), 'direitos humanos' (positivados na esfera do direito internacional) e 'direitos fundamentais' (direitos reconhecidos ou outorgados e protegidos pelo direito constitucional interno de cada Estado)".

[155] MARINONI, Luiz Guilherme. *Abuso de defesa e parte incontroversa da demanda*. São Paulo: Revista dos Tribunais, 2007. p. 11.

ca contemporânea deixar de defender alterações drásticas no ordenamento jurídico brasileiro em matéria processual para reduzir o tempo de espera do jurisdicionado que hoje tem a coragem de bater às portas de um Poder Judiciário que sequer consegue garantir um tempo razoável de processo.

É a ocasião de o referido princípio finalmente conquistar sua posição como direito fundamental autônomo, retirando as amarras de ser considerado como apenas uma subespécie e ser estudado como os princípios constitucionais do mesmo escalão, tais como o devido processo legal, o acesso ao Poder Judiciário, o do contraditório e o da ampla defesa. Por essas e outras razões que se verá no transcorrer do estudo, não pode mais o direito fundamental à duração razoável do processo ser reduzido a um mero acessório do princípio da efetividade processual, como será estudado posteriormente. Na realidade, e é um dos tópicos que se pretende defender, pode-se falar na efetivação do direito do jurisdicionado, mesmo que ela tenha se concretizado intempestivamente o que, por si só, retiraria a subsidiariedade deste naquele.

A jurisdição deve ser prestada ao cidadão dentro de um prazo razoável, razão pela qual deve-se estudar as possibilidades de penalização daqueles que deixam o processo no descaminho da tempestividade, tanto direta como indiretamente, permitindo seu alargamento temporal indefinidamente. Contudo, antes de adentrar nos institutos da responsabilidade civil e da penalização, o estudo dos elementos constitucionais que serão importantes para o entendimento final do trabalho, para compreendê-lo como um todo, será realizado desde já.

Este é o momento de reflexão, análise, crítica e debate do novo direito fundamental positivado na Constituição Federal, conforme refere Luiz Guilherme Marinoni:[156]

> É chegado o momento do "tempo do processo" tomar o seu devido lugar dentro do direito processual civil, uma vez que o tempo não pode deixar de influir sobre a elaboração dogmática preocupada com a construção do processo justo ou com aquele destinado a realizar concretamente os princípios contidos na Constituição Federal.

É com esse ânimo renovado de ter realmente chegado o momento da releitura doutrinária do processo civil pela ótica do direito fundamental à duração razoável do processo que este estudo pretende preencher lacunas, criticando, analisando e contribuindo para que o princípio encontre norte seguro entre os principais motivos de estudo da doutrina processual civil e constitucional da atualidade.

2.1. As origens históricas do direito fundamental à duração razoável do processo

A redação do inciso LXXVIII do artigo 5º da Constituição Federal, introduzida pela Emenda Constitucional 45/2004, trouxe para a esfera juris-

---

[156] MARINONI, Luiz Guilherme. *Op. cit.*, p. 17.

dicional e administrativa o princípio da duração razoável do processo,[157] elevando-o ao rol dos direitos fundamentais. Mas essa vitória da cidadania não é novidade, pois fruto de séculos de pesquisa e reflexão sobre o assunto no âmbito universal, conforme se passa a demonstrar.

Infelizmente não existem estudos conclusivos que comprovem como se estruturaram as sociedades sem escrita no concernente ao Direito. Sabe-se que os habitantes dessas comunidades baseavam-se em orientações sagradas ou em rituais. Wolkmer[158] assim define esse período:

> Os efeitos jurídicos são determinados por atos e procedimentos que, envolvidos pela magia e pela solenidade das palavras, transformaram-se num jogo constante de ritualismos. Entretanto, o direito primitivo de matriz sagrada e revelada pelos reis-legisladores (ou chefes religiosos--legisladores) avança, historicamente, para o período em que se impõe a força e a repetição dos costumes.

Assim, diante dessa fase mítica do início da humanidade, não há como, conclusivamente, analisar cientificamente se havia ou não a alusão a um processo tempestivo, ou sequer já havia processo[159] nessas comunidades, razão

---

[157] Em que pese alguns juristas já terem modificado a terminologia utilizada na Constituição Federal, como DIDIER JÚNIOR, Fredie. *Curso de direito processual civil*. Teoria geral do processo e processo de conhecimento. 8. ed. Bahia: PODIVM, 2007. V. I. p. 39, que adota a nomenclatura de direito fundamental a um processo sem dilações indevidas, o qual não acompanha a linha adotada pelo legislador, tendo em vista que um processo sem dilações indevidas não necessariamente é um processo tempestivo. Talvez Fredie Didier Jr. esteja se referindo ao processo *sin dilacones indebidas* previsto na Constituição Espanhola, na qual se pode valer a lição de TREPAT, Cristina Riba. *La eficacia temporal del proceso* – el juicio sin dilaciones indebidas. Barcelona: José María Bosch, 1997. p. 100-101, que assim explica a expressão *dilación indebida*: "El pressupuesto de la norma constitucional que recoge la garantía procesal objeto de nuestro estudio presenta, junto ao elemento objetivo integrado por la dilación o demora judicial en la práctica de una determinada actuación, un elemento subjetivo que subyace en la adjetivación que, de dicho elemento fáctico, realiza la propia Norma Fundamental.
"Es decir, para que pueda apreciarse la violación del artículo 24.2 de la CE es necesario que concurra un factor de antijuridicidad directamente relacionado con la eventual extralimitación judicial de los prazos legalmente establecidos para resolver un asunto determinado, de modo que, en la medida en que la demora es, en sí misma, un hecho indiscutido, si impone valorar cuás há sido el comportamiento de los diferentes operadores jurídicos que participan en lo proceso detenido. Y es justamente esta labor de apreciación subjetiva la que permitirá calificar, caso por caso, si la situación procesal planteada ante el TC comporta la comisión de un ilícito constitucional".

[158] WOLKMER, Antonio Carlos. O direito nas sociedades primitivas. In: ——. (Org.). *Fundamentos de história do direito*. 4. ed. Belo Horizonte: Del Rey, 2007. p. 4.

[159] COUTO GONÇALVES, Willian. *Filosofia do direito processual*. Rio de Janeiro: Lumen Juris, 2005. p. 6-7. Em uma concepção histórico-filosófica, COUTO GONÇALVES defende que não se pode negar que já existia a consciência do homem de regras que regiam a vida em comunidade: "Assim, desde os primórdios da civilização, ao tempo em que o homem, minguado do domínio do conhecimento lógico das razões causais e finais do seu ser, sentir e agir, também desprovido do domínio do conhecimento lógico dos valores próprios, bem como das coisas ou bens que o circundavam e lhe eram pertinentes, tempo em que se conduzia à satisfação de suas necessidades, mesmo que não soubesse explicá-las, porque tão somente as sentia, impondo-se pela força sobre o seu semelhante, pouco ou nada importando se ao preço da própria vida, desde os primitivos tempos, a necessidade de coexistir impunha-lhe admitir regras de conduta e meios e modos de fazê-las prevalecentes.
E depois continua, concluindo: "As bases remotas sobre as quais o Estado Moderno soergueu o edifício conceitual, axiológico, epistêmico e também empírico da jurisdição e do processo estão fincadas nos primeiros agrupamentos humanos, a princípio evidenciadas nas manifestações mais primitivas e rudes das suas relações que, quando conflituais, resultavam no fazimento da sua própria justiça, a justiça privada, consistente no seu direito de defesa e expressão da *vindicta privata*. Nessa forma única de justiça, quando se dizia o direito – *júris dicere* – através de um processo e de uma jurisdição típicos de cada situação pontual, em que juiz e partes se confundiam, a pena contra toda a injustiça era aplicada pelo próprio sujeito da relação, ou pela própria vítima das mais diversas modalidades de agressão".

pela qual se opta por iniciar o estudo com a fase de legislações já positiva-das,[160] pois nessas se encontra aquilo que pode ou não ser interpretado como sendo uma ilação ao tempo do processo. Por essas razões, abstrair-se-á qual-quer conceito jurídico de direitos ainda não legislados e se ingressará direta-mente nas civilizações que tinham de alguma maneira normas escritas.

Dimas Ferreira Lopes[161] ao discorrer sobre o tema aponta:

> As antigas civilizações: Babilônia, Egito, Grécia, Índia e Palestina (hebreus), nenhuma delas, com a clareza romana, fixou limites temporais para a solução das demandas. Isto não significa que não fossem céleres os julgamentos. A tradição oral e escrita dá conta de muito expeditismo na solução das controvérsias solvidas pelos reis, sacerdotes ou seus prepostos na antiguidade histórica da humanidade.

Então, ressalta o autor que não é desprezível a tese de que na antiguida-de houvesse a previsão de um julgamento célere, tanto que destaca a regra inserida no artigo 45[162] do Código[163] de Manu. Contudo, refere que tais nor-mas não eram tão claras como já ocorria em Roma, citando a *ex properandum* para embasar sua afirmação, regra essa inserida no Código de Justiniano,[164] demonstrando que no Direito Romano já havia a garantia de um tempo ra-zoável para a finalização das controvérsias.

---

[160] GILLISSEN, John. *Introdução histórica ao direito*. 5. ed. Lisboa: Fundação Caloute Gulbenkian, 2008. p. 31: "É preciso portanto distinguir a pré-história do direito e a história do direito, distinção que repousa no conhecimento ou não da escrita. O aparecimento da escrita e, em consequência, dos primeiros textos jurídicos situa-se em épocas diferentes para as diversas civilizações; assim, para os Egípcios, a transição data de cerca de 28 ou 27 séculos antes da nossa era; para os Romanos, cerca dos séculos VI ou V antes de nossa era; para os Germanos, do século V da nossa era; para certos povos da Austrália, da Amazônia, da Papuásia, da África Central, data do século XIX ou mesmo do século XX".

[161] LOPES, Dimas Ferreira. Celeridade do processo como garantia constitucional – estudo histórico-com-parativo: constituições brasileira e espanhola. In: FIUZA, César (Org.). *Direito processual na história*. Belo Horizonte: Mandamentos, 2002. p. 288.

[162] Art. 45 do Código de Manu: "Que ele considere atentamente a verdade, o objeto, sua própria pessoa, as testemunhas, o lugar, o modo e o tempo, se cingindo às regras do processo".

[163] PINTO, Cristiano Paixão Araújo. Direito e sociedade no oriente antigo: Mesopotâmia e Egito. In: WOLKMER, Antônio Carlos (Org.). *Op. cit.*, p. 26. Sobre a expressão "Código" para se referir às legisla-ções arcaicas, cumpre lembrar a lição de Pinto: "É pertinente iniciar a descrição de fenômenos ligados à criação, vigência e aplicação do direito nas cidades da Mesopotâmia com uma advertência constantemente reprisada, mas que é ainda necessária: quando se fala da existência de 'códigos' na antiga Mesopotâmia, é claro que esta expressão não deve ser compreendida em seu sentido moderno (como um documento sis-tematizado, dotado de princípios gerais, categorias, conceitos e institutos, pensado para vigorar como um conjunto de preceitos gerais e abstratos). A configuração do direito, no alvorecer da Antiguidade, reflete o estado de maturidade política e institucional da época. O emprego da expressão "código" para descrever as normas de direito escrito produzidas na Mesopotâmia encontra fundamento tão-somente na tradição. Não há qualquer paralelo com os códigos de inspiração napoleônica".

[164] Diz a norma: "Decidimos editar a presente Lei, que vigorará por toda a órbita terrestre, abreviando em todo o tempo e lugar os processos, a fim de que não se façam, por assim dizer, imortais, excedendo a vida média dos homens (as causas criminais já se concluem em um biênio, segundo a Lei. As causas cíveis tanto mais se devem abreviar, por serem mais frequentes, mesmo porque costumam gerar, por si mesmas, matéria criminal). – P. 1. Decretamos, portanto, que todos os processos que versem sobre crédito, condições, direitos municipais ou privados, ou sobre posse, domínio, hipoteca ou servidões, ou ainda sobre qualquer fato que leva os homens a litigar entre si, não ultrapassem um triênio, contado da *litis contestatio* (exceção seja feito às causas fiscais e administrativas). Todos os juízes, seja os de capital ou das províncias, a que título tenham sido empossados, estão obrigados a observar esse prazo. Por sua importância, que ninguém ignore essas prescrições, protelando os processos".

Jorge Luiz de Almeida[165] defende que a existência de um processo célere já estava contida com o Decreto de Carlos Magno, assim fundamentando sua afirmação:

> E se buscássemos, historicamente, origem mais remota para a ideia de celeridade encontrar-se-ia na hilariante decretal de Carlos Magno, o mandamento – "autorizando o litigante, enquanto o juiz não provesse logo e com sentença, transportar-se à casa do Magistrado passando ali a viver sob suas custas até a solução".

Mas pela leitura do Decreto de Carlos Magno vê-se que não é garantido o direito a uma decisão em tempo razoável, mas apenas o direito daquele que espera a decisão de viver sob a tutela do juiz até que fosse proferida a sentença, muito na linha da penalização que imperava na antiguidade. Nesse caso, se a sentença não fosse logo ditada, já se aplicaria a respectiva pena.

Ainda na Idade Média deve-se relembrar que em 15 de junho de 1215, o Rei João, também conhecido como "o Sem-Terra", na Inglaterra, foi signatário da Magna Carta das Liberdades (*Great Chartes of Liberties*), que no artigo 40° dispunha: "To no one will we sell, to no one will we refuse or delay, rigth or justice",[166] ou seja, quase 800 anos depois o Brasil acabou por reconhecer, constitucionalmente, como direito fundamental que o processo não deve ser intempestivo, o que já estava garantido aos lordes da Inglaterra desde o século XIII. Compartilha dessa ótica de que o tempo do processo já estava inserido na Magna Carta Samuel Miranda Arruda,[167] ao expressar:

> Não se pode deixar de referir, contudo, que em ambas as cláusulas analisadas o direito à razoabilidade temporal dos processos apresenta-se de forma subsidiária ou indireta, não autônoma. Jamais se poderia extrair dos dispositivos da Magna Carta um direito próprio a um processo célere, até pelas limitações inerentes ao frágil sistema judiciário da época. Do ponto de vista histórico e como fundamento de consagração de um direito posterior, nos moldes como o conhecemos atualmente, é imperioso reconhecer, entretanto, que já se identificavam nestas cláusulas importantes dimensões deste direito fundamental.

O referido autor, em defesa de sua tese de doutorado na Faculdade de Direito da Universidade de Coimbra, acabou por chegar à conclusão sobre as origens históricas do direito fundamental a duração razoável do processo, afirmando que "o chamado sistema anglo-saxão de há muito vem reconhecendo e declarando a existência de um direito à celeridade processual", assim como que "na Inglaterra e nos Estados Unidos estão, sem dúvida, as raízes deste direito fundamental".[168]

---

[165] ALMEIDA, Jorge Luiz. Emenda Constitucional 45-2004 e responsabilidade. In: ——. (Org.). *A reforma do poder judiciário* – uma abordagem sobre a Emenda Constitucional n. 45-2004. Campinas: Millennium, 2006, p. 2.

[166] "Para ninguém nós venderemos, recusaremos ou atrasaremos o direito ou a justiça". (Tradução livre do autor).

[167] ARRUDA, Samuel Miranda. *O direito fundamental à razoável duração do processo*. Brasília: Brasília Jurídica, 2006. p. 33.

[168] *Ibidem*, p. 39.

Dimas Ferreira Lopes[169] sustenta a tese de que no ano de 1314, com a publicação da *Clementina Saepe* pelo Papa Clemente V, depois republicada no ano de 1317, havia a preocupação com a tempestividade do processo, criando-se um rito que deixava de ser o ordinário para ser sumário em certos tipos de demandas,[170] o que, visivelmente, importa em diminuição de etapas do processo, culminando, em tese, com a consequente redução do tempo.

Nos Estados Unidos também foram editadas declarações que mantiveram a ideia da tempestividade do processo, conforme ressalta Marcelo Terra Reis:[171]

> No mesmo século XVII, mais precisamente em 25 de abril de 1682, foi editado o *Frame of Government of Pennsylvania* – nos mesmos moldes da Magna Carta –, o qual assegurava um julgamento sem postergações. Entretanto, o documento inaugural de uma nova fase do direito à jurisdição tempestiva foi a *Virginia Declaration of Rights*, que em seu artigo 8 trazia o *speedy trial*. Salienta-se que este dispositivo apresentado pela Declaração de Direitos da Virgínia foi transplantando à Constituição Americana, por meio da Sexta Emenda Constitucional, auferindo, assim, uma visibilidade ainda maior ao direito a um processo célere.

Assim, nos Estados Unidos da América, desde a promulgação da 6ª emenda,[172] no ano de 1791, a Constituição já trazia expressamente a exigência de um julgamento rápido (*speedy trial*).

Outras normas podem ser citadas no âmbito internacional contendo a previsão de um julgamento em tempo razoável, como o Pacto Internacional de Direitos Civis e Políticos, no seu artigo 9.3, ao prever que "qualquer pessoa presa ou encarcerada em virtude de infração penal deverá ser conduzida, sem demora, à presença do juiz ou de outra autoridade habilitada por lei a exercer funções judiciais e terá o direito de ser julgada em prazo razoável ou de ser posta em liberdade", assim como no artigo 14.3, alínea "c", ao

---

[169] LOPES, João Batista. Efetividade do processo e reforma do código de processo civil: como explicar o paradoxo processo moderno – justiça morosa? *Revista de Processo*, São Paulo, a. 27, n. 105, p. 289-292, jan./mar. 2002.

[170] ALVARO DE OLIVEIRA, Carlos Alberto. *Do formalismo no processo civil*. 2. ed. São Paulo: Saraiva, 2003. p. 34-35, em lição sobre essa transformação de ritos criada pela Clementina Saepe: "Cuida-se, em realidade, de sistema procedimental totalmente novo, diferindo essencialmente do *solennis ordo judiciorum* em diversos aspectos fundamentais. Não só foi removida a vinculação jurídica ao processo ordinário como também, de modo significativo, outorgou-se ao juiz o poder de investigar a verdade material até de ofício. Desobrigou-se, outrossim, o autor de formular por escrito sua inconformidade, facultada a manifestação oral. Aboliu-se, igualmente, a litiscontestação, concedendo-se ao juiz autoridade para rejeitar exceções dilatórias, com o que se introduziu o germe do 'princípio da eventualidade'. Em lugar da exagerada aplicação do princípio do tratamento da causa pelas partes, próprio da passividade do órgão judicial no processo romano-canônico, permitiu-se-lhe firme controle da causa, autorizado até a interrogar as partes de ofício. Além disso, no lugar de uma medida progressão dos termos substantivos, concedeu-se ao juiz poder discricionário para encerrar a consideração dos elementos da causa em uma ou poucas audiências, e julgar o caso tão logo lhe parecesse maduro".

[171] REIS, Marcelo Terra. Tempestividade da prestação jurisdicional como direito fundamental. In: TEIXEIRA, Anderson Vichinkeski; LONGO, Luís Antônio. *A constitucionalização do direito*. Porto Alegre: Sergio Antonio Fabris, 2008. p. 204.

[172] Aufere a 6ª emenda: "Em todos os processos criminais, o acusado usufruirá do direito a julgamento rápido e público, por um júri imparcial do Estado e distrito onde o crime tiver sido cometido, distrito esse previamente determinado por lei, e de ser informado da natureza e causa da acusação, de ser acareado com as testemunhas de acusação, de fazer comparecer por meios legais testemunhas de defesa e de ser assistido por advogado".

mencionar que toda pessoa deve "ser julgada sem dilações indevidas", na Carta Africana de Direitos Humanos, no artigo 7.1, alínea "c", está positivado que toda pessoa tem direito a ser "julgado em um prazo razoável por um tribunal imparcial", no artigo 24.2 da Constituição Espanhola está afirmado que todos têm o direito "a un proceso publico sin dilaciones indebidas", e o artigo 20.4 da Constituição Portuguesa assegura que "Todos têm direito a que uma causa em que intervenham seja objecto de decisão em prazo razoável e mediante processo equitativo". Todas as normas acima expostas são exemplos que podem ser lembrados, no âmbito internacional, da real preocupação existente no que concerne ao tempo do processo, não sendo um rol taxativo.[173]

Mas, talvez, a mais importante norma existente na esfera jurídica internacional, assim como para o enfrentamento deste trabalho, seja aquela existente na Convenção Europeia para Salvaguarda dos Direitos do Homem e das Liberdades Fundamentais, no artigo 6º, § 1º, ao prescrever:

> Qualquer pessoa tem direito a que a sua causa seja examinada, equitativa e publicamente, num prazo razoável por um tribunal independente e imparcial, estabelecido pela lei, o qual decidirá, quer sobre a determinação dos seus direitos e obrigações de caráter civil, quer sobre o fundamento de qualquer acusação em matéria penal dirigida contra ela. O julgamento deve ser público, mas o acesso à sala de audiências pode ser proibido à imprensa ou ao público durante a totalidade ou parte do processo, quando a bem da moralidade, da ordem pública ou da segurança nacional numa sociedade democrática, quando os interesses de menores ou a proteção da vida privada das partes no processo o exigirem, ou, na medida julgada estritamente necessária pelo tribunal, quando, em circunstâncias especiais, a publicidade pudesse ser prejudicial para os interesses da justiça.

Esse artigo 6º, § 1º, será o estopim para que os cidadãos italianos iniciem sua série de processos judiciais por intempestividade da tutela jurisdicional perante a Corte Europeia, que levará a Itália, consequentemente, à promulgação de uma lei própria, a qual será analisada mais adiante.

André Ramos Tavares,[174] discorrendo sobre as legislações que compreendem a duração razoável do processo, diz:

> Na realidade, encontra-se no art. 6, 1, da Convenção Europeia pela Salvaguarda dos Direitos do Homem e das Liberdades Fundamentais, de 1959, o direito ao "prazo razoável". Assim

---

[173] MATEU, Adrià Rodés. *El derecho a un proceso sin dilaciones indebidas*: estúdio de su configuración constitucional y de su restablecimiento en el ordenamiento jurídico español. Barcelona: Atelier Libros Jurídicos, 2009. p. 26. Aumentando o rol taxativo, pode-se ler Adrià Rodés Mateu ao relembrar: "En el marco jurídico de la Unión Europea es obligado destacar el artículo 47 de la Carta de los Derechos Fundamentales de la Unión Europea (2000), que consagra el derecho a un proceso sin dilaciones indebidas. De los estados integrantes de la Unión Europea es recogido de forma genèrica – obviando el caso español –, por el artículo 60 de la Constitución de Bielorrusia (1994), el artículo 6.1 del Human Rights Act 1998 aplicable al derecho inglés, el artículo 29.1 de la Constitución de Finlandia (1999), el artículo 19 de la Constitución de Armenia (2005), el artículo 23 de la Constitución de Eslovenia (modif. 2003) y el artículo 111 de la Constitución de Italia (1947 modif. 1999); en cambio, ceñido en el orden penal, cabe señalar el artículo 28.3 de la Constitución de Albania (1998), el artículo 15.3 de la Constitución de Holanda (reformada 2002), el artículo 45 de la Constitución de Polonia (1997), el artículo 32.2 de la Constitución de Portugal (1976) y el artículo 39.1 de la Constitución de Malta (1964)".

[174] TAVARES, André Ramos. *Reforma do judiciário no Brasil pós-88*: (des)estruturando a justiça: comentários completos à EC n. 45-04. São Paulo: Saraiva, 2005. p. 32.

também a Convenção Americana sobre Direitos Humanos (Pacto de São José da Costa Rica, de 1969), em seu art. 8, usa a expressão "prazo razoável", referindo-se ao direito de toda a pessoa ser ouvida por um juiz ou tribunal competente. No mesmo sentido operou a Carta dos Direitos Fundamentais da União Europeia, de 2000, cujo parágrafo do art. 47 afirma que "toda pessoa tem direito a que sua causa seja julgada de forma equitativa, publicamente e num prazo razoável". Por fim, a própria Constituição Europeia veio a reafirmar, de forma idêntica, tal determinação, estabelecendo-a em seu art. II-107.

No Brasil, a preocupação, a nível constitucional, com o prazo razoável do processo apenas iniciou com a discussão acerca do § 2º do artigo 5º da Constituição Federal, que elenca "os direitos e garantias expressos nesta Constituição não excluem outros decorrentes do regime e dos princípios por ela adotados, ou dos tratados internacionais em que a República Federativa do Brasil seja parte", uma vez que o Brasil foi signatário do Pacto Internacional dos Direitos Civis e Políticos, que trazia o referido princípio em seu texto, no artigo 8.1, com a seguinte redação:

> Toda pessoa terá o direito de ser ouvida, com as devidas garantias e dentro de um prazo razoável, por um juiz ou tribunal competente, independente e imparcial, estabelecido anteriormente por lei, na apuração de qualquer acusação penal imputada a ela, ou na determinação de seus direitos e obrigações de caráter cível, trabalhista, fiscal ou de qualquer natureza.

Também o artigo 25.1[175] do Pacto Internacional dos Direitos Civis e Políticos menciona a rapidez processual nos recursos interpostos. Contudo, resta a dúvida de que se o Brasil é ou não signatário do referido Pacto. Para não pairarem controvérsias sobre a inserção da norma da tempestividade processual como direito fundamental anteriormente à Emenda Constitucional 45/2004, a leitura da doutrina nacional para dirimir a controvérsia é uníssona quanto à participação do Brasil, podendo-se ler para a respectiva confirmação sobre o Brasil ser signatário do Pacto de São José da Costa Rica[176] o processualista paulista José Rogério Cruz e Tucci,[177] ao afirmar:

---

[175] Art. 25.1. "Toda pessoa tem direito a um recurso simples e rápido ou a qualquer outro recurso efetivo perante os juízos ou tribunais competentes, que a ampare contra atos que violem seus direitos fundamentais reconhecidos pela Constituição, a lei ou a presente Convenção, ainda quando tal violação seja cometida por pessoas que atuem no exercício de suas funções sociais".

[176] ASSIS, Araken. Duração razoável do processo e reformas da lei processual civil. In: MOLINARO, Carlos Alberto; MILHORANZA, Mariângela Ribeiro; PORTO, Sérgio Gilberto. *Constituição, jurisdição e processo*: estudos em homenagem aos 55 anos de revista jurídica. Sapucaia do Sul: Notadez, 2007. p. 41-42, na mesma linha discorre: "Não se pode emprestar à explicitação do princípio da duração razoável do processo o caráter de novidade surpreendente e, muito menos, de mudança radical nos propósitos da tutela jurídica prestada pelo Estado brasileiro. Estudo do mais alto merecimento já defendera, baseado em argumentos persuasivos, a integração ao ordenamento brasileiro do direito à prestação jurisdicional tempestiva, através da incorporação do Pacto de São José da Costa Rica ou Convenção Americana sobre Direitos Humanos. Em síntese, o art. 8º, 1, do Pacto, prevendo tal direito, agregou-se ao rol dos direitos fundamentais, a teor do art. 5º, § 2º, da CF/88. De acordo com tal regra, o catálogo formal não excluiria outros direitos fundamentais decorrentes de tratados internacionais. À luz desse raciocínio, a EC 45/05 limitou-se a declarar um princípio implícito na Constituição. Ainda mais convincente se revelava a firme tendência de localizar na cláusula do devido processo (art. 5º, da CF/88) a garantia de um processo justo, inseparável da prestação da tutela jurisdicional no menor prazo possível nas circunstâncias". ALBERTON, Cláudia Marlise da Silva. O princípio da duração razoável do processo sob o enfoque da jurisdição, do tempo e do processo. In: MACHADO, Fábio Cardoso; MACHADO, Rafael Bicca (Coord.). *A reforma do poder judiciário*. São Paulo: Quartier Latin, 2006. p. 74: "O princípio da razoável duração do processo, inserto na Carta Constitucional no art. 5, LXXVII, por ocasião da Emenda Constitucional n. 45-2004 não é instituto novo. A convenção Americana de Direitos Humanos, também conhecida pelo Pacto de San José

Oportuno, nesse passo, lembrar que o nosso país é signatário do já mencionado Pacto de São José de Costa Rica, que adquiriu eficácia internacional em 18 de julho de 1978. O Congresso Nacional, posteriormente, mediante o Decreto 27, de 26 de maio de 1992, aprovou o seu texto, sendo que o nosso Governo, em 25 de setembro do mesmo ano, depositou a respectiva Carta de Adesão à apontada Convenção.

Com a ulterior publicação do Decreto 678 (09.11.1992), o Pacto de São José foi promulgado e, finalmente, incorporado ao ordenamento jurídico brasileiro.

Pode-se recordar também, com a leitura de Vallisney de Souza Oliveira,[178] que já houve casos que chegaram à Corte Interamericana pela intempestiva tutela processual, ao assegurar:

Trata-se de caso ocorrido com Damião Ximenes Lopes, doente mental morto em 4 de outubro de 1999 na Casa de Repouso Guatararapes, no município de Sobral, Estado do Ceará. Após o trâmite devido da demanda proposta perante a Comissão, em 1999, pelos familiares da vítima, o processo foi recebido na Corte em 2004. A família, representada pela Organização Justiça Global, recebeu da Corte americana o reconhecimento de que o Brasil violou os direitos humanos ao não fiscalizar devidamente a referida Clínica, onde ocorreram os maus-tratos e a morte, com isso causando danos materiais, morais e psicológicos aos familiares da vítima que, além de terem perdido ser ente querido, não tinham recebido do Judiciário brasileiro a decisão em relação aos pedidos de punição dos culpados e de reparação de danos morais.

Na hipótese, a Corte Interamericana considerou o atraso por mais de seis anos do processo penal e do processo civil de reparação de dano moral, ambos em curso no Judiciário do Estado do Ceará, sem que até a data da sentença da Corte tivesse havido conclusão no juízo de primeiro grau com sentença prolatada, tudo em decorrência de demoras injustificáveis por culpa do aparelho judiciário. Além de ter recebido outras sanções imateriais, o Estado brasileiro foi condenado a indenizar os pais e os irmãos da vítima em mais de cento e trinta e cinco mil dólares americanos, a serem entregues diretamente aos beneficiários.

A tese de que o Brasil realmente é signatário do Pacto de São José da Costa Rica é confirmado com o exemplo da ação ajuizada na Corte Interamericana da família da vítima de Damião Ximenes Lopes,[179] além da corrente da doutrina aceitando a matéria.

Numa outra linha argumentativa, também há quem defenda a tese de que o princípio da duração razoável do processo já estava intrinsecamente assentado no princípio do devido processo legal que tem sua previsão legal no artigo 5°, LIV, da Constituição Federal, ao dizer que "ninguém será privado da liberdade ou de seus bens sem o devido processo legal", como aponta

---

da Costa Rica, que tem o Brasil como signatário, estabelece em seu art. 8, que o direito a ser ouvido com as devidas garantias e dentro de um prazo razoável por um juiz, é pertinente a todos os indivíduos". E também DIDDIER JÚNIOR, Fredie. *Op. cit.*, p. 39: "A República Federativa do Brasil é signatária desse Pacto, que adquiriu eficácia no plano internacional em 18 de julho de 1978. O Congresso Nacional editou o Decreto 27, de 26 de maio de 1992, aprovando o seu texto. O Governo Federal depositou, em 25 de setembro do mesmo ano, a Carta de Adesão ao mencionado pacto. Com a ulterior publicação do Decreto 678 (09.11.1992), o Pacto de São José da Costa Rica foi promulgado e incorporado ao ordenamento jurídico brasileiro. O procedimento de incorporação do tratado foi respeitado em seus mínimos detalhes".

[177] CRUZ E TUCCI, José Rogério. *Tempo e processo* – uma análise empírica das repercussões do tempo na fenomenologia processual (civil e penal). São Paulo: Revista dos Tribunais, 1997. p. 86.

[178] OLIVEIRA, Vallisney de Souza (Coord.). *Constituição e processo civil*. São Paulo: Saraiva, 2008. p. 8.

[179] Para ler o parecer completo da Comissão Interamericana de Direitos Humanos sobre o caso Damião Ximenes Lopes, recomenda-se o acesso ao site CORTEIDH.OR.CR. Disponível em: <http://www.corteidh.or.cr/docs/casos/ximenes/agescidh.pdf>.

Gabrielle Cristina Machado Abreu, ao dizer que "a ideia de prazo razoável também está contida no princípio do processo legal, previsto no art. 5º, LIV, da CF".[180]

Em que pese o esforço da autora[181] na tentativa de já colocar o princípio da duração razoável do processo como parte integrante do devido processo legal, hoje já não se pode mais falar nisso, uma vez que exige o novo princípio vida própria, não se coadunando com a sua fase atual de desenvolvimento teórico a ilação secundária com demais princípios processuais, ainda mais naquele que é o que concede garantias ilimitadas ao cidadão, como os princípios do contraditório e da ampla defesa.[182] Essas duas garantias deságuam quase sempre numa idealização de segurança jurídica máxima e esta, pelo visto, atualmente, em análise mais profunda, está diametralmente em oposição ao princípio da tempestividade processual. Nessa linha, diz Gisele Mazzoni Welsch:[183]

> Não se pode olvidar, nesse particular, a existência de dois postulados que, em princípio, são opostos: o da segurança jurídica, exigindo lapso temporal razoável para a tramitação do processo, e o da efetividade do mesmo, reclamando que o momento da decisão final não se procrastine mais do que o necessário, obtendo-se um equilíbrio destes dois regramentos – segurança/celeridade – emergirão as melhores condições para garantir a justiça no caso concreto, sem que, assim, haja diminuição no grau de efetividade da tutela jurisdicional.

Apesar de não haver concordância com dois dos conceitos emanados no pensamento da autora, uma vez que confunde o princípio da celeridade processual com o da duração razoável do processo, assim como a colocação deste como categoria do princípio da efetividade, temas que serão enfrentados em momento posterior, conceitualmente, ao dizer que há uma incongruência entre o princípio da duração razoável do processo e o da segurança jurídica, uma vez que este defende, em tese, uma cognição plena para se alcançar uma decisão, enquanto aquele luta por uma decisão tempestiva, embora tenha que se dar dentro de certas garantias processuais.

Também parte da doutrina elenca a duração razoável do processo com o princípio do acesso ao Poder Judiciário, inserto no artigo 5º, inciso XXXV, da Constituição Federal. Luiz Rodrigues Wambier, Tereza Arruda Alvim Wambier e José Miguel Garcia Medina[184] apontam:

> Segundo pensamos, a garantia de razoável duração do processo constitui desdobramento do princípio estabelecido no art. 5º, XXXV. É que, como a lei não pode excluir da apreciação do

---

[180] ABREU, Gabrielle Cristina Machado. *A duração razoável do processo como elemento constitutivo do acesso à justiça.* Florianópolis: Conceito Editorial, 2008. p. 83.

[181] RAMOS, Carlos Henrique. *Processo civil e o princípio da duração razoável do processo.* Curitiba: Juruá, 2008. p. 17, trabalha a mesma linha de raciocínio.

[182] Conforme entendimento de ALVARO DE OLIVEIRA, Carlos Alberto. *Op. cit.,* p. 87: "Por tais razões, o aspecto mais essencial do devido processo legal é o de assegurar o contraditório e a ampla defesa".

[183] WELSCH, Gisele Mazzoni. A razoável duração do processo (art. 5º, LXXVIII, da CF/88) como garantia constitucional. In: MOLINARO, Carlos Alberto; MILHORANZA, Mariângela Ribeiro; PORTO, Sérgio Gilberto. *Op. cit.,* p. 363.

[184] WAMBIER, Luiz Rodrigues; WAMBIER, Teresa Arruda Alvim; MEDINA, José Miguel Garcia. *Breves comentários à nova sistemática processual civil.* 3. ed. São Paulo: Revista dos Tribunais, 2005. p. 27.

Poder Judiciário lesão ou ameaça a direito, é natural que a tutela a ser realizada pelo Poder Judiciário deve ser capaz de realizar, eficazmente, aquilo que o ordenamento jurídico material reserva à parte. E eficaz é a tutela jurisdicional prestada tempestivamente, e não tardiamente.

Parece que realmente o princípio da duração razoável do processo se encaixa, perfeitamente, como subprincípio ou subespécie do acesso ao Poder Judiciário, não fosse por uma razão que retira daquele a subsidiariedade deste, uma vez que a duração razoável do processo foge das amarras do Judiciário, se estendendo ao processo administrativo, providência não prevista no inciso XXXV do artigo 5º da Constituição Federal. Então, é certo que sem a garantia do acesso ao Judiciário, não há o que se falar em duração razoável do processo, mas em contrapartida, parece que o novo princípio também dá seu recado ao dizer que não há o que se falar em acesso pleno ao Judiciário, sem que este garanta a tempestivamente do processo, ou seja, não existe hierarquia entre os dois princípios constitucionais.

Contudo, mesmo se todas as teses fossem tomadas como corretas, outro problema se faz pertinente de ser levantado, baseado no fato de que se já existe o desrespeito muitas vezes ao ordenamento jurídico pátrio, quando positivado, imagine-se quando são frutos de interpretações advindas de tratados internacionais ou intrinsecamente colocados em outros princípios ou regras.[185] Contudo, esse fato não retira a força exercida pelo § 2º do artigo 5º, conforme prevê André Nicolitt,[186] ao confirmar:

> Desta forma, o princípio já se encontrava expressamente no ordenamento jurídico brasileiro como garantia fundamental por força do § 2º do art. 5º da CRF/88, que acolhe os direitos fundamentais consagrados em tratados internacionais que o Brasil fizer parte. Em outros termos, a previsão derivada da combinação do art. 5º, § 2º, com os artigos 9 e 14 do Pacto Internacional de Direitos Civis e Políticos, sem olvidar o Pacto de São José, que ingressou no Brasil em 1992. Todavia, com a sua adoção expressa pela Constituição, não resta dúvida sobre o relevo e realce que ganhou, significando um verdadeiro convite ou exigência constitucional à comunidade jurídica, a fim de dar efetividade ao princípio.

O questionamento sobre a constitucionalidade do referido dispositivo é outra abordagem a ser citada, tendo em vista a vedação do art. 60, § 4º,[187] inciso IV, da Constituição Federal. Mas tal questão encontra resposta na leitura de Elaine Harzheim Macedo[188] que assim confirma sua validade:

---

[185] ARRUDA, Samuel Miranda. *Op. cit.*, p. 53, em análise sobre a soltura das amarras do direito fundamental a duração razoável do processo de outros direitos fundamentais, salienta: "Em síntese, se por um lado o direito é dedutível de cláusulas constitucionais mais abrangentes, sua constitucionalização expressa só trouxe benefícios, senão do ponto de vista de sua aplicação prática, pelo menos por conscientizar os jurisdicionados e dar cabo a estéreis discussões doutrinárias. Conclui-se, portanto, que a existência deste direito fundamental não depende de positivação constitucional expressa, pois está contido em outras cláusulas, mas a afirmação direta reforça a posição dos titulares do direito e aclara os deveres dos destinatários".

[186] NICOLITT, André Luiz. *A duração razoável do processo*. Rio de Janeiro: Lumen Juris, 2006. p. 19.

[187] Art. 60: "A Constituição poderá ser emendada mediante proposta"; [...] 4: "Não será objeto de deliberação a proposta de emenda tendente a abolir": [...] IV: "os direitos e garantias individuais".

[188] MACEDO, Elaine Harzheim. *Jurisdição e processo*: crítica histórica e perspectivas para o terceiro milênio. Porto Alegre: Livraria do Advogado, 2005. p. 263.

Por primeiro, o entendimento das duas casas legislativas foi no sentido de que incluir no rol dos direitos e garantias fundamentais não implicava descumprimento à disposição do art. 60, § 4º, incido IV, da Constituição Federal, porque não se trata de inovar cláusula pétrea, mas sim de dilatar a matéria protegida. Lembrava o primeiro relator no Senado que não basta a prescrição constitucional para alcançar seu desiderato imediato, sendo necessário criar-se os instrumentos hábeis a tanto, porque o seu destinatário maior é o cidadão.

Assim, perfectibilizado o princípio da duração razoável do processo como direito fundamental[189] está-se, desde 31 de dezembro de 2004, data essa em que foi publicada a Emenda Constitucional 45 no Diário Oficial da União com previsão de entrada em vigor na data de sua publicação, conforme artigo 10 da referida Emenda, vivendo uma mudança constitucional processual para que o jurisdicionado tenha mais garantias quanto ao tempo de seu processo, quer no âmbito judicial ou administrativo.

2.2. A titularidade do direito fundamental à duração razoável do processo

Em algumas ocasiões específicas chega-se a um questionamento sobre quem detém a titularidade dos direitos fundamentais catalogados na Constituição Federal, sendo uma questão que apesar de, numa primeira visão, parecer simplória, acaba por confundir parte da doutrina nacional.[190]

A leitura do inciso LXXVIII do artigo 5º no qual é previsto o direito fundamental, a tutela tempestiva do processo traz, numa primeira reflexão, que todas as pessoas são titulares desse direito ao dizer que "a todos, no âmbito judicial e administrativo, são assegurados a razoável duração do processo e os meios que garantam a celeridade de sua tramitação". Contudo, resta o questionamento de quem são todos? Dimoulis e Martins[191] chegam a alertar para o extremo cuidado que se deve ter com a expressão "todos":

> Quando se pergunta a um leigo quem é o titular dos direitos fundamentais, a resposta espontânea será: "todos". Esta resposta é também sugerida pelo termo "direitos humanos", ou "direitos da pessoa humana", que, como já foi constatado, são utilizados na própria Constituição Federal como sinônimos do termo "direitos fundamentais". Além disso, aparecem na Constituição Federal muitas vezes os termos "todos", "ninguém", "qualquer pessoa" em dispositivos que garantem direitos fundamentais, algo que reforça a ideia de sua titularidade universal.

---

[189] Cumpre ressaltar que após a Emenda Constitucional 45/2004 o Conselho Nacional de Justiça aprovou o Código de Ética da Magistratura e elencou, no artigo 20, a vinculação que o magistrado deve ter com a tempestividade processual. Refere o artigo: "Cumpre ao magistrado velar para que os atos processuais se celebrem com a máxima pontualidade e para que os processos a seu cargo sejam solucionados em um prazo razoável, reprimindo toda e qualquer iniciativa dilatória ou atentatória à boa-fé processual". Disponível em: <http://www.cnj.jus.br>. Acesso em: 15 dez. 2008.

[190] NUNES, Anelise Coelho. *A titularidade dos direitos fundamentais na Constituição Federal de 1988*. Porto Alegre: Livraria do Advogado, 2007. Para melhor enfrentamento da matéria recomenda-se sua leitura, em especial a página 41.

[191] DIMOULIS, Dimitri; MARTINS, Leonardo. *Teoria geral dos direitos fundamentais*. São Paulo: Revista dos Tribunais, 2007. p. 82.

Do ponto de vista da dogmática, essa impressão é altamente enganosa. Com poucas exceções, a Constituição Federal garante aos direitos fundamentais determinadas categorias de pessoas, excluindo implicitamente os demais, isto é, não lhes oferecendo proteção em nível constitucional. Além disso, depara-se aqui com uma situação complexa, já que cada categoria de direitos possui titulares diferentes.

Ora, existem titulares de alguns direitos fundamentais que não o são de outros e vice-versa. Todos têm o direito a acessar o Poder Judiciário, mas somente as associações, quando autorizadas por lei, têm legitimidade para representar seus filiados, a teor do inciso XXI[192] do artigo 5º, ou seja, nem todos têm legitimidade para representar alguém.

Grande parte da preocupação da doutrina figura no fato de o *caput* do artigo 5º da Constituição Federal trazer que "todos são iguais perante a lei, sem distinção de qualquer natureza, garantindo-se aos brasileiros e aos estrangeiros residentes no país a inviolabilidade do direito à vida, à liberdade, à igualdade, à segurança e à propriedade [...]", mostrando que, pelo menos, na interpretação mais pobre que se possa fazer do referido artigo, ou seja, apenas interpretando literalmente a lei, o legislador previu uma diferença entre estrangeiros residentes e estrangeiros em trânsito no país.

Contudo, e felizmente, tal interpretação não prosperou. Dimoulis e Martins,[193] discorrendo sobre o tema, explicam:

> Isso esclarece as dimensões do presente problema. A falta de explícita proteção constitucional dos direitos fundamentais dos estrangeiros não residentes pelo art. 5 da CF não significa que eles estejam à mercê dos aparelhos estatais. Nenhuma autoridade pode afetar seus interesses, sem que haja base legal para tanto, conforme indica o princípio da legalidade da Administração e o correlato princípio da submissão do Judiciário à lei. O problema surge a partir do momento em que o legislador ordinário afeta direitos de pessoas que não gozam de titularidade segundo a Constituição.

Realmente seria um contrassenso conceder certos direitos fundamentais ao estrangeiro residente no país e não contemplar o não residente no país.[194] Um caso que poderia ser citado seria o do turista. Diante de uma interpretação literal do artigo, ele não seria titular do direito a não ser torturado, ou seja, se fosse detido, suspeito da prática de um crime, em território brasileiro, não teria os direitos e as garantias previstos no artigo 5º da Constituição Federal, podendo, portanto, ser torturado. Tal interpretação, conforme já analisada, foi e deve continuar sendo rechaçada.

---

[192] "As entidades associativas, quando expressamente autorizadas, têm legitimidade para representar seus filiados judicial ou extrajudicialmente".

[193] DIMOULIS, Dimitri; MARTINS, Leonardo. *Op. cit.*, p. 87.

[194] DINAMARCO, Cândido Rangel. *Nova era do processo civil*. São Paulo: Malheiros, 2007. p. 35: "Não escapa ao intérprete atento o fato de a Constituição brasileira e o Estatuto do Estrangeiro conterem a cláusula estrangeiros residentes no país, da qual poder-se-ia talvez inferir uma limitação às garantias de direitos, ou seja, inferir a exclusão da proteção com referência aos estrangeiros não residentes no país. A realidade é outra, porém. Quer nas decisões dos tribunais, quer em sede doutrinária, os poucos que a respeitam se manifestaram veem no art. 5º da Constituição a solene afirmação da igualdade substancial entre os nacionais e todos os estrangeiros que de algum modo entrem em contato com a vida do país e, consequentemente com a ordem jurídica brasileira".

Tal problema de legitimidade da titularidade dos direitos fundamentais aos estrangeiros não residentes no país parece não afetar qualquer interpretação lógica do direito ao processo tempestivo, uma vez que, em especial, o inciso LXXVIII da Constituição Federal, expressamente, elencou como titulares "todos", o que leva à outra questão: quem são estes todos?

Quanto à titularidade dos brasileiros, estrangeiros residentes no país e em trânsito, parece restar evidenciado que estão inseridos entre esses "todos" expressamente previsto no inciso LXXVIII, mas quem mais deve ter direito a um processo tempestivo ao ingressar no Poder Judiciário no Brasil?

Ora, brasileiros e estrangeiros, ao que parece, pressupõem, como sendo pessoas físicas. Então a primeira questão colocada é se as pessoas jurídicas, aqui também se falando das nacionais e estrangeiras, igualmente são titulares do direito fundamental à duração razoável do processo? Steinmetz e Pindur,[195] analisando a titularidade dos direitos fundamentais quanto às pessoas jurídicas, apontam:

> Uma resposta imediata e apressada diria que não, porque os direitos fundamentais possuem estreita vinculação com a dignidade da pessoa humana, e, em princípio, não parece haver conexão entre pessoas jurídicas e a dignidade humana. Assim, para determinar se as pessoas jurídicas são titulares de direitos fundamentais, é preciso entender o porquê dessa vinculação, e se ela é ou não excludente da titularidade desses direitos pela pessoa jurídica.

Após a análise relativamente à dignidade da pessoa humana, os autores[196] concluem:

> Em suma, entender a titularidade dos direitos fundamentais às pessoas jurídicas nada mais é que proteger a dignidade humana, mesmo que indiretamente, e promover os direitos fundamentais que dependem dos resultados econômicos e sociais da atuação dessas pessoas.

Após os apontamentos realizados sobre a titularidade das pessoas jurídicas, é de se inclinar pela tese de que realmente essa categoria é titular de alguns direitos fundamentais, em especial, daquele descrito no inciso LXXVIII do artigo 5° da Constituição Federal.

Outra questão se faz pertinente ao se tratar do tema sobre a titularidade do direito fundamental à duração razoável do processo. Como destinatário principal dos direitos fundamentais tem-se o próprio Estado a fim de que o exercício deste seja limitado frente a seus cidadãos. Mas, então, não pode o Estado, ao mesmo tempo, ser titular e destinatário de direitos fundamentais? Não tem ele interesse que sua execução fiscal, por exemplo, lhe seja efetivada dentro de um prazo razoável?

Embora poucos tenham enfrentado o tema, parece que a resposta acaba por ser positiva. O Estado, apesar de ser ele destinatário dos direitos fundamentais, acaba por, em certos casos, se tornar titular, também. André

---

[195] STEINMETZ, Wilson; PINDUR, Flavia Letícia de Mello. A titularidade de direitos fundamentais por pessoas jurídicas. *Direito e Democracia* – Revista de Ciências Jurídicas. Canoas: Ulbra, v. 7, p. 285, 2006.
[196] *Ibidem*, p. 285.

Nicolitt[197] entende que tanto a pessoa jurídica de direito público como de direito privado pode ser titular do princípio, ao afirmar:

> Entendemos que o direito à duração razoável do processo é um direito correlato e inerente ao próprio devido processo. Sendo assim, todos, no âmbito processual, têm direito ao devido processo. Contudo, nem todos, evidentemente, poderão pretender a totalidade dos aspectos que podem advir do direito à duração razoável do processo. Não obstante, o direito a exigir o restabelecimento normal da atividade jurisdicional, em nosso sentir, não está excluído de quem quer que esteja como parte na relação processual, seja pessoa jurídica ou pessoa física, de direito público ou de direito privado. O mesmo não ocorre em relação a eventual direito à indenização.

Assim, em que pese ser o Estado o destinatário principal dos direitos fundamentais, encontra ele, em alguns casos, também sua titularidade, em especial quando se tratar dos princípios processuais constitucionais, tais como o contraditório, a ampla defesa e o próprio acesso ao Judiciário. Ora, não se pode deixar o Estado de fora do Poder Judiciário caso exista alguma lesão contra si, como o não pagamento de um tributo, assim como não se pode julgá-lo num processo sem lhe dar a oportunidade do contraditório e da ampla defesa, conforme determina a Constituição Federal. Tudo isso sem ressaltar que, por detrás da máquina estatal como parte de um processo judicial, está a gama de interessados que o processo seja efetivado, em especial o próprio cidadão.

Também devem ser lembrados aqueles que não detêm personalidade jurídica, os denominados entes despersonalizados, que também trazem uma gleba de interessados quando existe uma demanda judicial, como afirma Nagibi Slaibi Filho,[198] ao dizer:

> O direito à celeridade da decisão nas instâncias judicial e administrativa alcança as pessoas físicas ou naturais, as pessoas jurídicas ou morais (e não só por que em seu substrato estão pessoas físicas), mas também as fundações (que, conceitualmente conjunto personalizado de bens, destinam-se à tutela de interesses que vão se definir na esfera jurídica das pessoas), os entes despersonalizados (que não são pessoas jurídicas, mas ganham da lei legitimação para atuar em sede processual), como o espólio, a herança jacente, o condomínio de edifícios, o consórcio para a aquisição de bens duráveis e tantos outros que são criados não só pela lei como pela prática pretoriana.

Apesar de enumerar os entes despersonalizados, esqueceu-se de ressaltar um dos que mais necessita de um processo com duração razoável, que é a massa falida, que tem, além da proteção do próprio inciso LXXVIII, após o advento da Emenda Constitucional 45/2004, a tramitação diferenciada no seu tempo, tendo em vista a previsão da legislação falimentar, que concede a ela a tramitação preferencial, em qualquer juízo ou grau de jurisdição, uma vez que trata de uma massa de interessados que necessitam de um processo finalizado em tempo razoável.

---

[197] NICOLITT, André Luiz. *Op. cit.*, p. 61-62.

[198] SLAIBI FILHO, Nagib. *Reforma da justiça*: (notas e emenda constitucional nº 45, de dezembro de 2004). Niterói: Impetus, 2005. p. 19.

Em lição que complementa o capítulo, Paulo Caliendo,[199] ao mencionar sobre a titularidade, aponta quem são os detentores do direito fundamental à duração razoável do processo, ao assegurar:

São titulares os jurisdicionados, entendendo-se estes pelas pessoas de direito privado, físicas ou jurídicas, não se excluindo os órgãos da administração pública. Nada impede em verificar que o Estado ou seus órgãos possam pleitear este direito, tal como na situação do Ministério Público na defesa de direitos difusos, sociais ou coletivos. Igualmente, não seria de todo descabido em verificar uma situação em que um ente federado (p.ex.: Município) não pudesse solicitar o amparo deste direito em processo que movesse contra outro ente federado (p.ex.: União).

Pode alcançar ainda as fundações (conjunto patrimonial com finalidade), os entes despersonalizados, tais como as sociedades de fato, o espólio, a massa falida, o condomínio, o consórcio e tantos outros entes sem personalidade civil, mas que ganham legitimidade processual para atuarem em juízo.

Assim, resta claro ao leitor que o termo "todos"[200] no início do inciso LXXVIII do artigo 5º da Constituição Federal abarca as pessoas físicas e jurídicas, nacionais ou estrangeiras, assim como o próprio Estado[201] e seus órgãos de funcionamento interno e externo, alguns desses por si mesmos ou representados conforme autorizado no artigo 12 do Código de Processo Civil, sendo importante salientar que qualquer pessoa que ingresse no Poder Judiciário, quer como autora ou ré, ou ainda apenas como interveniente, têm o direito de, em tempo razoável, ver seu conflito finalizado.

2.3. Os destinatários ou coobrigados do direito fundamental à duração razoável do processo

Conforme defendido no capítulo anterior destinado à titularidade do direito fundamental à duração razoável do processo todas as pessoas nacionais, estrangeiras, físicas, jurídicas, ou ainda entes despersonalizados que ingressem com um processo no Poder Judiciário brasileiro, têm o direito a ter ele julgado tempestivamente. A titularidade então, bem definida, aponta realmente para a expressão "todos", colocada tanto no *caput* do artigo 5º, como no próprio inciso LXXVIII. Mas quem é ou quais são os destinatários do princípio da duração razoável do processo?

Conforme a própria história conta, os direitos fundamentais são aqueles que foram consagrados aos indivíduos para que tivessem uma maior

---

[199] CALIENDO, Paulo. Duração razoável do processo em matéria tributária. In: MOLINARO, Carlos Alberto; MILHORANZA, Mariângela Ribeiro; PORTO, Sérgio Gilberto. *Op. cit.*, p. 525-526.

[200] OLIVEIRA, Rafael Sérgio Lima de. *O reexame necessário à luz da duração razoável do processo*: uma análise baseada na teoria dos direito fundamentais de Robert Alexy. Curitiba: Juruá, 2011, p. 89: Em apertada síntese, refere o autor: "Por último, assevera-se que todos terão direito à razoabilidade da duração do processo, independentemente da posição que ocupem. Autor e réu, opoente e oposto, assistente e assitido, exequente e executado, recorrente e recorrido, embargante e ambargado, todos têm direito à tutela jurisdicional tempestiva".

[201] Para maior aprofundamento sobre a titularidade do Estado a certos direitos fundamentais ler NUNES, Anelise Coelho. *Op. cit.*, p. 96-99.

proteção contra o Estado, para que este tivesse limitações[202] à atuação em certas garantias do cidadão. Por isso que, historicamente, na concepção adotada por Dimitri Dimoulis e Leonardo Martins,[203] os direitos fundamentais só podem ser constatados pela presença de três elementos: o Estado, o indivíduo e o texto normativo da relação entre ambos.

Como o mais importante para o estudo é a definição oferecida pelos autores[204] sobre o texto normativo da relação entre o Estado e o indivíduo, que no presente caso é a própria Constituição, serve o conceito esposado por eles para sistematizar quem são os destinatários e coobrigados do direito fundamental à razoável duração do processo:

> Texto normativo regulador da relação entre Estado e indivíduos. O papel de regulador entre os dois elementos *supra* descritos é desempenhado pela Constituição no sentido formal, que declara e garante determinados direitos fundamentais, permitindo ao indivíduo conhecer sua esfera de atuação livre de interferências estatais e, ao mesmo tempo, vincular o Estado a determinadas regras que impeçam cerceamentos injustificados das esferas garantidas da liberdade individual. O texto deve ter validade em todo o território nacional e encerrar supremacia, isto é, força vinculante superior àquela das demais normas jurídicas.

É no trecho do pensamento emanado pelos autores quando falam que é "[...] permitido ao indivíduo conhecer sua esfera de atuação livre de interferências estatais [...]" que reside o questionamento de que se é somente o Estado que está obrigado a não interferir, ou seja, respeitar a gama de direitos fundamentais do indivíduo ou se referidos direitos também vinculam outras pessoas que não o Estado?

Wilson Steinmetz[205] responde ao questionamento em conclusão a sua tese de doutorado ao garantir que "no marco normativo da CF, direitos fundamentais – exceto aqueles cujos destinatários (sujeitos passivos ou obrigados) são exclusivamente os poderes públicos – vinculam os particulares", admitindo, então, uma vinculação dos particulares[206] aos direitos fundamentais, exceto naquele campo de exclusividade do Estado.

---

[202] STEINMETZ, Wilson. *A vinculação dos particulares a direitos fundamentais*. São Paulo: Malheiros, 2004. p. 65.

[203] DIMOULIS, Dimitri; MARTINS, Leonardo. *Op. cit.*, p. 24-26.

[204] *Ibidem*, p. 26.

[205] STEINMETZ, Wilson. *Op. cit.*, p. 296.

[206] SARLET, Ingo Wolfgang. *Op. cit.*, p. 407-408: "Se a tese da assim designada eficácia mediata (indireta) segue dominante na doutrina e na jurisprudência alemãs, inclinamo-nos hoje – pelo menos à luz do direito constitucional positivo brasileiro – em prol de uma necessária vinculação direta (imediata) *prima facie* também dos particulares aos direitos fundamentais, sem deixar de reconhecer, todavia, na esteira de Canotilho e outros, que o modo pela qual se opera a aplicação dos direitos fundamentais às relações jurídicas entre particulares não é uniforme, reclamando soluções diferenciadas. Tal entendimento, dentre outras razões que aqui não iremos desenvolver, justifica-se especialmente entre nós, pela previsão expressa da aplicabilidade direta (imediata) das normas definidoras de direitos e garantias fundamentais, o que, por sua vez, não se contrapõe ao fato de que, no âmbito da problemática da vinculação dos particulares, as hipóteses de um conflito entre os direitos fundamentais e o princípio da autonomia privada pressupõe sempre uma análise tópico-sistemática, calcada nas circunstâncias específicas do caso concreto, devendo ser tratada de forma similar às hipóteses de colisão entre direitos fundamentais de diversos titulares, isto é, buscando-se uma solução norteada pela ponderação dos valores em pauta, almejando obter um equilíbrio e concordância prática, caracterizada, em última análise, pelo não-sacrifício completo

Na também tese de doutoramento publicada *Direitos Fundamentais e Relações Privadas*, Daniel Sarmento[207] entende ser possível a vinculação dos particulares, ao dizer:

> Para nós, por outro lado, existe sempre uma vinculação direta dos particulares aos direitos fundamentais, independentemente da existência, ou não, de uma manifesta desigualdade de forças entre as partes nas relações jurídicas. Não apenas os grandes grupos empresariais, empregadores, associações, sindicatos e congêneres estão atrelados àqueles direitos, mas também o cidadão comum, nas relações paritárias que mantiver com outras pessoas. A questão da desigualdade material torna-se relevante apenas no momento em que se tiver que ponderar o direito em questão com a autonomia privada, conforme explicitaremos mais adiante.

Para Robert Alexy,[208] a teoria da vinculação é aceita; porém, não tratando o cidadão como destinatário, mas sim como titular, tornando-se, assim, uma questão de colisão, e não de construção, conforme expõe:

> Atualmente a ideia de que normas de direitos fundamentais produzem efeitos na relação cidadão/cidadão e, nesse sentido, têm um efeito perante terceiros, ou efeito horizontal, é amplamente aceita. O que é polêmico é como e em que extensão elas o fazem. A questão sobre como as normas de direitos fundamentais produzem efeitos na relação cidadão/cidadão é algo que diz respeito a um problema de construção. A questão sobre em que extensão elas o fazem é uma questão que expressa um problema substancial, a saber, um problema de colisão. Tanto o problema de construção quanto o de colisão resultam de uma diferença fundamental entre a relação Estado/cidadão e a relação cidadão/cidadão. A relação Estado/cidadão é uma relação entre um titular de direitos fundamentais e um não-titular. A relação cidadão/cidadão é, ao contrário, uma relação entre titulares de direitos fundamentais.

Continua Robert Alexy discorrendo sobre as teorias acerca do modelo de construção, chegando a três delas: a de efeitos indiretos perante terceiros, defendida por Durig e o Tribunal Constitucional Federal segundo a qual os direitos fundamentais, enquanto "valores constitucionais", influenciam a interpretação do direito privado;[209] a segunda, de efeitos diretos perante terceiros, defendida por Nipperdey e a 1ª Turma do Tribunal Federal do Trabalho, segundo a qual os direitos fundamentais se dirigem somente contra o Estado;[210] e a terceira, de efeitos mediatos por direitos em face do Estado, proposta por Schwabe, que seria uma "[...] consequência da vinculação do Estado aos direitos fundamentais como direitos públicos subjetivos".[211]

Em fechamento à lição sobre os três modelos de construção, Robert Alexy[212] aduz:

---

de um dos direitos fundamentais, bem como pela preservação, na medida do possível, da essência de cada um".

[207] SARMENTO, Daniel. *Direitos fundamentais e relações privadas*. 2. ed. Rio de Janeiro: Lumen Juris, 2006. p. 245.

[208] ALEXY, Robert. *Teoria dos direitos fundamentais*. Tradução Virgílio Afonso da Silva. São Paulo: Malheiros, 2008. p. 528.

[209] *Ibidem,* p. 529.

[210] *Ibidem,* p. 529-530.

[211] *Ibidem,* p. 530.

[212] *Ibidem,* p. 532.

Nenhuma das três teorias transpõe os direitos fundamentais dirigidos contra o Estado para a relação cidadão/cidadão por meio de uma simples troca de destinatários. Todas elas permitem levar em conta o fato de que, na relação cidadão/cidadão, ambos os lados são titulares de direitos fundamentais. Todas elas aceitam uma modulação da força de seus efeitos. Para todas elas a medida do efeito dos direitos fundamentais na relação cidadão/cidadão é, no final das contas, uma questão de sopesamento.

Essa ideia de sopesamento na obra de Robert Alexy é nada mais do que, analisando o caso concreto e, principalmente as partes envolvidas, verificar se existe uma diferença gritante entre essas na aplicação da vinculação dos direitos fundamentais. Jayme Weingartner Neto[213] exemplifica esse sopesar com uma assimetria de forças entre os particulares assim se expressando:

> Pode-se, talvez, representar tais relações considerando eventual assimetria entre um particular determinado (A) e o particular mais frágil (a). Assim: se (A x A) = (CPJ 2.2 de grau médio – dever médio de proteção estatal, na regulação do conflito); se (A x a) = (CPJ 2.2 de grau maior em favor de "a") – o mesmo conflito, portanto, entre sujeitos diferentes, pode levar, de forma racional e metodicamente sustentada, a soluções (resultados) diferentes. Pode-se agregar o conceito de fitness, para dizer que (a) será, na relação concreta travada, aquele com menor capacidade de aptidão para fazer valer sua posição, o que se presume nas relações de poder ou de especial sujeição.

Então, havendo vinculação, mesmo que mitigada pelo sopesamento de forças entre os particulares, deve-se questionar quem, na questão envolvendo o tempo do processo, está obrigado a respeitar o princípio, além de, obviamente, o Estado, destinatário principal.

Pois bem, alguns poderiam ficar restritos a apenas informar que as partes[214] são autor e réu, sob a presidência do juiz, é que devem estar vinculados a respeitar o princípio da duração razoável do processo. Contudo, isso não pode prosperar num momento tão importante de quebras de paradigmas para se chegar as garantias mínimas daquilo que se denomina de processo justo, por meio de uma decisão adequada, dentro de uma segurança jurídica, num prazo razoável e que, ainda por cima, tenha a decisão encontrada a sua efetividade.

Já foi a época em que o conceito de sujeitos do processo girou tão somente em volta deles – autor e réu[215] – não se admitindo mais, nos dias

---

[213] WEINGARTNER NETO, Jayme. *Liberdade religiosa na Constituição*: fundamentalismo, pluralismo, crenças, cultos. Porto Alegre: Livraria do Advogado, 2007. p. 220.

[214] CRUZ E TUCCI, José Rogério. *Limites subjetivos da eficácia da sentença e da coisa julgada civil*. São Paulo: Revista dos Tribunais, 2006. p. 33-34, em alargamento ao conceito de partes, refere: "Além do autor e do réu, também adquirem a 'qualidade' de parte (*eadem condicio personarum* – D. 44.2.12) todos aqueles que forem citados, substituindo a parte originária (sucessor), ou que intervenham, defendendo direito próprio (oponente), ou em auxílio da parte, figurando como titular das diversas posições ativas ou passivas inseridas na dinâmica da relação jurídico processual (interveniente litisconsorcial), ou ainda por provocação de uma das partes originárias (denunciando, chamando ou nomeando). Também passa a ser parte aquele que sofre os efeitos da desconsideração incidental da personalidade jurídica".

[215] CARNELUTTI, Francesco. *Sistema de direito processual civil*. Tradução Hiltomar Martins Oliveira. 2. ed. São Paulo: Lemos e Cruz, 2004. V. II. p. 89: "'Parte' se chama, é justo que assim seja, não apenas o sujeito do litígio, como também o sujeito da ação. Isso acontece, não apenas pela coincidência normal do sujeito do litígio com o sujeito da ação [...] como também porque a ação, da mesma forma que o litígio, exige um par de sujeitos, do qual cada um seja parte. Além disso, é evidente que nos dois casos a palavra tenha um significado distinto, que surge de um contraste entre a função passiva (de quem suporta o processo)

atuais, que outras pessoas não partilhem de responsabilidade para o bom andamento do processo. Paulo Caliendo,[216] ao estudar o princípio da duração razoável do processo, acabou por entender que os obrigados a dar efetividade ao princípio são:

> Os obrigados são todos aqueles que podem influenciar na duração do processo, assim principalmente esse comando está dirigido ao Judiciário. De igual sorte este comando será dirigido àqueles que conseguem influenciar a duração do procedimento, tal como o Executivo e o Legislativo.

José Carlos Barbosa Moreira[217] aponta para alguns agentes que devem fazer parte integrante da história do processo, ao dizer que "em primeiro lugar, o próprio desenrolar do feito pode envolver, e com certa frequência envolve – além de funcionários e assimilados – pessoas e entidades, privadas e públicas [...]", demonstrando o processualista que essas pessoas fazem parte do todo no processo. Ressalta que essas pessoas são "[...] convocadas, nas mais diversas situações, a colaborar com a Justiça, apesar de tão estranhas aos quadros oficiais quanto à lide", na qual contém aquela ideia de que as pessoas não vêm espontaneamente colaborar com a justiça, que seria um dever de cada um, mas são arrastados a serem colaboradores. A partir daí continua o processualista na sua ótica exemplificando alguns dos momentos nos quais esses agentes devem colaborar, como "suspeito de ocultação o citando, qualquer pessoa da família, ou de um vizinho, recebe intimação para avisá-lo da hora em que, no dia seguinte, voltará o oficial de justiça, a fim de consuma a citação (Código de Processo Civil, art. 227)", esse um exemplo clássico de auxílio à justiça quando um familiar ou vizinho, efetivamente, comunica o citando de que o oficial de justiça o citará por hora certa, também citando o autor o exemplo do "terceiro em cujas mãos esteja documento ou outra coisa útil à instrução do processo pode ver-se compelido a exibir aquele ou esta em juízo (arts. 341, n. II, e 362)", ou seja, trazer um terceiro para dentro do processo para exibir algo que esteja em sua posse, assumindo, assim, uma responsabilidade com o Poder Judiciário.

Continua elencando José Carlos Barbosa Moreira uma série de situações na qual um terceiro é trazido para auxiliar a justiça como "o devedor do executado para que não pague a seu credor (art. 671)", o "empregador do devedor de alimentos tem de proceder ao desconto, em folha de pagamento, da importância de prestação devida ao alimentando (art. 734)", traz que o "construtor e os operários são intimados a respeitar o embargo inicial,

---

e a função ativa (de quem o faz). Apenas de acordo com essa distinção resolve-se o que, de outra forma, pareceria como uma adivinhação: por exemplo, que o terceiro no pleito pendente entre outras pessoas intervenha em forma adesiva que seja parte ao mesmo tempo: de modo implícito, mas claro, é chamado de terceiro no art. 201; pelo contrário, quando, por exemplo, os arts. 192 e 206 estabelecem o modo como as partes tenham de prover para a declaração de nulidade de um ato, ou para a admissão de uma prova, não resta dúvida de que se referem também ao interveniente, na realidade, o interveniente em virtude de adesão é o terceiro, ou seja, não parte, se por parte se entende o sujeito do litígio, pelo contrário, é parte, ou seja, não terceiro, se por parte se entende o sujeito da ação".

[216] CALIENDO, Paulo. *Op. cit.*, p. 527.

[217] BARBOSA MOREIRA, José Carlos. Privatização do processo. In: ——. *Temas de direito processual*. Sétima série. São Paulo: Saraiva, 2001. p. 14.

na nunciação de obra nova (art. 938)". Ainda, elenca o processualista mais alguns exemplos que podem ser atribuídos de agentes do processo através de entidades e órgãos como a "imprensa oficial ou não (arts. 232, n. III, 687, 688, 799)"; os "correios (arts. 222-223, 237, n. II, 525 § 2º)", esses de vital importância no concernente à citação das partes; "a polícia (arts. 445, n. III e 461, § 5º, *fine*, 662-663)", que é o braço do Estado nas investigações criminais e no combate à criminalidade; "os bancos (arts. 666, n. I, 1.219)", que são os destinatários dos depósitos judiciais e prestam um serviço essencial ao Poder Judiciário.

Contudo, apesar da lição dada por José Carlos Barbosa Moreira sobre o intervencionismo de terceiros no processo para auxílio, não é isso que se vê. Para ser concretizado o princípio da duração razoável do processo não basta que essas partes, agentes, auxiliares, sejam apenas trazidas ao processo, mas que efetivamente auxiliem no feito com a presteza que a lei lhe confere. A colaboração é de todos.

Por óbvio que autor, réu e juiz devem estar em constante colaboração com o andamento do processo. Também é certo que os auxiliares do juízo arrolados no artigo 139 do Código de Processo Civil, que destaca serem "[...] além de outros, cujas atribuições são determinadas pelas normas de organização judiciária, o escrivão, o oficial de justiça, o perito, o depositário, o administrador e o intérprete", devem trabalhar com presteza para que o processo tenha um trâmite sem dilações indevidas e chegue ao seu fim em um prazo razoável.

Esse trabalhar com presteza, por exemplo, é dizer que o perito "apresentará o laudo em cartório no prazo fixado pelo juiz", conforme dispõe o art. 433, *caput*, do Código de Processo Civil, ou é dizer que o serventuário deverá "remeter os autos conclusos no prazo de 24 (vinte e quatro) horas e executar os atos processuais no prazo de 48 (quarenta e oito) horas [...]", conforme artigo 190 do mesmo *Codex*. Também impressiona positivamente pela sua agilidade os prazos que devem ser respeitados pelo juiz para proferir "os despachos de expediente, no prazo de 2 (dois) dias" e "as decisões, no prazo de 10 (dez) dias", conforme incisos I e II, respectivamente, do artigo 189 do Código de Processo Civil.

Tudo isso é improvável diante do quadro caótico que está se desenhando cada vez mais no Poder Judiciário brasileiro. Em que pese, em capítulo mais adiante, serem estudadas as razões pelas quais os prazos são humanamente impossíveis de serem cumpridos, resta a clareza de que o único que tem o dever de cumprir com seus prazos, sob pena de preclusão, é a parte, conforme exegese do artigo 183 do Código de Processo Civil, ao dispor que "decorrido o prazo, extingue-se, independentemente de declaração judicial, o direito de praticar o ato, ficando salvo, porém, a parte que o não realizou por justa causa". Se todos os agentes tivessem consequências pesadas como tem a parte que perde um prazo, a intempestividade do processo teria outras conotações.

Cândido Rangel Dinamarco[218] aponta a vastidão de auxiliares da justiça na sua obra *Instituições de Direito Processual Civil*, dividindo-os em auxiliares permanentes, que podem ser citados o escrivão, o escrevente, o oficial de justiça, o porteiro, o distribuidor, o contador, o partidor, o depositário público e o administrador público; também ressalta os auxiliares eventuais, exemplificando com o perito, o avaliador, o arbitrador, o inventariante, o síndico e comissário e o liquidante; assim como aponta para auxiliares parajurisdicionais, como o conciliador, o juiz leigo e o árbitro; depois acaba por apontar aqueles que têm funções essenciais à justiça, como o Ministério Público, o advogado e a Defensoria Pública.

Todos os auxiliares apontados por Cândido Rangel Dinamarco, acrescidos das próprias partes no processo, do juiz e daqueles que de alguma forma participaram de algum momento na vida do processo, como o próprio vizinho que prestou informações falsas ao oficial de justiça ou o carteiro que não entrega a carta de citação por desídia, são responsáveis pela tempestividade do processo, uma vez que estão todos vinculados, tendo em vista a eficácia horizontal dos direitos fundamentais, ao princípio da duração razoável do processo.

Quando essas pessoas falham, tardam; enfim, cometem atos não condizentes com o que se espera de um cidadão modelo, devem ser eles responsabilizados[219] de alguma forma, o que será analisado em capítulo autônomo sobre a responsabilidade civil.

2.4. O inciso LXXVIII do artigo 5º da Constituição Federal e dois direitos fundamentais autônomos: a duração razoável do processo e a celeridade processual

Atualmente a doutrina dominante discorre quase que com exclusividade sobre o princípio da duração razoável do processo positivado como direito fundamental com o advento da Emenda Constitucional 45/2004. Contudo, o inciso LXXVIII do art. 5º traz algo além do princípio da tempestividade do processo em seu bojo, outro direito fundamental, também ligado ao tempo e às garantias processuais do cidadão, mas igualmente de grande interesse para o Estado.

---

[218] DINAMARCO, Cândido Rangel. *Instituições de direito processual civil I*. 4. ed. São Paulo: Malheiros, 2004. p. 650-707.

[219] REICHELT, Luis Alberto. *A prova do direito processual civil*. Porto Alegre: Livraria do Advogado, 2009. p. 352-353, ao discorrer sobre os direitos e os deveres de terceiros na atividade de instrução processual, afirma sobre a responsabilidade que devem ter em vitude de seu comportamento: "E, levando em conta esse fator, urge reconhecer a possibilidade da responsabilização civil do terceiro pelo dano causado às partes em função da demora injustificada ensejada pela recusa de apresentação da coisa ou de documento com caráter puramente protelatório, situação essa que deverá ser apurada em ação autônomo, sem prejuízo de outras sanções processuais, penais e administrativas porventura aplicáveis".

A redação do inciso LXXVIII da Constituição Federal traz uma reflexão possível quando analisada profundamente. Note-se que a redação completa do mencionado inciso é que "a todos, no âmbito judicial e administrativo, são assegurados a razoável duração do processo e os meios que garantam a celeridade de sua tramitação".

Da leitura do dispositivo conclui-se por sua subdivisão, sendo a primeira comportando o enunciado "a todos são assegurados a razoável duração do processo" e a segunda que a todos "são assegurados os meios que garantam a celeridade de sua tramitação".

Num primeiro momento existe expressamente a previsão do processo tempestivo, o que a doutrina já vem analisando desde antes mesmo da edição da Emenda Constitucional 45/2004, isto é, o princípio que dá um comando ao Estado que tanto no âmbito judicial ou administrativo, para finalizar o processo num determinado tempo, e que este seja, no mínimo, razoável. Pois bem, este é um dever de prestação do Estado e uma garantia do jurisdicionado que ingressa hoje com um processo no Judiciário e da parte conflitante em processo administrativo. Contudo resta um questionamento: e se o Estado não conseguir efetivar o processo da parte em tempo razoável?

A partir daí, do reconhecimento de que o Estado, por intermédio de seu Poder Judiciário, está praticamente à beira do colapso, que não garante sequer ao seu jurisdicionado o direito fundamental a um processo tempestivo, resta um segundo princípio, no mesmo inciso, a ser analisado, qual seja o próprio princípio da celeridade processual alçado no nível de direito fundamental, que seria o dever de o Estado alcançar, no mínimo, os meios necessários ao cidadão para que haja maiores condições de efetividade processual num tempo razoável, por meio da celeridade processual.

Araken de Assis[220] traz luzes a essa divisão sem, contudo, afirmar que existem no inciso dois princípios, assim discorrendo o processualista:

> O art. 5º, LXXXVIII, da CF/88, antevê a existência de meios para assegurar a qualquer processo uma "duração razoável". Em primeiro lugar, a regra se refere aos meios humanos e materiais – objeto de item específico acerca da ampliação da "oferta" jurisdicional – e, por isso, a disposição se relaciona com o art. 93, XIII; todavia, há outra possibilidade: também se pode compreender em tais "meios" hábeis para agilizar o processo os mecanismos porventura existentes ou a instruir nas leis processuais.

Então, contém o inciso LXXVIII do artigo 5º da Constituição Federal outro princípio que prevê os meios para assegurar uma duração razoável, não sendo, propriamente, aquele princípio do dever do Estado de garantir o processo tempestivo. Araken de Assis assegura que num primeiro momento esses meios seriam "humanos e materiais" e num segundo momento seriam meios que viriam por "leis processuais", ou seja, por meio da garantia que o Poder Legislativo efetive o processo com a criação de leis mais rígidas e efetivas para tanto.

---

[220] ASSIS, Araken de. Duração razoável do processo e reformas da lei processual. In: CAMARGO, Marcelo Novelino (Org.). *Leituras complementares de constitucional*. Salvador: JusPODIVM, 2006. p. 217.

Luiz Guilherme Marinoni[221] também visualiza a problemática:

O direito à defesa, assim como o direito à duração razoável do processo, são direitos fundamentais. Após a Emenda Constitucional 45/2004, que acrescentou o inciso LXXVIII ao art. 5 da Constituição Federal, o titular do direito de ação possui direito fundamental à duração razoável do processo e às técnicas necessárias para lhe outorgar celeridade.

É ali, no final de seu pensamento, que o processualista paranaense afirma que o titular do princípio tem direito às técnicas necessárias para outorgar celeridade ao seu processo. E mais, amplia o autor[222] que também tais técnicas devem ser legislativas:

Portanto, o legislador infraconstitucional tem a obrigação de construir procedimentos que tutelem de forma adequada e tempestiva os direitos, assim como o dever de instruir técnicas processuais que, atuando internamente no procedimento, permitam uma racional distribuição do tempo do processo.

Acerta Luiz Guilherme Marinoni, ampliando o âmbito do novo princípio. Assim, por exemplo, o Estado, não garantindo o processo tempestivo, deve, ao menos, alcançar às partes os meios necessários para que isso ocorra, como ter agentes suficientes para o cumprimento das disposições previstas nos artigos 189[223] e 190[224] do Código de Processo Civil, além da criação de outras normas, pelo seu Poder Legislativo.

Ou seja, analisando qualquer um dos artigos acima citados como parte de um exemplo, tem o Estado o dever de, por legislação processual vigente, ter juízes suficientes para que, dentro de um prazo de 2 dias, estejam aptos a despachar qualquer processo, assim como de decidi-los em 10 dias. Caso não profira uma decisão em 10 dias, estará o juiz infringindo legislação processual em vigor e, portanto, trazendo intempestividade ao processo, uma vez que acaba por não acumular um processo, mas diversos outros.

A questão resta mais transparente quando analisado um caso prático. Ajuizado um processo no qual pretende o autor da ação a tutela antecipada para que seja imediatamente submetido a uma cirurgia, porque negada sua realização por uma seguradora de planos de saúde qualquer. O magistrado, tendo recebido a petição inicial, acaba por decidir o pedido de antecipação de tutela, deferindo-a, dentro do prazo fixado pela legislação, ou seja, em 10 dias, sendo que, por infelicidade, o autor falece no mesmo dia em que decidida a tutela antecipada. Nesse caso, o Estado estaria isento de qualquer responsabilidade, tendo em vista que, no prazo estabelecido em lei, o Poder Judiciário alcançou ao autor, tempestivamente, aquele direito visado.

---

[221] MARINONI, Luiz Guilherme. *Op. cit.*, p. 20.

[222] *Ibidem*, p. 20-21.

[223] "Artigo 189: O juiz proferirá: I – os despachos de expediente, no prazo de 2 (dois dias); II – as decisões, no prazo de 10 (dez) dias".

[224] "Artigo 190. Incumbirá ao serventuário remeter os autos conclusos no prazo de 24 (vinte e quatro) horas e executar os atos processuais no prazo de 48 (quarenta e oito) horas, contados: I – da data em que houver concluído o ato processual anterior, ser-lhe foi imposto pela lei; II – da data em que tiver ciência da ordem, quando determinada pelo juiz. Parágrafo único: Ao receber os autos, certificará o serventuário o dia e a hora em que ficou ciente da ordem, referida no n. II".

Em contrapartida, no mesmo exemplo acima citado, imagine-se o caso do mesmo magistrado ter decidido sobre a antecipação de tutela no 11º dia, em desobediência ao artigo 189 do Código de Processo Civil. Nesse caso, o Estado, ou seja, o Poder Judiciário, não assegurou os meios que garantissem a celeridade da tramitação do processo, pois sequer tinha um magistrado para decidir um caso urgente em um prazo previsto em lei, conforme preceitua o inciso LXXVIII da Constituição Federal. Poderia o Estado sofrer uma ação de indenização por uma tutela intempestiva, podendo os ofendidos pela morte do jurisdicionado pleitear em juízo os direitos que lhes sejam devidos.

A diferença entre o primeiro e segundo momentos do caso criado é o de que, ao conseguir decidir num prazo razoável, o juiz alcançou à parte, mesmo esta falecendo, seu direito em tempo hábil, assegurando os meios necessários a uma tempestiva tutela jurisdicional, ao passo que, ao não conseguir decidir tempestivamente, o resultado morte, que no primeiro momento nem era cogitado, tendo em vista a decisão ter sido proferida tempestivamente, passa a ser o fator preponderante para que o Estado indenize a família da vítima pela intempestividade processual.

E assim diversos exemplos poderiam ser construídos, principalmente chegando-se ao tempo de cognição plena do processo de 10, 15, 20 anos, ou mais, dependendo do caso, e os prejuízos que esses longos anos podem trazer às partes.

Mas o que se sobressai, independentemente do tempo de duração do processo, é se o Estado influiu ou não nesse, com omissão ou com ação, alcançando ou não os meios necessários para que a parte consiga a efetividade de seu direito material pelo processo.

Delosmar Mendonça Jr.[225] aponta também para um norte do inciso LXXVIII ser mais que o princípio da duração razoável do processo, afirmando:

> A duração razoável do processo é anseio da comunidade jurídica, sonho acalentado dos processualistas e dever do Poder Público para com o cidadão. Com o advento da reforma do Judiciário, positivou-se um novo princípio na Constituição, entre os direitos fundamentais, estabelecendo que o processo deve observar um prazo razoável na sua tramitação. E mais: determinando que os cidadãos devem ter meios que garantam a celeridade.

O autor, ao colocar "e mais" no seu pensamento, contradiz a sua própria frase ao dizer "positivou-se um novo princípio na Constituição", uma vez que ele mesmo cinde o inciso ao elencar o princípio da duração razoável do processo e nos meios que garantam a sua celeridade, não sendo, pois, um único direito fundamental, mas dois.

Outro autor que se contradiz é José Renato Nalini o qual, numa primeira oportunidade, afirma haver somente um princípio ao dizer "as expres-

---

[225] MENDONÇA JÚNIOR, Delosmar. Princípio constitucional da duração razoável do processo. In: LEITE, George Salomão; LEITE, Glauco Salomão (Coord.). *Constituição e efetividade constitucional*. Bahia: JusPODIVM, 2008. p. 989.

sões de que se serviu o constituinte para contemplar o brasileiro de mais um direito fundamental não se prestam a uma exegese consensual"[226] para, logo após, afirmar que "serviu-se os verbetes razoável para qualificar a duração do processo e de celeridade, como qualidade de sua tramitação".[227]

Já, em contrapartida, existe quem defenda que a duração razoável do processo é o próprio princípio da celeridade processual,[228] sem que exista diferenciação entre ambos, tendo o inciso LXXVIII uma única leitura, conforme entende Ana Maria Goffi Flaquer Scartezini,[229] ao escrever:

> A Emenda Constitucional nº 45/2004, cujo texto foi promulgado em 8 de dezembro de 2004, agasalhou o princípio da celeridade processual no art. 5º, LXXVIII da Constituição Federal, onde assegura a todos, no âmbito judicial, a razoável duração do processo e os meios que garantam a celeridade de sua tramitação.

Contudo, tal alcance, em que pese ser uma garantia do cidadão, é também um modo de defesa do Estado em futuro processo de indenização em caso de intempestividade processual, bastando defender-se alegando e comprovando que os meios adequados foram disponibilizados para que o processo se concretizasse tempestivamente, apesar de isso não ter ocorrido e sua intempestividade ter causado prejuízos à parte.

2.5. A eficácia imediata do direito fundamental à duração razoável do processo

O direito fundamental à duração razoável do processo tem eficácia imediata? O jurisdicionado deve, desde a Emenda Constitucional 45, ter o direito à tutela tempestiva do seu processo, sempre teve esse direito ou ain-

---

[226] NALINI, José Renato. Duração razoável do processo e a dignidade da pessoa humana. In: MIRANDA, Jorge; SILVA, Marco Antonio Marques da (Coord.). *Tratado luso-brasileiro da dignidade humana*. São Paulo: Quartier Latin, 2008. p. 196.

[227] *Ibidem*, p. 196.

[228] BESTER, Gisela Maria; HAUS, Gabriela Damião Cavalli. As ações sincréticas como instrumento de celeridade processual: direitos fundamentais conexos e efetividade constitucional. In: GUNTHER, Luiz Eduardo (Coord.). *Jurisdição*: crise, efetividade e plenitude institucional. Curitiba: Juruá, 2009. p. 230-278, a mesma orientação parecem entender: "Nesse sentido, a efetividade do processo corresponde a inúmeras garantias de um processo que viabilize a real satisfação jurídica daquele que invoca a tutela jurisdicional. Entre essas garantias, encontra-se a celeridade processual, ou, como denominado pela Constituição brasileira atual, *a razoável duração do processo*". Contudo, em momento posterior do mesmo artigo, na página 232, afirmam que são princípios distintos: "Certo é que, porém, no Brasil, a partir da EC 45/04, a razoável duração do processo e a celeridade passaram a ter status de direitos fundamentais autônomos, assegurados por norma de aplicação imediata". E novamente os diferenciam nas considerações finais, à página 274: "Uma das formas de se promover a efetividade processual é garantir a tempestividade da tutela jurisdicional. Não foi por outro motivo que a EC 45/04 trouxe a 'razoável duração do processo' e a celeridade como direitos fundamentais do cidadão, antes implícitos em princípios como o do acesso à Justiça e o devido processo legal. Desta forma, a inserção do inc. LXXVIII ao art. 5º da Constituição Federal traz a garantia de um processo sem dilações indevidas, bem como de meios que garantam a celeridade de sua tramitação".

[229] SCARTEZZINI, Ana Maria Goffi Flaquer. A dignidade da pessoa humana e o prazo razoável do processo: a responsabilidade do Estado pela demora na outorga da prestação jurisdicional. In: MIRANDA, Jorge; SILVA, Marco Antonio Marques da (Coord.). *Op. cit.*, p. 1180.

da depende de norma regulamentadora? Essas são questões que merecem a atenção da doutrina e que serão abordadas neste capítulo.[230]

Tirando a questão relacionada de que o cidadão sempre teve esse direito, até porque desprovida de maior argumentação, e restringindo-a à data do dispositivo constante no artigo 5º, § 2º, que afirma ser "os direitos e garantias expressos nesta Constituição não excluem outros decorrentes do regime e dos princípios por ela adotados, ou dos tratados internacionais em que a República Federativa do Brasil seja parte", a primeira interpretação seria a de que, sendo o Brasil signatário[231] do Pacto de São José da Costa Rica, o jurisdicionado, desde a vigência do § 2º do artigo 5º da Constituição Federal, seria detentor do direito à tutela tempestiva.

Conforme já analisado, o Brasil, então, incorpora as normas do referido Pacto, em especial aquela do artigo 8.1, que confere o prazo razoável para a finalização do processo, razão pela qual, sem pormenores, há a possibilidade de contagem do prazo de direito do jurisdicionado a ter seu processo julgado de forma tempestiva a partir da data em que o Brasil aderiu ao referido pacto.

Contudo, conforme também já referido e defendido, as normas oriundas de tratados e convenções internacionais carecem, ainda, de maior efetividade e aplicabilidade no ordenamento jurídico brasileiro.[232] Ora, sequer

---

[230] MITIDIERO, Daniel. *Colaboração no processo civil*: pressupostos sociais, lógicos e éticos. São Paulo: Revista dos Tribunais, 2009, p. 43-4. Deve-se registrar como o processualista da Universidade Federal do Rio Grande do Sul, que o regime dos direitos fundamentais influenciou o processo civil brasileiro, em lição assim concedida: "De outra banda, o regime jurídico eficacial dos direitos fundamentais trouxe inegável contribuição à compreensão do direito processual civil. A teorização acerca da aplicabilidade imediata e da plena eficácia dos direitos fundamentais (art. 5º, § 1º, CF), da interpretação conforme aos direitos fundamentais e da vinculação do Estado e dos particulares aos direitos fundamentais constitui aspecto que já não se pode mais ignorar no momento da plicação do processo civil".

[231] MAZZUOLI, Valério de Oliveira. O novo § 3º do art. 5º da Constituição e sua eficácia. In: FREIRE E SILVA, Bruno; MAZZEI, Rodrigo (Coord.). *Op. cit.*, p. 37-38, para as convenções e tratados que já se encontram ratificados pelo Brasil. Diz ele: "Atualmente, no Brasil, já se encontram ratificados e em pleno vigor praticamente todos os tratados internacionais significativos sobre direitos humanos pertencentes ao sistema global, de que são exemplos a Convenção para a Prevenção e a Repressão do Crime de Genocídio (1948), a Convenção Relativa ao Estatuto dos Refugiados (1951), o Protocolo sobre o Estatuto dos Refugiados (1966), o Pacto Internacional sobre Direitos Civis e Políticos (1966), o Protocolo Facultativo ao Pacto Internacional sobre Direitos Civis e Políticos (1966), o Pacto Internacional dos Direitos Econômicos, Sociais e Culturais (1966), a Convenção Internacional sobre a Eliminação de Todas as Formas de Discriminação Racial (1965), a Convenção sobre a Eliminação de Todas as Formas de Discriminação Contra a Mulher (1979), o Protocolo Facultativo à Convenção sobre Eliminação de Todas as Formas de Discriminação Contra a Mulher (1999) a Convenção Contra a Tortura e Outros Tratamentos ou Penas Cruéis, Desumanos e Degradantes (1984), a Convenção sobre os Direitos da Criança (1989) e ainda o Estatuto de Roma do Tribunal Penal Internacional".

E continua: "No que tange ao sistema interamericano de direitos humanos, o Brasil também já é parte de praticamente todos os tratados existentes, como a Convenção Americana sobre Direitos Humanos (1969), o Protocolo Adicional à Convenção Americana sobre Direitos Humanos em Matéria de Direitos Econômicos, Sociais e Culturais (1988), o Protocolo à Convenção Americana sobre Direitos Humanos Referentes à Abolição da Pena de Morte (1990), a Convenção Interamericana para Prevenir e Punir a Tortura (1985), a Convenção Interamericana para Prevenir, Punir e Erradicar a Violência contra a Mulher (1994), a Convenção Interamericana sobre Tráfico Internacional de Menores (1994) e a Convenção Interamericana para a Eliminação de Todas as Formas de Discriminação Contra Pessoas Portadoras de Deficiência (1999)".

[232] Basta, para confirmar a afirmação, relembrar a história do depositário infiel no ordenamento jurídico brasileiro que, desde 1992, tem a ressalva dada pelo Pacto de São José da Costa Rica e que, somente em 11

se respeitam as normas positivadas constitucionais e infraconstitucionais, como esperar que aquelas oriundas de tratados internacionais sejam dotadas de aplicabilidade máxima?

É óbvio que o pensamento acima refletido em forma de questionamento deve ser mais bem explicado. Primeiro, deve-se saber se a previsão constante no § 1º do artigo 5º, ao impor que "as normas definidoras dos direitos e garantias fundamentais têm aplicação imediata" também se aplicam aos tratados e convenções internacionais.

Parece que a controvérsia foi fulminada com a promulgação da Emenda Constitucional 45, que trouxe ao § 3º do artigo 5º a seguinte redação:

> [...] os tratados e convenções internacionais sobre direitos humanos que forem aprovados, em cada Casa do Congresso Nacional, em dois turnos, por três quintos dos votos dos respectivos membros, serão equivalentes às emendas constitucionais.

Com isso, há duas formas de os tratados e convenções internacionais serem recepcionadas no ordenamento jurídico brasileiro, ou, por força do § 3º, que dará à norma caráter de emenda constitucional, ou da simples aceitação do Brasil em ser signatário da legislação internacional, tendo, dessa forma, apenas o caráter de lei ordinária,[233] ou, dependendo do caso, de lei materialmente constitucional. Flávia Piovesan[234] afirma:

---

de novembro de 2008, o Supremo Tribunal Federal deu uma resposta, ao que parece definitiva, de eficácia a referida norma, no HC 95.967, oriundo do Mato Grosso do Sul, tendo como relatora a Ministra Ellen Gracie, em acórdão assim ementado: "DIREITO PROCESSUAL. HABEAS CORPUS. PRISÃO CIVIL DO DEPOSITÁRIO INFIEL. PACTO DE SÃO JOSÉ DA COSTA RICA. ALTERAÇÃO DE ORIENTAÇÃO DA JURISPRUDÊNCIA DO STF. CONCESSÃO DA ORDEM. 1. A matéria em julgamento neste habeas corpus envolve a temática da (in)admissibilidade da prisão civil do depositário infiel no ordenamento jurídico brasileiro no período posterior ao ingresso do Pacto de São José da Costa Rica no direito nacional. 2. Há o caráter especial do Pacto Internacional dos Direitos Civis Políticos (art. 11) e da Convenção Americana sobre Direitos Humanos – Pacto de San José da Costa Rica (art. 7º, 7), ratificados, sem reserva, pelo Brasil, no ano de 1992. A esses diplomas internacionais sobre direitos humanos é reservado o lugar específico no ordenamento jurídico, estando abaixo da Constituição, porém acima da legislação interna. O *status* normativo supralegal dos tratados internacionais de direitos humanos subscritos pelo Brasil, torna inaplicável a legislação infraconstitucional com ele conflitante, seja ela anterior ou posterior ao ato de ratificação. 3. Na atualidade a única hipótese de prisão civil, no Direito brasileiro, é a do devedor de alimentos. O art. 5º, § 2º, da Carta Magna, expressamente estabeleceu que os direitos e garantias expressos no caput do mesmo dispositivo não excluem outros decorrentes do regime dos princípios por ela adotados, ou dos tratados internacionais em que a República Federativa do Brasil seja parte. O Pacto de São José da Costa Rica, entendido como um tratado internacional em matéria de direitos humanos, expressamente, só admite, no seu bojo, a possibilidade de prisão civil do devedor de alimentos e, consequentemente, não admite mais a possibilidade de prisão civil do depositário infiel. 4. Habeas corpus concedido. BRASIL. Supremo Tribunal Federal. Habeas Corpus 95967, 2ª Turma, Relator: Min. Ellen Gracie Northfleet, julgado em 11/11/2008: Disponível em: <http://www.stf.jus.br/portal/jurisprudencia/listarJurisprudencia. asp?s1=(95967.NUME.%20OU%2095967.ACMS.)&base=baseAcordaos>. Acesso em: 12 fev. 2009.

[233] MAZZUOLI, Valério de Oliveira. *Op. cit.*, p. 61, entendendo ter os tratados recepcionados pelo § 2º do artigo 5º força constitucional, refere: "Ao fim e ao cabo desta exposição teórica, a conclusão mais plausível a que se pode chegar em relação à interpretação do novo § 3º do art. 5º da Constituição, é a de que esta disposição constitucional não anula a interpretação segundo a qual os tratados internacionais de proteção dos direitos humanos ratificados pelo Brasil já têm *status* de norma (materialmente) constitucional em decorrência da norma expressa no § 2º do mesmo art. 5º da Carta Magna de 1988. Ou seja, todos os tratados internacionais de direitos humanos em que a República Federativa do Brasil é parte têm índole e nível materialmente constitucionais, na exegese do § 2º do art. 5º da Constituição de 1988, mas apenas terão efeitos de equivalência às emendas constitucionais (ou seja, somente integrarão formalmente a Constituição, com todos os consectários que lhe são inerentes) se aprovados, em cada Casa do Congresso

Em síntese, relativamente aos tratados internacionais de proteção dos direitos humanos, a Constituição brasileira de 1988, em seu art. 5º, § 1º, acolhe a sistemática da incorporação automática dos tratados, o que reflete a adoção da concepção monista. Ademais, como apreciado no tópico anterior, a Carta de 1988 confere aos tratados de direitos humanos o *status* de norma constitucional, por força do art. 5º, §§ 2º e 3º. O regime jurídico diferenciado conferido aos tratados de direitos humanos não é, todavia, aplicável aos demais tratados, isto é, aos tradicionais. No que tange a estes, adota-se a sistemática de incorporação legislativa, exigindo que, após a ratificação, um ato com força de lei (no caso brasileiro esse ato é um decreto expedido pelo executivo) confira execução e cumprimento aos tratados em geral, acolhe-se a sistemática da incorporação não automática, o que reflete a adoção da concepção dualista. Ainda no que tange a esses tratados tradicionais e nos termos do art. 102, III, *b*, da Carta Maior, o Texto lhes atribui natureza de norma infraconstitucional.

Então, já inclinado pelo lado da legalidade dos tratados e convenções internacionais, em sede de, não respeitado o § 3º do artigo 5º, serem considerados leis infraconstitucionais ou ainda leis com força constitucional, tem-se que a duração razoável do processo, pelo Pacto de São José da Costa Rica, assim como foi decidido recentemente pela não prisão do depositário infiel,[235] deveria ser considerada como lei com força constitucional.

Assim, retorna-se ao estudo do § 1º do artigo 5º da Constituição Federal que José Afonso da Silva[236] define deste modo:

São dessa natureza as normas constitucionais dotadas de todos os meios e elementos necessários à sua pronta incidência aos fatos, situações, condutas e comportamentos que elas regulam. A regra é que as normas definidoras de direitos e garantias individuais sejam de aplicação imediata. Mas aquelas definidoras de direitos sociais, culturais e econômicos nem sempre o são, porque não raro dependem de providências ulteriores que lhes completem a eficácia e possibilitem sua aplicação.

Seguindo a linha adotada por José Afonso da Silva do disposto no § 1º do artigo 5º deve-se retirar que aquelas normas que definem os direitos e garantias fundamentais devem ter aplicabilidade imediata, desde que exista uma pronta incidência da norma aos fatos, situações, condutas e comportamento que devem ser reguladas por ela.

Na realidade, quer parecer que o inciso LXXVIII do artigo 5º da Constituição Federal, ao prever que "a todos, no âmbito judicial e administrativo, são assegurados a razoável duração do processo e os meios que garantam a celeridade de sua tramitação", reafirma os requisitos elencados por José Afonso da Silva, uma vez que irradia sua fundamentação ao mundo dos fa-

---

Nacional, em dois turnos, por três quintos dos votos dos seus respectivos membros, nos termos do novo § 3º do art. 5º, do texto constitucional brasileiro".

[234] PIOVESAN, Flávia. *Direitos humanos e o direito constitucional internacional.* 9. ed. rev., ampl. e atual. São Paulo: Saraiva, 2008. p. 90.

[235] BRASIL. Supremo Tribunal Federal. Recurso Extraordinário 466.343, 2ª Turma, relator Ministro Celso Peluso, julgado em 03.12.2008. Disponível em: <http://www.stf.jus.br/portal/processo/verProcessoAndamento.asp?numero=466343&classe=RE&origem=AP&recurso=0&tipoJulgamento=M>. Acesso em: 5 fev. 2009.

[236] SILVA, José Afonso da. *Aplicabilidade das normas constitucionais.* 7. ed. São Paulo: Malheiros, 2007. p. 177.

tos, bastando lembrar que o princípio reflete diretamente em qualquer processo em andamento, devendo todos pautar pela sua duração razoável.

Além disso, reflete nas situações dos processos judiciais e administrativos ao trazer a obrigação de ser efetivado tempestivamente, criando novas condutas e comportamentos dos envolvidos, razão pela qual resta concluir que o princípio da duração razoável do processo tem eficácia imediata desde a data de promulgação da Emenda Constitucional 45, devendo, pois, balizar um novo pensamento jurídico nacional que reflita diretamente no processo judicial e administrativo.

O terceiro questionamento realizado no tópico do capítulo é aquele que pergunta se há autorregulamentação do princípio da duração razoável do processo ou deve ele ser validado por legislação infraconstitucional que regulamente a matéria?

Para responder a questão, deve-se valer de conceitos sobre a eficácia das normas constitucionais, em especial a teoria tricotômica[237] ou tríplice[238] de José Afonso da Silva, que as divide em de eficácia plena, de eficácia contida e de eficácia limitada. José Afonso da Silva[239] alerta para as condições de aplicabilidade[240] das normas de eficácia plena:

> As normas de eficácia plena incidem diretamente sobre os interesses a que o constituinte quis dar expressão normativa. São de aplicabilidade imediata, porque dotadas de todos os meios

---

[237] SILVA, Virgílio Afonso da. *Direitos fundamentais*: conteúdo essencial, restrições e eficácia. São Paulo: Malheiros, 2009. p. 219, entende diferentemete, ao discorrer: "Ainda que, como já foi dito acima, a classificação proposta por José Afonso da Silva, ainda no final da década de 1960, goze de aceitação amplamente majoritária, seja na doutrina, seja na jurisprudência, ele não passou as últimas quatro décadas incólume, como ficou claro nos últimos tópicos. Além das propostas alternativas brevemente expostas acima, algumas críticas, em gerais pontuais, também foram feitas em trabalhos que não se ocupavam primordialmente do tema. Essas críticas ora questionavam a distinção entre aplicabilidade e eficácia, ora propunham correções terminológicas, ora atacavam a distinção entre normas de eficácia plena e de eficácia contida".

[238] SARLET, Ingo Wolfgang. *Op. cit.*, p. 293, entende ser desnecessária a classificação proposta por José Afonso da Silva em três tipos de eficácia, expondo: "Neste contexto, especialmente para os seguidores da classificação tríplice proposta por José Afonso da Silva (onde a remissão ao legislador não retira da norma sua eficácia e aplicabilidade imediata, mas apenas significa a possibilidade de restrições posteriores na esfera dos efeitos jurídicos) das normas de eficácia plena. É este mais um motivo pela qual consideramos – como já ressaltado – mais adequada a classificação das normas constitucionais (inclusive das normas definidoras de direitos fundamentais) em dois grupos no que concerne ao critério de sua eficácia".

[239] SILVA, José Afonso da. *Op. cit.*, p. 101-102.

[240] STEINMETZ, Wilson. *A vinculação dos particulares a direitos fundamentais. Op. cit.*, 2004, p. 40 e ss, não concorda com a diferença entre aplicabilidade e eficácia na obra de José Afonso da Silva, chegando a afirmar, nas páginas 44-45: "No entanto, essa objeção não parece resistir ao núcleo da crítica: a distinção entre eficácia e aplicabilidade (das normas) não está justificada por José Afonso da Silva. O problema já se manifesta no início da obra: 'aplicabilidade significa qualidade do que é aplicável. O sentido jurídico, diz-se da norma que tem possibilidade de ser aplicada, isto é, da norma que tem capacidade de produzir efeitos jurídicos. A primeira frase é uma tautologia; a segunda, à luz da mais rigorosa Teoria Geral do Direito, é uma boa definição de eficácia jurídica. Definir aplicabilidade como a qualidade do que é aplicável ou daquilo que pode ser aplicado é incorrer em tautologia, porque o sujeito e o predicado da proposição definicional expressam o mesmo conceito ou conteúdo. A definição não amplia o conhecimento do conceito de aplicabilidade. Em termos kantianos, a proposição é um juízo analítico e não um juízo sintético *a priori*. A definição não observa a regra segundo a qual a definição (*definiens*) sempre deve ser mais clara que o termo definido (*definiendum*). Não há, portanto, uma definição clara, precisa, operativa de aplicabilidade a tal ponto de fundamentar a tese de que a aplicabilidade é um fenômeno ou conceito distinto, embora conexo, do de eficácia". A presente crítica foi devidamente respondida por José Afonso da Silva, cuja leitura recomenda-se: SILVA, José Afonso da. *Op. cit.*, p. 287 e ss.

e elementos necessários à sua executoriedade. No dizer clássico, são autoaplicáveis. As condições gerais para essa aplicabilidade são a existência apenas do aparto jurisdicional, o que significa: aplicam-se só pelo fato de serem normas jurídicas, que pressupõem, no caso, a existência do Estado e de seus órgãos.

Para as condições de aplicabilidade das normas de eficácia contida, alerta José Afonso do Silva:[241]

São elas normas de aplicabilidade imediata e direta. Tendo eficácia independentemente da interferência do legislador ordinário, sua aplicabilidade não fica condicionada a uma normação ulterior, mas fica dependente dos limites (daí: eficácia contida) que ulteriormente se lhe estabeleçam mediante lei, ou de que as circunstâncias restritivas, constitucionalmente admitidas, ocorram (atuação do Poder Público para manter a ordem, a segurança pública, a defesa nacional, a integridade nacional etc., na forma permitida pelo direito objetivo).

As condições de aplicabilidade das normas de eficácia limitada são conceituadas pelo autor[242] como "[...] aquelas que dependem de outras providências para que possam surtir os efeitos essenciais colimados pelo legislador constituinte", sendo que se deixam de lado as suas condições de aplicabilidade uma vez que o princípio da duração razoável do processo não se insere nessa eficácia, tendo em vista que não depende, essencialmente, de regulamentação para surtir seus efeitos.

Aliás, pode-se também ser conceituada, como forma de rechaçar a aplicação de eficácia limitada, a diferenciação entre aplicação imediata e direta, que estão presentes nas normas de eficácia plena e contida, e a aplicação mediata e indireta, que estão inseridas nas normas de eficácia limitada. Diferem, na ótica de Jacqueline Michels Bilhalva,[243] pois:

De qualquer sorte, a aplicabilidade direta e imediata significa que a norma constitucional tem aptidão para ser aplicada diretamente nas relações que regula, independentemente de norma infraconstitucional integrativa, e desde o início da respectiva vigência, enquanto a aplicabilidade indireta e mediata significa que a norma constitucional tem aptidão para ser aplicada indiretamente nas relações que regula, pois depende da integração de uma norma infraconstitucional, e de maneira mediata, ou seja, somente após o início da vigência da norma integrativa.

Restam da teoria tricotômica de José Afonso da Silva as normas de eficácia plena e as normas de eficácia contida, devendo-se escolher uma delas para inserir o princípio da duração razoável do processo.

Note-se que Eduardo Von Muhlen e Gustavo Masina,[244] ao concluírem que "[...] o princípio da razoável duração do processo, inserto pelo inciso LXXVIII do art. 5º da Carta Constitucional, tem aplicação imediata", não di-

---

[241] SILVA, José Afonso da. *Op. cit.,* p. 116.

[242] *Ibidem,* p. 118.

[243] BILHALVA, Jacqueline Michels. *Aplicabilidade e a concretização das normas constitucionais.* Porto Alegre: Livraria do Advogado, 2005. p. 42.

[244] MUHLEN, Eduardo Von; MASINA, Gustavo. O princípio da duração razoável do processo. In: MACHADO, Fábio Cardoso; MACHADO, Rafael Bicca (Coord.). *Op. cit.,* p. 154.

O DIREITO À DURAÇÃO RAZOÁVEL DO PROCESSO

ferenciam se o princípio é de eficácia plena ou contida, porque, em ambos os casos, teriam aplicação imediata.[245]

Para definir o grau de eficácia da norma contida do inciso LXXVIII do artigo 5º da Constituição Federal, deve-se ponderar se ela, pura e simplesmente, responde a todos os anseios da sociedade, ou deixa brechas para serem ocupadas com a regulamentação legislativa infraconstitucional?

Conforme se verá mais adiante, já tramitou e foi arquivado o projeto de Lei 7.599, de 2006, para regulamentar a indenização do jurisdicionado frente ao Estado pela intempestividade do processo, dando, desde já, a entender que o inciso LXXVIII deverá ser regulamentado pela legislação infraconstitucional.

Contudo, é corolário da leitura do próprio princípio da duração razoável do processo que o não cumprimento do disposto no referido inciso traz uma consequência ao destinatário direto do princípio, ou seja, ao Estado.

Também será visto que a referida indenização, regulamentada ou não na seara infraconstitucional por meio de novo projeto de lei, já existe prevista no ordenamento jurídico pátrio, bastando a leitura conjunta de certos institutos de direito civil, administrativo, constitucional e processual.

Contudo, o próprio inciso LVXXIII responde ao questionamento, ao ser lida a sua segunda parte, ao dizer que também são direitos dos jurisdicionados "[...] os meios que garantam a celeridade de sua tramitação", ou seja, podendo esses meios ser alvo de legislação infraconstitucional[246] deixa aberta uma regulamentação disciplinando a matéria.

Assim, tendo em vista que já defendido existirem dois princípios constitucionais no inciso LXXVIII do artigo 5º, sendo que o segundo complementa, pelo menos em parte, o primeiro, é de se afirmar que o princípio da duração razoável do processo, no concernente a sua eficácia, deve ser considerado de aplicabilidade contida,[247] embora seja imediata e direta. Caso, futuramente, seja desconsiderada a possibilidade de lei infraconstitucional

---

[245] Incidindo na mesma omissão pode-se ler SLAIBI FILHO, Nagib. *Op. cit.*, p. 17, ao dizer: "As normas têm aplicabilidade direta e imediata em face do que está no art. 5º, § 1º, sem prejuízo do disposto no art. 7º da Emenda Constitucional n. 45, que diz que a comissão especial do Congresso Nacional deveria elaborar, o que não fez, em cento e oitenta dias, projetos de alterações legislativas não só para regulamentar as matérias nele tratadas como também objetivando tornar mais amplo o acesso à Justiça e mais célere a prestação jurisdicional".

[246] Contra o conceito proposto pode-se ler WELSCH, Gisele Mazzoni. A razoável duração do processo (art. 5º, LXXVIII, da CF/88) como garantia constitucional. In: MOLINARO, Carlos Alberto; MILHORANZA, Mariângela Ribeiro; PORTO, Sérgio Gilberto (Coord.). *Op. cit.*, p. 367: "A característica essencial dos direitos fundamentais é a sua aplicabilidade imediata, prevista no art. 5º, § 1º da Constituição Federal, com o que se vincula a atuação dos órgãos do Estado. Daí porque a concretização do direito fundamental à duração razoável do processo prescinde da edição de novos diplomas legislativos e se impõe em face da legislação infraconstitucional contrária às garantias por ele asseguradas".

[247] Para Sérgio Massaru Takoi em sua dissertação de mestrado, a eficácia do referido inciso é imediata e independe de legislação infraconstitucional, ao dizer: "Do que já foi exposto podemos afirmar que o inciso LXXVIII do artigo 5º da CF/88, que está inserido no Título II (Dos Direitos e Garantias Fundamentais), constitui-se em princípio e não uma mera regra; além disso, pelo § 1º do mesmo artigo 5º, têm aplicação imediata o que significa que independe de complementação legislação para sua aplicação e que leis posteriores que lhe contrarie são inconstitucionais, construindo ainda cláusula pétrea (art. 60, § 4º, IV da CF/88)". TAKOI, Sérgio Massaru. *O princípio constitucional da duração razoável do processo (art. 5º LXXVIII*

para regulamentar a matéria, tendo em vista já existirem regras suficientes para que a indenização seja deferida, é de se inclinar para o norte de que o princípio seria de eficácia plena, irradiando seus absolutos efeitos desde seu advento pela Emenda Constitucional 45/2004.

2.6. A autonomia do direito fundamental à duração razoável do processo

Muita dúvida ainda paira na doutrina contemporânea sobre o alcance do direito fundamental à duração razoável do processo, até mesmo porque muito se tem dito que o referido é parte integrante do princípio da efetividade, sendo considerado quase que um subprincípio deste, ou seja, como uma característica que deve ser levada em conta, mas não muito importante.

No Brasil, um dos mais importantes referenciais teóricos do início do debate científico acerca da efetividade do processo é de José Carlos Barbosa Moreira,[248] em 1988, em artigo denominado "Notas sobre o problema da efetividade do processo", no qual aponta que a predisposição dos instrumentos processuais de tutela de direitos e de quaisquer outras posições jurídicas de vantagem para que sejam praticamente utilizáveis, sejam quais forem os seus titulares, inclusive quando indeterminado ou indeterminável o círculo dos eventuais sujeitos, a extensão da utilidade prática do resultado do processo para assegurar o pleno gozo do direito por seu titular, de acordo com o ordenamento e a obtenção desses resultados com o mínimo dispêndio de tempo possível.

Ou seja, em curtas palavras, discorre o processualista que a efetividade seria o resultado prático do processo em um desejável espaço temporal. Na linha traçada por José Carlos Barbosa Moreira existe um desejo de que o processo seja efetivado num razoável espaço temporal, mas não impõe ele essa tempestividade como característica da efetividade. Contudo, não parece ser o que entendem conhecidos processualistas.

José Roberto dos Santos Bedaque,[249] em sua tese de livre-docência na Universidade de São Paulo, menciona:

> Processo efetivo é aquele que, observado o equilíbrio entre os valores segurança e celeridade, proporciona às partes o resultado desejado pelo direito material. Pretende-se aprimorar o instrumento estatal destinado a oferecer a tutela jurisdicional. Mas constitui perigosa ilusão pensar que simplesmente conferir-lhe celeridade é suficiente para alcançar a tão almejada efetividade. Não se nega a necessidade de reduzir a demora, mas não se pode fazê-lo em detrimento do mínimo de segurança, valor também essencial ao processo justo.

---

da CF/88) e sua aplicação no direito processual civil. Disponível em: <http://www.fadisp.com.br/download/sergio_takoi.pdf>. Acesso em: 15 out. 2008.

[248] BARBOSA MOREIRA, José Carlos. Notas sobre o problema da "efetividade" do processo. *Revista da Ajuris* – Associação dos Juízes do Rio Grande do Sul, Porto Alegre: AJURIS, n. 29, p. 27, 1983.

[249] BEDAQUE, José Roberto dos Santos. *Efetividade do processo e técnica processual*. São Paulo: Malheiros, 2006. p. 49.

A partir do conceito de José Roberto dos Santos Bedaque, pode-se concluir que o autor atribui ao processo efetivo a segurança jurídica, aqui relembrada pelo respeito ao contraditório e à ampla defesa, e que seja realizado dentro de um tempo razoável, proporcionando às partes o resultado almejado. Continua confirmando a tese de que não há efetividade sem segurança, ao mencionar que "em princípio, não há efetividade sem contraditório e ampla defesa", para, depois, relegar a celeridade como sendo "apenas mais uma das garantias que compõe a ideia de devido processo legal, não a única",[250] ao que parece, se referindo à celeridade como sendo o princípio da duração razoável do processo, o que já foi defendido neste estudo serem direitos fundamentais diferenciados entre si.

Após as definições acima colocadas, na qual se assenta a duração razoável do processo como parte integrante do princípio da efetividade, acaba por desmembrar os princípios, como se fossem autônomos, mas coligados ao afirmar que "efetividade, celeridade e economia processual são importantíssimos princípios processuais relacionados diretamente com a promessa constitucional de acesso à Justiça".[251]

Novamente coloca José Roberto dos Santos Bedaque o princípio da duração razoável do processo como se fosse o da celeridade processual, o que será confrontado em momento posterior. Neste momento, apenas é cediço que reste claro que o autor atribui como característica da efetividade processual a sua tempestividade, o que parece também ser a lição de Daniel Mitidieiro:[252]

> O direito fundamental à tutela jurisdicional implica o reconhecimento da existência de um direito à prestação jurisdicional adequada e efetiva. Adequada no sentido de que esteja atenta às necessidades do direito material posto em causa e à maneira como esse se apresenta em juízo (em suma, ao caso concreto levado ao processo); efetiva, no sentido de que consiga realizá-la específica e concretamente em tempo hábil.

Fazendo a leitura da parte final do esposado pelo processualista, só é efetiva a tutela jurisdicional se for realizada em tempo hábil. E confirma o que foi dito Daniel Mitidieiro,[253] ao concluir:

> A efetividade da tutela jurisdicional traduz uma preocupação com a especificidade e a tempestividade da proteção judicial. O resultado da demanda deve ser o mais aderente possível ao direito material, alcançado em tempo razoável às partes. Uma vez superada a ideia de que o processo civil só pode oferecer uma tutela pelo equivalente monetário às partes, oriunda do fenômeno da pessoalização dos direitos ocorridos desde o direito romano tardio, a doutrina pontua a prioridade natural e jurídica do cumprimento específico das prestações obrigacionais. No mais, a efetividade da tutela jurisdicional reclama uma proteção tempestiva às posições jurídicas afirmadas pelas partes em juízo. Certo, é evidente que tutela efetiva não é sinônimo tão-somente de tutela prestada rapidamente: agora, seguramente não é efetiva a tutela a des-

---

[250] BEDAQUE, José Roberto dos Santos. *Op. cit.*, p. 49.

[251] *Ibidem*, p. 50.

[252] MITIDIEIRO, Daniel. *Processo civil e Estado Constitucional*. Porto Alegre: Livraria do Advogado, 2007. p. 92.

[253] *Ibidem*, p. 93-94.

tempo. Ademais, quanto mais demorada a tutela, maior o "dano marginal" que experimenta o demandante que tem razão em seu pleito. Fundamental, portanto, que o processo tenha predispostos meios de outorga de proteção tempestiva às partes – o que, aliás, é mesmo dever constitucional do Estado.

Ao dizer que não é efetiva a tutela concedida a destempo, está colocando o princípio da duração razoável do processo como uma característica da efetividade do processo. Poderia ser lembrado Américo Bedê Freire Júnior,[254] que entende:

> O reconhecimento constitucional desse direito, que já poderia ser extraído da própria noção de inafastabilidade material da jurisdição, demonstra a contínua preocupação de que a decisão judicial seja efetiva, ou seja, prestada dentro de um prazo razoável.

Mais uma vez se faz presente o entendimento de que somente é de se reconhecer como efetiva a decisão judicial se prestada dentro de uma razoável tempestividade. Ou ainda pode-se citar Simone Rodrigues Ferreira,[255] que afirma a "[...] efetividade da jurisdição nada mais é do que o direito de exigir do Estado a prolação de justa decisão, dentro de um prazo razoável".

Então, para os referidos processualistas, o processo intempestivo é inefetivo?[256] Se for entregue à parte seu direito material, exercido por meio de sua ação processual, mesmo que intempestivamente, o processo não terá sido efetivo? A efetividade do processo é mitigada pela sua intempestividade?

Digamos que, futuramente, a doutrina e jurisprudência firmem o posicionamento, para fins de direito indenizatório contra o Estado, de que todo e qualquer processo judicial que tramitar mais que cinco anos deve ser considerado intempestivo. Se um processo qualquer for efetivado em cinco anos e seis meses, ele não será efetivo, pois intempestivo?

Ou ainda, na mesma linha adotada de separação de princípios de mesmo porte, utilizando o da segurança jurídica que também muitas vezes é colocado como subespécie da efetividade, se um processo for efetivado em 2 anos, ou seja, tempestivamente, mas o juiz na fase de conhecimento ter se utilizado dos poderes dos artigos 130[257] e 131[258] do Código de Processo Civil e, não concedendo à parte o direito de produzir prova, julga o processo no estado em que se encontra, mesmo que diligentemente e de acordo com sua

---

[254] FREIRE JÚNIOR, Américo Bedê. Breve análise sobre o direito fundamental à duração razoável do processo. In: FREIRE E SILVA, Bruno; MAZZEI, Rodrigo (Coord.). *Op. cit.*, p. 465-466.

[255] FERREIRA, Simone Rodrigues. A efetividade do direito fundamental à razoável duração do processo. *Revista IOB de Direito Civil e Processo Civil*, São Paulo, n. 53, p. 149, maio/jun. 2008.

[256] SILVEIRA, Fabiana Rodrigues. *A morosidade no poder judiciário e seus reflexos econômicos*. Porto Alegre: Sérgio Antônio Fabris, 2007. p. 147, trabalha esse conceito ao dizer que "a importância do tempo na relação processual passou a ser tão grande que hoje a tutela jurisdicional prestada a destempo em um litígio é inefetiva, é uma não tutela".

[257] "Art. 130: Caberá ao juiz, de ofício ou a requerimento da parte, determinar as provas necessárias à instrução do processo, indeferindo as diligências inúteis ou meramente protelatórias".

[258] "Art. 131: O juiz apreciará livremente a prova, atendendo aos fatos e circunstâncias constantes dos autos, ainda que não alegados pelas partes; mas deverá indicar, na sentença, os motivos que lhe formaram o convencimento".

convicção e com as provas já produzidas nos autos. Este processo não será efetivo, pois há a mácula de insegurança jurídica para uma das partes pela falta de ampla defesa?

Parece que colocar o direito fundamental à duração razoável do processo como uma das características da efetividade processual é atirá-lo num patamar não desejado pelo legislador. Por isso, também não se pode concordar com a lição de Dimas Ferreira Lopes[259] ao dizer:

> Neste sentido, podemos afirmar: não há variantes do conceito de efetividade processual que não se tanjam pelo fator cronológico. Sem solução em tempo razoável, não haverá efetividade processual. O esvaziamento temporal do processo faz inócua qualquer outra garantia instrumental de acesso à justiça, ou de adequabilidade à dimensão social do processo.

Ora, a efetividade do processo pode ocorrer se não realizada num prazo razoável. Não sendo tempestivo o processo, mas efetivado o direito material do autor, o processo não deixa de ser efetivo, apenas deixando de ser tempestivo. Se for efetivado o processo e a parte se sentir prejudicada por não ter tido o direito de fazer prova, o processo prossegue sendo efetivado, apesar de não ter a segurança jurídica desejada pela parte sucumbente.

E mais, se a decisão não foi adequada, ou seja, se a sentença concedeu direito a quem não tinha razão e o processo restou efetivado, essa é uma característica que não vai poder ser retirada dele, sendo o processo, nesse caso, injusto, mas efetivo.

Retornando à tempestividade, tanto é verdade que não pode ser deixado a um plano secundário que, no caso de intempestividade processual, tem o lesado o direito a pleitear uma indenização contra o Estado, o que será estudado posteriormente. Ao inverso, se deixar de ser efetivo, o Estado não responde pela indenização, até porque não pode o Poder Judiciário garantir que o devedor tenha bens, por exemplo, numa execução frustrada. Apenas responderia o Estado se deu causa a essa inefetividade.

Não há dano moral no caso de o devedor não ter bens e o processo for arquivado, sem efetividade. Mas se o tempo transcorrido do processo no Poder Judiciário foi tamanho que se no decorrer da tramitação o devedor estiolou seu patrimônio e nada tem o credor a fazer para ver seu direito material satisfeito, responde o Estado pela indenização.

Samuel Miranda Arruda[260] aborda, em termos, essa situação, ao mencionar:

> Não se deve reduzir a análise do tempo do processo a uma perspectiva claramente funcionalista, centrada unicamente em preocupações de eficiência processual. Esta perspectiva não deve ser negligenciada, digamo-lo logo e sem preconceitos, mas pode levar a uma compreensão assaz estreita. Mesmo tendo caráter instrumental, o direito ao processo em tempo razoável é demasiadamente importante para se ver reduzido à estatística ou à procedimentalização maquinal com prejuízo de outras garantias processuais. Frise-se, aliás, a noção pejorativa a que as preocupações de eficiência sempre estiveram ligadas, muito por uma concepção – um

---

[259] LOPES, João Batista. *Op. cit.*, p. 280.
[260] ARRUDA, Samuel Miranda. *Op. cit.*, p. 80-81.

tanto ingênua e pueril, diga-se – de que a justiça não tem preço... (pode-se entender este último termo como uma perspectiva econômica ou temporal, como veremos mais adiante). Por outro lado, o caráter instrumental que está sempre a este direito associado não deve ter sido como indicador de sua pouca relevância; indício de um direito fundamental de segunda classe, pois os instrumentos são meios por vezes imprescindíveis à consecução de determinados fins.

E mais objetivo ainda ao separar os conceitos de tempestividade e efetividade processual, leia-se Rafael Fernandes Esteves,[261] que assim os diferencia:

> Deve-se atentar, ainda, à diferenciação existente entre a efetividade processual e a razoável duração do processo, para fins de justificar as alterações processuais analisadas, porquanto a efetividade processual diz respeito a garantir o efetivo resultado do processo, fazendo com que o processo altere o mundo dos fatos, mesmo que de forma intempestiva, enquanto que a razoável duração do processo tende a fazer com que o processo tenha o seu fim no menor prazo possível, podendo, ser efetivo ou não.

Assim, retornando ao conceito de José Roberto dos Santos Bedaque ao dizer que "processo efetivo é aquele que, observado o equilíbrio entre os valores segurança e celeridade, proporciona às partes o resultado desejado pelo direito material", parece que nessa ótica adotada pelo trabalho, processo efetivo é aquele que proporciona às partes o resultado desejado pelo direito material, isso, porque, efetividade processual, segurança jurídica e duração razoável do processo são princípios autônomos, mas ao mesmo tempo interligados para se alcançar, no mínimo, as garantias de um processo justo,[262] não sendo um apenas reduzido a uma característica do outro e sendo todos de equivalente importância.

Ao mesmo passo, retornando ao conceito de Daniel Mitidieiro, quando discorre que "o direito fundamental à tutela jurisdicional implica o reconhecimento da existência de um direito à prestação jurisdicional adequada e efetiva", deveria ter acrescentado que também a tutela jurisdicional deve ser tempestiva. E quando continua afirmando que "adequada no sentido de que esteja atenta às necessidades do direito material posto em causa e à maneira como esse se apresenta em juízo (em suma, ao caso concreto levado ao processo)" está bem fundamentando a adequação, mas quando ressalta que é "efetiva, no sentido de que consiga realizá-la específica e concretamente em tempo hábil", acaba por, novamente, colocar a tempestividade como acessório da efetividade, o que não parece ser a intenção do novo direito fundamental, podendo ter adotado que efetiva, no sentido de que "se consiga realizá-la específica e concretamente", podendo ter finalizado aí seu

---

[261] ESTEVEZ, Rafael Fernandes. *Direito fundamental à razoável duração do processo e os mecanismos processuais garantidores de sua eficácia após a emenda constitucional nº 45/2004*. Porto Alegre, 2007. Dissertação (Mestrado em Direito), Faculdade de Direito, Pontifícia Universidade Católica do Rio Grande do Sul, 2007. Disponível em: <http://tede.pucrs.br/tde_busca/arquivo.php?codArquivo=867>. Acesso em: 18 nov. 2008.

[262] MANENTE, Luciana Nini. O princípio constitucional da celeridade do processo. In: FREIRE E SILVA, Bruno; MAZZEI, Rodrigo (Coord.). *Op. cit.*, p. 488: "Assim, resta evidente a necessidade de o processo civil contemporâneo atender às expectativas dos jurisdicionados com a entrega tempestiva e adequada da prestação jurisdicional reclamada (CF, art. 5º, LXXVIII) como única forma de garantir o efetivo acesso à justiça, direito fundamental também assegurado pela Constituição Federal (art. 5º, XXXV)".

pensamento sobre a efetividade, e agregando a tempestividade, no sentido de que seja entregue o direito material num prazo razoável.

Numa outra linha de argumentação, Darci Guimarães Ribeiro[263] aponta que o princípio da efetividade está inserido no inciso LXXVIII do artigo 5º da Constituição Federal ao dizer:

> Atualmente, por força da Emenda Constitucional nº 45, promulgada em 08.12.2004, a efetividade encontra-se positivada no inciso LXXVIII do art. 5º da Constituição Federal. Reza o citado inciso que "a todos, no âmbito judicial e administrativo, são assegurados a razoável duração do processo e os meios que garantam a celeridade de sua tramitação".

Aqui parece que os valores se invertem. Para concordar com a assertiva do processualista deve-se pensar que quando se falar em processo tempestivo está-se, de um modo geral, concluindo que ele já foi efetivado. Mas, para concordar com essa afirmação, adota-se a tese de que o Estado deve, sempre, garantir a tempestividade do processo, independentemente da situação que o processo se encontre. Ainda outra situação pode ser mencionada, com a parte apenas aceitando a declaração de seu direito, tempestivamente, sem ter a vontade de efetivar o direito concedido pela sentença judicial. A própria decretação da separação consensual pode ter sido prolatada há tempos, e as partes sequer tomaram as providências para dar efetividade à troca do registro dos nomes ou dos bens. O processo, nesse caso, é tempestivo às partes, mas sem efetividade prática, razão pela qual se discorda da assertiva de que a efetividade está inserida no inciso LXXVIII do art. 5º da Constituição Federal. E mais, pode o processo ter sido efetivado mesmo que intempestivamente. Na linha adotada parece que só existiria efetividade se o processo fosse tempestivo, sendo que, aí, residiria a efetividade como uma mera característica da tempestividade.

Por óbvio, se for considerada a existência de efetividade no mundo dos fatos e no mundo do direito como formas distintas, a declaração de separação judicial das partes, por si só, tem a efetividade almejada caso não haja a vontade de efetivar os próprios comandos existentes na sentença. Aqui serve de linha a ser seguida a noção já contestada de efetividade de José Roberto dos Santos Bedaque ao dizer que processo efetivo é aquele que "[...] proporciona às partes o resultado desejado pelo direito material", retirando os valores segurança jurídica e celeridade conforme já apontado.

Pode-se ler na mesma linha de raciocínio Francisco Chamorro Bernal,[264] ao dizer:

> Esse deber constitucional de los Jueces y Tribunales de velar por la efectividad de la tutela no se limita, por otra parte, solo al aspecto procesal, sino que también existe en el aspecto material o de fondo, en el sentido de resolver el problema planteado. Esa función típica de la jurisdicción

---

[263] RIBEIRO, Darci Guimarães. A garantia constitucional do postulado da efetividade desde o prisma das sentenças mandamentais. In: ASSIS, Araken de; MADEIRA, Luís Gustavo Andrade (Coord.). *Direito Processual Civil*: as reformas e questões atuais do direito processual civil. Porto Alegre: Livraria do Advogado, 2008. p. 140.

[264] BERNAL, Francisco Chamorro. *El artículo 24 de la Constitución* – el derecho de libre acceso a los tribunales. Barcelona: Iura Editorial S. L., 2005. T. I. p. 281.

ordinária es ajena, en principio, ao TC que, sin embargo y como ya hemos dicho, puede examinar sise há resuelto el problema y se há hecho dentro de los parâmetros de una interpretación razonable del ordenamiento jurídico.

Assim, se as partes se conformam com o direito material exposto na sentença, sem que deem efetividade de fato à mesma, ganharia força a ideia proposta por Darci Guimarães Ribeiro contra o que foi referido logo acima, mas não conseguindo retirar as amarras de que seria considerada a efetividade mera garantia da tempestividade.

Na realidade, entende-se que tanto o princípio da efetividade processual, como o da duração razoável do processo, o da segurança jurídica e aqueles outros que fazem parte do denominado direito processual constitucional, fazem parte sim de um todo, anteriormente denominado de devido processo legal,[265] mais atualmente sendo modificada sua nomenclatura para processo justo, sob outros enfoques. Humberto Theodoro Jr.[266] assim se manifesta sobre o tema:

> Realmente, a celeridade da prestação jurisdicional, embora seja uma das garantias fundamentais figurantes nas modernas Constituições dos Estados Democráticos de Direito, não é a única, devendo, por isso mesmo, conviver e harmonizar-se com outras que igualmente merecem igual prestígio constitucional. O ideal, na implantação do processo justo, é, de fato, que sua duração seja breve, mas sem impedir que o contraditório e a ampla defesa se cumpram. Cabe ao juiz esforçar-se por evitar delongas injustificáveis, reduzindo ao mínimo o tempo de espera da prestação jurisdicional, sem, entretanto, perder de vista que todas as garantias constitucionais do processo têm de ser observadas até chegar a um ponto de equilíbrio entre elas e o princípio da "duração razoável". É justamente esse equilíbrio, essa harmonia, que conduz à "verdadeira eficiência processual", num clima de adequada perseguição do "processo justo". O "processo justo", enfim, não é aquele desempenhado segundo um único e dominante princípio, mas o que permite a convivência harmoniosa de todos os princípios e garantias constitucionais pertinentes ao acesso à justiça e à prestação efetiva da adequada tutela aos direitos subjetivos materiais.

Por essas razões, o princípio que realmente rege o processo civil atual é o do processo justo. Não pode ele ser entendido como um único princípio qualquer, mas como uma soma de vários. Assim, torna-se o direito fundamental a razoável duração do processo um princípio processual constitucional de equivalente importância e autônomo a qualquer outro princípio processual, apenas perdendo força perante o processo justo, que nada

---

[265] ÁVILA, Humberto. O que é "devido processo legal". *Revista de Processo*, São Paulo, a. 33, n. 163, p. 50-59, set. 2008, não que se esteja retirando força deste princípio constitucional processual, pois sua importância é fundamental no Estado Democrático de Direito, conforme refere Ávila, sobre o devido processo legal (p. 59): "Em face dessas considerações, conclui-se que o dispositivo relativo ao 'devido processo legal' ainda que com caráter meramente expletivo e, por isso, com positivação expressa desnecessária, deve ser interpretado como fundamento de um princípio que exige a realização de um estado ideal de protetividade de direitos. Como princípio, exerce as funções interpretativa, integrativa e bloqueadora relativamente aos atos e normas que o pretende concretizar. No entanto, considerado que a nossa Constituição prevê, expressamente, vários elementos que poderiam ser dele deduzidos, além daquelas funções, o princípio do 'devido processo legal' está longe de ser uma questão de nomenclatura. É uma questão de fundo".

[266] THEODORO JÚNIOR, Humberto. Direito processual constitucional. *Revista IOB de Direito Civil e Processo Civil*, São Paulo, n. 55, p. 72-73, set./out. 2008.

mais é do que um conceito que agrega diversos outros princípios. Deve-se, para tanto, desenhar a linha argumentativa do processo justo, delineada por Humberto Theodoro Jr.,[267] que, inicialmente, relata:

> A primeira visão do processo dentro do constitucionalismo foi a que o encarou com um instrumento de tutela rotulado de "devido processo legal", em que as partes contrariam com um procedimento traçado em lei para assegurar o contraditório, com um juiz natural, imparcial e confiável, e com um julgamento segundo a lei preexistente.

Então, incumbe ressaltar que o processo justo é fruto da constitucionalização dos direitos que, numa primeira visão, foi alocado dentro do devido processo legal, pois esse englobaria uma série de garantias constitucionais processuais. Contudo, aponta o processualista, que o processo justo é mais do que simplesmente obedecer a legalidade e subsumir o fato à lei. Afirma Humberto Theodoro Jr.:[268]

> A reorganização do Estado Democrático moderno não se contentou com o princípio constitucional da legalidade, no seu sentido procedimental e de subsunção do fato litigioso à regra da lei material. Exigiu-se que em nome de outros princípios constitucionais, a própria regra de direito material fosse submetida a um juízo crítico, para conformá-la ao sentido mais harmônico possível com os valores consagrados pela Constituição.
>
> Assim, em vez de assegurar um resultado legal (compatível com a norma aplicada ao caso), o processo foi incumbido de proporcionar um resultado justo (mais do que apenas legal). E a garantia constitucional de tutela jurisdicional passou a ser não mais a do devido processo legal, mas a do processo justo.

Mas onde está consagrado o princípio do processo justo? Conforme Humberto Theodoro Jr.:[269]

> Nossa Constituição não adotou ainda, expressamente, uma declaração similar à do atual art. 111 da Carta italiana. O processo justo, porém, impõe-se entre nós como uma decorrência natural e obrigatória dos valores agasalhados nos princípios fundamentais que dão estrutura à nossa ordem constitucional. Vale a pena recordar que já no preâmbulo da Constituição brasileira atual ficou declarado que a justiça, como outros valores igualmente relevantes e supremos (como liberdade, bem-estar, igualdade e segurança), integraria as metas a serem atingidas pelo Estado Democrático de Direito. E o seu art. 3 reafirmou que, entre os "objetivos fundamentais da República Federativa do Brasil", aparece em primeiro lugar o de "construir uma sociedade livre, justa e solidária".

Ora, não há no ordenamento jurídico brasileiro o princípio ao processo justo como existe na Constituição italiana, em seu artigo 111, ao dizer que "la giurisdizione si attua mediante il giusto processo regulato dalla lege", sendo que seus incisos dão a dica do que é necessário para se considerar um processo justo. Paolo Tonini[270] afirma:

---

[267] THEODORO JÚNIOR, Humberto. *Código de processo civil anotado.* 11. ed. Rio de Jasneiro: Forense, 2007. p. 13.

[268] *Ibidem*, p. 14.

[269] *Ibidem*, p. 14-15.

[270] TONINI, Paolo. *A prova no processo penal italiano.* Tradução Alexandra Martins e Daniela Mróz. São Paulo: Revista dos Tribunais, 2002. p. 21.

O Parlamento introduziu no art. 111 da Constituição cinco novos incisos que consagram os princípios cardeais, os quais devem informar todos os processos, especialmente o processo penal. Trata-se dos princípios que são sintetizados na expressão "justo processo" e que consistem, entre outros, na reserva de lei em matéria processual, na imparcialidade do juiz, na paridade de armas e na razoável duração do processo.

Sobre um outro corolário, Sérgio Gilberto Porto[271] e Daniel Ustarróz apontam que o processo será justo quando cumpridas as exigências do devido processo legal, ao afirmarem:

Diante da natureza sintética do devido processo, ele será justo, no Brasil, quando: (a) o acesso à justiça é assegurado, antes, durante e depois da relação processual; (b) as partes encontrarem conduições para exercer o contraditório de maneira proveitosa; (c) os atos do processo foram públicos, para viabilizar o controle do exercício jurisdicional; (d) os provimentos forem motivados adequadamente; (e) os poderes públicos respeitarem os valores da imparcialidade impostos pelo juízo natural; (f) não for tolerada a obtenção de prova por meio ilícito; (g) as partes receberem tratamento paritário ou quando a diferença for criteriosa e juridicamente justificada; (h) for respeitado o duplo grau de jurisdição, ao menos naqueles casos que implicam risco de maior restrição aos direitos fundamentais; (i) for obedecida a coisa julgada; (j) o processo se desenvolver em tempo razoável, propiciando aos litigantes desfrutarem dos direitos reconhecidos; e, ainda, (l) os princípios reconhecidos em Tratados Internacionais ou compatíveis com a dignidade da pessoa humana e com o Estado Republicano forem também respeitados.

Os autores não deixam de entender que o processo justo é um conglomerado de diversos princípios constitucionais processuais, assim como Humberto Theodoro Júnior entende, apenas alimentando sua origem numa outra fonte principiológica, que é a do devido processo legal.

Apenas com o intuito de trazer luzes ao debate, a Constituição espanhola prevê um direito fundamental diferente daqueles anteriormente estudados sobre o devido processo legal ou, mais atualmente, numa outra ótica, a do processo justo. Está positivado no artigo 24 da sua Constituição:

Artículo 24

1. Todas las personas tienen derecho a obtener tutela efectiva de los jueces y tribunales en el ejercicio de sus derechos e intereses legítimos, sin que, en ningún caso, pueda producirse indefensión.

2. Asimismo, todos tienen derecho al Juez ordinario predeterminado por la ley, a la defensa y a la asistencia al letrado, a ser informados de la acusación formulada contra ellos, a un proceso público sin dilaciones indebidas y con todas las garantías, a utilizar los medios de prueba pertinentes para su defensa, a no declarar contra sí mismos, a no confesarse culpables y a la presunción de inocencia.

La ley regulará los casos en que, por razón de parentesco o de secreto profesional, no se estará obligado a declarar sobre hechos presuntamente delictivos.

Francisco Chamorro Bernal[272] explica o que entende do artigo 24 da Constituição ao dizer:

---

[271] PORTO, Sérgio Gilberto; USTARRÓZ, Daniel. *Lições de direitos fundamentais no processo civil*: o conteúdo processual na Constituição Federal. Porto Alegre: Livraria do Advogado, 2009. p. 122.

[272] BERNAL, Francisco Chamorro. *Op. cit.*, p. 31.

> El derecho de libre acceso a la jurisdicción, como derecho fundamental incluido en el art. 24 CE, significa que no existe en nuestro derecho ningún filtro previo, como en que realizaba el pretor romano, para poder acudir ante un juez. Así, em nuestro ordenamiento, basta afirmar que cualquier derecho o interes legítimo, incluido en el campo de lo jurídico, há sido cuestionado para que el ciudadano pueda acudir a los Tribunales y provocar su actuación.
>
> Esse derecho a poder dirigirse a un Juez en busca de protección para hacer valer el derecho o interés que se estima lesionado tiene naturaleza constitucional por nacer directamente de la propria Ley suprema.

E, após, conclui o jurista espanhol:[273]

> El libre acceso a la juriscción es la primera cosecuencia del derecho a la tutela judicial efectiva y el paso previo indispensable para poder obtener la prestación jurisdiccional en forma de resolución que ponga fin al proceso puesto em marcha, que es el núcleo de esa tutela. No se puede obtener la prestación jurisdicional, es decir, la resolución que pone fin a la controversia existente entre las partes, si por algún motivo no es posible acceder previamente a los Jueces y Tribunales para plantear la cuestión, acceso que, por tanto, es considerado por el TC como primer eslabón de la caderna en el ejercicio de esse derecho a la prestación judicial.

Assim, o direito fundamental à duração razoável do processo não é um mero assessório da efetividade processual, tampouco o é o direito ao contraditório e à ampla defesa, assim como outros princípios constitucionais processuais. Todos eles fazem parte do que se diz por processo justo, um princípio que agrega todos os valores constitucionais ligados ao processo e que somente se concretiza, quase como uma ficção jurídica, se todos esses valores principiológicos processuais constitucionais forem respeitados.

---

[273] BERNAL, Francisco Chamorro. *Op. cit.*, p. 33.

3. A problemática sobre o tempo do processo

A jurisdição prestada pelo Estado, por seu Poder Judiciário, após a promulgação da Emenda Constitucional 45/2004, deve ser proporcionada em tempo razoável. Sabe-se que o cumprimento deste direito fundamental, na atualidade, ainda não corresponde à regra, mas sim a raras exceções. É incomum encontrar um jurisdicionado festejando a tempestividade do seu processo. O mais comum é se deparar com alguém reclamando do tempo de espera pela intempestividade processual. Mas por quais motivos o Poder Judiciário está deste modo? Existem soluções para o problema da intempestiva tutela jurisdicional? Estas e outras questões serão abordadas neste capítulo.

O tempo do processo faz parte de seu próprio caminho a ser percorrido. Nas palavras de Galeno Lacerda:[274]

> Todo o processo implica ônus para as partes. Se não aforar o pedido, arrisca-se o autor a jamais ver satisfeita sua pretensão. Se não exercer a defesa, o réu corre o risco de perder a causa.
>
> A prestação jurisdicional cumpre-se, pois, mediante uma atividade onerosa, forçada pelo próprio interesse dos litigantes e, necessariamente, desenrolada no tempo. Essa atividade, acrescida do fator temporal, representa o custo, o passivo, da composição da lide.
>
> O bem resultante da sentença padece, portanto, do desgaste, do déficit proveniente de despesas de obtenção e prejuízos causados pelo tempo de não uso, ou, pelo menos, não uso pacífico, por parte de seu titular.
>
> Dessa contingência o processo, atividade humana, não se livra. Jamais logrará realizar justiça perfeita, isentando o resultado de um passivo, material, e também moral – pelas energias gastas, esperanças desfeitas, paixões incontidas.

E finaliza o processualista gaúcho,[275] afirmando que "diminuir esse passivo, sem prejudicar o acerto da decisão, será tender para o ideal da justiça". Ora, cabe ao profissional do direito diminuir esse passivo referido por Galeno Lacerda, entre eles o problema da tempestividade da prestação jurisdicional. Sem repensar constantemente o direito, está-se diante da estagnação do processo,[276] o que afeta diretamente o jurisdicionado.

---

[274] LACERDA, Galeno. *Despacho saneador*. 3. ed. Porto Alegre: Sergio Antonio Fabris, 1995. p. 5.

[275] *Ibidem*, p. 5.

[276] FABRÍCIO, Adroaldo Furtado. *Ensaios de direito processual*. Rio de Janeiro: Forense, 2003. p. 404: "Enquanto isso, os grandes lineamentos do Direito Processual Civil, seus institutos basilares e seus conceitos fundamentais permanecem estáticos, como que indiferentes a essa profunda transformação da realidade social. Aqui e ali, tímidas adaptações procuram compatibilizar esquemas obsoletos com as novas necessidades, mas sem impedir a aproximação inexorável do colapso que só uma revolução igualmente profun-

Athos Gusmão Carneiro[277] também aponta para o norte de que o processo tem um tempo para ser iniciado e concretizado, ao afirmar:

> No plano processual é inconcebível um processo, mesmo sob os influxos de rigoroso princípio da oralidade, que não se alongue no tempo, com a concessão de prazos para que as partes, sob o pálio do contraditório, possam apresentar seus pedidos e impugnações em matéria de fato (excepecionalmente também em direito), insurgir-se contra decisões que lhes sejam desfavoráveis; e também o juiz precisa de tempo para apreender o conflito de interesses e para habilitar-se a bem fundamentar as decisões interlocutórias e, com maior profundidade, a sentença (nos juízos singulares como nos colegiados).

Assim, entende-se que o processo necessita de um tempo de maturação para que seja julgado e efetivado, sendo que este tempo é um passivo necessário a qualquer processo que seja apreciado pelo Poder Judiciário sem, contudo, torná-lo excessivo, sendo este o grande enfoque a ser perseguido pela doutrina na atualidade.

Para que se combata o passivo do processo, em especial o de seu tempo demasiado, resta saber quais problemas existem e assolam cotidianamente o Poder Judiciário e mais, quais problemas há na relação tempo e processo. A primeira noção que se deve ter é se realmente o processo é ou não intempestivo e não existe alguém melhor que pode responder ao questionamento senão o próprio jurisdicionado, titular direto do direito fundamental à razoável duração do processo. Para tanto, será analisada a doutrina de Duarte e Grandinetti,[278] que fizeram um estudo a partir de pesquisa realizada pelo instituto Vox Populi,[279] no ano de 1999,[280] onde apontam para a porcentagem

---

da pode obstar. Quando o agigantamento do usuário faz romper o tecido e rebentar as costuras, já não é o caso para remendos ou ajustes: a roupa toda tem de ser substituída".

[277] CARNEIRO, Athos Gusmão. *Da antecipação de tutela*. 6. ed. Rio de Janeiro: Forense, 2006.

[278] DUARTE, Carlos Francisco; GRANDINETTI, Adriana Monclaro. *Comentários à Emenda Constitucional 45-2004*. Os novos parâmetros do processo civil brasileiro. Curitiba: Juruá, 2005. p. 27.

[279]Para saber mais sobre a entrevista e a empresa recomenda-se o acesso ao site VOXPOPULI.COM.BR. Disponível em: <http://www.voxpopuli.com.br>.

[280] FALCÃO, Joaquim. Menos poder e mais serviço. *Folha de São Paulo*, São Paulo, p. A3, 5 abr. 2009. Joaquim Falcão traz novos dados sobre a opinião do brasileiro sobre o Poder Judiciário.
"QUAL A opinião do brasileiro sobre o Poder Judiciário de hoje? O que se espera da Justiça? Será que a atual pauta política – a disputa de poder entre os Poderes do Estado – é a pauta do povo?
Pesquisa nacional da FGV Direito Rio com o Ipespe revela que os brasileiros querem mesmo é que juízes prestem mais serviço: o serviço público de equacionar conflitos dentro da lei. Querem mais sentenças, rápidas e definitivas. E querem pois estão satisfeitos com o progresso da Justiça.
Um em cada cinco brasileiros foi autor ou réu no ano passado. Cerca de 80% acreditam que vale a pena procurar a Justiça e mais 50% estão muito satisfeitos ou satisfeitos com o atendimento recebido e com os resultados obtidos. Cenário inédito. Esses dados revelam uma dissintonia entre a opinião crítica de mídia, políticos, intelectuais e elites, de um lado, e, de outro, a opinião positiva, muita vez fundamentada em experiência do brasileiro em todas as classes. Há explicação plausível para tal dissintonia.
Confia-se mais na Justiça do Trabalho e nos juizados especiais, isto é, na 'Justiça do povo', que atende a maioria dos brasileiros: trabalhadores e consumidores. Quando questionados se a Justiça nestes cinco anos melhorou, ficou igual ou piorou, a resposta é clara: para 44%, a Justiça está melhor, e somente para 19% piorou. No cômputo geral, 39% avaliaram que a Justiça é ótima ou boa.
O brasileiro reconhece dois fatores positivos: a ampliação do acesso e o combate às irregularidades. Nesse sentido, a cobertura da mídia, a ação do CNJ e dos tribunais contra nepotismo, corrupção, limites salariais e a favor da moralização de concursos, audiências públicas nas inspeções da Corregedoria nos Estados e tanto mais impacto positivo na imagem do Judiciário. E não negativo, como temem alguns juízes. A transparência compensa. Para a população, a Justiça está mudando.

de entrevistados que respondeu ao questionamento sobre a demora ou a rapidez da justiça[281] no Brasil.

> Em pesquisa realizada pelo Instituto "*Vox Populi*", durante o ano de 1999, perguntou-se aos jurisdicionados se a justiça é competente ou incompetente: 58% das pessoas entrevistadas responderam que justiça brasileira é incompetente; 34% dos entrevistados disseram que a justiça é competente; e 7% não responderam. Em questão que se indagou se a justiça é rápida ou demorada, os dados obtidos foram os seguintes: é demorada (89%); é rápida (7%); não responderam (4%).

O interessante da pesquisa realizada não é o dado que corresponde a 89% dos entrevistados responderem ser a justiça demorada, até porque, conforme se estudará em capítulo posterior, as causas da intempestividade processual são incontáveis e em sua maioria já debatidas pela doutrina por anos, mas aos 7% que afirmaram que ela é rápida. Nesta porcentagem, deveriam ser aprofundadas na pesquisa as causas que levaram os pesquisados a acreditarem ser a justiça célere. A pesquisa poderia ter ido além, questionando o porquê da resposta positiva sobre a rapidez do Judiciário, pois pode muito bem grande parte destes 7% estarem apenas respondendo positivamente, pois lhe benéfico algum instituto processual, como, por exemplo, a prescrição declarada de ofício de pelo juiz, a teor do artigo 219, § 5°, do Código de Processo Civil, ao dizer que "o juiz pronunciará, de ofício, a prescrição", ou ainda, qual a quantidade destes 7% que aderiu a um Juizado Especial Cível ou Criminal e lhe foi oportunizada a conciliação na primeira audiência. Isto são aspectos altamente importantes para saber a real porcentagem de cidadãos que enfrentam um processo com cognição plena exauriente e ainda respondem ser rápida a tutela jurisdicional. Realmente a pesquisa surpreende, mas, infelizmente, pelo alto número de pessoas que entendem ser a justiça prestada tempestivamente. Para se ter um exemplo de onde se quer chegar, os próprios autores[282] elucidam a questão ao informarem:

Nesse quadro, o que destoa é a lentidão. O brasileiro não se queixa da qualidade das sentenças, mas da quantidade. É pouca. Cerca de 88% caracterizam a Justiça como lenta, e 78% como cara. Por isso, expressivos 43% prefeririam assegurar seus direitos pela conciliação. Se o Judiciário quiser oferecer o serviço que o povo quer, o caminho é menos adjudicação e mais conciliação. É mais rápido.

Por isso, 82% são contra as férias de 60 dias dos juízes. Com os 15 dias de recesso no Natal, são 75 dias/ano. Em Portugal, ao se reduzirem de 60 para 30 os dias de férias, a produtividade dos juízes aumentou cerca de 9%. Eduardo Suplicy e Pedro Simon têm razão com seus projetos. O brasileiro quer que o magistrado, como servidor público, sirva mais. O juiz-autoridade às vezes se sobrepõe ao juiz-servidor. Mas só este justifica aquele".

Após os dados acima apontados e outros mais à disposição no próprio artigo, conclui o autor:

"Fica claro. Para a população, a legitimidade da justiça não advém apenas de sua realidade como poder político. Advém, também, de sua agilidade e eficiência como prestadora de serviço público essencial, de sua agilidade e eficiência como prestadora de serviço público essencial, gênero de primeira necessidade. Tão importante quanto moradia e cesta básica. De resto, é fácil perceber o paradoxo: quanto mais eficiência, mais poderio. Quanto mais serviço, mais poder. O círculo é vicioso".

[281] Para fins da interpretação sobre a pesquisa, será utilizada a nomenclatura usada durante a coleta para se referir a ela, como "demorada", "rápida" e "justiça", apenas informando que entende que os termos utilizados seriam, no entendimento do trabalho, como "intempestiva", "tempestiva" e "judiciário", termos esses que serão posteriormente defendidos como melhores a explicar os fenômenos que querem dizer.

[282] DUARTE, Carlos Francisco; GRANDINETTI, Adriano Monclaro. *Op. cit.*, p. 27.

Outro dado preocupante é encontrado em pesquisa realizada entre empresários do país: 90,8% deles qualificam como ruim o Judiciário nacional, no concernente à agilidade. E 99,12% dos juízes federais brasileiros, em pesquisa realizada pelo Conselho de Justiça Federal, veem no atributo lentidão o principal problema do Judiciário brasileiro.

Ora, sem se ingressar em indagações da veracidade do primeiro dado sobre o empresário qualificar de ruim o Poder Judiciário no tocante à agilidade, até porque para muitas sociedades empresárias quanto mais tempo tramitar o processo melhor é para seus interesses, é o segundo dado que se destaca, ao informar que 99,12% dos magistrados federais apontam a lentidão do Judiciário como principal problema, o que, por si só, já responde o porquê é alto a porcentagem de 7% da população que acredita ser a justiça rápida, quando, na ótica da magistratura, pelo menos a federal, este número cai, teoricamente, para 0,88%. Fala-se na teoria, pois, conforme se vê pelos dados da pesquisa, este número é relacionado ao principal problema do Judiciário, e não se os magistrados acreditam ser o Judiciário lento ou não, número que com certeza aumentaria para mais perto dos 100%.

Mas não abrindo mão dos 89% que acreditam ser a justiça demorada, deve-se criar mecanismos de combate a essa patologia que assola o Poder Judiciário e reflete diretamente no seu jurisdicionado.

Para se saber se o processo é ou não intempestivo, este capítulo tratará de questões relacionadas com as problemáticas sobre o tempo do processo, suas consequências e suas soluções, não sem antes tentar realizar um estudo acerca de questões que devem ser sopesadas quando estudado um tema tão complexo e pulsante como esse.

O jurisdicionado brasileiro já respondeu, em maioria indiscutível, ser o processo intempestivo. Mas sabe ele quando o processo pode ser considerado como tal? Existe um prazo fixo para que saiba o jurisdicionado o liame entre a tempestividade e a intempestividade processual? Isso é o que se tentará responder a seguir.

Para tanto, os primeiros conceitos que se deve ter em relação ao tempo do processo é a sua marca inicial com a data da sua distribuição e a final como a data da efetividade da sentença.[283] É neste espaço temporal distribuição/efetividade que se deve questionar o que ocorre no processo para que ele se torne intempestivo.

---

[283] NERY JÚNIOR, Nelson. *Princípios do processo na Constituição Federal*: processo civil, penal e administrativo. 9. ed. rev., ampl. e atual. com as novas súmulas do STF (simples e vinculantes) e com análise sobre a relativização da coisa julgada. São Paulo: Revista dos Tribunais, 2009. p. 314: "O princípio da duração razoável possui dupla função porque, de um lado, respeita ao tempo do processo em sentido estrito, vale dizer, considerando-se a duração que o processo tem desde seu início até o final com o trânsito em julgado judicial ou administrativo e, de outro, tem a ver com a adoção de meios alternativos de solução de conflitos, de sorte a aliviar a carga de trabalho da justiça ordinária, o que, sem dúvida, viria a contribuir para abreviar a duração média do processo.

O prazo razoável é garantido para que o processo se inicie e termine, incluída, portanto, a fase recursal, já que só se pode entender como terminado o processo no momento em que ocorre o trânsito em julgado, isto é, quando não couber mais recurso contra a última decisão proferida no processo.

O certo é que não se pode apenas sentar e esperar que o tempo traga todas as respostas, devendo-se ir atrás delas, sob pena de se ficar eternamente aguardando a Justiça, como idealizado por Franz Kafka,[284] quando, na verdade, bastaria uma simples pergunta para que os caminhos fossem trilhados. O que não se pode aceitar é que numa época onde o segundo já foi dividido em attossegundos para poder explicar certos momentos existentes em tecnologias inimagináveis há pouco tempo atrás, o Poder Judiciário brasileiro ainda conte seus passos como os hominídeos contavam para encontrar alimentos e abrigos contras as intempéries, ou seja, contam os atos do processo por meses e anos.[285]

---

[284] KAFKA, Franz. *Um médico rural*. Tradução Modesto Carone. 2. reimpr. São Paulo: Companhia das Letras, 1999. p. 27 e ss. Relata o conto "Diante da Lei":
"Diante da lei está um porteiro. Um homem do campo chega a esse porteiro e pede para entrar na lei. Mas o porteiro diz que agora não pode permitir-lhe a entrada. O homem do campo reflete e depois pergunta se então não pode entrar mais tarde.
– É possível – diz o porteiro. – Mas agora não.
Uma vez que a porta da lei continua como sempre aberta e o porteiro se põe de lado o homem se inclina para olhar o interior através da porta. Quando nota isso o porteiro ri e diz:
– Se o atrai tanto, tente entrar apesar da minha proibição. Mas veja bem: eu sou poderoso. E sou apenas o último dos porteiros. De sala para sala, porém, existem outros porteiros cada um mais poderoso que o outro. Nem mesmo eu posso suportar a simples visão do terceiro.
O homem do campo não esperava tais dificuldades: a lei deve ser acessível a todos e a qualquer hora, pensa ele; agora, no entanto, ao examinar mais de perto o porteiro, com o seu casaco de pele, o grande nariz pontudo, a longa barba tártara, rala e preta, ele decide que é melhor aguardar até receber a permissão de entrada. O porteiro lhe dá um banquinho e deixa-o sentar-se ao lado da porta. Ali fica sentado dias e anos. Ele faz muitas tentativas para ser admitido e cansa o porteiro com seus pedidos. Às vezes o porteiro submete o homem a pequenos interrogatórios, pergunta-lhe a respeito da sua terra natal e de muitas outras coisas, mas são perguntas indiferentes, como as que os grandes senhores fazem, e para concluir repete-lhe sempre que ainda não pode deixá-lo entrar. O homem, que havia se equipado com muitas coisas para a viagem, emprega tudo, por mais valioso que seja, para subornar o porteiro. Com efeito, este aceita tudo, mas sempre dizendo:
– Eu só aceito para você não julgar que deixou de fazer alguma coisa.
Durante todos esses anos o homem observa o porteiro quase sem interrupção. Esquece os outros porteiros e este primeiro parece-lhe o único obstáculo para a entrada na lei. Nos primeiros anos amaldiçoa em voz alta e desconsiderada o acaso infeliz; mais tarde, quando envelhece, apenas resmunga consigo mesmo. Torna-se infantil e uma vez que, por estudar o porteiro anos a fio, ficou conhecendo até as pulgas de sua gola de pele, pede a estas que o ajudem a fazê-lo mudar de opinião. Finalmente sua vista enfraquece e ele não sabe de se fato está ficando mais escuro em torno ou se apenas os olhos o enganam. Não obstante reconhece agora no escuro um brilho que irrompe inextinguível da porta da lei. Mas já não tem mais muito tempo de vida. Antes de morrer, todas as experiências daquele tempo convergem na sua cabeça para uma pergunta que até então não havia feito ao porteiro. Faz-lhe um aceno para que se aproxime, pois não pode mais endireitar o corpo enrijecido. O porteiro precisa curvar-se profundamente até ele, já que a diferença de altura mudou muito em detrimento do homem:
– O que é que você ainda quer saber! – pergunta o porteiro. – Você é insaciável.
Todos aspiram à lei – diz o homem. – Como se explica que em tantos anos ninguém além de mim pediu para entrar!
O porteiro percebe que o homem já está no fim e para ainda alcançar sua audição em declínio ele berra:
– Aqui ninguém mais podia ser admitido, pois esta entrada estava destinada só a você. Agora eu vou embora e fecho-a".
[285] LOPES, João Batista. Reforma do judiciário, acesso à justiça e efetiva e efetividade do processo. In: FREIRE E SILVA, Bruno; MAZZEI, Rodrigo (Coord.). *Op. cit.*, p. 484, parece apontar no mesmo sentido, ao refletir: "Não se compreende que, na era da globalização, da revolução tecnológica, da fibra ótica e da robótica esteja ainda o Judiciário, em muitas comarcas, atrelado à burocracia dos carimbos e à 'costura dos autos' e conflito aberto com a realidade contemporânea".

3.1. Desmi(s)tificando conceitos: celeridade *versus* tempestividade e morosidade *versus* intempestividade

Impõe-se superar alguns dogmas existentes na doutrina e na jurisprudência acerca da terminologia usada para conceituar, como se fossem o mesmo princípio a celeridade e a tempestividade processual e como se fossem expressões sinônimas a morosidade e intempestividade do processo. Os conceitos não podem mais ser confundidos após o advento da Emenda Constitucional 45/2004, como se passa a demonstrar.

Muito se tem dito, conforme se verá abaixo, que o direito fundamental à duração razoável do processo é o próprio princípio da celeridade processual, agora com nova nomenclatura. Pois bem, conforme já defendido, tanto a duração razoável do processo como a celeridade processual são direitos fundamentais autônomos entre si e com grandes diferenças na prática, sendo, por isso, a separação dos conceitos estritamente necessária.

A confusão conceitual exterioriza-se de várias maneiras, havendo traços na doutrina e na jurisprudência. Por exemplo, no julgamento do Agravo de Instrumento 70022087779,[286] da 1ª Câmara Especial Cível do Tribunal de Justiça do Estado do Rio Grande do Sul, oriundo da Comarca de Santa Rosa, de lavra da Juíza Walda Maria Melo Pierrô, decidindo, assim, a magistrada monocraticamente:

> Concordam os operadores do Direito que os serviços prestados pelo Poder Judiciário devem ser céleres, tanto que a celeridade processual foi guindada a direito fundamental do jurisdicionado a teor do artigo 5º, LXXVIII, da Constituição Federal. Logo, a suspensão das ações individuais é medida que se impõe, pena de se perverter o verdadeiro escopo da Lei 7.437/85 como instrumento de efetivação da cidadania.

Na doutrina, por exemplo, pode-se examinar aquela adotada por Rui Portanova[287] e verificar que dentro do capítulo que denomina de princípio da celeridade, coloca no mesmo tópico o direito fundamental à duração razoável do processo. Note-se que, em sua obra, denominada de *Princípios de Processo Civil*, acaba por não incluir, pelo menos até a sua 7ª edição, o princípio da duração razoável do processo, apenas sendo ele parte integrante do princípio da celeridade.

Moacyr Amaral dos Santos, um jurista a seu tempo, falecido antes da Emenda Constitucional 45, tendo sua obra sido constantemente atualizada, em capítulo atinente ao tempo do processo, em vez de nominar o princípio

---

[286] RIO GRANDE DO SUL. Tribunal de Justiça do Estado. Agravo de instrumento 70022087779, oriundo da 1ª Câmara Especial Cível, relatora a Juíza convocada Walda Maria Melo Pierrô, julgado em 16/11/2007. Disponível em: <http://www.tjrs.jus.br/site_php/consulta/consulta_processo.php?nome_comarca=Tribunal+de+Justi%E7a&versao=&versao_fonetica=1&tipo=1&id_comarca=700&intervalo_movimentacao=15&N1_var2=1&id_comarca1=700&num_processo_mask=70022087779&num_processo=70022087779&id_comarca2=porto_alegre&uf_oab=RS&num_oab=51565&intimado=0&N1_var2_1=1&intervalo_movimentacao_1=15&ordem_consulta=1&N1_var=&id_comarca3=canoas&nome_parte=marco+felix+jobim&tipo_pesq=F&N1_var2_2=1>. Acesso em: 15 mar. 2008.

[287] PORTANOVA, Rui. *Princípios do processo civil*. 7. ed. Porto Alegre: Livraria do Advogado, 2007. p. 173-174.

da celeridade como tal, o chama de o princípio da brevidade, que define como sendo aquele que comanda que "[...] o processo deve se desenvolver e se encerrar no menor prazo possível, sem prejuízo do princípio da veracidade",[288] ou seja, confirma a versão de que o processo deve ser finalizado no menor prazo, desde que respeitados certos princípios. Não faz menção no capítulo ao princípio da duração razoável do processo,[289] mesmo após as atualizações posteriores à Emenda Constitucional 45, o que acaba por concluir-se que seus atualizadores[290] defendem que o princípio da brevidade é o mesmo da duração razoável do processo.

Delosmar Mendonça Júnior[291] afirma:

A Emenda n. 45, de 8.12.2004, ao inserir o inciso LXXVIII no art. 5º da Constituição, positivou explicitamente o conteúdo tempestividade da tutela jurisdicional, ou seja, a norma que era implícita no sistema e apontava para o direito à duração razoável do processo, a celeridade, tornou-se norma manifesta, incorporada à estrutura dos dispositivos constitucionais, resultando em fácil visibilidade.

É ali no final de seu raciocínio que se pode perceber que ressalta que o princípio da celeridade tomou vestes constitucionais, transformando-se no princípio da duração razoável do processo.

Guilhermo Rizzo Amaral[292] aduz na sua já publicada tese de doutorado:

No Brasil, a celeridade processual ganhou destaque com a introdução, pela Emenda Constitucional nº 45, do inciso LXXVIII ao artigo 5º da Carta Magna, prevendo como garantia a todos, no âmbito judicial e administrativo, "a razoável duração do processo e os meios que garantam a celeridade de sua tramitação". Mesmo antes disso, a preocupação com a celeridade sempre foi crescente.

Gilmar Ferreira Mendes, em recente artigo publicado, afssegura que "o reconhecimento de um direito subjetivo a um processo célere – ou com duração razoável – impõe ao Poder Público em geral e ao Poder Judiciário em particular a adoção de medidas destinadas a realizar esse objetivo".[293] Ora, quando o ministro assenta a expressão "ou" em seu pensamento está a admitir que um acaba por ser o outro e vice-versa.

Também parece ser a linha de raciocínio adotada por Fredie Didier Jr.[294] ao, em seu texto, aludir à duração razoável do processo como sendo o princípio da celeridade, ao dizer:

---

[288] SANTOS, Moacyr Amaral. *Primeiras linhas de direito processual civil*. 25. ed. rev. e atual. por Maria Beatriz Amaral Santos Köhnen. São Paulo: Saraiva, 2007. V. I. p. 306.

[289] *Ibidem*, p. 303, há a ressalva de que a duração razoável do processo já tomou assento constitucional.

[290] Até a 24ª edição a obra vinha sendo atualizada por Aricê Moacyr Amaral dos Santos e já a 25ª edição é atualizada por Maria Beatriz Amaral Santos Köhnen.

[291] MENDONÇA JÚNIOR, Delosmar. *Op. cit.*, p. 32.

[292] AMARAL, Guilherme Rizzo. *Cumprimento e execução da sentença sob a ótica do formalismo-valorativo*. Porto Alegre: Livraria do Advogado, 2008. p. 52.

[293] MENDES, Gilmar Ferreira. A proteção da dignidade da pessoa humana no contexto do processo judicial. In: MIRANDA, Jorge; SILVA, Marco Antonio Marques da (Coord.). *Op. cit.*, p. 131.

[294] DIDIER JÚNIOR, Fredie. *Op. cit.*, p. 41.

É preciso, porém, fazer uma reflexão como contraponto. Bem pensadas as coisas, conquistou-se, ao longo da história, um direito à demora na solução dos conflitos. A partir do momento em que se reconhece a existência de um direito fundamental ao processo, está-se reconhecendo, implicitamente, o direito de que a solução do conflito deve cumprir, necessariamente, uma série de atos obrigatórios, que compõem o conteúdo mínimo do devido processo legal. A exigência do contraditório, o direito à produção de provas e aos recursos, certamente, atravancam a celeridade, mas são garantias que não podem ser desconsideradas ou minimizadas. É preciso fazer o alerta, para evitar discursos autoritários, que pregam a celeridade como valor insuperável. Os processos da inquisição poderiam ser rápidos. Não parece, porém, que se sente saudade deles.

Marcelo Zenkner chega a afirmar que "[...] a almejada celeridade na prestação jurisdicional somente será alcançada se, paralelamente à introdução do novo dispositivo constitucional [...]",[295] claramente referindo-se ao inciso LXXVIII do art. 5º da Constituição Federal, em artigo que denomina de "a instrumentalização da tutela ao direito fundamental de tempestividade na prestação jurisdicional", confirmando que está discorrendo sobre o princípio alocado no inciso LXXVIII da Constituição Federal.

Então, é de se admitir que parte da doutrina[296] e o pensamento de alguns magistrados já formalizados em alguns julgamentos concordam que o princípio da duração razoável do processo nada mais é que o princípio da celeridade processual,[297] revestido, desde dezembro de 2004, de eficácia constitucional. Contudo, em que pese o consenso entre os doutrinadores, um princípio não pode ser confundido com o outro.

Primeiro, pois ambos são direitos fundamentais autônomos entre si, conforme já registrado, sendo os dois pertencentes ao chamado processo constitucional.[298]

---

[295] ZENKNER, Marcelo. A instrumentalização da tutela ao direito fundamental de tempestividade na prestação jurisdicional. In: FREIRE E SILVA, Bruno; MAZZEI, Rodrigo (Coord.). *Op. cit.*, p. 518.

[296] MENDONÇA JÚNIOR, Delosmar. *Op. cit.*, p. 34-35, admite esse fato: "Se não é um novo direito fundamental, pois a doutrina e parte da jurisprudência já reconheciam como tal o direito a um processo célere, a inserção como norma explícita vai resultar em dois efeitos concretos no sistema processual brasileiro. De logo, acaba com qualquer discussão sobre a existência do direito, o que levava à inibição de muitos aplicadores insensíveis aos reclamos da doutrina dominante. Depois, leva à aplicação com maior eficácia, direcionando o legislador e o aplicador da norma a manejar o dispositivo nas suas atividades".

[297] Pode-se ainda citar WELSCH, Gisele Mazzoni. *Op. cit.*, p. 361-362: "A conjugação de ambos oferece toda a fundamentação necessária à efetiva implementação do conceito de 'razoável duração do processo', razoabilidade esse que deve ser encarada tanto sob o prisma da celeridade, quanto da efetividade da decisão. De nada adiantaria pronunciamento judicial célere porém ineficaz. Ao julgador competirá, sempre, atentar-se para as peculiaridades inerentes à tutela prestada, garantindo, assim, maior amplitude à eficácia de sua decisão".

[298] Aqui o conceito de processo constitucional na linha adota por Cândido Rangel Dinamarco, não diferenciando as garantias constitucionais da jurisdição constitucional. DINAMARCO, Cândido Rangel. *Instituições de direito processual civil. Op. cit.*, p. 53: "O direito processual constitucional exterioriza-se mediante (a) a tutela constitucional do processo, que é o conjunto de princípios e garantias vindos da Constituição (garantias de tutela jurisdicional, do devido processo legal, do contraditório, do juiz natural, exigência de motivação dos atos judiciais etc.) (infra, cap. VII, n. 74-97); e (b) a chamada jurisdição constitucional das liberdades, composta pelo arsenal de meios predispostos pela Constituição para maior efetividade do processo e dos direitos individuais e grupais, como o mandado de segurança individual e o coletivo, a ação civil pública, a ação direta de inconstitucionalidade, a exigência dos juizados especiais etc. (infra, n. 74)" e também por ZANETTI JÚNIOR, Hermes. *Processo constitucional*: o modelo constitucional do processo civil brasileiro. Rio de Janeiro: Lumen Juris, 2007. p. 173: "Nesse sentido deve-se explorar o 'direito processual constitucional' em sua capacidade emancipatória e unificadora de realização

Outro motivo pelo qual não se pode confundir os princípios é pelo próprio conceito de ambos, que são específicos para alcançar determinados fins.

A duração razoável do processo tem por finalidade a garantia ao jurisdicionado que ingressa no Poder Judiciário de que, em determinado tempo, e que este seja razoável, o seu processo tenha sido efetivado, ou pelo menos tenha sua sentença transitado em julgado.[299]

Já a celeridade processual é garantia ao jurisdicionado de que os atos processuais sejam realizados no menor espaço de tempo possível, numa linha mais de economia processual.

José Renato Nalini[300] contribui para a diferenciação dizendo que entende que a expressão

[...] razoável é algo logicamente plausível. É aceitável pela razão. Ostenta sinonímia com racional. Todavia é um termo cuja densidade semântica dependerá de subjetivismo. Não é tarefa singela definir o que seja duração razoável do processo.

E continua o constitucionalista paulista[301] em seu artigo afirmando o que entende por célere ao afirmar que

Não é menos problemática a fixação do que venha a ser celeridade. A palavra significa velocidade, rapidez, presteza. Além de o processo merecer apreciação em tempo razoável, ou seja, oportuno, seu trâmite haverá de ser rápido.

Por fim, outro motivo pode ser encontrado na própria leitura do inciso LXXVIII do artigo 5º, uma vez que, ao passo que o Estado deva garantir o

---

da justiça (como aporia fundamental do direito). Na doutrina, a denominação supra proposta encontra subdivisão, de ordem 'didática', em direito constitucional processual (dedicado aos princípios constitucionais processuais) e direito processual constitucional (dedicado à matéria propriamente processual, como a jurisdição constitucional, v.g., mandado de segurança, ação direta de constitucionalidade, etc.)", continuando: "Essa distinção se mostra 'metafórica' e, portanto, mesmo que acobertada sob o pálio da didática', revela-se desnecessária e deve ser repudiada, frente à possibilidade de mitigação da importância do tema e sua diluição em discussões meramente terminológicas, de menor importância. Por outro lado, a divisão estanque representa mais um elo na cadeia de raciocínios do paradigma anterior. Olhando bem, vê-se que a separação procura deixar claro que parte do direito é predominantemente processual (ações) e parte é constitucional (princípios), reforçando a noção de que nem todo o processo é constitucional (com o que não se pode concordar, frente às premissas estabelecidas) ". E ainda GUERRA FILHO, Willis Santiago. *Teoria processual da Constituição*. 3. ed. São Paulo: RSC, 2007. p. 6-8, ao dizer: "A tendência, portanto, parece ir no sentido de que ocorra desentranhamento da disciplina do corpo do Direito Constitucional, por demandar, inegavelmente, o estudo por parte de especialista em Direito Processual. Ao mesmo tempo, não haveria nenhum ramo do Direito Processual capaz de incorporar, totalmente, o novo campo de estudos, que possui assuntos de interesse geral, como projeção sobre todos os segmentos do Direito Processual Civil: civil, penal, trabalhista e mesmo aqueles fora do chamado 'processo judicial', como são o processo legislativo e administrativo. Seriam, então, temas típicos do Direito Processual Constitucional, a organização judicial, com a distribuição da competência entre os diversos órgãos da jurisdição; os princípios gerais do processo consagrados na Constituição, tais como o do contraditório, do devido processo legal etc., e as ações prevista na Lei Maior com o fim de resguardar a integridade e implementar o próprio ordenamento constitucional".

[299] Assim como no direito processual luso, no artigo 2º, 1, do Código de Processo Civil quando dispõe: "A protecção jurídica através dos tribunais implica o direito de obter, em prazo razoável, uma decisão judicial que aprecie, com força de caso julgado, a pretensão regularmente deduzida em juíza, bem como a possibilidade de a fazer executar".

[300] NALINI, José Renato. *Op. cit.*, p. 196.

[301] *Ibidem*, p. 196.

processo tempestivo, tem ele que assegurar os meios que afiançam a celeridade em sua tramitação, ou seja, em outras palavras, caso o processo seja intempestivo, pode ele ter sido célere em várias fases de sua tramitação, como, por exemplo, no prazo do juiz para sentenciar. É esta que parece ser a lição de José Afonso da Silva,[302] ao dizer:

> Celeridade é signo de velocidade no seu mais alto grau; processo célere seria aquele que tramitasse com maior velocidade possível; mais do que isso, só um processo celérrimo. Processo com razoável duração já não significa, necessariamente, um processo veloz, mas um processo que deve andar com certa rapidez, de modo a que as partes tenham uma prestação jurisdicional em tempo hábil.

Em suma, ter um processo intempestivo não quer dizer que não houve celeridade em várias partes de seu procedimento, não podendo os princípios serem confundidos como o vem sendo.

Em contrapartida, também há um equívoco na doutrina ao trazer o conceito de morosidade processual como se fosse o conceito de intempestividade processual.[303] Este equívoco terminológico pode, inclusive, ser visto como título de obras jurídicas como *Morosidade da Justiça = Impunidade + Injustiça*, de Flávio Beal, *A Morosidade Processual e a Responsabilidade Civil do Estado*, de Ivan de Oliveira Silva e *A Morosidade no Poder Judiciário e seus Reflexos Econômicos*, de Fabiana Rodrigues Silveira. Contudo, parece que a nomenclatura que mais bem expressa o que os autores querem dizer é intempestividade, e não morosidade.

O processo, muitas vezes, pode passar por diversas fases morosas, mas nem por isso deixou de ser tempestivo. Aliás, pode o processo ser na sua essência moroso, pelas inúmeras diligências que devem ser realizadas para que ele se torne efetivo, sem com isso adentrar no conceito de intempestividade. Exemplo mais comumente de um processo moroso em sua própria essência é o de usucapião, cujas diversas diligências devem ser feitas para perfectibilizar as citações,[304] as intimações,[305] assim como a própria intervenção do Ministério Público[306] faz com que o tempo seja mitigado pelo próprio rito processual.

---

[302] SILVA, José Afonso da. *Comentário contextual à Constituição*. 4. ed. São Paulo: Malheiros, 2007. p. 176.

[303] TOALDO, Adriane Medianeira. A razoável duração do processo frente à efetividade e a celeridade da tutela jurisdicional. *Destaque Jurídico* – Revista de Estudos Jurídicos, Gravataí: Ulbra, v. 7, n. 7, p. 12, 2008, p. 12: "A questão do problema da morosidade do sistema jurídico é umas das problemáticas mais universais, das quais enfrentam os Tribunais de todo o mundo, de modo que de uma forma geral todos devem, e de certa forma, estão procurando aprimorar seus procedimentos para que possam atingir um tripé importante, qual seja, que o processo possa ser célere, efetivo".

[304] Artigo 942 do Código de Processo Civil: "O autor, expondo na petição inicial o fundamento do pedido e juntando a planta do imóvel, requererá a citação daquele em cujo nome estiver registrado o imóvel usucapiendo, bem como dos confinantes e, por edital, dos réus em lugar incerto e dos eventuais interessados, observado quanto ao prazo o disposto no inciso IV do art. 232".

[305] Artigo 943 do Código de Processo Civil: "Serão intimados por via postal, para que se manifestem na causa, os representantes da Fazenda Pública da União, dos Estados, do Distrito Federal, dos Territórios e do Município".

[306] Artigo 944 do Código de Processo Civil: "Intervirá obrigatoriamente em todos os atos do processo o Ministério Público".

Na linha das etapas morosas do processo, pode-se citar a expedição de carta rogatória[307] para oitiva de uma testemunha fora do território nacional. Ainda, para bem diferenciar os conceitos, também há de ser citado o procedimento para a homologação da sentença estrangeira.[308]

Uma das etapas mais morosas existentes no processo é o próprio ato de citação[309] do réu, não sendo à toa este cuidado, tendo em vista que é a partir desta que a parte tem o conhecimento de que está sendo acionado judicialmente. Tem diversos prazos fixados em lei para se defender, sendo o mais comum o de 15 dias no procedimento ordinário, contados estes, mais comumente, da juntada do mandado ou do recebimento da carta de citação nos autos.[310] A morosidade desta etapa é assustadora, podendo extrapolar o prazo de meses para o fim do direito de defesa, sem, ainda, ressaltar que se forem dois ou mais réus, com procuradores diversos, os prazos ainda são contados em dobro.[311]

Todos esses ritos ou etapas processuais mencionadas são morosos em sua natureza, ou seja, necessitam de um custo temporal para serem perfectibilizados e, somente, quando esta morosidade extrapola o limite temporal é que se pode falar em intempestividade processual.

Apenas para complementar o que foi dito, o próprio léxico traz a diferenciação entre os vocábulos. O verbete "intempestivo"[312] é algo que "se produz, acontece ou chega numa ocasião imprópícia; inoportuno, súbito, imprevisto [...]", enquanto "moroso"[313] é algo "que age com vagar; vagaroso; lento" ou ainda "que se mostra custoso, difícil de realizar".

O interessante, com a definição de Antônio Houaiss, é que o intempestivo sequer precisa ser moroso, e vice-versa. O processo pode se mostrar altamente lento, mas nem por isso pode ter sido considerado intempestivo, ao mesmo passo que pode ele ter sido considerado intempestivo, sem nunca ter sido moroso.

Assim, diferenciados os conceitos, deve-se iniciar uma nova etapa para que eles não sejam confundidos, tanto a celeridade/tempestividade e a morosidade/intempestividade, uma vez que, conceitualmente, não podem ser usados, sequer, como sinônimos, sendo utilizadas, desde o início deste estu-

---

[307] Artigo 210 do Código de Processo Civil: "A carta rogatória obedecerá quanto à sua admissibilidade e modo de seu cumprimento, ao disposto na convenção internacional; à falta desta, será remetida à autoridade judiciária estrangeira, por via diplomática, depois de traduzida para a língua do país em que há de praticar-se o ato".

[308] Artigo 483 do Código de Processo Civil: "A sentença proferida por tribunal estrangeiro não terá eficácia no Brasil senão depois de homologada pelo Supremo Tribunal Federal".

[309] Artigos 213 e ss do Código de Processo Civil.

[310] Artigo 241 do Código de Processo Civil.

[311] Artigo 191 do Código de Processo Civil: "Quando os litisconsortes tiverem diferentes procuradores, ser-lhe-ão contados em dobro os prazos para contestar, para recorrer e, de modo geral, para falar nos autos".

[312] HOUAISS, Antônio e VILLAR, Mauro de Salles. *Dicionário Houaiss da língua portuguesa*. Elaborado no Instituto Antônio Houaiss de Lexicografia e Banco de Dados da Língua Portuguesa S/C Ltda. Rio de Janeiro: Objetiva: 2004. p. 1631.

[313] HOUAISS, Antônio e VILLAR, Mauro de Salles. *Op. cit.*, p. 1963.

do, as expressões tempestividade e intempestividade, deixando para outros momentos algumas expressões como celeridade, rapidez, demora e morosidade, nas quais estas se fazem apropriadas.

3.2. Causas da intempestividade do processo no Brasil

A partir deste momento, o trabalho enfocará três circunstâncias ligadas à intempestividade do processo, que são suas causas, as consequências que ela traz e algumas soluções para se combatê-la, iniciando-se pela primeira delas. Ressalte-se que não há como esgotar o tema, tendo em vista que o número de opções já levantadas pela doutrina é praticamente inesgotável.[314] Este é o ponto de partida para se dizer que serão analisadas somente aquelas que mais contribuem com a intempestiva tutela processual, embora o leque seja infinitamente maior.

De início, cabe ressaltar o interessante rol de motivos trazido por Fabiana Rodrigues Silveira,[315] ao entender existir três tipos que auxiliam a intempestividade processual, sendo a primeira as causas extraprocessuais, nas quais inclui aquelas "[...] relacionadas à burocracia da máquina administrativa como um todo, à deficiência na informação/comunicação [...]", dando a entender causas mais relacionadas à administração pública; uma segunda causa que, mesmo extrajudicial, vincula o Poder Judiciário, onde exemplifica aquelas onde "[...] há desnecessária instigação ao litígio, geralmente por parte dos profissionais, com formação voltada à advocacia combativa [...]"; e uma terceira causa, que é oriunda dos próprios problemas judiciais, como "[...] a formalização exacerbada do processo, o sistema recursal, o sistema de produção de provas [...]". Na terceira das causas apontadas pela autora, em especial a da forma exacerbada do processo, é de se ressaltar que o processo necessita de certa formalidade, sendo que somente aquela que extrapola os preceitos de um bom serviço ao processo[316] é de ser considerada lesiva ao

---

[314] Apenas para se ter uma ideia, MUHLEN, Eduardo Von; MASINA, Gustavo. *Op. cit.*, p. 145, apontam como algumas causas da intempestividade processual: "São diversas as causas apontadas como responsáveis pela crise do Poder Judiciário brasileiro, que tem na morosidade processual uma de suas feridas mais expostas e doloridas. A comunidade jurídica tem sido pródiga em apontar diversos fatores que teriam levado à atual situação, tais como: a precariedade estrutural do Poder Judiciário proporcionalmente ao número de demandas; o nível técnico ainda abaixo dos padrões de excelência de parte dos servidores públicos envolvidos na prestação jurisdicional e dos próprios advogados; o exagerado número de demandas que aportam insistentemente nos tribunais, fazendo do Brasil um país altamente litigante; talvez o excessivo número de advogados que são formados a cada ano, gerando uma canibalização da classe, o que leva à vulgarização e à proliferação dos litígios; a estrutura processual brasileira, que seria excessivamente complacente com a morosidade, dada a exagerada gama de recursos disponíveis às partes e intervenientes; o complexo e constantemente alterado e emendado arcabouço legislativo pátrio, constante gerador de conflitos".

[315] SILVEIRA, Fabiana Rodrigues. *Op. cit.*, p. 164.

[316] ALVARO DE OLIVEIRA, Carlos Alberto. O formalismo-valorativo no confronto com o formalismo excessivo. *Revista de Processo*, São Paulo, a. 31, n. 137, p. 25, jul. 2006: "De tudo que foi dito e analisado impõe-se afastar o formalismo oco e vazio, incapaz de servir às finalidades essenciais do processo – relativizada assim qualquer invalidade daí decorrente –, mormente quando atente contra os princípios e valores imperantes no ambiente processual, a exemplo da efetividade, da segurança, da boa-fé e lealdade e do princípio do processo justo. O que importa, ao fim e ao cabo, é o formalismo-valorativo".

interesse das partes.[317] Como afirma Carlos Alberto Alvaro de Oliveira, "o formalismo processual contém, portanto, a própria ideia do processo como organização da desordem, emprestando previsibilidade a todo o procedimento".[318] Assim, diante da tripartição apresentada por Fabiana Rodrigues Silveira, as causas a serem apontadas a seguir encaixam-se na tese da autora, ou como sendo causa extraprocessual com ou sem a participação do Poder Judiciário, ou já após ter ingressado com o processo, estando a causa vinculada à própria atividade jurisdicional.

A título de curiosidade, em 550 a.C., Esopo,[319] ao escrever suas famosas fábulas, descreveu uma causa que pode ser ligada à intempestividade do processo ao registrar:

Zeus juiz

Zeus disse a Hermes:

– Escreva os erros dos homens nas conchas e as deposite nesta taça ao meu lado. Assim poderei punir os culpados.

Mas as conchas se misturaram e algumas demoraram mais que as outras a cair nas mãos do juiz.

Por isso, não é de estranhar que, desde então, os criminosos demorem a receber às vezes o castigo pelo erro que cometeram.

Não há mais lugar para conchas hoje em dia, mas a fábula remonta a um quotidiano frequente que é a própria demora do processo em chegar às mãos de seu julgador. Ora, se o processo não chega ao juiz, como julgá-lo em tempo razoável?

O problema cartorário no país é muito preocupante e influi diretamente no tempo do processo. Em artigo recente denominado "A Influência dos Cartórios Judiciais na Morosidade da Justiça" restou configurado, em estudo realizado pelo Direito GV e CEBEPEJ, a pedido da Secretaria de Reforma do Judiciário do Ministro da Justiça, sobre quatro cartórios judiciais do Estado de São Paulo, envolvendo 92 funcionários, que 80% do tempo de processo são consumidos dentro do cartório judicial, ou seja, em etapas mortas[320] do processo. Refere uma das passagens do artigo:[321]

---

[317] Ainda é de se reconhecer na tese do processualista gaúcho que o processo pode ter etapas de informalidade, se forem atendidas as garantias e os direitos das partes a fim da realização do direito material. *Ibidem*, p. 24: "O informalismo só pode ocorrer se atendida a finalidade jurídica primacial do processo de realização do direito material, em tempo adequado e preservadas as garantias e direitos fundamentais das partes. E isso porque tal preservação serve ao fim maior da justiça material da decisão, pois é bem possível, por exemplo, que o contraditório venha a demonstrar que a melhor solução não seria aquela imaginada pelo órgão judicial".

[318] *Ibidem*, p. 8.

[319] ESOPO. *As fábulas de Esopo*. Tradução Antônio Carlos Viana. Porto Alegre: L&PM, 1997. p. 151.

[320] THEODORO JÚNIOR, Humberto. Celeridade e efetividade da prestação jurisdicional: insuficiência da reforma das leis processuais. *Revista de Processo*, São Paulo, n. 125, p. 72, jul. 2005, refere a expressão "etapas mortas": "O que retarda intoleravelmente a solução dos processos são as etapas mortas, isto é, o tempo consumido pelos agentes do Judiciário para resolver e praticar os atos que lhes competem. O processo demora é pela inércia e não pela exigência legal de longas diligências".

[321] A INFLUÊNCIA dos cartórios judiciais na morosidade da justiça. *Mercado & Negócios – Advogados*, São Paulo: Minuano, a. III, n. 17, p. 49, 2008.

Por conta dessas variáveis, a pesquisa concluiu que o período de permanência dos autos no cartório consome o equivalente a grande parte do tempo de decisão, variando entre 80% do tempo total do processo. Segundo o relatório, não é possível apontar precisamente os vários elementos que compõem esse "tempo em cartório", mas é possível elencar os atos que ocorreram com pouca frequência e, por exclusão, extrair as tarefas rotineiras que consomem mais tempo e são mais demoradas.

Então, chega-se ao absurdo de, num processo em que a decisão de 1º grau demorou cinco anos para ser proferida, quatro deles foram perdidos em tramitação cartorária. E o pior, acaba-se, como hoje se vem enfrentando a matéria, por se acreditar que isso é normal, quando é um atentado ao direito das partes e a própria dignidade do Poder Judiciário.

Essa é uma das maiores patologias que envolvem a atividade jurisdicional. Esse tempo precioso gasto com as etapas mortas do processo é irrecuperável. Nessa parte na qual o Poder Judiciário não poderia, nem deveria, estar preocupado, é de onde vêm os piores exemplos que se pode imaginar, tendo processos que chegam a demorar semanas para chegar às mãos de um juiz,[322] quando deveriam estar em 48 horas pela sistemática processual vigente.

Humberto Theodoro Jr.[323] alerta para esse problema, exemplificando-o:

Que adianta fixar a lei processual um prazo de três a cinco dias para determinado ato da parte, se, na prática, a secretaria do juízo gastará um mês ou dois (e até mais) para promover a respectiva publicação do diário oficial? Que adianta a lei prever o prazo de noventa dias para o encerramento do feito de rito sumário se a audiência só vem a ser designada para seis meses após o aforamento da causa, e se interposto o recurso de apelação, só nos atos burocráticos que antecedem a distribuição ao relator serão consumados vários meses ou até anos?

Diante dessas considerações, é realmente preocupante como os cartórios judiciais influem negativamente no tempo do processo, sendo um dos grandes responsáveis na atualidade pela intempestiva tutela jurisdicional. Ainda nessa linha que pode desaguar no tempo cartorário, Raimundo Bezerra Falcão[324] aponta como um dos grandes problemas à realização dos direitos à burocracia[325] ao discorrer:

---

[322] Apenas para confirmar o que restou dito, exemplifica-se com o processo 001/1.06.00969243, Mandado de Segurança que tramita na Vara da Fazenda Pública de Porto Alegre, onde de 29/11/2006 até 14/04/2007 e de 19/04/2007 até 02/08/2007 ficou sem movimentação cartorária para ser concluso ao juiz. Disponível em: <http://www.tj.rs.gov.br>. Acesso em: 15 set. 2008.

[323] THEODORO JÚNIOR, Humberto. Celeridade e efetividade da prestação jurisdicional: insuficiência da reforma das leis processuais. *Op. cit.*, p. 72.

[324] FALCÃO, Raimundo Bezerra. *Ensaios acerca do pensamento jurídico*. São Paulo: Malheiros, 2008. p. 113.

[325] BOBBIO, Norberto; MATTEUCCI, Nicola; PASQUINO, Gianfranco. *Dicionário de política*. Tradução Carmen C. Varriale *et al.*; coordenação João Ferreira; revisão geral João Ferreira e Luís Guerreiro Pinto Caçais. 13. ed. Brasília: Universidade de Brasília, 2007. p. 124, assim conceituam burocracia: "O termo Burocracia foi empregado, pela primeira vez, na metade do século XVIII, por um economista fisiocrático, Vincent de Gournay, para designar o poder do corpo de funcionários e empregados da administração estatal, incumbido de funções especializadas sob a monarquia absoluta e dependente do soberano. Basta lembrar a polêmica fisiocrática contra a centralização administrativa e o absolutismo para entender que o termo surgiu com uma forte conotação negativa. Neste sentido, é citado, no início do século XIX, por alguns dicionários, e é usado por romancistas como Balzac e logo se difunde em muitos países europeus, sendo utilizado polemicamente por liberais e radicais para atacar o formalismo, a altivez e o espírito corporativo da administração pública nos regimes autoritários e especialmente na Alemanha. Este uso do termo é também aquele que mormente se institucionalizou na linguagem comum e chegou aos nossos

> Entre esses elementos alienígenas à essência do Direito, porém frequentemente presentes à sua realização, encontra-se a atividade burocrática. A par desta, e ainda plantadas, ora nos focos de elaboração normativa, ora nos trâmites de aplicação das normas, temos as formulações técnicas. Estas tendem, progressivamente, a invadir áreas, que lhes não são próprias, impregnando campos diversos, como o do Direito e o da Política, de tinturas inadequadas. No seu avanço, a técnica tem encontrado, na burocracia, uma firme aliada, atuando as duas, em conjunto, e criando um novo quadro de preocupações a quantos se interessem pelo estudo ou pela defesa do Direito e da Política, entre, outras realidades da vida do homem.

A burocracia é realmente um dos problemas que aflige não só o Poder Judiciário, mas toda administração pública a que se bata às portas. Uma simples informação, muitas vezes, gera transtornos desnecessários ao cidadão por causa dos caminhos a que se deve chegar para conseguir, por exemplo, uma certidão qualquer, embora hoje a informatização já tenha melhorado tais serviços. Contudo e infelizmente, parte dessa burocracia nos outros órgãos públicos acaba sendo motivo para o ingresso de ações no Judiciário, que já conta com sua própria burocracia habitual. Conforme afirma Humberto Theodoro Jr.,[326] o Poder Judiciário é o mais burocrático dos poderes, entre outros dogmas que acaba criando suas raízes:

> O Poder Judiciário, é lamentável reconhecê-lo, é o mais burocratizado dos Poderes estatais, é o mais ineficiente na produção de efeitos práticos, é o mais refratário à modernização, é o mais ritualista; daí sua impotência para superar a morosidade de seus serviços e o esclerosamento de suas rotinas operacionais.

Pode-se apontar outra causa determinante que acaba refletindo na intempestividade do Judiciário que vem ganhando extrema força, principalmente nos últimos anos, que é a qualidade do ensino jurídico no País, assim como a capacidade e o interesse[327] daqueles que ingressam numa Universidade para cursar Direito. Dessa leva de Faculdades e Universidades que despejam a todo ano milhares de bacharéis despreparados para as atividades jurídicas, grande parte acaba na advocacia, no concurso público, ou ainda dos cargos de confiança, contribuindo para uma ineficiente e intempestiva tutela do processo.

Para exemplificar o que restou dito, Horácio Wanderlei Rodrigues,[328] explicando a crise do ensino jurídico, diz:

> A atual crise do ensino do Direito é bastante complexa; e múltiplas, as tentativas de explicá-la, às vezes através de fórmulas ingênuas e simplistas. A não-compreensão de seu aspecto

---

dias para indicar criticamente a proliferação de normas e regulamentos, o ritualismo, a falta de iniciativa, o desperdício de recursos, em suma, a ineficiência das grandes organizações públicas e privadas".

[326] THEODORO JÚNIOR, Humberto. Celeridade e efetividade da prestação jurisdicional: insuficiência da reforma das leis processuais. *Op. cit.*, p. 71.

[327] TRINDADE, André Karan; CASTRO, Fábio Caprio Leite de. A filosofia no direito e a temporalidade jurídica. *Revista do Instituto de Hermenêutica Jurídica*, Porto Alegre: Instituto de Hermenêutica Jurídica, v. 1, n. 5, p. 46, 2007, discorrendo sobre o interesse dos alunos afirmam: "Isso fica muito evidente quando percebemos, nas salas de aula, o desprezo aliado ao cinismo latente em relação às disciplinas propedêuticas por parte dos estudantes, para os quais, enquanto o importante é ganhar dinheiro, as questões ligadas, por exemplo, à justiça são algo meramente literário, sem nenhuma explicação prática".

[328] RODRIGUES, Horácio Wanderlei. *Pensando o ensino do direito no século XXI*: diretrizes curriculares, projeto pedagógico e outras questões pertinentes. Florianópolis: Fundação Boiteux, 2005. p. 34.

O DIREITO À DURAÇÃO RAZOÁVEL DO PROCESSO

multifacético, que atinge diversas instâncias e níveis, é um dos problemas centrais que reveste muitas das respostas que vêm sendo apresentadas. Outro problema, não menos grave, é a negação de seus elementos próprios, internos, vendo-a como mera conseqüência de uma crise político-econômica, bem como o seu oposto, ou seja, a visão da crise do ensino do Direito como meramente uma crise interna e desvinculada das questões políticas, econômicas, sociais e culturais. A busca de um entendimento da atual situação do ensino do Direito exige uma análise integral, dialética, que permita compreender essa realidade.

A crise do ensino tem uma influência direta no tempo do processo, pois, ao colocar no mercado de trabalho um profissional não competente, este trará sérios problemas que irão desde o atendimento inicial à parte até a efetivação de seu direito.

Também é de ser ressaltado que repensar o Direito igualmente é forma de auxiliar na melhoria do ensino jurídico. Nessa linha apontam Trindade e Castro:[329]

> Repensar o direito, neste início de século, significa repensar, inevitavelmente a teoria do direito, mas, antes disso, pensar a filosofia no direito – e não a filosofia do direito –, porque esta sempre a subjaz, como se verá logo a seguir. Trata-se, com efeito, de um exercício que pressupõe, obrigatoriamente, a escolha de um novo *standart* de racionalidade, capaz de refletir sobre a necessidade de suplantar o positivismo jurídico; exercício que exige, invariavelmente, uma matriz filosófica apta a questionar os tradicionais e metafísicos modos de interpretar, aplicar e fundamentar o direito; exercício através do qual se possa buscar a libertação da teoria jurídica do paradigma epistemológico da filosofia da consciência e, ao fim e ao cabo, desenvolver um novo modelo teórico de produção do direito – atento à questão do sentido da temporalidade jurídica, por exemplo –, cujo suporte seja oferecido a partir de um paradigma pós-metafísico.

Ao repensar o Direito novas portas se abrem. Inicialmente, nem poderiam influenciar na tempestividade processual e explica-se: caso o positivismo ainda fosse a melhor forma de pensar o Direito, o juiz deveria como previu Montesquieu, ser apenas a boca da lei, o que faria com que cada processo fosse julgado com mais rapidez, influindo na questão do tempo. Em contrapartida, ao se abrir novas teorias, em especial numa na qual cada vez mais tem o juiz poderes para sair da lei buscando soluções justas, a demora inicial é previsível, embora, em longo prazo, essas decisões justas se tornem paradigmas para o enfrentamento de novos processos, ou seja, precedentes judiciais,[330] auxiliando no combate à intempestividade processual.

Contudo, e infelizmente, as causas da intempestividade do Poder Judiciário não se atêm apenas à lentidão cartorária, à burocracia e à crise do ensino jurídico, antes fossem somente estes os motivos. Outras formas correntes de entraves à tempestividade do processo são realizadas pelos próprios procuradores e partes envolvidas no processo que deveriam zelar pelo seu bom andamento, conforme aponta Marcelo Terra Reis:[331]

---

[329] TRINDADE, André Karan; CASTRO, Fábio Caprio Leite de. A filosofia no direito e a temporalidade jurídica. *Revista do Instituto de Hermenêutica Jurídica*, Porto Alegre: Instituto de Hermenêutica Jurídica, v. 1, n. 5, p. 45, 2007.

[330] MARINONI, Luiz Guilherme. *Precedentes obrigatórios*. São Paulo: Revista dos Tribunais, 2010. Recomenda-se a leitura desta importante obra, em sua íntegra, para o entendimento das benesses de aplicar-se a teoria dos precedentes no ordenamento jurídico brasileiro.

[331] REIS, Marcelo Terra. *Op. cit.*, p. 220.

Porém, é certo que nem todos os processos tramitam de forma morosa por falta de comando do juiz ou mesmo em virtude da estrutura judiciária. Muitas vezes as partes e seus procuradores dificultam o desenvolvimento do processo, invocando incidentes processuais meramente procrastinatórios e, também, não litigando de forma proba.

Grande parte da intempestividade do processo no sistema judiciário brasileiro está intimamente ligada ao comportamento das partes e de seus procuradores durante a instrução processual. Não é novidade que muitas vezes as partes procuram o Poder Judiciário para conseguir vantagem indevida para si, prática que, se descoberta, deve gerar punição severa ao litigante. Isto está intimamente ligado à moral do ser humano, que acaba sendo deixada de lado pela falsidade e a deslealdade que se vê habitualmente em muitos processos judiciais.

Se todos respeitassem, por exemplo, os preceitos enumerados nos artigos 14 e seguintes do Código de Processo Civil, muitos processos poderiam ser evitados. É aqui que estão elencados princípios como o da boa-fé processual, da lealdade, da veracidade, ou seja, a ética norteando o comportamento das partes e seus procuradores.

O dever de dizer a verdade é algo que está positivado em lei, ou seja, em matéria de fato, por exemplo, se cumprida referida norma nunca uma parte deveria alegar defesa diferente dos fatos alegados na inicial, uma vez que esta peça foi realizada nos conformes éticos e morais positivados. Na realidade, somente a matéria de direito deveria ser apreciada pelo juiz. Infelizmente não é isto que ocorre, as partes, na maioria das vezes, trazem teses contraditórias que produzem instruções complicadas e duradouras, para, ao final se chegar a uma só verdade na sentença. E aqui entra o comportamento do magistrado da causa que, diante disto, de teses antagônicas, com as partes trazendo testemunhas em juízo para ambas as teses, ficam estas imunes das penas legais, pois não restou configurada a má-fé na instrução do processo. A má-fé, num caso como este, é a própria confirmação de uma tese em detrimento da outra.

Veja-se que a parte tem o dever de "não formular pretensões, nem alegar defesa, cientes de que são destituídas de fundamento" ou ainda não devem "produzir provas, nem praticar atos inúteis ou desnecessários à declaração ou defesa dos direitos", sendo que isto são etapas corriqueiras dos processos hodiernamente que passam longe de uma reprimenda judicial mais punitiva. Normas existem para a repressão[332] daqueles que se utilizam do processo

---

[332] TARREGA, Maria Cristina Vidotte Blanco; PINHEIRO, Frederido Garcia. Definindo a importância da teoria do abuso de direito processual frente aos princípios constitucionais. In: DIDIER JÚNIOR, Fredie; WAMBIER, Luiz Rodrigues; GOMES JÚNIOR, Luiz Manoel. *Constituição e processo*. Bahia: JusPODIVM, 2007. p. 337. Apontam para esse entendimento de que não existe a necessidade de criação de outras leis que reprimem a conduta abusiva no transcorrer do processo: "A nosso viso e de forma pragmática, os diversos ilícitos processuais, mormente a litigância de má-fé, são suficientes para reprimir as condutas processuais desleais. O papel legislativo já foi devidamente realizado, com a tipificação de tais ilícitos, muitas das vezes com a utilização de conceitos jurídicos indeterminados que colaboram para a sua auto-atualização".

para a realização de atos de chicana, devendo tais condutas ser repreendidas pelo Poder Judiciário, por meio de seus magistrados.

Também podem ser relembradas as tradicionais causas da intempestividade do Poder Judiciário, como o vasto e complexo sistema recursal,[333] a má remuneração dos servidores, a falta de juízes para o número de habitantes[334] etc.

Luiz Guilherme Marinoni[335] aponta outra causa para a intempestividade do Poder Judiciário, atribuindo tal parcela de culpa à vontade política, ao dizer:

> Diante de tudo isso, não há dúvida de que pode existir falta de vontade política para a redução da demora processual. A lentidão da justiça, nesse sentido, seria fruto de vários interesses. Portanto, há uma certa dose de ingenuidade em pretender atribuir aos juízes a responsabilidade pela lentidão processual à luz do direito fundamental à tempestividade e à efetividade da tutela jurisdicional, devam evitar a atuação processual voltada a protelar o processo e sejam responsáveis em distribuir os ônus do tempo do processo entre as partes, é evidente que a lentidão da justiça não pode ser jogada nas suas costas.

Aponta com razão o processualista curitibano ao afirmar que não se pode colocar nas costas dos juízes o mal da intempestividade que assola ao Poder Judiciário, como também não se pode colocar nas costas unicamente da vontade política, sendo um leque muito mais amplo de problemas a serem enfrentados, conforme exposto neste capítulo.

Apenas a título de exemplificação, pode-se citar a redação do artigo 557, *caput*, e § 1º do Código de Processo Civil, no qual, num primeiro momento, se confirma uma norma tempestiva com a possibilidade de o relator do processo negar seguimento a recurso "[...] manifestamente inadmissível, improcedente, prejudicado ou em confronto com Súmula ou com jurisprudência dominante [...]" para, após, conceder o direito do recorrente de interpor outro recurso para ver se modifica a decisão anterior. Isso é um caso típico de vontade política.

---

[333] HOMMERDING, Adalberto Narciso. *Fundamentos para uma compreensão hermenêutica do processo civil.* Porto Alegre: Livraria do Advogado, 2007. p. 120, tem uma tese interessante sobre o sistema recursal, que foge da rotina de somente falar sobre o grande número de recursos existentes, que é denominado por ele como a ótica do perdedor, ao dizer: "Porém, a causa principal da sedução que os recursos exercem sobre os processualistas decorre da circunstância de os operadores do Direito praticarem a 'ética do perdedor', a lógica do litigante que, temendo perder, crendo ter razão, passa a confiar nos recursos como o remédio milagroso que o salvará de um magistrado em que ele, por sua submissão a um paradigma que é sequela da ideologia liberal do século XVIII, não pode confiar".

[334] TEIXEIRA, Sálvio de Figueiredo. A reforma do judiciário: reflexões. In: MARTINS, Ives Gandra; NALINI, José Renato (Coord.). *Dimensões do direito contemporâneo.* São Paulo: IOB, 2001. p. 58, aponta para o número insuficiente de juízes frente à população. "Dessa moldura se conclui que, sem maiores esforços, há uma nítida distinção entre o Judiciário que a sociedade reclama, e todos desejamos, e o Judiciário que está aí posto, que a todos descontenta, inclusive, e sobretudo, aos juízes, em quem acabam recaindo as críticas generalizadas, desconhecendo os jurisdicionados a real dimensão da problemática, quando temos um juiz para cada 25.000 a 29.000 habitantes (a média, na Europa, é de um para 7.000 a 10.000), sendo que o Supremo Tribunal Federal julga mais de 100.000 processos por ano (enquanto a Suprema Corte dos Estados Unidos julga manos de 100 causas em igual período) e o Superior Tribunal de Justiça mais de 150.000, números de longe sem similar no plano internacional, sendo de acrescentar que igualmente supercongestionadas estão as instâncias ordinárias".

[335] MARINONI, Luiz Guilherme. *Tutela inibitória.* 4. ed. São Paulo: Revista dos Tribunais, 2006. p. 189.

Araken de Assis[336] aponta como forte aspecto para o entrave do Judiciário a crise da demanda,[337] ao dizer:

Se há multiplicidade de litígios, tanto que se criaram e difundiram meios alternativos para resolvê-los, então a demora se prende a uma crise de demanda. A pessoa na sociedade pós-moderna, devidamente etiquetada (consumidor, contribuinte, cidadão, e assim por diante, conforme a situação), assume a condição de litigante inveterado e intransigente. Reivindica direitos reais ou hipotéticos com ardor e pertinácia. Quer Justiça a todo custo, exibindo indiferença com a posição e o direito do seu eventual adversário. Não é aqui o lugar, nem temos habilitação para avaliar as causas dessa tendência universal. Presumivelmente, a preponderância do individualismo, o abandono das práticas comunitárias, a insuficiência dos mecanismos de representação política, a complexidade e a diversidade sociais contribuem, em grau variável, para o quadro. E note-se que a esta conjuntura soma-se a já identificada litigiosidade contida. A crise da demanda é tão grave e profunda que, sem embargo da vocação litigante, há litígios que ficam à margem da Justiça Pública e – o alvitre não soa desarrazoado – até mesmo dos mecanismos alternativos disponíveis.

Realmente, nos últimos anos, vê-se um crescimento do número de processos que beiram o inimaginável, o que demonstra que o cidadão não está se conformando com as respostas que lhe são dadas, tampouco com o descaso dos outros para consigo. A Constituição cidadã de 1988 abriu muitas portas para o cidadão ter acesso ao Poder Judiciário e, consequência disso, é o crescimento[338] estrondoso do número de processos, o que vem aumentar, ainda, em consequência das legislações infraconstitucionais que complementam a Constituição, como o próprio Código de Defesa do Consumidor.

---

[336] ASSIS, Araken. Duração razoável do processo e reformas da lei processual civil. *Op. cit.,* p. 50.

[337] Também parece ser um dos expoentes pensado por FABRÍCIO, Adroaldo Furtado. *Op. cit.,* p. 404: "Os mais importantes e desafiadores problemas que se propõem ao jurista de nossos dias decorrem da massificação. As relações de troca intensificaram-se; populações inteiras, antes postas à margem do comércio jurídico, entraram a participar dele; democratizou-se o capital pela abertura dos mercados acionários; universalizou-se a demanda de consumo sob o estímulo irresistível da propaganda massiva; multiplicou-se a produção de bens e de serviços para corresponder a essa demanda incessantemente expendida; produtos de cuja existência nem sequer se poderia ter cogitado no limiar deste século tornaram-se imprescindíveis à vida do homem em comum, pelo mecanismo conhecido das necessidades criadas, popularizou-se o crédito a fim de garantir-se a constante expansão da massa consumidora; as relações de trabalho multiplicaram-se e se fazem a cada dia mais complexas e conflituosas; a mecanização e agora a automação conduzem à sempre crescente terceirização da economia. De outra banda, a superpopulação reduz o espaço físico à disposição de cada indivíduo, intensificando atritos, neurotizando o convívio e favorecendo litígios: a luta pelo espaço vital vai deixando de ser simples metáfora para tornar-se a realidade do dia-a-dia; a competição entre indivíduos e grupos toma cores de guerra sem quartel; a máquina onipresente e multímoda atropela, acidenta, danifica, fere e mata em proporções assustadoras, sem que a possamos dispensar ou sequer controlar; a inquietação e a desigualdade sociais produzem as mais variadas rebeldias e o repúdio a todas as normas de contestação; a conscientização política desvenda aos mal-afortunados e os incorpora à multidão dos insatisfeitos e reivindicantes. De tudo resulta o afluxo contínuo de levas cada vez maiores de participantes da atividade jurídica. Não é só a população que aumenta; é o grau de participação de cada indivíduo nos assuntos coletivos que cresce mais e mais".

[338] MARTINS, Francisco Peçanha. Morosidade do judiciário. In: FREIRE E SILVA, Bruno; MAZZEI, Rodrigo (Coord.). *Op. cit.,* p. 472-473: "Temos, então, esboçada a primeira das causas de pletora de ações, agravada por um fenômeno salutar na vida da Nação: o povo brasileiro, com a redemocratização, conscientizou-se de que têm direitos e felizmente busca exercê-los recorrendo ao Judiciário. Tem fome e sede de justiça e urge atende-lo, proporcionando-lhe resposta hábil às suas demandas. A quantidade de feitos, contudo, excede a estrutura atual do Poder Judiciário, fenômeno que todos conhecem desde o governo Geisel, quando o senador Acioly Filho revelou as diferenças estatísticas proporcionais entre os quadros dos magistrados do Brasil e da Alemanha".

Em que pese esta ampliação maciça de processos, a busca pelas garantias de um processo justo por meio do cidadão não pode ser causa de entrave do Poder Judiciário, devendo este estar adaptado às novas legislações e exigências do povo.

Em recente obra publicada que lhe rendeu o título de Doutora em Direito, Fabiana Marion Spengler[339] afirma que essa litigiosidade é advinda da crença de que a parte poderá confrontar o Estado diretamente naquelas promessas que este não cumpre por dever constitucional, ao dizer:

> Nesse sentido, constata-se que a cooperação entre os diferentes atores da democracia não é mais assegurada pelo Estado, mas pelo Direito, que se traduz, assim, como a nova linguagem na qual são formuladas as reivincdicações políticas. Ela oferece potencialmente a todos os cidadãos a capacidade de interpelar seus governantes, de tomá-los ao pé da letra e de intimá-los a respeitarem as promessas contidas na lei. A Justiça parece lhes oferecer a possibilidade de uma ação mais individual, mas próxima e mais permamente que a representação política clássica, intermitente e distante.

Ovídio A. Baptista da Silva[340] entende que uma das causas de aumento na litigiosidade dá-se pela distribuição dos ônus das custas processuais, ao apontar:

> Qual a consequência mais evidente do sistema da "responsabilidade objetiva", na disciplina da sucumbência? É provocar um expressivo aumento da litigiosidade! Os litigantes, a não ser os raros casos de litigância de má-fé – porque naturalmente ambos, ao iniciar a demanda, estão honestamente convencidos da própria vitória –, aceitam os riscos naturais do processo, porque os enfrentarão a custo zero, dado que o "outro" é sempre o culpado, ao dar causa ao processo, por não reconhecer nosso direito "absoluto" e "certo"; consequentemente haverá de pagar por sua culpa. "Nós" litigaremos a custo zero; o "outro" – que inadvertidamente seremos nós mesmos – é que será condenado nas custas. Com esse estímulo ao conflito, torna-se fácil litigar!

As palavras do processualista vão ao encontro de algo mais importante do que distribuir os ônus das custas que é exatamente o contário, o de não distribuí-las. Litigar no Poder Judiciário deveria ser algo gratuito tanto para o autor como para ao réu, respondendo a parte apenas as multas que lhe forem impostas pelo seu comportamento durante o transcorrer do processo. Por isso, apesar de ser uma causa que influi na duração dos processos, uma vez que as partes acabam ingressando do sistema judiciário por meio dessa facilidade, num Estado Democrático de Direito, no qual o Judiciário é a salvaguarda final do cidadão que se sente prejudicado, isso não deveria ser considerada como uma causa, devendo ele estar preparado para o ingresso em massa e gratuitamente de seus jurisdicionados.

José Carlos Barbosa Moreira[341] aponta que a cultura da transgressão é causa de aumento de litigiosidade e, consequentemente, de intempestividade ao processo ao dizer:

---

[339] SPENGLER, Fabiana Marion. *Da jurisdição à mediação*: por uma outra cultura no tratamento de conflitos. Ijuí: Ed. Unijuí, 2010, p. 144.

[340] SILVA, Ovídio A. Baptista. *Do processo cautelar moderno*. 3. ed. Rio de Janeiro: Forense: 2006. p. 211.

[341] BARBOSA MOREIRA, José Carlos. O juiz e a cultura da transgressão. *Revista Jurídica*: órgão nacional de doutrina, jurisprudência, legislação e crítica judiciária, Sapucaia do Sul, Notadez, a. 47, n. 267, p. 10, jan. 2000.

E, no entanto, a relação existe, e é cristalina. Antes de mais nada, se ao falarmos de crise do processo, ou da Justiça, temos em vista, consoante sói acontecer, fenômenos como o entupimento das artérias judiciais, com a consequente lentidão da marcha dos pleitos, não é difícil fazer ver que a atribuição da crise está, a rigor, mal dirigida. No Judiciário desemboca a maioria dos conflitos de interesse entre pessoas, individualmente consideradas ou em grupo. Os conflitos resultam, as mais das vezes, de comportamento antijurídicos, ou seja, de transgressões. Logo, quanto mais transgressões houver, tanto maior a frequência com que requisitarão os serviços da Justiça. Visto que os quadros desta não podem alargar-se na mesma proporção em que cresce a demanda, inevitáveis serão os engarrafamentos do trânsito. Os caminhos do foro com certeza estariam bem mais desimpedidos se todos os contribuintes pagassem honestamente seus tributos, se a administração pública não desprezasse os preceitos jurídicos e éticos ao realizar uma concorrência, se todos os pais provessem espontaneamente ao sustento dos filhos menores, se ninguém adquirisse armas por meios ilegais (e sobretudo não as usasse para fins ilegais), se todos os cônjuges honrassem o compromisso de fidelidade e assistência mútua, que assumiram ao casarem-se. Em tal perspectiva, pode-se dizer com propriedade que a crise da Justiça reflete a crise do direito material: as normas civis, penais, administrativas e tributárias – quiçá constitucionais – é que não estão conseguindo manter a comunidade dentro das fronteiras da licitude. Escorre do terreno substancial a lama que obstrui os canais do processo.

Falar em cultura da transgressão é falar em educação. Um país sem uma educação forte, como é o Brasil, torna essa cultura da transgressão uma forte arma para que o Poder Judiciário esteja assoberbado de trabalho. As pessoas hoje, sequer, dialogam umas com as outras. A cultura da internet, por exemplo, traz uma massa de negociações realizadas sem as partes sequer se conhecerem. Como irão se acertar entre si se não sabem com que estão contratando? Isso auxilia nessa transgressão que vai culminar em processo para a resolução do problema.

Outro aspecto que entrava o Poder Judiciário é sua própria estrutura morosa que é utilizada por muitos para que se torne intempestiva a fim de recolher os benefícios que podem ser gerados. Ademar Nitschke Júnior e Ana Paula Pavelski[342] visualizam um destes interesses:

> Uma significativa parcela das empresas que respondem a reclamações trabalhistas, especialmente as instituições bancárias, planeja o passivo trabalhista com base na expectativa das condenações que devem receber. Enquanto aplicam os seus recursos, no mercado, com a remuneração de juros elevada, a correção monetária de suas condenações é bastante desproporcional. Obviamente, compensa para a empresa protelar – ao máximo – o feito, prejudicando o Judiciário que poderia utilizar sua estrutura para solucionar outras demandas dependentes de seus recursos materiais e humanos.

> É mais barato para as empresas se tornarem litigantes profissionais, com estruturas montadas paraisso, provisionando seus recursos para adimplir as condenações futuras. Fora isso, nem se deveria adentrar aqui a seara da estatística daqueles que não procuram seus direitos, porque evitam transpor as barreiras impostas pelo Judiciário.

A estrutura do Poder Judiciário deve ser morosa, pois garante certa forma aos atos processuais que acabam sendo a garantia das partes para se

---

[342] NITSCHKE JÚNIOR, Ademar; PAVELSKI, Ana Paula. Razoável duração do processo e responsabilidade do Estado. In: GUNTHER, Luiz Eduardo (Coord.). *Jurisdição*: crise, efetividade e plenituda institucional. Curitiba: Juruá, 2009. p. 17.

chegar a um processo justo. Contudo, muitas das partes se utilizam dessa estrutura morosa para trazer intempestividade ao processo, o que será analisado em momento posterior.

Interessante trazer ao debate a ideia de Ricardo Aronne[343] ao afirmar que hoje o juiz decide sobre qualquer coisa, ou seja, o cidadão para tudo vê uma saída no Poder Judiciário que, embora não tenha tocado no ponto o autor, vê-se claramente que esse "caos" como ele próprio denomina, influi diretamente na prestação jurisidicional, em especial na tempestividade do processo. São as palavras do civilista:

> Complexidade que faz com que os operadores tenham de conhecer minúcias de áreas inesperadas do conhecimento, em função do conteúdo dos processos, não obstante e até mesmo em razão do comparecimento de peritos e assistentes técnicos especializados, em apoio aos mesmos. A palavra final, sobre a sanidade ou paternidade de alguém, pode não vir de um médico nem de um geneticista. Pode vir de um juiz. Pode contrariar integralmente a conclusão de um laudo. Seu preço? Um bom fundamento. Razão. Racionalidade. Seu meio? Sistema e discurso. Remédios? Recursos. Trajetória? Caótica. Medo? Indeterminação. Instabilidade. Alguém gostaria que fosse diferente? A História responde.
>
> Não obstante, o Direito pode ser chamado a responder se o plano do orçamento da União Federal está adequado. A responder se a técnica empregada por um neurocirurgião ao proceder uma intervenção, foi a mais adequada ou não. Até mesmo se um indivíduo é ou não um bom pai, merecedor da guarda de seus filhos. Se o projeto de um veículo foi corretamente desenvolvido ou não e, se não bastasse, se os responsáveis pela empresa tinham ou não consciência disso antes do lançamento do produto no mercado! Observe-se que todas as questões apontadas são, ao menos em tese, cotidianas ao operador do Direito. E sempre têm de ser respondidas. Certo ou não, o non liquet, não é possível ao Direito. Pode-se-lhe perguntar da razoabilidade do que evoco. E ele terá de responder. Conforme sua inafastabilidade (art. 5º, XXXV, CF/88. Medo? Vertigem? Não. Caos.

Foi ressaltada no início deste capítulo que a gama de situações que podem ser imaginadas para que o processo se torne intempestivo é amplo,[344] assim como pode, a todo dia, surgir uma nova fonte de aumento do custo temporal.

O capítulo serviu para se ter um panorama das principais causas que levam o processo a se tornar intempestivo, relembrando que as causas apresentadas foram visualizadas com a base a uma maior viabilidade de combate imediato à intempestividade processual.

---

[343] ARONNE, Ricardo. *Direito civil-constitucional e teoria do caos*: estudos preliminares. Porto Alegre: Livraria do Advogado, 2006, p. 24.

[344] Apenas a título de exemplificação, pode-se citar como outra causa aquela apontada por SLAIBI FILHO, Nagib. *Op. cit.*, p. 18, ao mencionar: "Os entraves decorrem do traço cultural de nossa formação histórica, pois, diferentemente da colonização que se fez em outros países, a nossa decorreu da ação governamental, em que o gênio português, no esforço de explorar as terras que originariamente lhe foram reservadas pelo Tratado de Tordesilhas, criou a sociedade dentro de seus desígnios, tanto quanto possível.

Aqui, o Poder Governamental construiu a sociedade, não esta aquele.

Daí o empedernido ranço cultural de se vislumbrar nos Poderes Públicos a fonte das benesses e privilégios de dominação; em contrapartida, vem a postura de se tratar o cidadão com desprezo ou enfado, como se fosse ele um trambolho a impedir o livre desenvolvimento da soberana ação governamental.

Mas o ranço cultural é vencido, gradualmente, pela construção do Estado Democrático de Direito, a pressupor este que o poder está a serviço da sociedade".

3.3. As consequências danosas em decorrência da intempestividade do processo no Brasil

O Estado, por intermédio de seu Poder Judiciário, ao tomar para si o dever de prestar a jurisdição, compromete-se a fazer com que seja a mesma tempestiva, uma vez que se todo e qualquer processo se tornar intempestivo, haverá consequências que deverão ser suportadas pelo próprio Estado, entre elas o dever de indenizar aquela parte que se sentiu prejudicada pelo tempo do seu processo. Esta consequência, por ser a alma deste estudo, será analisada com profundidade mais adiante, sendo que, por ora, serão apenas estudadas outras implicações que a intempestividade processual traz, não só ao jurisdicionado, mas a todos.

Nas palavras de Carlos Mário da Silva Velloso,[345] "o problema maior da Justiça brasileira, que influi consideravelmente na questão da impunidade e, portanto, que gera aumento de criminalidade, é a lentidão, é a demora na prestação jurisdicional". Ora, uma consequência intimamente ligada à intempestividade processual é a impunidade. Incontáveis *habeas corpus*[346] estão sendo impetrados no Superior Tribunal de Justiça e no Supremo Tribunal Federal para que o preso seja libertado, tendo em vista o não respeito ao direito fundamental à duração razoável do processo. Quantos destes presos terão sua condenação posterior decretada e nunca serão novamente aprisionados? Quantas pessoas serão prejudicadas por estas concessões de *habeas corpus* baseados na duração não razoável do processo? Assim, a impunidade e o aumento da criminalidade acabam por ser também geradas como consequência da intempestividade processual, ainda mais após a previsão do direito fundamental à duração razoável do processo.

Numa outra abordagem, Dimas Ferreira Lopes,[347] ao discorrer sobre o tempo de duração do processo, levanta outro efeito danoso que a intempestividade processual traz ao jurisdicionado, ao afirmar:

> Considerando que o nível de conscientização de existência responsável no planeta se dá aos 20 anos de idade, e que, somente a partir de então se estará trabalhando com ânimo de de-

---

[345] VELLOSO, Carlos Mário da Silva. A justiça e o seu problema maior: a lentidão – a tripeça em que se assenta a segurança pública: justiça, ministério público e polícia – o juizado de instrução. In: MARTINS, Ives Gandra; NALINI, José Renato (Coord.). *Op. cit.*, p. 277.

[346] Apenas a título de exemplificação, pode-se citar o HC 94294/SP de relatoria do Ministro Cezar Peluso, julgado no dia 05/08/2008, assim ementado:
EMENTA: AÇÃO PENAL. Prisão preventiva. Excesso de prazo. Custódia que perdura por mais de dois anos. Instrução processual ainda não encerrada. Incidente de insanidade mental não concluído. Demora do exame não imputável à defesa. Feito de certa complexidade. Gravidade do delito. Irrelevância. Dilação não razoável. Constrangimento ilegal caracterizado. HC concedido. Aplicação do art. 5º, LXXVIII, da CF. Precedentes. A duração prolongada e abusiva da prisão cautelar, assim entendida a demora não razoável, sem culpa do réu, nem julgamento da causa, ofende o postulado da dignidade da pessoa humana e, como tal, consubstancia constrangimento ilegal, ainda que se trate da imputação de crime grave. BRASIL. Supremo Tribunal Federal. Habeas Corpus 94294/SP. 2ª Turma. Relator Min. Cear Peluso, julgado no dia 05/08/2008. Disponível em: <http://www.stf.jus.br/portal/jurisprudencia/listarJurisprudencia. asp?s1=duração%20e%20razoável%20e%20processo%20e%20habeas&base=baseAcordaos>. Acesso em: 15 fev. 2009.

[347] LOPES, Dimas Ferreira. *Op. cit.*, p. 278-279.

finitividade, temos um espaço de 50 anos para construir, gerir e conservar patrimônio para a garantia da subsistência pessoal e dos familiares, meio e grupo. Até 50 anos, porque a média da vida dos homens é de 70 anos, consoante números de várias estatísticas.

Se, neste interregno dos 21 aos 69 anos, o homem for aborrecido com processos judiciais longos, estará sendo turbado nos 48 anos para a realização dos seus propósitos idealistas, e isto sem considerar que, depois dos 40 anos, decrescem as oportunidades, e aos 50 anos, o fôlego da saúde não é suficientemente animador, fatores que descompensam psicologicamente e colocam em desvantagem os menos afortunados, que não contam com patrimônios para herdar.

Se considerarmos, realmente, que essa fase de experiência útil do ser humano vai dos 21 aos 69 anos, estes 48 anos é aquele tempo no qual a pessoa deve construir seus frutos. Se, por acaso, for-lhe imposto, ou impor um processo que pelos tempos atuais pode durar 5, 10, 15 anos, ou mais, estará, dentro desta ótica, trazendo para seu tempo de vida útil uma preocupação que pode girar em torno de 10% a 30% de sua vida. Isso traz severas consequências de ordem psicológica à pessoa, inclusive afetando sua saúde mental, pois está relacionado a um marco negativo em sua vida.[348]

Outra consequência da intempestividade processual é aquela ligada à confiança que pessoas depositam no sistema Judiciário para a solução dos seus problemas. Um processo demasiadamente longo retira esta confiança do jurisdicionado no Poder Judiciário, levando-o a um descrédito. Ora, um Poder desacreditado[349] é um Poder enfraquecido diante dos jurisdicionados e da própria população como um todo. Não pode a última salvaguarda para os direitos das pessoas ser tachada de desacreditada, o que leva o cidadão, muitas vezes, a buscar a realização de seus direitos de maneiras não condizentes.

Também podem ser citadas como consequências desastrosas da intempestividade processual a insegurança jurídica, a violação de princípios como

---

[348] Não é de se estranhar que recentemente foi publicada pesquisa relacionando que existe um número maior de suicídios quando a parte tem problemas com o poder Judiciário em matéria assim veiculada: *Problemas com justiça aumentam risco de suicídio:* Problemas com a Justiça, independente de resultarem ou não em uma condenação, aumenta o risco de suicídio, segundo um estudo britânico publicado na última segunda-feira. Entre 1981 e 2006, cientistas examinaram 27.219 mortes por suicídio na Dinamarca e os compararam com um grupo representativo da população de 524.899 pessoas. Em seguida, compararam os dois grupos com os registros judiciais. Mais de um terço dos homens que se suicidaram (34,8%) tiveram algum inconveniente com a Justiça contra 24,6% dos homens do grupo de controle, explicaram os cientistas da Universidade de Manchester, no Reino Unido. Quanto às mulheres, 12,8% das suicidas tinham algum antecedente judicial, enquanto 5,4% das mulheres vivas tinham antecedentes, destacou a equipe de pesquisa científica. O trabalho foi publicado na versão online dos Arquivos de Psiquiatria Geral, uma das publicações da revista científica Jama (Journal of the American Medical Association). Fonte: www.espacovital.com.br, acesso em 11.02.2011.

[349] PATTO, B. M. Aspectos da dimensão temporal do processo civil nas alterações advindas da EC n. 45, de 8 de dezembro de 2004. In: WAMBIER, Teresa Arruda Alvim (Org.). *Reforma do judiciário*: primeiras reflexões sobre a Emenda Constitucional 45. São Paulo: Revista dos Tribunais, São Paulo, 2005. p. 101, descrédito é uma das consequências apontadas por Patto ao afirmar: "O tempo é fator decisivo para o exercício de determinados direitos, uma vez que a velocidade das transformações nas relações jurídicas é vertiginosa, assim como se deve levar em consideração, também, a natureza mesma desses direitos que, se não efetivados em tempo hábil, podem vir a perecer, acarretando para a atividade jurisdicional desprestígio perante os cidadãos e gastos de dinheiro público inúteis". Também é apontado por SILVEIRA, Fabiana Rodrigues. *Op. cit.,* p. 165: "O principal efeito da morosidade é o desgaste da imagem do Poder Judiciário como instituição apta para dirimir os conflitos da sociedade e, mais ainda, a constatação material de que o Judiciário não se presta a garantir o Estado Democrático de Direito".

da economia processual, a ausência de efetividade das decisões judiciais pelo transcurso do tempo que estiolou o patrimônio do devedor, a falta de confiança de investidores[350] no Brasil ao saber de seu precário Poder Judiciário; mas o que mais convém ao trabalho é aquela consequência lógica da intempestividade do processo que é o próprio desgaste psicológico das partes.

Luiz Guilherme Marinoni confirma os danos psíquicos respondendo a questão do que pode vir a afligir a parte pela duração não razoável do processo ao levantar que "na realidade da vida a lentidão do processo pode significar angústia, sofrimento psicológico, prejuízos econômicos e até mesmo miséria",[351] para, após, concluir[352] o processualista curitibano:

> Não é possível desconsiderar o que passa na vida das partes que estão em juízo. O cidadão concreto, o homem das ruas, não pode ter os seus sentimentos, as suas angústias e as suas decepções desprezadas pelos responsáveis pela administração da justiça. Isto para não se falar nos danos econômicos, frequentemente graves, que podem ser impostos à parte autora pela demora do processo e pela consequente imobilização de bens e capitais.

No trecho final de seu raciocínio, traz Luiz Guilherme Marinoni outra consequência que pode ser danosa às partes ao ressaltar o problema da imobilização de bens e capitais. Uma penhora realizada em espécie, num processo envolvendo a execução de título executivo extrajudicial para, posteriormente, ser extinta a execução pelo ajuizamento dos embargos de devedor, cujo julgamento se deu intempestivamente, pode trazer severas consequências ao patrimônio do executado.

Aponta Mouta Araújo[353] que outro prejuízo é a não procura do Poder Judiciário pela parte, o que acaba por fazer perecer o direito desta, ao afirmar:

> Impende destacar, ainda, que a morosidade é fator extremamente estimulante para corroborar com a descrença do povo no Poder Judiciário brasileiro. Não são poucas as vezes em que o cidadão comum se encontra desestimulado a recorrer ao Judiciário por conhecer sua lentidão e despreparo de alguns serventuários. Como consequência, também não são poucas as vezes em que o cidadão deixa de recorrer à Justiça por conhecer os "males" provocados pela morosidade da duração da relação jurídica processual.

Então, na mesma linha adotada nas causas da intempestividade processual, algumas consequências foram trazidas, com destaque para aquela que reflete diretamente no âmago do ser humano, lhe causando grande estresse e desconforto emocional[354] advindo da desnecessária duração não razoável

---

[350] SILVEIRA, Fabiana Rodrigues. *Op. cit.*, p. 166: "Já frisamos que um judiciário moroso, sob o aspecto econômico, inibe e até bloqueia investimentos, afetando o desenvolvimento econômico".

[351] MARINONI, Luiz Guilherme. *Abuso de defesa e parte incontroversa da demanda. Op. cit.*, 2007, p. 16.

[352] *Ibidem*, p. 20.

[353] ARAÚJO, José Henrique Mouta. *Acesso à justiça & efetividade do processo*: a ação monitória é um meio de superação de obstáculo. 1. ed. 4. tir. Curitiba: Juruá, 2006. p. 53.

[354] KRAEMER, Eduardo. *A responsabilidade do Estado e do magistrado em decorrência da deficiente prestação jurisdicional*. Porto Alegre: Livraria do Advogado, 2004. p. 109, na mesma linha, aduz: "A demora excessiva para o julgamento de um processo crime ou cível pode em tese gerar condições de responsabilização do Estado por danos morais. O excesso de tempo para a solução das questões pode acarretar desgastes emocionais, aflição, temor para as partes. É justamente tais circunstâncias que permitem a configuração

do processo. Essa consequência é de extrema importância para que o jurisdicionado, se sentindo prejudicado moralmente, assim como financeiramente, possa procurar o Poder Judiciário para se ver ressarcido.

3.4. As soluções para o combate da intempestividade processual no Brasil

É possível combater a intempestividade processual? Esta é a resposta que pretende ser apresentada nas próximas linhas, analisando algumas das mais comentadas soluções existentes na doutrina para se chegar ao lugar onde o processo encontre sua concretização dentro de um prazo razoável.

Para fins de melhor individualização das inúmeras soluções apresentadas, elas serão numeradas para que o leitor não se perca durante o estudo deste tema específico.

1. A primeira das soluções a ser apresentada não se dirige propriamente ao tempo do processo, mas sim à subjetividade de todos, em especial o do profissional do Direito. Não adianta apresentar uma série de propostas para repensar um novo paradigma[355] processual pela ótica do princípio da duração razoável do processo se o próprio ser humano não está propenso a mudanças.[356] Soluções estão intimamente relacionadas com inovações, razão pela qual, para toda solução apresentada, também é fato que ela deverá ser novidade, apesar de já oferecidas anteriormente por outros doutrinadores. Por isso devem-se abrir os horizontes para que novas concepções auxiliem como forma de melhoria, uma vez que se não houver mudanças, principalmente iniciando pelo próprio pensamento do homem,[357] as soluções pen-

---

de danos morais de responsabilidade do Estado". HOFFMAN, Paulo. *Razoável duração do processo*. São Paulo: Quartier Latin, 2006. p. 25: "Independentemente da razão ao final ser atribuída ao autor ou ao réu, a demora na prestação jurisdicional causa às partes envolvidas desconforto, ansiedade e, na maioria das vezes, prejuízos de ordem material a exigir justa e adequada solução em tempo aceitável".

[355] ALVARO DE OLIVEIRA, Carlos Alberto. Efetividade e tutela jurisdicional. *Revista da Ajuris* – Associação dos Juízes do Rio Grande do Sul, Porto Alegre: AJURIS, a. XXXII, n. 98, p. 8, jun. 2005, assim também entende ao se manifestar sobre o rompimento intelectual com concepções atrasadas em relação ao processo. Diz: "Todavia, se quisermos pensar o direito processual na perspectiva de um novo paradigma de real efetividade, é preciso romper de vez com concepções privatísticas e atrasadas, que não mais correspondem às exigências atuais e que deixaram de ser adequadas às elaborações doutrinárias e aos imperativos constitucionais que se foram desenvolvendo ao longo do século XX. Nesse panorama, um dado importante é o declínio do normativismo legalista, assumido pelo positivismo jurídico, e a posição predominante, na aplicação do direito, dos princípios, conceitos jurídicos indeterminados e juízos de equidade, com toda sua incerteza, porque correspondem a uma tomada de decisão não mais baseada em um *prius* anterior ao processo, mas dependente dos próprios elementos que nele serão colhidos".

[356] Entendendo que as soluções para o combate a crise do Judiciário não podem ser sumariamente descartadas THEODORO JÚNIOR, Humberto. Direito processual constitucional. *Op. cit.*, p. 74, diz: "Se há outras medidas a tomar para o aprimoramento do processo, cabe aos juristas apontá-las e defendê-las. O que não se justifica é simplesmente rejeitar e recriminar sistematicamente a adoção de medidas de aceleramento processual, já que tal postura se contrapõe às próprias garantias de ordem constitucional vigentes".

[357] DINAMARCO, Cândido Rangel. *Nova era do processo civil. Op. cit.*, p. 20, apresenta essas mudanças conceituais como quebra de dogmas, ao dizer: "As reformas do Código de Processo Civil tiveram como objetivo a aceleração da tutela jurisdicional e, como postura metodológica predominante, a disposição a liberar-se de poderosos dogmas plantados na cultura processualística ocidental ao longo dos séculos.

sadas não sairão do papel, e o apego ao dogmatismo[358] fará tudo continuar como está.

Pode-se pegar para exemplificar o que se está tentando dizer o exemplo figurativo que Philip Zimbardo e John Boyd[359] utilizam em sua obra e questionar: quais "porcos o Poder Judiciário precisa se livrar para reencontrar a tempestividade do processo", que nesta passagem da obra se entende melhor a questão acima levantada:

> Esperamos que nossas descobertas a respeito do tempo possam fazer com que você descubra um modo de vida diferente e melhor, que liberte você das ideias e ações antiquadas, opressivas e desgastadas às quais você estava preso por causa de sua velha perspectiva. É como essa velha história:

> Ao caminhar por uma estrada no campo, um homem da cidade passa por uma fazenda onde vê um fazendeiro alimentando os porcos de uma maneira muito incomum. O fazendeiro está de pé sob uma macieira segurando um porco enorme para que ele possa comer quantas maçãs tiver vontade. Ele carrega o porco de maça em maça até este ficar satisfeito, e então começa tudo de novo com outro porco. O homem da cidade observa o fazendeiro alimentando seus porcos desta maneira por algum tempo e, ao final, não consegue resistir e pergunta: "Com licença. Não pude deixar de notar como é difícil para você levantar e alimentar esses porcos, um a um, na macieira. Não seria uma economia de tempo se você simplesmente sacudisse a árvore e deixasse os porcos comerem o que cai no chão?" O fazendeiro olha para o homem da cidade com uma expressão de perplexidade e pergunta: "Mas o que é tempo para um porco?"

> Cadê os porcos que você está carregando de um lado para outro e dos quais você precisa se livrar?

Ora, embora altamente figurativa a velha história recontada pelos autores, é de se perguntar que "porcos" o Poder Judiciário vem aguentando durante anos, fazendo com que, cada vez mais, o processo, instrumento de efetividade dos direitos do ser humano, seja intempestivo, causando prejuízos de monta a parte que tem razão no processo.

2. Na realidade, para se trabalhar dentro de uma lógica, algumas soluções podem ser facilmente encontradas quando analisadas as causas da

---

O exagerado conceitualismo que dominou a ciência do processo a partir do século XIX e a intensa preocupação garantística que se avolumou na segunda metade do século XX haviam levado o processualista a uma profunda imersão em um mar de princípios, de garantias tutelares e de dogmas que, concebidos para serem fatores de consciência metodológica de uma ciência, chegaram ao ponto de se transmudar em grilhões de uma servidão perversa. Em nome dos elevados valores residentes nos princípios do contraditório e do *due process of law*, acirraram-se formalismos que entravam a máquina e abriram-se flancos para a malícia e a chicana. Para preservar as garantias do juiz natural e do duplo grau de jurisdição, levaram-se a extremos as regras técnicas sobre a competência. Nós doutrinadores e operadores do processo, temos a mente povoada de um sem-número de preconceitos e dogmas supostamente irremovíveis que, em vez de iluminar o sistema, concorrem para a Justiça morosa e, às vezes, insensível às realidades da vida e às angústias dos sujeitos em conflito".

[358] SANTOS FILHO, Orlando Venâncio dos. *A dogmatização da ampla defesa*: óbice à efetividade do processo. Rio de Janeiro: Lumen Juris, 2005. p. 171, ressalta o autor a importância de se livrar de dogmas ultrapassados, ao discorrer: "Portanto, a superação de uma visão dogmática da ampla defesa é, no fundo, decorrência da superação desses velhos paradigmas. Ou seja, é preciso ultrapassar a concepção profundamente ideológica e conveniente – sob o prisma do réu, óbvio (!) – de que apenas através do procedimento ordinário, próprio do Processo de Conhecimento, é dos cidadãos, que não tem a seu dispor instrumentos processuais capazes de realizar, em tempo razoável, o seu direito no mundo dos fatos".

[359] ZIMBARDO, Philip; BOYD, John. Paradoxo do tempo: Você vive no passado, viciado no presente ou refém do futuro? Tradução de Saulo Adriano. Rio de Janeiro: Objetiva, 2009, p. 14-15.

O DIREITO À DURAÇÃO RAZOÁVEL DO PROCESSO

intempestividade processual. Assim, por exemplo, quando se afirma que o Poder Judiciário brasileiro é intempestivo pelo número insuficiente de juízes, a leitura que se faz para a solução a ser encontrada nesta causa é a abertura de novos concursos públicos visando a equilibrar o número de magistrados frente à população do País ou ainda quando se fala em Cartórios defasados, é necessário realizar "[...] a informatização dos serviços e a melhoria das instalações cartorárias [...]",[360] conforme enfatiza João Batista Lopes.

No concernente ao aumento do número de magistrados deve-se analisar suas consequências, como aponta Samuel Miranda Arruda,[361] na qual vislumbra que tal solução acabaria por virar ciclotímica, na medida em que mais processos seriam ajuizados assim que a população soubesse do aumento significativo de magistrados no Poder Judiciário, chegando a afirmar:

> Anote-se, ainda a este respeito, uma outra curiosa relação que desta é corolário: o reforço da estrutura dos órgãos judiciais – com aumento do número de juízes e funcionários, por exemplo – de início leva à redução do prazo de tramitação processual embora, logo após, tende a repetir-se um aumento no tempo médio de duração dos processos, em face da sobreprocura decorrente da melhoria do sistema.

Contudo, esse pensamento não pode prosperar. O Poder Judiciário necessita, urgentemente, de um aumento significativo de servidores.[362] Não se pode medir, como quer fazer crer o autor, o número de juízes com o número de processos, mas sim o número de juízes pelo número de habitantes de um País.

Medir o número de processos com o número de juízes[363] seria, sempre, comparar forças que não podem ser medidas, uma vez que há certas partes em que a habitualidade de litigar faz com que tenham centenas, até mesmo milhares de processos em juízo. A própria Fazenda Pública, o IPE – Instituto de Previdência do Estado –, o INSS – Instituto Nacional de Seguro Social –, a CEEE – Companhia Estadual de Energia Elétrica –, ou ainda as grandes empresas privadas, como a Brasil Telecom, são exemplos disto. Não há como medir o número de juízes pelo número de processos que estas partes têm,

---

[360] LOPES, João Batista. Efetividade do processo e reforma do código de processo civil: como explicar o paradoxo processo moderno – justiça morosa? *Op. cit.*, p. 137.

[361] ARRUDA, Samuel Miranda. *Op. cit.*, p. 71.

[362] MESQUITA, José Ignácio Botelho de. *Teses, estudos e pareceres de processo civil*. Direito de ação, partes e terceiros, processo e política. Apresentação José Rogério Cruz e Tucci, Walter Piva Rodrigues, Paulo Henrique dos Santos Lucon. São Paulo: Revista dos Tribunais, 2005. V. 1. p. 262: "Decisões rápidas se obtém adequando-se o número de juízes ao número de causas. E isto deve ser pago com recursos econômicos, não com o direito dos outros. Juízes exaustos, em primeira instância, ou juiz único, o Relator, nas instâncias superiores, em correria, não projetarão perante o povo a imagem do novo juiz, pelo qual tantos, há tanto tempo, estão esperando".

[363] TIMM, Luciano Benetti. *O novo direito contratual brasileiro*. Rio de Janeiro: Forense, 2008. p. 202. Contudo, não se pode aumentar simplesmente o número de magistrados sem, contudo, prepará-los para a atividade de modo condizente, conforme aponta Timm: "Por mim, foi defendido ser importante que os juízes tenham experiência prática antes do exercício da profissão, pois o processo decisório judicial não depende apenas do conhecimento do Direito Positivo, mas é reflexo de um processo de deliberação (seleção) entre possibilidades – possíveis alternativas de interpretação (legais, éticas, políticas, econômicas) –, muitas vezes complexas e contraditórias, especialmente nos 'casos difíceis'. A experiência facilita esse processo decisório diante da repetição dos procedimentos e dos mecanismos seletivos".

razão pela qual se defende que o número de magistrados deve ser equacionado pela população de um País o que, aliás, já restou positivado no art. 93, XIII, da Constituição Federal pela Emenda Constitucional 45/2004, na qual haverá de ser respeitada uma proporção mínima entre o número de juízes, das demandas judiciais e da população. Bruno Freire e Silva,[364] com bastante otimismo, enfrenta o tema, discorrendo:

> O problema da insuficiência de juízes, outrossim, foi combatido com a norma do inc. XIII do art. 93, a qual estabeleceu que "o número de juízes na unidade jurisdicional será proporcional à efetiva demanda judicial e à respectiva população". De agora em diante, portanto, o número de juízes deve ser proporcional à demanda e à população.

Parece que o inc. XIII do art. 93 da Constituição Federal está a passo largo de ser efetivado, caindo, pois, por terra a combatividade de um dos grandes problemas do Poder Judiciário apontado por Bruno Freire e Silva. Aliás, em trecho posterior a sua afirmação, contradiz-se ao mencionar que o juiz mal preparado irá apenas fomentar a crise do Judiciário, ao assim afirmar:[365]

> Não adianta, porém, ter um número suficiente de juízes se estes não possuírem uma boa qualificação e formação jurídica. É evidente que o despreparo do juiz contribui para aumentar o desprestígio do Poder Judiciário.

Então, logo após apontar afirmativamente para o combate dado a uma crise do Poder Judiciário, levanta outro problema, já enfrentado neste trabalho, da crise do ensino jurídico, que implica diretamente o futuro operador do direito. Longe está o inciso XIII do art. 93 da Constituição Federal de combater positivamente a estruturação e funcionamento do Poder Judiciário se a norma não for efetivada de maneira eficaz e em um tempo razoável.

3. A reforma estrutural no Poder Judiciário é um dos enfoques dados por Alexandre Freitas Câmara,[366] ao mencionar:

> É preciso ter claro, porém, que a mera afirmação constitucional de que todos têm direito a um processo com duração razoável não resolve todos os problemas da morosidade processual, sendo necessário promover-se uma reforma estrutural no sistema judiciário brasileiro. Fique registrado nosso entendimento segundo qual a crise do processo não é a crise das leis do processo. Não é reformando leis processuais que serão resolvidos os problemas da morosidade do Poder Judiciário. É preciso, isto sim, promover-se uma reforma estrutural, que dê ao Poder Judiciário meios efetivos para bem prestar tutela jurisdicional, o que exige vontade política para mudar o atual estado de coisas.

Com razão o processualista quando enfrenta a questão atinente à reforma estrutural do Poder Judiciário, mas peca ao dizer que não se combate a intempestividade processual reformando leis. Ora, a reforma processual, após a Emenda Constitucional 45, trouxe institutos que almejam dar uma

---

[364] FREIRE E SILVA, Bruno. *A exigência de três anos de atividade jurídica para ingresso na magistratura.* In: FREIRE E SILVA, Bruno; MAZZEI, Rodrigo (Coords.). *Op. cit.,* p. 331.

[365] *Ibidem*, p. 331.

[366] CÂMARA, Alexandre Freitas. *Lições de direito processual civil.* 16. ed. Rio de Janeiro: Lumen Juris, 2007. V. 1. p. 62.

maior efetividade e tempestividade ao processo, em especial aqueles institutos que trabalham como uma forma de precedentes judiciais, como a repercussão geral do recurso extraordinário e a própria súmula vinculante.

4. Mas, o que ocorre, e realmente em nada adianta ao combate da intempestividade processual, é a péssima técnica legislativa na elaboração da lei. Um artigo com uma má redação dá azo a diversas interpretações que auxiliam na duração não razoável do processo. Por exemplo, pode-se citar a própria medida que veio para agilizar o pagamento nas ações condenatórias e que se transformou numa discussão jurídica incessante para ver quem tem razão, que é aquela do artigo 475 – J do Código de Processo Civil. Nele está ressaltado o direito da parte de ter acrescido em seu favor a multa de 10% no caso de não cumprimento espontâneo da sentença, ao expor:

> Caso o devedor, condenado ao pagamento de quantia certa ou já fixada em liquidação, não o efetue no prazo de quinze dias, o montante da condenação será acrescido de multe no percentual de dez por cento e, a requerimento do credor e observado o disposto no art. 614, II, desta lei, expedir-se-á mandado de penhora e avaliação.

Pois bem, meses foram gastos em discussões doutrinárias e no próprio Poder Judiciário para, finalmente, o Superior Tribunal de Justiça dar o entendimento de que "transitada em julgado a sentença condenatória, não é necessário que a parte vencida, pessoalmente ou por seu advogado, seja intimado para cumpri-la" no julgamento do Recurso Especial 954859/RS,[367] relator o Ministro Humberto Gomes de Barros, julgado em 16/08/2007, pela 3ª Turma, tendo restado assim ementado o julgado:

> LEI 11.232/2005. ARTIGO 475-J, CPC. CUMPRIMENTO DA SENTENÇA. MULTA. TERMO INICIAL. INTIMAÇÃO DA PARTE VENCIDA. DESNECESSIDADE. 1. A intimação da sentença que condena ao pagamento de quantia certa consuma-se mediante publicação, pelos meios ordinários, a fim de que tenha início o prazo recursal. Desnecessária a intimação pessoal do devedor. 2. Transitada em julgado a sentença condenatória, não é necessário que a parte vencida, pessoalmente ou por seu advogado, seja intimada para cumpri-la. 3. Cabe ao vencido cumprir espontaneamente a obrigação, em quinze dias, sob pena de ver sua dívida automaticamente acrescida de 10%.

Não seria mais fácil e prudente o legislador, ao elaborar o texto legal, já informar de quando se conta o prazo para a fixação da multa? Não seria mais cômodo, menos custoso e mais célere se a redação do artigo 475 – J tivesse, ao final, constando que a multa será aplicada 15 dias após o trânsito em julgado da sentença, independentemente da intimação pessoal do devedor?[368] Quantos jurisdicionados não tiveram acesso à multa por litigarem

---

[367] BRASIL. Superior Tribunal de Justiça. Recurso Especial 954859/RS, 3ª Turma, relatado pelo Ministro Humbert Gomes de Barros, julgado em 16/08/2007. Disponível em: http://www.stj.gov.br/SCON/pesquisar.jsp>. Acesso em: 28 jul. 2008.

[368] MACEDO, Elaine Harzheim. O cumprimento da sentença e a multa do art. 475-J do CPC sob uma leitura constitucional da lei nº 11.232/05. *Revista da Ajuris* – Associação dos Juízes do Rio Grande do Sul, Porto Alegre: AJURIS, a. XXXIII, n. 104, p. 89, 2006. Aponta para uma posição contrária ao que foi decidido pelo Superior Tribunal de Justiça a magistrada gaúcha: "Quinze dias para apelar, quinze dias para pagar espontaneamente, quinze dias para transitar em julgado e, neste caso, automaticamente com o acréscimo de 10%, a título de multa – sem qualquer participação do juiz, porque é cogência legal –, conforme disposto no art. 475-J. Trata-se inclusive da incidência do princípio da legalidade do art. 5º, II,

sem condições financeiras de arcar com uma boa assessoria jurídica? Infelizmente, não é possível dar a resposta, mesmo sabendo, por indução, que a mesma não pode ter dados positivos. A partir disso, conclui-se que o acesso pleno ao Judiciário para alguns é muito limitado.

Assim, se analisada a reforma processual pela péssima técnica legislativa, é de bom alvitre deixar-se como está, pois, pelo menos, já há doutrina e jurisprudência firme sobre os institutos mais antigos relacionados ao processo civil. Caso se opte pela reforma, que realmente nutra ela frutos, que se faça com uma excelente técnica legislativa para não abrir um leque tão grande que possa dar vazão a tantas interpretações acerca de um único artigo. Contudo, não se pode cair naquilo que Nicola Picardi[369] denomina de inflação legislativa, que se consubstancia no aumento de leis e a sua consequente inefetividade.

5. Outra forma de se chegar a uma tempestiva tramitação processual é apontada por Teresa Arruda Alvim Wambier,[370] quando discorre sobre a desarmonia dos tribunais superiores com os tribunais regionais, afirmando a processualista:

> Em conclusão, e nos perdoem se o que em seguida dissermos soar piegas, o de que se precisaria (em certas circunstâncias) para que o processo pudesse mais facilmente FLUIR, com isso se tornando MAIS CÉLERE e MAIS ABREVIADO (= mais curto) seria a boa vontade dos órgãos do poder Judiciário uns em relação aos outros. A ideia de COOPERAÇÃO (dos órgãos entre si e em relação às partes) é a gênese do princípio da FUNGIBILIDADE e da disposição de CEDER em face das exigências (questionáveis!) dos Tribunais Superiores. A resistência, ainda que justificada, para com essa COOPERAÇÃO só gera prejuízos, que atingem diretamente as partes e indiretamente nosso país.

Assim, a harmonia entre os Tribunais, principalmente os Regionais seguindo uma orientação segura dos Tribunais Superiores em matéria de

---

da CF. Se ao autor é dado, no 16º dia, não tendo havido nem pagamento nem apelo, dar início à execução (não é qualquer requerimento, pedido, intimação para pagamento), com expedição de mandado de penhora e avaliação, é porque até o dia anterior, isto é, o 15º dia, que flui da intimação da sentença (ao seu advogado), teve o réu para escolher qual dos três caminhos (apelar, pagar, omitir-se) adotaria. O que vale para um, vale para outro. O processo sempre gozou dessa ambivalência: o que se dá para o autor, se retira do réu, o que se dá para o réu, se retira do autor. Não há outra solução".

[369] PICARDI, Nicola. *Jurisdição e processo*. Organizador e revisor técnico da tradução Carlos Alberto Alvaro de Oliveira. Rio de Janeiro: Forense, 2008. p. 5-6: "A característica da chamada inflação legislativa não consiste só na multiplicação das leis, mas também na desvalorização da lei. Antes de tudo, multiplicação das disposições legislativas, não apenas e não tanto quantitativa, mas sobretuto qualitativa. Penso, de um lado, na pluralidade dos centros de produção normativa, sejam racionais (Estado, Regiões, outros níveis de autonomia, autoridades independentes de regulação, autonomia privada), sejam supranacionais (especialmente, a União Europeia). De outro, no fenômeno pelo qual frequentemente a fonte secundária toma vantagem sobre a fonte primária, e a disciplina organizadora dos aparelhos públicos em sua integralidade é transferida ao instrumentoi mais flexível do regulamento. A pluralidade das regulações normativas termina, pois, por provocar uma redução da efetividade. Foi salientado como também a atividade jurídica consiste numa *ars combinatoria* de leibniziana memória; o aumento do número de regras comporta, assim, um desenvolvimento exponencial das possibilidades de antinomias e de contradições internas do ordenamento. Além disso, a aceleração progressiva do ius superveniens termina para a jurisprudência tarefas consideradas próprias da legislação: da determinação dos efeitos da lei no tempo (ab-rogativos e retroativos) à própria organização das fontes do direito".

[370] WAMBIER, Teresa Arruda Alvim. Sobre a necessidade de cooperação entre os órgãos do judiciário para um processo mais célere – ainda sobre o prequestionamento. *Direito e Democracia* – Revista de Ciências Jurídicas. Canoas: Ulbra, v. 7, p. 425, 2006.

direito, além de dar maior segurança jurídica ao jurisdicionado, trava entendimentos que não estão sintonizados com a realidade jurídica que atravessa o País, o que acaba por inibir julgamentos dispersos e, consequentemente, o ingresso de processos que mais parecem aventuras jurídicas do que caso sério propriamente dito.

Tal é o entendimento esposado por Luiz Guilherme Marinoni[371] em sua nova obra, ao referir:

> O respeito aos precedentes constitui excelente resposta à necessidade de dar efetividade ao direito fundamental à duração razoável do processo, privilegiando autor, réu e os cidadãos em geral. Se os tribunais inferiores estão obrigados a decidir de acordo com os tribunais superiores, sendo o recurso admissível apenas em hipóteses excepcionalíssimas, a parte não tem de necessariamente chegar à corte superior para fazer valer o seu direito, deixando de ser prejudicada pela demora e também de consumir o tempo e o trabalho da administração da justiça.

6. Tal sintonia entre as decisões judiciais está tão em voga que recentes reformas, tanto na Constituição Federal e no Código de Processo Civil foram realizadas para dar maior tempestividade e efetividade ao processo. Elaine Harzheim Macedo,[372] em estudo sobre algumas das inovações legislativas, ressalta:

> O que se está propondo a refletir, a partir da reforma constitucional, das Leis nºs 11.418-06 e 11.187-05 e também do PL n 1.343-03, em tramitação no Congresso Nacional, é a construção de um novo paradigma recursal, comprometido com a efetividade e a tempestividade do processo, novos parâmetros para se compreender o que efetivamente seja o devido processo legal. A construção e o desvelamento desse novo paradigma, contudo, não se realizará com uma simples "tacada" legislativa. É preciso reconstruir a própria compreensão do processo e do ensino do direito, na formação dos operadores que atuam no dia-a-dia forense, autorizando uma autêntica releitura de nossos institutos jurídicos.

A Lei 11.418, de 2006, traz as regras que regulamentam a interposição do Recurso Extraordinário após o instituto da repercussão geral trazida pela Emenda Constitucional 45/2004, e a Lei 11.187, de 2005, trouxe inovações para a interposição do recurso de agravo, tornando o agravo de instrumento a exceção e o agravo retido a regra. Já o Projeto de Lei 1.343-03 regulamenta a interposição do Recurso Especial, trazendo para este o instituto dos recursos repetitivos, sendo que, à época em que realizado o estudo da magistrada gaúcha ainda não havia sido aprovado o projeto, estando hoje em plena vigência através da Lei 11.672, de 8 de maio de 2008.

Ainda sobre as reformas, em dezembro de 2004, em nível constitucional, tivemos a maior reforma dos últimos anos no que concerne ao Poder Judiciário, embora insuficiente, a qual trouxe, entre outras novidades, o princípio da duração razoável do processo no rol de direitos fundamentais, mais precisamente no inciso LXXVIII do artigo 5º da Constituição Federal, criou a repercussão geral para que o Supremo Tribunal Federal possa admi-

---

[371] MARINONI, Luiz Guilherme. *Precedentes obrigatórios*. São Paulo: Revista dos Tribunais, 2010, p. 187.

[372] MACEDO, Elaine Harzheim. O sistema recursal, a jurisdição constitucional e a federativa: um novo paradigma. In: TEIXEIRA, Anderson Vichinkeski; LONGO, Luís Antônio. *A constitucionalização do direito*. Porto Alegre: Sérgio Antônio Fabris, 2008. p. 187.

tir e julgar os Recursos Extraordinários, regulamentada pela Lei 11.418/06, gerou a súmula impeditiva de recursos ao Superior Tribunal de Justiça, modificou competências na Justiça do Trabalho, criou o Conselho Nacional de Justiça e eliminou as férias forenses.[373]

A partir da Emenda Constitucional 45, várias reformas na área do processo civil se seguiram. Cabe o questionamento se farão a tão desejada efetividade e tempestividade do processo.[374]

Entre as leis que foram promulgadas após a Emenda Constitucional 45, pode-se citar a Lei 11.187, de 19 de outubro de 2005, disciplinando a interposição de agravo, modificando os artigos 522, 523 e 527 do Código de Processo Civil; a Lei 11.232, de 22 de dezembro de 2005, modificando o processo de execução de títulos judiciais; a Lei 11.276, de 7 de fevereiro de 2006, que disciplina a forma de interposição de recursos, o saneamento de nulidades processuais e o recebimento do recurso de apelação; a Lei 11.277, de 7 de fevereiro de 2006, que acresce o artigo 285-A para dar maiores poderes ao juiz a fim de julgamento de ações idênticas em seu juizado; a Lei 11.280, de 16 de fevereiro de 2006, almejando atingir uma prestação jurisdicional mais célere e efetiva, modificando os artigos 112, 114, 154, 219, 253, 305, 322, 338, 489 e 555 do CPC; a Lei 11.341, de 7 de agosto de 2006, disciplinando o meio eletrônico para fins de admissão de divergência jurisprudencial; a Lei 11.382, de 6 de dezembro de 2006, dispondo sobre a execução de títulos extrajudicial;

---

[373] SILVEIRA, Fabiana Rodrigues. *Op. cit.*, p. 156, traz um rol dos novos direitos criados com a Emenda Constitucional 45/2004: "Além desses critérios, a própria EC45 trouxe vários dispositivos que por um outro viés são capazes de agilizar o andamento de processos, por exemplo: a) o ingresso na carreira da magistratura exige experiência mínima de três anos de comprovada atividade jurídica (art. 93, I); b) a promoção da carreira da magistratura passa a depender do desempenho profissional de cada juiz, atentando-se para a produtividade e presteza no exercício da jurisdição (art. 93, II, c), e dela não poderá se beneficiar aquele que, injustificadamente, não propicie o devido impulso processual (art. 93, II, e); c) a "atividade jurisdicional" é declarada "ininterrupta", inclusive com a extinção das férias coletivas dos magistrados (art. 93, XII); d) deverá ser estabelecida uma proporção mínima entre o número de juízes, demandas judiciais e a população (art. 93, XIII); e) servidores do Judiciário poderão receber, por delegação, a competência para realização de atos de cunho não decisórios (art. 93, XIV); f) os processos devem ter distribuição imediata (art. 93, XV); h) as decisões definitivas de mérito, proferidas pelo STF, nas ações diretas de inconstitucionalidade e nas ações declaratórias de constitucionalidade produzirão eficácia contra todos e efeito vinculante, relativamente aos demais órgãos do Poder Judiciário e à administração pública direta e indireta, nas esferas federal, estadual e municipal; i) no recurso extraordinário o recorrente deverá demonstrar repercussão geral das questões constitucionais discutidas, que será critério de admissibilidade, admitindo recusa pela manifestação de dois terços de seus membros; j) os Tribunais Regionais Federais, Tribunais Regionais do Trabalho e Tribunais de Justiça instalarão a justiça itinerante para realização de audiências e demais atividades da função jurisdicional e também poderão funcionar descentralizadamente, criando Câmara regionais; k) súmula vinculante".

[374] ASSIS, Araken. Duração razoável do processo e reformas da lei processual. *Op. cit.*, p. 216, assim se manifesta sobre as recentes reformas processuais: "O principal malefício de pretender a erradicação do problema da demora por intermédio das reformas processuais consiste em eleger solução simplista e rumo equivocado. As mazelas reais ou hipotéticas do processo jamais acabarão dando-se invariavelmente razão ao autor. É fato perceptível nas obras doutrinárias recentes, interpretando e patrulhando as reformas, a má vontade com os réus. Vários processualistas meteram-se na duvidosa empreitada de reinventar o processo banindo o réu. Com razão superficial, perceberam o papel de inimigo acerbo e natural da efetividade desempenhado pelo réu. Não só o réu contraria a pretensão do autor, como a ela resiste por meios legítimos. Recusa-se o réu a colaborar, a cumprir ordens judiciais e, de um modo geral, a quedar-se inerte, propiciando celeridade ao processo. Ao invés, resiste e recorre, pondo tudo a perder. O fato de o réu não corresponder às elevadas expectativas nele depositadas nos devaneios doutrinários exige medidas extremas e enérgicas para eliminá-lo do cenário".

a Lei 11.417, de 1º de dezembro de 2006, que disciplina a edição, a revisão e o cancelamento de enunciado de súmula vinculante pelo Supremo Tribunal Federal e dá outras providências; a Lei 11.418, de 19 de dezembro de 2006, que regulamenta o Recurso Extraordinário; a Lei 11.419, de 19 de dezembro de 2006, dispondo sobre a informatização do Judiciário; a Lei 11.441, de 4 de janeiro de 2007, possibilitando a realização de inventário, partilha, separação consensual e divórcio consensual por via administrativa; a Lei 11.672, de 8 de maio de 2008, que regulamenta a nova interposição do Recurso Especial.

Conclui então Araken de Assis[375] sobre as reformas processuais após a emenda constitucional 45 dizendo:

> Mas, que frutos produziu o labor legislativo? Reduziu, por mínimo que seja, o tempo de tramitação dos processos? Não, infelizmente, se o objetivo das reformas tende a alcançar a "efetividade", e a economia de tempo e de esforços em cada processo é um dos fatores determinantes para o sucesso da empreitada, torna-se imperioso reconhecer o efeito contrário da imensa maioria das erráticas alterações.

Em que pese o entendimento do jurista gaúcho, as recentes reformas têm produzido efeitos para a diminuição do tempo do processo, em especial no Superior Tribunal de Justiça pela Lei dos Recursos Repetitivos, tanto que, em recente matéria oriunda do próprio site do Tribunal Superior,[376] assim restou analisada a recente diminuição do número de recursos:

> Lei dos Recursos Repetitivos dá rapidez ao andamento dos processos no STJ
>
> A Justiça chegando mais rápido à sociedade. Esse é o resultado de quase seis meses de vigência da Lei dos Recursos Repetitivos no âmbito do Superior Tribunal de Justiça (STJ). A nova lei já está agilizando o trâmite de recursos especiais sobre questões repetitivas pacificadas no Tribunal. Ao todo, 72 recursos foram indicados para julgamento pelo novo rito. Quase 53% deles são da Primeira Seção, que, sozinha, indicou 38 recursos – oito deles já concluídos e outros dois com julgamento iniciado.
>
> Na Segunda Seção, 14 processos foram designados pelos ministros como repetitivos. Seis deles já foram concluídos. A Terceira Seção apontou 18 casos em que há teses com reiterados recursos e já julgou mais de 17% deles. Na Corte Especial, dois casos aguardam julgamento pelos 15 ministros que a compõem. No cômputo geral, 23,61% do total já foram apreciados pelo Tribunal.
>
> Para se ter uma ideia do benefício da lei, no segundo semestre de 2008, o Tribunal recebeu 19.990 recursos especiais, volume bem menor do que o registrado no mesmo período do ano passado, que foi de 32.202. A queda é de 37,92%.
>
> E a previsão para os próximos anos é bem mais otimista. O presidente do STJ, ministro Cesar Asfor Rocha, acredita que o novo mecanismo pode, a longo prazo, resultar no que denomina de "número ideal de processos por ministro", algo em torno de 100 a serem julgados por ano. Além disso, o ministro acredita que a Lei dos Recursos Repetitivos também vai fortalecer a jurisprudência do tribunal.
>
> "O que se busca hoje em todos os países do mundo é a segurança jurídica. Com a globalização da economia, não existem mais empresas absolutamente nacionais. A segurança jurídica

---

[375] ASSIS, Araken. Duração razoável do processo e reformas da lei processual. *Op. cit.,* p 225.

[376] Disponível em: <http://www.stj.gov.br/portal_stj/publicacao/engine.wsp?tmp.area=398&tmp.texto=90944>. Acesso em: 25 fev. 2009.

é necessária. E os seus dois elementos formadores são a celeridade e a previsibilidade. Os investidores precisam saber como o Judiciário de um país decide determinado tema", afirmou.

Ou seja, no Superior Tribunal de Justiça, a lei trouxe uma maior possibilidade de o processo tornar-se tempestivo na medida em que, desde sua entrada em vigor, houve uma diminuição de 37,92% dos recursos interpostos. Resta saber se com o julgamento de mérito destes recursos que são repetitivos a magistratura irá usá-los como paradigmas a fim de que exista uma padronização de matérias, principalmente de direito, para que, progressivamente, o número de processos também seja reduzido nas instâncias inferiores.

Não só no Superior Tribunal de Justiça a reforma trouxe números esperançosos, mas também no Supremo Tribunal Federal aconteceu a diminuição dos recursos interpostos com os novos institutos de controle da matéria constitucional, em matéria[377] assim aduzida:

> A entrada em vigor para valer da Repercussão Geral e da Súmula Vinculante surpreendeu ao abrir novas possibilidades para o Supremo Tribunal Federal desempenhar sua principal missão. Além de provocar uma queda de mais de 40% na distribuição de recursos para análise dos ministros, os dois novos instrumentos retiraram da Ação Direta de Inconstitucionalidade (ADI) a exclusividade em matéria de controle constitucional.

Diante desse quadro, é renovadora a esperança de que as matérias serão julgadas para todos igualitariamente e em um curto espaço de tempo, apenas devendo haver o cuidado de que estas decisões sejam tomadas com cautela, pois irão pautar a vida judiciária do País pelos próximos anos.

Não se pode fugir da crítica de que aceitando isso, está-se diante não de um Poder Judiciário qualitativo, mas meramente quantitativo, conforme alerta Fabiana Marion Spengler:[378]

> Nesses termos, a súmula vinculante sofre pesadas críticas, uma vez que fere a independência dos juízes ao vincular as decisões apontando para um autoritarismo judicial, coloca em xeque a especialização de funções, pressupostos do Estado Liberal de Direito e muito disseminada no mundo jurídico atual. Ademais: restam dúvidas quanto à sua real importância no desafogo da máquina judiciária, tendo em visyta que se vislumbra a efeciência quantitativa, mas não qualitativa.

Ora, se realmente, e está-se indo para este lado, o ordenamento jurídico brasileiro terá como base um sistema de precedentes que realmente vinculam as decisões dos Tribunais superiores as demais instâncias, temo que pensar na qualidade destas decisões que formarão os precedentes para que, ao menos, a balança de um Poder Judiciário qualitativo volte a crescer.

7. Além disso, devem ser repensados alguns institutos do processo que já não fazem mais efeito algum nos dias atuais, como, por exemplo, os me-

---

[377] CONTROLE ampliado. *Anuário da Justiça 2009*, São Paulo: Conjur, 2009. p.14-17.
[378] SPENGLER, Fabiana Marion. *Da jurisdição à mediação*: por uma outra cultura no tratamento de conflitos. Ijuí: Editora Unijuí, 2010, p. 130-131.

O DIREITO À DURAÇÃO RAZOÁVEL DO PROCESSO

moriais.[379] O artigo 454[380] do Código de Processo Civil prevê a possibilidade de, finda a instrução, haver debates orais. Contudo, em seu § 3º,[381] concede à parte, no caso da complexidade da causa, poder apresentar, por escrito, esse debate que seria oral e, portanto, célere, na forma de memoriais, sendo designado dia e hora para tanto.

Esse momento processual é totalmente dispensável na atualidade. Primeiro, porque traz uma etapa ao processo altamente morosa, uma vez que, dificilmente se trabalhará com um prazo inferior a 10 dias para cada parte que, somadas a expedições de notas de expediente para intimação, juntada das peças e conclusão, somará de 40 a 50 dias, sendo inadmissível que o processo pare por este tempo apenas para que um resumo feito pela parte chegue às mãos do juiz da causa; segundo, tudo que já está no processo é, geralmente, necessário à compreensão da lide e, portanto, está apto o processo ao seu julgamento; terceiro, o magistrado pela carga de processos atualmente dificilmente o lerá, apenas sendo relembradas as peças como uma frase no relatório da sentença. O que ocorre é que se está arraigado a uma concepção dogmática de segurança jurídica que deve ser cortada para que sejam relidos certos institutos, como os memoriais, a fim de que o processo, devidamente instruído, que deve andar para frente, não retroaja com uma peça que caminha para trás. Se a técnica processual dos memoriais é tão importante ao processo, que reste ela facultativa à parte para que a apresente em qualquer momento do processo antes de proferir a sentença, o que só traria mais tempestividade ao processo.

8. Também restou mencionado no capítulo destinado para as causas da intempestividade processual que o comportamento dos procuradores e das partes no processo influi na sua intempestividade. Grande parte daquilo que se conhece por conduta das partes na instrução do processo, principalmente aquelas condutas indesejáveis, que causam estremo desgosto ao operador do direito, merecem ser rechaçadas. Para tanto, existe no Código de Processo Civil uma gama de punições que devem ser aplicadas neste tipo de litigante, mas não o são por falta de punho forte dos magistrados na aplicação das multas.

Para que se possa vislumbrar a força da proposta, que de nova nada tem, pode-se aplicar num litigante que cria embaraços à efetividade processual a multa do parágrafo único do artigo 14 do Código de Processo Civil, que prevê "[...] sem prejuízo das sanções criminais, civis e processuais cabíveis aplicar ao responsável multa em montante a ser fixado de acordo com

---

[379] Sobre a criação dos memoriais e sua consequência, ALVARO DE OLIVEIRA, Carlos Alberto. *Do formalismo no processo civil. Op. cit.,* 2003. p. 53: "Em ambas se verifica, contudo, certa atenuação da oralidade, com vistas a garantir maior eficiência ao processo, permitindo-se às partes reportar-se a memoriais durante a audiência, o que no entanto só contribuiu para a sua maior duração".

[380] Artigo 454 do Código de Processo Civil: "Finda a instrução, o juiz dará a palavra ao advogado do autor e ao do réu, bem como ao órgão do Ministério Público, sucessivamente, pelo prazo de 20 (vinte) minutos, para cada um, prorrogável por 10 (dez), a critério do juiz".

[381] § 3º do artigo 454: "Quando a causa apresentar questões complexas de fato e de direito, o debate oral poderá ser substituído por memoriais, caso em que o juiz designará dia e hora para o seu oferecimento".

a gravidade da conduta e não superior a 20% (vinte por cento) do valor da causa", multa esta que certamente coíbe este tipo de comportamento.

Ao litigante de má-fé pode-se aplicar aquela prevista no artigo 18, que menciona que deverá ele "[...] pagar multa não excedente a 1% (um por cento) sobre o valor da causa e a indenizar a parte contrária dos prejuízos que esta sofreu, mais os honorários advocatícios e todas as despesas que efetuou", podendo esta multa chegar, através da indenização, conforme previsão do § 2º do mesmo artigo, " [...] em quantia não superior a 20% (vinte por cento) sobre o valor da causa, ou liquidada por arbitramento". Agora, imagine-se que a multa do artigo 14 pode ser cumulada com a multa do artigo 18, uma vez que aquele que frustra a efetividade do processo está, consequentemente, se comportando como litigante de má-fé.

E mais, pode a multa ser aplicada à parte ou ao seu procurador,[382] o que incentiva ainda mais que se penalize aquele que, injustificadamente, oponha resistência ao processo.

Em continuação, pode esse litigante abusar do direito de recorrer, encontrando multa no § 2º do artigo 557 do Código de Processo Civil que prevê que "[...] o tribunal condenará o embargante a pagar ao embargado multa entre um e dez por cento do valor corrigido da causa, ficando a interposição de qualquer outro recurso condicionado ao depósito do respectivo valor", no qual também, em recursos, há outra vedação com multa no caso de recursos manifestamente infundados ou inadmissíveis, no qual "[...] o tribunal condenará o agravante a pagar ao agravado multa entre um e dez por cento do valor corrigido da causa, ficando a interposição de qualquer outro recurso condicionada ao depósito do respectivo valor".

A proliferação dos embargos de declaração que aos milhares são opostos sem qualquer tipo de fundamentação, apenas com o intuito de se levar um tempo maior para interpor o recurso principal, podem ser diminuídos se utilizado o disposto no artigo 538 do Código de Processo Civil, que diz "Quando manifestamente protelatórios os embargos, o juiz ou o tribunal, declarando que o são, condenará o embargante a pagar ao embargado multa não excedente de um por cento sobre o valor da causa", para ainda, após, no mesmo artigo, criar outro empecilho a sua oposição, pois, no caso de "[...] reiteração de embargos protelatórios, a multa é elevada a até dez por cento, ficando condicionada a interposição de qualquer outro recurso ao depósito do valor respectivo". Tais instrumentos contra a parte que pratica reiteradamente seus atos de chicana no processo são muito pouco utilizados, sendo que deveriam ter muito mais aplicação e publicidade para que a população

---

[382] ALVIM, Arruda. Resistência injustificada ao andamento do processo. *Revista Brasileira de Direito Processual* – RBDPro, Belo Horizonte: Fórum, a, 15, n. 59, p. 62, jul./set. 2007: "Diga-se, finalmente, que definido como litigante de má-fé, que tenha oposto resistência injustificada ao andamento do processo, será sempre a parte a sofrer as consequências respectivas. Se, todavia, entender ela que o comportamento culposo ou doloso, realidades que compareçam no art. 17, IV, é do advogado e não dela, contra aquele terá direito regressivo. Normalmente, no entanto, advirta-se que o dolo será o elemento intencional mais comumente presente no *animus* do litigante que infrinja o art. 17, IV. E, em se tratando de dolo, ter-se-á o dolo instrumental".

O DIREITO À DURAÇÃO RAZOÁVEL DO PROCESSO

se conscientize que o ingresso no Poder Judiciário deve ser fundamentado, além de saber que no trâmite no processo não serão tolerados atos em desrespeito à parte contrária e ao próprio Judiciário.

As multas a serem aplicadas no Código de Processo Civil estão bem delineadas, faltando uma maior aplicabilidade. Pode-se ressaltar, entre elas, aquela do artigo 287,[383] 461,[384] 475-J[385] e 601.[386]

Além disso, podem ser vislumbradas multas em legislações esparsas, como o Código de Defesa do Consumidor,[387] ou até mesmo o Código Penal brasileiro.[388] Todos estes instrumentos devem ser utilizados para tentar dar maior tempestividade e efetividade ao processo. Contudo, isto necessita da mão firme do Poder Judiciário, através de seus magistrados.[389]

---

[383] "Art. 267: Se o autor pedir que seja imposta ao réu a abstenção da prática de algum ato, tolerar alguma atividade, prestar ou entregar coisa, poderá requerer cominação de pena pecuniária para o caso de descumprimento da sentença ou da decisão antecipatória de tutela".

[384] "Art. 461: Na ação que tenha por objeto o cumprimento de obrigação de fazer ou não fazer, o juiz concederá a tutela específica da obrigação ou, se procedente o pedido, determinará providências que assegurem o resultado prático equivalente ao do adimplemento. § 1º: A obrigação somente se converterá em perdas e danos se o autor o requerer ou se impossível a tutela específica ou a obtenção do resultado prático correspondente; § 2º. A indenização por perdas e danos dar-se-á sem prejuízo da multa". "Art. 287; § 4º: O juiz poderá, na hipótese do parágrafo anterior ou na sentença, impor multa diária ao réu, independentemente de pedido do autor, se for suficiente ou compatível com a obrigação, fixando-lhe prazo razoável para o cumprimento do preceito"; e "§ 5º: Para efetivação da tutela específica ou a obtenção do resultado prático equivalente, poderá o juiz, de ofício ou a requerimento, determinar as medidas necessárias, tais como a imposição de multa por tempo de atraso, busca e apreensão, remoção de pessoas e coisas, desfazimento de obras e impedimento de atividade nociva, se necessário com requisição de força policial".

[385] "Art. 475-J: Caso o devedor, condenado ao pagamento de quantia certa ou já fixada em liquidação, não o efetue no prazo de quinze dias, o montante da condenação será acrescido de multe no percentual de dez por cento e, a requerimento do credor e observado o disposto no art. 614, II, desta lei, expedir-se-á mandado de penhora e avaliação".

[386] "Art. 601: Nos casos previstos no artigo anterior, o devedor incidirá em multa fixada pelo juiz, em montante não superior a vinte por cento do valor atualizado do débito em execução, sem prejuízo de outras sanções de natureza processual ou material, multa essa que reverterá em proveito do credor, exigível na própria execução".

[387] "Art. 84: Na ação que tenha por objeto o cumprimento da obrigação de fazer ou não fazer, o juiz concederá a tutela específica da obrigação ou determinará providências que assegurem o resultado prático equivalente ao do adimplemento. § 1º A conversão da obrigação em perdas e danos somente será admissível se por elas optar o autor ou se impossível a tutela específica ou a obtenção do resultado prático correspondente. § 2º A indenização por perdas e danos se fará sem prejuízo da multa (art. 287, do Código de Processo Civil). § 3º Sendo relevante o fundamento da demanda e havendo justificado receio de ineficácia do provimento final, é lícito ao juiz conceder a tutela liminarmente ou após justificação prévia, citado o réu. § 4º O juiz poderá, na hipótese do § 3º ou na sentença, impor multa diária ao réu, independentemente de pedido do autor, se for suficiente ou compatível com a obrigação, fixando prazo razoável para o cumprimento do preceito. § 5º Para a tutela específica ou para a obtenção do resultado prático equivalente, poderá o juiz determinar as medidas necessárias, tais como busca e apreensão, remoção de coisas e pessoas, desfazimento de obra, impedimento de atividade nociva, além de requisição de força policial."

[388] "Art. 179: Fraudar execução, alienando, desviando, destruindo ou danificando bens, ou simulando dívidas: Pena – detenção, de seis meses a dois anos, ou multa. Parágrafo único – Somente se procede mediante queixa."

"Art. 330: Desobedecer a ordem legal de funcionário público: Pena – detenção, de quinze dias a seis meses, e multa."

[389] Em recente reportagem da *VEJA*, São Paulo, a. 41, n. 49, ed. 2090, p. 82, 10 abr. 2008, mostrou como o Judiciário norte-americano condena quem comete perjúrio perante si: "A cena aconteceu na segunda-feira passada e foi o ponto final no escândalo que paralisou a política de Detroit, uma das grandes metrópoles dos Estados Unidos. Christine Beatty era a poderosa chefe-de-gabinete do prefeito da cidade, o democrata Kwame Kilpatrick, conhecido por seu estilo hip hop. Kilpatrick, de 1,95 metro de altura, vestia roupas flamejantes, usava brinco de diamante na orelha e circulava pela cidade a bordo de um Lincoln

9. Andréa Nárriman Cezne[390] aponta que uma das soluções é a ampliação dos juizados especiais ao dizer:

As críticas a atual estrutura processual demonstram a necessidade premente de se abrirem cada vez mais espaços para a utilização de mecanismos de aceleração do processo, em todos os seus níveis, sem perder de vista a questão do devido processo legal, e da relativa segurança jurídica que o processo busca em seu final. Entre as técnicas de acesso à justiça e maior efetivação processual, a partir das décadas de 80 e 90 emergiu no Brasil o modelo dos juizados de pequenas causas, posteriormente constitucionalmente consagrados, e hoje consolidados nos Juizados Especiais Comuns e Federais. Nesse âmbito, deve-se destacar as possibilidades de acesso e tutela efetiva que se consolidam através de sua institucionalização.

Com certeza a criação e ampliação dos Juizados Especiais Comuns e Federais foi uma conquista da cidadania e devem ser incentivados para que as lides mais complexas sejam julgadas nas instâncias comuns, ficando aquelas menos complicadas nas vias dos juizados. Contudo, estes devem estar aptos a efetivamente ser um braço forte do Poder Judiciário, com juízes leigos competentes, tendo passado, pelo menos, por um critério rigoroso de seleção, e que efetivamente acreditem neste tipo de solução, não estando ali somente para o preenchimento do que acreditam ser apenas um *status*.

10. Em 1994 iniciaram as mudanças processuais a fim de que o processo civil começasse a se tornar mais efetivo, sendo que duas importantes mudanças vieram com as possibilidades de antecipação dos efeitos da sentença no artigo 273 que dispõe: "O juiz poderá, a requerimento da parte, antecipar, total ou parcialmente, os efeitos da tutela pretendida no pedido inicial, desde que, existindo prova inequívoca, se convença da verossimilhança da alegação e": I: "haja fundado receio de dano irreparável ou de difícil reparação; ou" II: "fique caracterizado o abuso de direito de defesa ou o manifesto propósito protelatório do réu", e na possibilidade de concessão de tutela específica pelo juiz nos casos de obrigação de fazer no artigo 461 ao positivar: "Na ação que tenha por objeto o cumprimento da obrigação de fazer ou não fazer, o juiz concederá a tutela específica da obrigação ou, se procedente o pedido, determinará providências que assegurem o resultado prático e equivalente ao do adimplemento".

A antecipação de tutela é uma técnica processual[391] que não garante um tempo razoável do processo, mas pode garantir que o direito da parte não

---

vermelho e cercado por 21 seguranças. Há três meses, ele fez um acordo na Justiça. Reconheceu que mentira sob juramento ao negar seu romance extraconjugal com Christine Beatty, o que levou a forçar a demissão de dois policiais que haviam flagrado o caso. Pelo acordo, Kilpatrick passará quatro meses em cana e pagará à prefeitura indenização de 1 milhão de dólares. Perdeu a pensão de prefeito, ficará 5 anos com os direitos políticos suspensos e não poderá voltar a advogar. Neste momento, ele vive numa cela de 14 metros quadrados, com uma hora de sol por dia. Será solto em 28 de fevereiro. Na semana passada, foi a vez de Christine Beatty confessar que mentira sob juramento. Vai passar quatro meses na cadeia, cinco anos sob liberdade vigiada e pagará multa de 100.000 dólares. Cumprirá pena na mesma prisão do ex-amante".

[390] CEZNE, Andrea Nárriman. Celeridade, prazo razoável e efetivação do direito à tutela jurisdicional: o caso dos juizados especiais federais. *Direito e Democracia* – Revista de Ciências Jurídicas, Canoas: Ulbra, v. 7, p. 455, 2006.

[391] POZZA, Pedro Luiz. O processo civil como fenômeno cultural na perspectiva do formalismo-valorativo. *Revista da AJURIS* – Associação dos Juízes do Rio Grande do Sul, Porto Alegre: AJURIS, a. XXXV

pereça pela intempestividade na prestação jurisdicional, sendo, pois, uma forte arma contra o perecimento do direito, refletindo assim, indiretamente, no fator temporal do processo, pois antecipa os efeitos da sentença que poderia vir muito a posterior. Aliás, quando uma tutela antecipada é concedida ao autor, por exemplo, este tende a inverter aquilo que seria uma das formas de comportamento processual do réu devedor, e acaba por relaxar no concernente a tomar as providências necessárias para finalizar o litígio. Por esta razão, a tutela antecipada pode nem sempre ser fator positivo ao combate a tempestividade processual, trabalhando mais em sua efetividade, razão pela qual o combate através do instituto deve ser visto com cautela, embora não deixe de influenciar no tempo, em alguns casos.

11. José Roberto Bedaque dos Santos[392] aponta como norte para a solução da intempestividade processual e da efetividade a busca pela tutela preventiva ao assegurar:

> Uma das alternativas mais sedutoras, que vem angariando a simpatia da doutrina, é a já sugerida tutela preventiva, ou seja, medidas judiciais destinadas a evitar a concretização do dano ao direito. Não mais satisfazem as soluções tradicionais, voltadas principalmente para a tentativa de reparar a lesão já verificada. É preciso evitar meios de prevenir sua ocorrência.

12. Fabiana Marion Spengler[393] trabalha a ideia da mediação[394] em sua obra, ao dizer:

> A mediação, como espaço de reencontro, utiliza a arte do compartir para tratar de conflitos e oferecer proposta inovadora de pensar o lugar do Direito na cultura complexa, multifacetada e emergente do terceiro milênio. Essa proposta diferenciada de tratamento dos conflitos emerge como estratégia à jurisdição tradicional, propondo uma sistemática processual que façam novas e mais abordagens numa realidade temporal inovadora e mais democrática.

---

n. 110, p. 353, jun. 2008, aponta para a técnica processual: "Surge aí a técnica processual, com a tarefa primordial de concretizar as finalidades a que se destinou o instrumento processual. Compete à técnica formar a síntese entre o sistema e a forma. Impõe ressaltar que a técnica não pode ser confundida com o direito, muito menos com os valores que o informam, na medida em que este é a positivação do poder, ao passo que aquela constitui um mecanismo para executar os imperativos normativos do direito.

Desta forma, tais técnicas processuais objetivam atalhar os caminhos do procedimento ordinário, a fim de obter a tempestividade da tutela, e, com isso, permitir uma atuação judicial mais efetiva, já que atentem à realidade de maneira mais célere. É dizer: colocar a técnica de modo a concretizar o direito material, com a máxima cooperação das partes, bem como do próprio juiz, de forma que a regulação contenha apenas o indispensável para uma condução do feito.

Nascem, assim, as tutelas diferenciadas, com resultado da ineficácia das tutelas tradicionais em unir a efetividade com a celeridade sem violar princípios constitucionais conformadores do processo. A visão externa deste cede espaço para uma visão de um mecanismo interno, no sentido de integrar os direitos material e processual e, com isso, prestar uma tutela mais efetiva e justa".

[392] BEDAQUE, José Roberto dos Santos. *Tutela cautelar e tutela antecipada*: tutelas sumárias e de urgência (tentativa de sistematização). 4. ed. São Paulo: Malheiros, 2006. p. 19.

[393] SPENGLER, Fabiana Marion. *Op. cit.*, p. 75.

[394] CALMON, Petrônio. *Fundamentos da mediação e da conciliação*. 7. ed. Rio de Janeiro: Forense, 2007. p. 119, define mediação: "À inclusão informal ou formal de terceiro imparcial na negociação ou na disputa dá-se o nome de mediação, que é, pois, um mecanismo para a obtenção da autocomposição caracterizado pela participação de terceiro imparcial que auxilia, facilita e incentiva os envolvidos. Em outras palavras, mediação é a intervenção de um terceiro imparcial e neutro, sem qualquer poder de decisão, para ajudar os envolvidos em um outro conflito a alcançar voluntariamente uma solução mutuamente aceitável. A mediação se faz mediante um procedimento voluntário e confidencial, estabelecido em método próprio, informal, porém coordenado".

Em que pese a autora trabalhar a ideia de mediação, não como uma alternativa para que o tempo do processo, ou o "tempo da jurisdição" como mesmo menciona em sua obra, diminua, mas, uma ideia de alternatividade de justiça que deve coexistir a própria jurisdição, embora com total autonomia uma da outra, a mediação tende a dar o entendimento, igualmente ao que ocorre com a arbitragem, de que, por via alternativa, a justiça for realizada, um processo a menos ingressará no Judiciário, contribuindo, assim, para a tempestividade processual.

Não se pode deixar de lado, também, a arbitragem,[395] como forma de, alternativamente, a jurisdição ser prestada sem a intervenção do Poder Judiciário. Uma das formas de se combater a intempestividade processual é incentivando as partes a buscar, nos casos já determinados legalmente pela Lei 9.307/96, a solução de um eventual conflito através do compromisso de arbitragem.

13. Outro modo de combate apontado por Fabiana Marion Spengler[396] que respinga na atividade jurisdicional, combatendo, assim, a intempestividade processual, seria uma nova forma de democracia, baseada mais na participação popular. Diante disto, conclui a autora:

> O resultado apontaria para um processo democrático de tratamento de conflitos com base no consenso no qual a democracia como acontecer cotidiano é um compromisso daqueles que dele participam. Desse modo, a democracia implica uma temporalidade social compromissada com a vida e suas incertezas e não apenas à subjetividade instituída por um modelo de racionalidade tecnocrática que se vincula a um tempo disforme, no qual a continuidade delineia a possibilidade da incompletude, da contradição e da diferença que se pode vislumbrar na vida e nos conflitos humanos. Mas, antes de abordar as possibilidades democráticas de tratamento de conflitos em um tempo mais democrático, é preciso discuti-los abordando seus aspectos sociológicos na atual complexidade social.

Pela lógica apresentada pela autora, realmente, caso o povo, titular absoluto do poder, opinasse nas questões relacionadas à gestão pública, certamente, o consenso seria mais direto que se realizado pelos seus representantes. Contudo, deixa de mencionar, por exemplo, como seria esta consulta, via referendo ou plebiscito, ou criar-se-ia outra forma de pesquisa. E mais, tem o povo, apesar de sua inegável titularidade, consciência do que é melhor sobre regras processuais civis? Ou sobre regras processuais penais? Até que alcance poderia o povo ser consultado? Questões envolvendo a pena de morte? A prisão perpétua? Os trabalhos forçados?

Questionam-se tais elementos, pois se sabe como o povo pensa a respeito de questões envolvendo a segurança pública. O povo, enfurecido, por certo crime hediondo,[397] perto de uma votação para aumento de pena, é pre-

---

[395] DIDIER JÚNIOR, Fredie. *Op. cit.*, p. 70, assim conceitua a arbitragem: "É técnica de solução de conflitos mediante o qual os conflitantes buscam uma terceira pessoa, de sua confiança, a solução amigável e 'imparcial' (porque não feita pelas partes diretamente) do litígio. É, portanto, heterocomposição".

[396] SPENGLER, Fabiana Marion. *Op. cit.*, p. 85.

[397] MARMELSTEIN, George. *Curso de direitos fundamentais*. São Paulo: Atlas, 2008. p. 85, traz parte deste pensamento quando aduz que o crime hediondo comove a sociedade que, através de seus representantes, tentam a elaboração de lei para implementação da pena de morte, ao dizer: "Apesar de não ser da nossa

sumível que votará a favor da mesma, qualquer que seja o aumento. É para isso que se elegem os representantes do povo para que, ponderando sobre valores, cheguem a uma conclusão racional sobre determinada conduta e elaborem a respectiva legislação que passará por votação em duas casas no Congresso Nacional e pela sanção presidencial.

Do modo como apenas coloca em sua obra, a autora perde para argumentos desse viés, razão pela qual deveria ir além e ditar quais regras entende necessárias para o progresso de sua tese, não podendo ser descartada de início, sendo sim um modo de combate à tempestividade processual essa democracia mais participativa do povo.

14. Também existem outras formas pensadas que não podem ser sequer cogitadas de aceitação, por configurarem uma falta de segurança ao jurisdicionado. Uma delas é apontada por Azevedo Hamilton Cartaxo e Luana Pedrosa de Figueiredo Cruz[398] ao defenderem, como forma de dar maior tempestividade ao processo, a dispensa do relatório na sentença, ao afirmarem:

> Em que pese a literalidade do referido artigo do CPC, acreditamos que o relatório, ontologicamente, e ao contrário da fundamentação e do dispositivo, não é mais parte essencial da sentença e pode ser dispensado, com base no direito conferido a todos de acesso aos meios que garantam a célere tramitação processual, desde que isso não cause prejuízos às partes. Fundamentação e *decisium*, sem a menor sombra de dúvida, não podem faltar à sentença. A ausência de qualquer deles desfiguraria seu conteúdo. Além disso, a fundamentação garante a parte contra a parcialidade do juiz e possibilita-lhe, em face do conhecimento das razões de decidir, insurgir-se e manejar eventual recurso.

A tese apresentada pelos autores acaba sendo até mesmo por eles contestada no próprio artigo, ao garantirem:

> Registre-se, ainda, que não vislumbramos no relatório uma inutilidade. Diferente disso, o enxergamos como parte útil da sentença, que permite uma mais fácil compreensão (já que reduz a necessidade de consulta aos autos) do processo lógico que conduziu a decisão. Todavia, em decorrência da novel disciplina constitucional do processo, que privilegia a eficiência/celeridade da atividade jurisdicional, pretere-se a comodidade do leitor da sentença privando-o de um relatório (repita-se, se isso não causar prejuízo às partes), para que um número maior de jurisdicionados receba sentenças rápidas e não veja seus direitos materiais sacrificados pela demora na apreciação de seus processos. Privilegia-se, portanto, o interesse coletivo em detrimento do individual, conduta que, aliás, sempre deve pautar a atuação do Estado.

---

tradição, é comum, em momentos de comoção social ocasionada pela prática de crimes bárbaros que chocam a sociedade, que um ou outro político levante a bandeira da pena de morte para crimes hediondos. Mas a discussão é muito mais retórica do que propriamente jurídica, já que a proibição da pena de morte é considerada como cláusula pétrea e, portanto, não pode ser adotada nem mesmo através de emenda à Constituição [...].". Contudo, o sugerido pela autora traz que a titularidade para a implantação da nova ordem legal seria o próprio povo, diretamente, sem a necessidade de seus representantes eleitos.

[398] CARTAXO, Azevedo Hamilton; FIGUEIREDO CRUZ, Luana Pedrosa de. A efetividade da prestação jurisdicional e a possibilidade de dispensa do relatório da sentença em face do inciso LXXVIII do art. 5 da Constituição Federal. *Revista Jurídica*: órgão nacional de doutrina, jurisprudência, legislação e crítica judiciária, Sapucaia do Sul: Notadez, a. 56, n. 366, p. 34-35, abr. 2008.

15. Elaine Harzheim Macedo e Marco Félix Jobim[399] alertam para a importância das ações coletivas como meio adequado à efetividade da tutela jurisdicional e à tempestividade o fortalecimento das ações coletivas, ao afirmarem:

> Trata-se de meio hábil a atender tanto a efetividade processual, em especial no que diz com a força de seus comandos sentenciais, como a tempestividade processual, pela concentração em um único ou poucos processos, em flagrante economia de atos, custos e tempo que seriam demandados caso os titulares dos direitos em jogo fossem obrigados a individualmente buscar a prestação jurisdicional.

As ações coletivas têm uma força incrível quando analisadas sob o ponto de vista da tempestividade. Além disso, o acesso ao Judiciário através delas é espetacular, pois alcança o processo a uma gama de jurisdicionados que nunca teriam condições de acessá-lo, aqui residindo a verdadeira justiça que este tipo de ação confere.

16. Outra forma de combate que pode vir a dar resultados é apontada por Fritz Baur[400] ao dizer:

> Cada vez mais se difunde a noção de que só um procedimento célere preenche a finalidade do processo. Esse fim pode ser alcançado por meio de uma audiência de debate oral e tomada de provas, preparada sob a direção do tribunal. Assim, se realizam os princípios processuais da oralidade e da imediatidade, o que constitui pressuposto de uma apuração da matéria de fato que corresponde à realidade.

17. Em uma solução inovatória, Rodrigo Mazzei[401] aborda a política do *Just in time* para que seja integrada ao Poder Judiciário, tendo em vista os frutos que esta filosofia alcança à atividade empresarial, afirmando:

> De forma bem curiosa, é possível se notar semelhanças nas diretrizes constitucionais que abordamos com a filosofia do *Just in time* (JIT) que, com muito sucesso, vem sendo utilizada na atividade empresarial.
>
> Em síntese, o sistema JIT tem origem no Japão nos meados da década de 70, a partir de experiências ocorridas na empresa Toyota. Em suma, esta sistemática gera grandes modificações no trabalho e na produção, com o aprofundamento da racionalização tradicional. Sua meta, através da análise dos procedimentos em toda a escala de produção, visa a eliminar o "tempo improdutivo".
>
> O fator tempo dá origem às medidas a serem adotadas, em que a produção deve ser sequenciada e linear, em todas as partes da cadeia, inclusive na formação de estoque de matéria-prima.
>
> A circulação rápida entre o início e o fim da produção permite obter tal dispositivo resultado. Daí por que com o JIT é possível, numa linha de produção, dispor da peça necessária, na quantidade ideal e no momento capital, pois, para "lucrar", é mister que todos os procedimentos sejam

---

[399] MACEDO, Elaine Harzheim; JOBIM, Marco Félix. Ações coletivas X ações individuais: uma questão de efetividade e tempestividade processual conforme a Constituição. *Revista da Ajuris* – Associação dos Juízes do Rio Grande do Sul, Porto Alegre: AJURIS, a. 35, n. 112, p. 84, dez. 2008.

[400] BAUR, Fritz. Transformações do processo civil em nosso tempo. Tradução José Carlos Barbosa. *RBD-Pro*, Belo Horizonte: Fórum, a. 15, n. 59, p. 116, jul./set. 2007.

[401] MAZZEI, Rodrigo. Aspectos panorâmicos do "tempo" na "realização do direito". In: FREIRE E SILVA, Bruno; MAZZEI, Rodrigo (Coord.). *Op. cit.*, p. 523-524.

compassados, eliminando os nocivos custos que as paralisações e a demora (injustificada) causam.

Rodrigo Mazzei faz a comparação com o modelo JIT e as recentes reformas no Poder Judiciário com as normas inseridas no artigo 93 da Constituição Federal em relação à atividade do magistrado, dos servidores, da vedação das férias forenses e da distribuição dos processos, que estão relacionados na alínea "e"[402] do inciso II, e nos incisos VII,[403] XII,[404] XIII,[405] XIV[406] e XV[407] do mesmo artigo.

18. Em apertada síntese sobre as causas e uma das soluções apontadas para combater a intempestividade processual, José Renato Nalini[408] articula:

Sintetize-se a situação judiciária brasileira: milhões de processos, quatro instâncias, multiplicidade de recursos, decisões prioritariamente processuais – não chegam a adentrar no mérito – cultura conservadora. A sociedade brasileira encontrou o acesso à Justiça com certa facilidade. Agora custa a encontrar a saída da Justiça. Uma das maneiras pelas quais procura desvencilhar-se do cipoal burocrático e do espinheiro recursal é invocar o direito a uma duração razoável do processo.

Por certo que a síntese realizada pelo constitucionalista da Universidade de São Paulo, não é taxativa, assim como várias já foram enumeradas, mas a novidade se encontra justamente na afirmação final de seu pensamento que nada mais é do que a invocação do novo princípio da duração razoável do processo. Invocar o referido princípio é dizer que, caso não cumprido, deve gerar consequências, sendo a primeira delas o dever do Estado responsabilizar o jurisdicionado pela intempestividade processual.

19. Rever parte dar regras da ação monitória é uma das soluções apresentada por Mouta Araújo[409] ao afirmar:

Assim, no que respeita à ação monitória, entende-se que o legislador poderia ter ido além, de forma a implementar maior celeridade e agilidade no andamento do processo, por meio das seguintes condutas: a) poderia ter possibilitado expressamente a antecipação de tutela, o que entendo cabível mesmo em face da omissão legal, desde que presentes os requisitos do art. 273 do CPC; b) o oferecimento dos embargos apenas após a garantia do juízo, como ocorre nos embargos do devedor; c) a superação da discussão acerca dos efeitos da apelação em embargos monitórios, consagrando expressamente apenas o efeito devolutivo, inclusive incluindo essa hipótese no rol do art. 520 do CPC; d) a possibilidade de imposição de multa em caso de embargos monitórios protelatórios.

---

[402] "Não será promovido o juiz que, injustificadamente, retiver os autos em seu poder além do prazo legal, não podendo devolvê-los ao cartório sem o devido despacho ou decisão".

[403] "O juiz titular residirá na respectiva comarca, salvo autorização do tribunal".

[404] "A atividade jurisdicional será ininterrupta, sendo vedado férias coletivas nos juízos e tribunais de segundo grau, funcionando, nos dias em que não houver expediente forense normal, juízes em plantão permanente".

[405] "O número de juízes na unidade jurisdicional será proporcional à efetiva demanda judicial e à respectiva população".

[406] "Os servidores receberão delegação para a prática de atos da administração e atos de mero expediente sem caráter decisório".

[407] "A distribuição de processos será imediata, em todos os graus de jurisdição".

[408] NALINI, José Renato. *Op. cit.*, p. 195.

[409] ARAÚJO, José Henrique Mouta. *Op. cit.*, p. 156.

Contudo, apenas repensar um único procedimento não trará frutos ao combate da intempestividade do Poder Judiciário, mas apenas se concentrará no combate à intempestividade da ação monitória.

Foram apresentadas algumas soluções encontradas sobre os modos de combate[410] à intempestividade processual, sendo que aquela que mais interessa a este estudo, qual seja, a de responsabilizar o Estado pela intempestividade processual, tem capítulo próprio, o que será visto oportunamente. E é por essa gama de ideias que existem para combater a intempestiva tutela jurisdicional que não se pode concordar integralmente com Cândido Rangel Dinamarco[411] ao dizer que "de todos os nossos inimigos o que mais assombra é o tempo [...]" para depois afirmar que este inimigo "[...] até agora não aprendemos como combater". Ora, sabe-se, pelo menos em parte, como combater o problema da intempestividade do Poder Judiciário, mas o grande questionamento é se realmente se quer realizar esse combate colocando em prática aquilo que já se propôs[412] de bom para o processo acabe encontrando a sua tempestividade.

3.5. A não fixação de limite temporal à concretização do processo

Uma questão que levanta sérias controvérsias na doutrina contemporânea é a possibilidade ou não de se fixar um prazo para que o processo tenha

---

[410] BERMUDES, Sérgio. *Direito processual civil*: estudos e pareceres: 3ª serie. São Paulo: Saraiva, 2002. p. 184. Para que não passe em branco a lição de BERMUDES sobre a crise no judiciário, em relação à parte onde salienta como ela pode ser combatida, é de ser lembrada: "A solução dessa crise torna impositiva a modificação do processo judicial, que é o meio pelo qual se administra a justiça. O processo tradicional faliu. A legislação deve reformulá-lo, de modo a fazê-lo célere e econômico, sem impedir, contudo, que nele se identifique, corretamente, o direito comprometido, para lhe conferir o devido amparo. Paralelamente ao aperfeiçoamento do processo judicial, devem-se oferecer alternativas para as partes desavindas, como: a conciliação, conduzida não por juízes, mas por pessoas idôneas, que atuem sob a supervisão dos órgãos judiciais; a mediação, que vai se institucionalizando nos países de primeiro mundo, onde se obtém a interferência de terceiro qualificado que estimula os litigantes ao acordo; o juízo arbitral, que entrega o caso à decisão de pessoas especializadas na matéria controvertida, mas que não funciona, no Brasil, pelo anacronismo da legislação que o regula; a dinamização do contencioso administrativo, no qual a administração, através de órgãos confiáveis e específicos, se torna juíza de seus próprios atos. Essas alternativas convêm aos jurisdicionados porque lhes tutelam as pretensões sem as delongas do processo e, simultaneamente, aliviam o Poder Judiciário de uma carga considerável de causas, que lhe agravam a responsabilidade".

[411] DINAMARCO, Cândido Rangel. *Nova era do processo civil. Op. cit.*, p. 12.

[412] Parece que o próprio DINAMARCO se contradiz ao, no mesmo artigo, ter afirmado que não se sabe como combater a intempestividade do processo para, após, ao emanar seu pensamento sobre as mudanças, dizer: "É natural e sadia a resistência às propostas inovadoras, especialmente quando se pensa em inovar substancialmente na ordem jurídica e no modo-de-ser das coisas da Justiça. O direito positivado e praticado pelos tribunais, que vem sempre a reboque das mudanças sociais, políticas e econômicas, ou das diferentes exigências surgidas em consequência dessas mudanças, não deve ser submetido ao açodamento de transformações que logo depois podem revelar-se inconvenientes. Nem seria sensato ou prudente lançar-se o legislador ou o juiz por novos caminhos sugeridos por propostas aparentemente luminosas e salvadoras, entes de uma maturação que, sem o decorrer do tempo, é impossível, e antes de se formar uma segura consciência da conveniência de mudar. Como é de geral sabença, as grandes estruturas movimentam-se lentamente, e convém que assim seja, porque os movimentos bruscos podem ser causa de rupturas ou fissuras em estruturas de grande porte, como é a ordem jurídica e como é a máquina judiciária". *Ibidem*, p. 16.

término. A ideia é interessante, mas faltam estudos sobre o tema levantado. É muito importante diferenciar que o processo ter uma duração razoável não significa dizer que ele deve ter um prazo fixo para sua concretização.

A ideia central gira com a expectativa de que se o processo tiver um prazo prefixado, qualquer dia excedente a este configura desídia do Estado que não prestou a jurisdição no tempo já predeterminado, pelo seu Poder Judiciário. Diante disso, inegável que, a partir do momento já calculado para o termo final do processo, resta o dever do Estado de indenizar os litigantes de alguma forma. Isso levaria, consequentemente, a parte que pouco se importa com o andamento do processo, travá-lo, a fim de que, decorrido o prazo fixado, tenha ele o direito de se ver indenizado.

Sobre o cálculo do tempo do processo, Luiz Guilherme Marinoni[413] tem uma passagem interessante que merece atenção:

> O Estado tem o dever, como poder voltado a dar tutela aos direitos, de prestar a tutela jurisdicional em prazo razoável. Nesta perspectiva importa, antes de tudo, que a jurisdição exerça o seu poder através de um processo com "duração razoável". Duração razoável, como o próprio nome indica, nada tem a ver com duração limitada a um prazo certo ou determinado. Se essa confusão fosse possível, não se trataria de "duração razoável", mas de duração legal, ou do simples dever de o juiz respeitar o prazo fixado pelo legislador para a duração do processo. O direito à duração razoável faz surgir ao juiz o dever de, respeitando os direitos de participação adequada do autor e do réu, dar máxima celeridade ao processo, assim como não praticar atos dilatórios injustificados, sejam eles omissivos ou expressos.

Realmente o novo princípio constitucional não está falando em um "prazo legal" como denominou o processualista curitibano, ou um "prazo pré-concebido" do termo do processo, mas tão só de que ao ingressar no judiciário, tem a parte, autor ou réu, o direito a um prazo razoável para a finalização de seu processo.

Limitar o transcurso de tempo de um processo pode fazer com que ele tenha, inevitavelmente, de se sobrepor a algumas garantias processuais constitucionais, podendo causar imensos prejuízos a quaisquer das partes. Imagine-se limitar o tempo do processo num prazo de 5 anos, por exemplo. Dois problemas saltam à vista neste caso. O primeiro que se pode conceber é de que, perto de completar seu quinquídio, o juiz iniciar uma série de atos para que o processo tenha finalização, passando por cima de princípios como do contraditório e da ampla defesa, trazendo insegurança jurídica às partes. De outra forma, também se pode imaginar um processo em que a instrução se deu de uma forma célere e que está para ser efetivado em 2 anos. Pode o juiz, ao cabo disso, acabar por dar maior prioridade a aqueles processos mais atrasados, uma vez que ainda restariam 3 anos para o processo ser considerado intempestivo.

Aliás, 5 anos é o prazo que, empiricamente, uma vez que não há estudos para tanto, Paulo Hoffman[414] arrisca dizer para medir o prazo médio de duração de um processo no Brasil:

---

[413] MARINONI, Luiz Guilherme. *Abuso de defesa e parte incontroversa da demanda. Op. cit.*, p. 28.
[414] HOFFMAN, Paulo. *Op. cit.*, p. 90-91.

Todavia, de forma empírica e como panorama genérico, utilizando-se de nossa experiência profissional, arriscaríamos dizer que a duração média de um processo no Brasil é de cinco anos, considerando-se que o caso seja tratado na 1ª instância, grau de apelo e cortes constitucionais. Na verdade, apesar de ser este prazo um tempo extremamente longo, a cultura jurídica, os profissionais do direito e os próprios jurisdicionados se habituaram e se conformaram com essa duração e até entendem como bastante razoável quando ocorre a finalização da demanda nesse período, considerando a existência de casos bem piores.

Então o autor ao admitir no início de seu pensamento que "de forma empírica" acabou por pensar no tempo de duração do processo como 5 anos, já retira a cientificidade da tese levantada, levando um fato tão importante para a seara da subjetividade de sua prática profissional, de seu dia a dia.

Mas admitindo, para fins de crítica, a tese levantada por Paulo Hoffman, que, ressalte-se mais uma vez, de forma empírica, aduz que o processo deve ter um tempo de vida limitado de 5 anos, discorre ele que 2 anos seria o tempo permitido de vida útil do processo na primeira instância, mais 1,5 ano o tempo para julgamento de eventual recurso nos Tribunais Regionais e, mais 1,5 ano para julgar recursos em sede de Tribunais Superiores. Após este interregno temporal, que somados alcançam 5 anos e, não efetivado o processo, teria que ser ele colocado num regime emergencial, inclusive com anotação deste regime de urgência no rosto dos autos.

Mesmo que interessante a tese e o tempo levantados pelo autor, muito pouco se tira do prazo proposto. Isto, pois, numa análise de um processo de cognição plena, em primeiro grau, se todos os meios de prova forem admitidos, 2 anos é um prazo muito perto daquele previsto de 1,5 anos para apenas o julgamento do apelo ou de 1,5 ano para o julgamento dos recursos nos Tribunais superiores.

Não se está defendendo que o prazo de dois anos para a finalização de um processo em sede de 1º grau seja pouco, mas sim que, perto das diligências a serem feitas para o julgamento da causa pelo juízo monocrático e aquelas feitas nos Tribunais, resta um descompasso abissal.

Também na esteira de se fixar um prazo para término do processo, Dimas Ferreira Lopes[415] diz que "propõe este trabalho releitura do Instituto, com proposta de definição legal do prazo de 18 meses para a solução de demandas judiciais [...]" e para embasar sua tese deste exíguo tempo proposto discorre que "[...] deve o tempo dos atos do processo ser condizente com a vida útil do homem".

Infelizmente, a tese apontada por Dimas Ferreira Lopes também carece de cientificidade. Não há como se fazer uma ilação entre o tempo de vida da pessoa humana e o tempo do processo, além de faltarem estudos para tanto. A preocupação do autor é válida, mas sua forma de calcular o tempo do processo em nada auxilia a doutrina processual.

Aliás, como bem se sabe, há uma discrepância dentro do Brasil sobre a expectativa de vida do cidadão nas diversas regiões do País. Apenas para

---

[415] LOPES, Dimas Ferreira. *Op. cit.*, p. 294.

se ter ideia, no Rio Grande do Sul, a expectativa de vida pode chegar aos 75 anos e, dependendo da cidade onde se vive, pode-se ir além, quando, por exemplo, no Estado de Pernambuco, a expectativa de vida é de 63,7 anos e, dependendo também da cidade onde se vive, pode ser menor ainda, segundo dados do IBGE – Instituto Brasileiro de Geografia e Estatística.[416] A ideia de Dimas Ferreira Lopes, para trazer à baila o princípio da igualdade, teria que se fixar um prazo para cada canto do País, baseado na expectativa de vida do cidadão naquela região, sob pena de tratarem-se desigualmente os desiguais, o que, por si só, já derruba a tese levantada.

Daniel Francisco Mitidieiro[417] não chega a afirmar o início ou término do tempo do processo, mas relembrando lição de Giuseppe Tarzia aponta "[...] que a duração razoável do processo deve ser aquilatada à luz da complexidade da causa, do comportamento do autor durante o procedimento e do comportamento das autoridades judiciária, administrativa e legislativa", relembrando parte dos julgamentos na *Corti di Strasburgo*, onde, numa conta quase matemática, se consegue, pegando-se os parâmetros de complexidade da causa, o comportamento das partes e autoridades envolvidas, se chegar a um tempo processual estimado.

Francisco Rosito[418] adverte:

> Resta a seguinte advertência final: à luz do princípio da duração razoável, sob o adequado perfil axiológico, o processo deve demorar exatamente o tempo necessário para atender a sua finalidade de resolver o conflito com justiça, outorgando-se o direito material a quem efetivamente o tem, sem deixar de respeitar o contraditório, a ampla defesa, a igualdade entre as partes e o dever de adequada fundamentação, sob pena de violarmos garantias transcendentais do nosso sistema.

Pois bem, aponta Francisco Rosito que o processo deve durar exatamente o tempo necessário para a outorga do direito material a quem o detém, ou seja, canalizando o tempo de espera do jurisdicionado até a efetividade da sentença, ou seja, concluindo-se que até esse momento o direito fundamental à duração razoável do processo deve irradiar seus efeitos.

Para refutar a tese do prazo fixo, André Nicolitt[419] aponta que, num primeiro momento, tal tese seria fascinante para, após, concluir:

> Por derradeiro, falar em fixação do prazo dá margem a entendimentos inadmissíveis de que o conceito fundamental previsto na Constituição e nos documentos internacionais não seria auto--aplicável e deveria ficar ao agrado da boa vontade do legislador, sendo certo que se trata de norma com aplicação imediata que deve ser efetivada pelo Judiciário.

Realmente, a tese apontada por André Nicolitt traz força ao vincular o princípio da duração razoável do processo com sua autoaplicabilidade. Con-

---

[416] Para melhor pesquisar recomenda-se a busca no site IBGE.GOV.BR. Disponível em: <http://www.ibge.gov.br>.

[417] MITIDIEIRO, Daniel. *Elementos para uma teoria contemporânea do processo civil brasileiro*. Porto Alegre: Livraria do Advogado, 2005. p. 64.

[418] ROSITO, Francisco. O princípio da duração razoável do processo sob a perspectiva axiológica, *Revista de Processo*, São Paulo, n. 161, p. 36, jul 2008.

[419] NICOLITT, André Luiz. *Op. cit.*, p. 31.

tudo, deve, conforme se verá num momento posterior, o Poder Legislativo realizar uma norma infraconstitucional para trazer luzes ao princípio, numa lei que remodele o tempo do processo sob severas consequências.

A jurisprudência da corte europeia por duração exagerada de certos processos não estabelece tempo mínimo ou máximo para os mesmos e isto, para Paulo Hoffman,[420] é um acerto, pois pode haver um processo de 5 anos totalmente justo e correto na decisão e um processo de 2 anos excessivamente longo.

> Um processo adequado e justo deve demorar exatamente o tempo necessário para a sua finalização, respeitados o contraditório, a paridade entre as partes, o amplo direito de defesa, o tempo de maturação e compreensão do juiz, a realização de provas úteis e eventuais imprevistos, fato comum a toda a atividade; qualquer processo que ultrapasse um dia dessa duração já terá sido moroso.

Caso se quisesse realizar um estudo baseado unicamente na lei positivada, bastaria, para se chegar a um prazo fixo do processo, a contagem dos prazos estabelecidos no Código de Processo Civil, por exemplo, em demandas regidas pela sua processualística. Assim, tomar-se-ia o dia da distribuição do processo, somando-se ao prazo para que o escrivão faça sua primeira conclusão, somando-se ao prazo que tem o juiz o tempo para despachar ou decidir e assim por diante para se chegar a um número exato de dias para a finalização do processo. Araken de Assis[421] discorre sobre o tema:

> O processo exige uma série de atos que consomem tempo. Atento à particularidade, o CPC dedicou um capítulo ao "tempo" dos atos processuais (artigos 172 a 175). Embora se desconheçam levantamentos mais precisos, outra vez, não parece impossível somar todos os interregnos fixados em lei, e estabelecer por amostragem aqueles que à lei se mostraria inviável traçar um interstício rígido – por exemplo, a demora média da citação por oficial de justiça –, considerando os procedimentos padrões – por exemplo, o rito ordinário – e, assim, apurar o número de dias ideal para o desfecho definitivo do processo.

Numa primeira leitura poder-se-ia chegar a uma conclusão de que bastaria somar os prazos processuais para se chegar a um tempo estimado de cada tipo de processo, quase que como se fosse uma contagem objetiva,[422] sem maiores preocupações. Contudo, o autor gaúcho vai além, para, devendo-se levar em conta a gama de dificuldades existentes nos procedimentos, os quais foram tratados no capítulo destinado às causas da intempestividade processual. Contudo, somar esses prazos, quer objetivamente, sem os percalços existentes no Poder Judiciário, quer com aqueles idealizados por Araken de Assis, não podem ser aceitos. O primeiro, pois, parte do pressuposto de um Poder Público perfeito, o que está longe de ocorrer por motivos já levantados. O segundo, embora tenha o seu brilho, acabaria

---

[420] HOFFMAN, Paulo. *Op. cit.*, p. 61-62.

[421] ASSIS, Araken. Duração razoável do processo e reformas da lei processual. *Op. cit.*, p. 220.

[422] SILVEIRA, Fabiana Rodrigues. *Op. cit.*, p. 153, traz a concepção desta objetividade na contagem dos prazos ao assim dizer: "O critério objetivo que temos para aferição do que é uma duração razoável do processo é a fixação dos prazos expressa nos Códigos, especialmente os que se referem às partes e seus procuradores, normalmente preclusivos".

por contar o tempo do "joio e do trigo" juntos, não separando o que está bom do que está ruim no Poder Judiciário. Explica-se: a demora média na proposta do processualista é, tomando-se como exemplo o tempo de uma citação que demorou 90 dias para acontecer e somá-lo com uma que levou apenas 5 dias para ser efetivada. O ruim continuaria a existir, não sendo combatido.

Diante das posições defendidas no capítulo verifica-se que não é o ideal ser pensado um prazo fixo para o processo ser concretizado, sendo que o tempo processual é algo muito mais complexo do que simplesmente aplicar-se o tempo cronológico para saber se o mesmo é tempestivo ou não, o que será analisado no capítulo destinado à temporalidade do processo.

3.6. O direito fundamental à duração razoável do processo e a fase de expropriação de bens

Outra abordagem temática que se pode retirar do direito fundamental à duração razoável do processo é até que ponto o Estado tem o dever de garantir o processo tempestivo. Deve o princípio ter aplicabilidade até a efetividade da sentença, entregando o direito material à parte, ou basta o Estado, por seu Poder Judiciário, prestar a jurisdição através do trânsito em julgado da sentença?

Delosmar Mendonça Jr.[423] parece querer dizer que o princípio inserido no inciso LXXVIII do art. 5º da Constituição Federal deve abarcar todo processo de conhecimento e o de execução, ao dizer:

> O direito fundamental ao processo com duração razoável pertence ao *status* positivo no momento em que garante a satisfação do interesse da tutela jurisdicional efetiva consumindo-se o tempo necessário para a cognição e concretização.

Também é o entendimento de Vallisney de Souza Oliveira,[424] que aduz:

> Na omissão no cumprimento dos procedimentos judiciais devidos, considera-se a demora exagerada entre o início do processo até a resolução definitiva da causa, contando-se aqui não somente o tempo entre a demanda e a sentença, mas também a fase recursal e a fase do cumprimento da decisão.

Tanto o pensamento de Delosmar Mendonça Jr. como o de Vallisney de Souza Oliveira, num primeiro momento, pelo menos aparentemente, são adequados, uma vez que ambos atribuem eficácia plena ao princípio em qualquer fase do processo. Contudo, não parece que sempre e em qualquer caso o Estado deva garantir a duração razoável no processo até a efetividade da sentença, havendo limites a sua aplicação.

No sistema processual brasileiro da atualidade, a tutela processual pode se dar na forma do processo sincrético, abarcando a fase de conhecimento e

---

[423] MENDONÇA JÚNIOR, Delosmar. *Op. cit.*, p. 29.
[424] OLIVEIRA, Vallisney de Souza (Coord.). *Op. cit.*, p. 31.

de cumprimento de sentença, no de execução e nas cautelares,[425] sendo que para fins deste capítulo, poderão as cautelares e o processo de conhecimento ser conceituados como um só, diferenciando-se do executivo.

Para isso, deve-se relembrar a clássica distinção do processo de conhecimento e o de execução, conforme salienta José Carlos Barbosa Moreira[426] ao discorrer:

O exercício da função jurisdicional visa à formulação e à atuação prática da norma jurídica concreta que deve disciplinar determinada situação. Ao primeiro aspecto dessa atividade (formulação da norma jurídica concreta) corresponde, segundo terminologia tradicional, o processo de conhecimento ou de cognição; ao segundo aspecto (atuação prática da norma jurídica concreta), o processo de execução.

Pareciam bem definidas as duas fases que o processo abrangia, sendo a primeira de conhecimento, destinada a declarar o direito da parte e outra de execução, a fim de que aquela sentença ou título equiparado fosse efetivado a quem de direito lhe é devido. A tarefa de destinar o princípio da duração razoável do processo torna-se mais dificultosa, com as novas legislações que se seguiram após a Emenda Constitucional 45.

No dizer de José Carlos Barbosa Moreira:[427]

Ressalte-se que as duas atividades não se contêm necessariamente em compartimentos estanques: há casos em que elas se conjugam no mesmo processo. O Código de Processo Civil de 1973 adotava, como regra, a distinção formal entre o processo de conhecimento e o processo de execução, nas hipóteses em que este é necessário, porque a sentença não basta para a satisfação efetiva da parte vitoriosa, a exigir modificações no mundo exterior, sensível. Tal sistemática viu-se alterada por leis sucessivas, primeiro para as sentenças de procedência relativas a pedido de cumprimento de obrigações de fazer e não fazer, depois as atinentes a pedido de entrega de coisa. Mais recentemente, estendeu-se a evolução aos casos de obrigação pecuniária (Lei nº 11.232, de 22.12.2005), de acordo com a qual "o cumprimento da sentença" (expressão que abrange a execução) passa a seguir-se, em regra, à atividade cognitiva, sem solução de continuidade marcada, convertendo-se assim aquela atividade e a executiva em fases de um único processo.

Nagib Slaibi Filho[428] também em definição para cindir as fases processuais ao apontar:

Enquanto o processo de execução dirige-se à transformação da realidade fática no cumprimento do que se decidiu, o processo de decisão, desde o início e até seu termo, apresenta fases que nem sempre se mostram sucessivas:

---

[425] CRUZ E TUCCI, José Rogério. *Tempo e processo* – uma análise empírica das repercussões do tempo na fenomenologia processual (civil e penal). *Op. cit.*, p. 24: "Com a eclosão da lide, que é um fenômeno metaprocessual, em muitas ocasiões, a parte que se sente prejudicada necessita buscar a satisfação de seu direito pela via jurisdicional. Três são os esquemas clássicos de tutela, dependendo da pretensão a ser formulada, que são colocados à disposição do demandante pelo nosso sistema processual.

Com efeito, o processo de conhecimento tem por finalidade o proferimento de uma sentença compositiva do conflito de interesses existentes entre os litigantes; o processo de execução visa à satisfação do direito que a sentença condenatória (ou título a ela equiparado) declarou pertencer à parte vitoriosa; e o processo cautelar tem por escopo assegurar a efetividade da tutela a ser concedida no tempo".

[426] BARBOSA MOREIRA, José Carlos. *O novo processo civil brasileiro*: exposição sistemática do procedimento. 25 ed. rev. e atual. Rio de Janeiro: Forense, 2007. p. 3.

[427] *Ibidem*, p. 3.

[428] SLAIBI FILHO, Nagib. *Op. cit.*, p. 31.

– a fase inicial, com a deflagração e até a impugnação dos demandados, aí se delimitando o campo cognitivo da decisão;

– a fase de saneamento ou de correção de eventuais vícios que inibam ou impeçam a decisão. A atividade saneadora, por versar sobre tema de direito indisponível, se exerce durante toda a duração do processo, mesmo porque pode este frustrar se o vício for insanável;

– a fase instrutória, com a coleta de elementos que comprovem a situação descrita no suporte fático das normas cuja incidência se propõe no processo. A atividade probatória, pelo princípio constitucional decorrente do disposto no art. 5, LVI, da Constituição, também não se submete à disponibilidade do direito dos interessados, embora estes tenham os ônus de indicar ou produzir as provas nos termos das normas que regulam o procedimento;

– a fase decisória, que compreende as manifestações dos interessados e a decisão que se buscou no processo.

Então, resta clara a divisão do processo em duas fases distintas, a do conhecimento e a da execução (aqui se enquadrando para fins do estudo a fase de cumprimento da sentença), a primeira destinada a dizer o direito e a segunda destinada a dar efetividade à sentença ou ao título executado.

Pois bem, no primeiro, ou seja, no processo de conhecimento, não há limites à atuação do princípio da duração razoável do processo. Todo e qualquer óbice que o processo tiver deve ser encontrada a solução adequada para que o problema seja solvido, sendo que não faltam normas para que isso não ocorra.

A fim de exemplificar, no processo de conhecimento com o réu estando em local incerto e não sabido deve transcorrer com a citação do mesmo por edital, irradiando a duração razoável do processo seus efeitos. O que se quer dizer é que em todo e qualquer entrave judicial no processo de conhecimento tem uma solução a ser encontrada, razão pela qual o princípio da duração razoável do processo tem seus efeitos nesta etapa processual.

Em contrapartida, no processo de execução ou na fase de cumprimento da sentença, existem momentos do processo em que não haverá como o Estado interferir. Quando se está falando nos incidentes que podem ser arguidos na execução ou no cumprimento da sentença, como a ação autônoma de embargos de devedor ou a recente impugnação ao cumprimento da sentença, estão ambos abarcados pelo princípio da duração razoável do processo.

Contudo, o Estado não pode garantir, por exemplo, que o réu, condenado em demanda indenizatória, tenha patrimônio suficiente para o pagamento da execução. Neste caso, quando a execução é frustrada pela falta de patrimônio do devedor, não há como o princípio da duração razoável do processo irradiar efeitos. O que restará ao Poder Judiciário é continuar garantindo a tempestividade dos requerimentos realizados pelo credor para se tentar penhorar bens do devedor ou ainda garantir um processo tempestivo na insolvência civil ou na falência posterior do executado. Contudo, no processo de execução, caso esta seja frustrada, não existe mais alcance do princípio, senão nos requerimentos, conforme já defendido.

Para tanto, basta relembrar que no Código de Processo Civil português, no artigo 2º quando trata da garantia de acesso aos tribunais, em seu item

1, dispõe que "A protecção jurídica através dos tribunais implica o direito de obter, em prazo razoável, uma decisão judicial que aprecie, com força de caso julgado, a pretensão regularmente deduzida em juízo, bem como a possibilidade de a fazer executar", demonstrando que a razoável duração do proceso significa dizer dar ao cidadão uma sentença com força de coisa julgada o que, infelizmente, não foi seguido no projeto de novo projeto de Código de Processo Civil brasileiro que dispôs no artigo 4º que "as partes têm o direito de obter em prazo razoável a solução integral da lide, incluída a atividade satisfativa", intrometendo-se numa esfera que não pode garantir qualquer tempestividade em determinados casos concretos como acima referido.

Assim, tem o princípio da duração razoável um limite para a sua plena aplicação, conforme exemplificado, não podendo garantir o patrimônio do devedor em processo de execução ou na fase de cumprimento de sentença contra ele, por isso a importância de, pelo menos, garantir os meios necessários à celeridade processual, razão pela qual defende-se, desde já, a modificação do projeto em tramitação no Congresso para não incluir a fase satisfativa do processo como parte integrante de sua duração razoável.

3.7. Tempo do processo e responsabilidade

Já foi analisado que estabelecer um tempo fixo para a efetivação do processo não é a melhor sistemática que se pode ter. Assim, questiona-se como o tempo do processo deve ser contado? Ou melhor, qual é o tempo do processo? É este o momento de definição, com base no que já foi estudado, de defender qual noção de tempo entre os estudados é de ser considerado para o processo.

O primeiro dos conceitos de tempo ventilado foi aquele que deu origem ao que hoje se conhece por minutos, horas, dias, ou seja, o tempo cronológico ou metrificado. Em que pese este ser o tempo regente do dia a dia da vida humana, uma vez que é com ele que se sabe qual o tempo estimado de vida, qual o horário para aquele compromisso marcado, qual o momento que um evento internacional "ao vivo" será televisionado pelo horário de Brasília, quando inicia e termina o "horário de verão", entre incontáveis momentos que poderiam ser lembrados, não parece que o tempo cronológico seja o melhor para o processo. Isto porque admitir a cronologia do processo é defender que este deve ter um prazo fixo para finalizar e, conforme já exposto, tal fixação temporal poderia causar severos prejuízos ao andamento do processo.

Com certeza o tempo cronológico rege parte do processo. Todos os atos do Código de Processo Civil que dependem de prazo determinados são regidos pelo tempo cronológico. A contestação, conforme determinação do artigo 297 do Código de Processo Civil poderá ser oferecida "no prazo de 15 (quinze) dias, em petição escrita, dirigida ao juiz da causa [...]", se a parte

O DIREITO À DURAÇÃO RAZOÁVEL DO PROCESSO

não realizar o pagamento do preparo da petição inicial em 30 dias, "será cancelada a distribuição do feito [...]" a teor do que dispõe o artigo 257 do mesmo Código, ou seja, o processo civil dispõe de inúmeros prazos regidos pelo tempo cronológico, assim como o direito material, com seus prazos rígidos de prescrição e decadência.

Esses prazos cronológicos servem para dar andamento ao processo, uma vez que, como expõe Ovídio Baptista A. da Silva,[429] "processo (*processus*, do verbo *procedere*) significa avançar, caminhar em direção a um fim", ou seja, o processo precisa trilhar um caminho em que exista uma forma[430] já pré-determinada, com previsibilidade, para que a parte não seja apanhada despreparada, de surpresa, nesse caminho, principalmente em relação aos prazos processuais. Em que pese a importância do tempo cronológico na regência dos prazos processuais, não pode ele ser o que vai reger o tempo total do processo, apenas suas etapas processuais.

A outra modalidade estudada foi o conceito de tempo mítico na literatura. A promessa de uma gama de acontecimentos que pode ocorrer num determinado período mínimo de tempo passa a ser considerada o ideal para o cálculo do tempo do processo.

Caso clássico de um tempo mítico seria a antecipação de tutela para a concessão de realização de uma cirurgia em caráter de vida ou morte do jurisdicionado. Imagine-se distribuir a petição inicial às 08h30min no fórum, o juiz decidir e antes mesmo do meio-dia o mandado para cumprimento da decisão estar na rua com o oficial de justiça. O jurisdicionado baixando em seu leito hospitalar, garantido pelo Poder Judiciário, na primeira hora da tarde, do mesmo dia, para ver sua cirurgia ser realizada no final da tarde e o descanso à noite em quarto privativo no hospital. Tudo isto em apenas 24 horas, quando muitos esperam anos para a efetividade de seus direitos, quando conseguem.

Isso seria o ápice do tempo mítico, o ápice do tempo do processo. Entretanto, sabe-se que a realidade não é essa, e o jurisdicionado seria enganado diariamente com a promessa desse tempo em todo e qualquer processo. Um caso como o narrado, do modo como sugestionado, é raro ocorrer, mas não impossível. Contudo, o que é para um no direito deve ser para todos, por isso o tempo mítico, quem sabe, um dia possa ser usado como parâmetro ao tempo do processo, mas não hoje, embora possa acontecer.

---

[429] SILVA, Ovídio A. Baptista. *Curso de Processo Civil*. Processo de conhecimento. 8. ed. Rio de Janeiro: Forense, 2008. V. I. p. 1.

[430] A forma em sentido amplo é como se vislumbra o início e fim do processo para ALVARO DE OLIVEIRA, Carlos Alberto. *Do formalismo no processo civil. Op. cit.*, p. 6-7: "O formalismo, ou forma em sentido amplo, no entanto, mostra-se mais abrangente e mesmo indispensável, a implicar a totalidade formal do processo, compreendendo não só a forma, ou as formalidades, mas especialmente a delimitação dos problemas, faculdades e deveres dos sujeitos processuais, coordenação de sua atividade, ordenação dos procedimentos e organização do processo. A forma em sentido amplo investe-se, assim, da tarefa de indicar as fronteiras para o começo e o fim do processo, circunscrever-se o material a ser formado, estabelecer dentro de quais limites devem cooperar e agir as pessoas atuantes no processo para o seu desenvolvimento".

Ainda, sobre outro enfoque do tempo mítico, a quebra de linearidade também deve ser analisada em relação ao tempo do processo. As idas e vindas do tempo, ora no presente, ora no passado, ora no futuro, podem ocorrer constantemente num processo judicial. A quebra da cronologia pode ser pensada à luz das nulidades processuais.[431] O processo que, quase findando, se descobre uma nulidade[432] insanável, faz com que a barreira temporal seja quebrada, e aquele tempo do processo retorne a seu início, o que não é difícil de ocorrer. Assim, o tempo mítico da literatura também pode reger parte do tempo do processo por meio de técnicas como a antecipação de tutela ou institutos como a nulidade processual.

Definido que o tempo do processo não pode ser apenas relacionado a uma contagem métrica, nem há um tempo mítico, passa-se ao terceiro conceito de tempo, qual seja, o tempo relativo na física. Propôs Einstein em 1905 e posteriormente completou sua tese em 1915, em contraposição à física clássica, que o tempo pode passar mais rápido ou mais devagar para uma pessoa, dependendo da velocidade exercida e da posição onde esta se encontra.

A ideia de trazer um tempo relativo ao processo não é de ser descartada sem uma negativa convincente. Isto porque o tempo, para os jurisdicionados, aqui chamados de "observadores" como na física, não parece correr da mesma forma. Ora, uma sociedade empresária de grande porte com milhares de processos no Poder Judiciário, com uma dezena de diretores, não parece estar preocupada com o tempo do processo, não fluindo este para ela como flui para apenas um dos autores dessa gama de processos que está tramitando no Poder Judiciário para se ver indenizada pela perda de um parente próximo, por exemplo. Para este, o tempo do processo vai ser contado segundo a segundo, enquanto para aquele, somente no término do processo é que saberá qual o valor que deverá pagar, independentemente da questão temporal.

Contudo, se defendido que o tempo do processo é relativo, estar-se-ia cometendo uma grande injustiça, não permitida pelo ordenamento jurídico vigente, uma vez que seria o mesmo que admitir a desigualdade das partes no processo. Acolher a relatividade do tempo é dizer que para um lado a balança do tempo é menor que para outro, mais precisamente no lado mais forte o tempo fluiria e no lado mais fraco não, e, consequência disto, seria a

---

[431] Artigos 243 e ss do Código de Processo Civil.

[432] TESHEINER, José Maria da Rosa, BAGGIO, Lucas Pereira. *Nulidades no processo civil brasileiro*. Rio de Janeiro: Forense, 2008. p. 194. Mesmo com uma nulidade a ser apreciada, o juiz da causa, hoje, deve ponderar sobre os fatos para salvar o que pode do processo, conforme ressaltam os autores: "As nulidades de fundo, em regra, atingem elementos indispensáveis à constituição válida e regular do processo. Com isso não se quer afastar a possibilidade de repetição dos atos inválidos ou da correção da relação processual. Os vícios de fundo poderão ser sanados, com ou sem a decretação da nulidade. Exemplificadamente, sana-se o vício de fundo decorrente da ausência de capacidade postulatória com a intimação do autor para que constitua procurador devidamente habilitado e este cumpra a determinação (CPC, art. 13, I). Não o fazendo em prazo razoável fixado pelo juiz, estará configurada a afronta a vício de fundo, que, com a decretação da nulidade do processo, importará na sua extinção sem resolução do mérito (CPC, art. 267, IV). Em outro caso, sana-se o vício de fundo decorrente da incompetência absoluta do juízo com a decretação da nulidade somente dos atos decisórios, remetendo-se os autos ao juízo competente (CPC, art. 113, § 2º)".

criação de leis para equilibrar a balança, leis estas que deveriam penalizar um lado para beneficiar outro, o que seria vedado pelo princípio da igualdade consagrado na Constituição Federal.

Para justificar a não colocação do tempo relativo da física no tempo do processo, poder-se-ia pegar o exemplo criado por Alexandre Freitas Câmara,[433] ao dizer:

> Pode-se comparar o processo a um automóvel trafegando por uma estrada. Automóveis excessivamente lentos são extremamentes perigosos, podendo causar acidentes. Mas tão perigosos quanto eles são os automóveis que trafegam em velocidade excessivamente alta. Muitas vezes, os acidentes por estes causados são ainda mais graves. O processo excessivamente lento é incapaz de promover justiça, pois justiça que tarda, falha. De outro lado, porém, o processo excessivamente rápido gera insegurança, sendo quase impossível que produza resultados justos.

No seu exemplo, o processualista afirma que poderia ser comparado o processo a um automóvel trafegando numa estrada. Contudo, traz no exemplo criado dois automóveis como se fossem dois processos, um lento e um rápido, para dizer que ambos podem sofrer acidentes. Na física, no tempo relativo, estes dois automóveis poderiam ser imaginados dentro de um único processo, o primeiro, o autor do processo, marcado pela espera para efetivar seu direito, com o tempo vagaroso que lhe traz, e o segundo, o réu, marcado pelo tempo que não vê passar, o tempo que inicia com a assinatura da procuração a seu advogado e só lhe é novamente lembrado quando o processo finaliza. Um, na estrada do processo, pena e vê o outro passar inúmeras vezes por ele, sentado em seu automóvel de luxo, sorridente, albergado pelo tempo que lhe é altamente favorável. O exemplo, embora caricaturado, não deixa de ser uma realidade. Embora inadmissível que o tempo passe diferentemente para uma parte em relação à outra, essa concepção de tempo também acontece durante a instrução processual. Uma grande sociedade empresária privada, por exemplo, que deve em milhares de processos, não vê o tempo passar, ao contrário de cada um desses milhares de autores, para os quais o tempo é o inimigo da concretização dos seus direitos, pelos mais diversos motivos já levantados. A situação é corrente no Judiciário, tendo a noção do tempo relativo efeitos concretos na sistemática processual vigente.

Mas, então, se o processo pode ter traços do tempo cronológico, do mítico e do relativo, como dizer precisamente qual o tempo do processo? José Rogério Cruz e Tucci[434] afirma:

> O processo – direção no movimento – consubstancia-se então num instituto essencialmente dinâmico, porquanto não exaura o seu ciclo vital em um único movimento, mas é destinado a desenvolver-se no tempo, possuindo duração própria. Os atos processuais, embora tenham uma determinada ocasião para serem realizados, normalmente não se perfazem de modo instantâneo, mas, sim, desenrolam-se em várias etapas ou fases.

---

[433] CÂMARA, Alexandre Freitas. *Op. cit.*, p. 61.

[434] CRUZ E TUCCI, José Rogério. *Tempo e processo* – uma análise empírica das repercussões do tempo na fenomenologia processual (civil e penal). *Op. cit.*, p. 25.

Após, conceitua o processualista[435] paulista o que entende por tempo do processo:

O tempo do processo, sob o aspecto intrínseco, não é um tempo ordinário. Da mesma maneira que o espaço judiciário reconstrói um interior que encarna a ordem absoluta, o tempo do processo interrompe o desenvolvimento linear do tempo cotidiano. Ele se insinua, como uma ação temporária que, por sua ordem e regularidade, compensa as lacunas do tempo profano. O tempo do processo é um tempo inteiramente ordenado que permite à sociedade regenerar a ordem social e jurídica.

No final do seu escrito, ao dizer que "o tempo do processo é um tempo inteiramente ordenado [...]", acaba por dizer, em outras palavras, que o desenrolar do processo está já pré-determinado pelo tempo cronológico, situação esta também defendida no início deste capítulo. Mas um pouco antes deste trecho, o próprio autor acusa que o processo "[...] é destinado a desenvolver-se no tempo, possuindo duração própria. Os atos processuais, embora tenham uma determinada ocasião para serem realizados, normalmente não se perfazem de modo instantâneo [...]", mostrando que, apesar de ser um tempo totalmente ordenado, o processo possui duração própria.

É o que também parece querer dizer Auri Lopes Jr. e Gustavo Henrique Badaró[436] ao afirmarem:

Trata-se de um instituto essencialmente dinâmico, não exaurindo o seu ciclo vital em um único momento. Ao contrário, destina-se a desenvolver-se no tempo, possuindo duração própria. Em outras palavras, é característica de todo o processo durar, não ser instantâneo ou momentâneo, prolongar-se. O processo implica sempre um desenvolvimento sucessivo de atos no tempo. Daí porque o tempo está arraigado na sua própria concepção, enquanto concatenação de atos que se desenvolvem, duram e são realizados numa determinada temporalidade. O tempo é elemento constitutivo inafastável do nascimento, desenvolvimento e conclusão do processo, mas também na gravidade com que serão aplicadas as penas processuais, potencializadas pela (de)mora jurisdicional aplicada.

Tendo o processo diversos fatores internos de tramitação, em que depende de inúmeros outros procedimentos para que se dê andamento, o tempo que também se enquadra nessa concepção é o social. O processo inicia, desenvolve-se e efetiva-se por microssistemas que não podem, a princípio, ser calculados, pura e simplesmente, pela contagem dos ponteiros do relógio. Deve ele ser calculado com base em todas as suas fases, procedimentos e atos, para que se desenvolva dentro de seu próprio ciclo de vida.[437] O processo praticamente se autorregulamenta temporalmente, pelos seus agentes e servidores que acabam por ter contato com ele e, quase que com vida própria, chega a seus destinos por um tempo próprio, por um tempo social.

---

[435] CRUZ E TUCCI, José Rogério. *Tempo e processo* – uma análise empírica das repercussões do tempo na fenomenologia processual (civil e penal). *Op. cit.*, p. 26.

[436] LOPES JÚNIOR, Aury; BADARÓ, Gustavo Henrique. *Op. cit.*, p. 7.

[437] *Ibidem*, p. 5. Aliás, fazendo alusão do tempo do processo ao ciclo de vida: "O processo, em seu desenvolvimento, requer um tempo para que seja transcorrido todo o iter necessário até o provimento final. Assim como a vida, o processo tem diferentes momentos, que podem ser descritos como nascimento, desenvolvimento e extinção do processo. Não se pode imaginar um processo no qual o provimento fosse imediato".

Se distribuído, um processo leva 15 dias para ser autuado e concluso ao juiz; este é o tempo dele. Se noutro caso levou apenas 24 horas, este também é um tempo próprio dos procedimentos que o levaram à conclusão em tão pouco tempo. O tempo cronológico sempre estará presente, como vemos nos casos apresentados, pois 15 dias e 24 horas se medem por ele, mas não será ele o fator fundamental para contagem do tempo total do processo, apesar de, no final, restar sabido que o feito durou 5, 10 ou 15 anos, outra identificação do processo com a cronologia do tempo.

As consequências temporais são tão imprevisíveis que talvez o processo que levou 15 dias para ser autuado e concluso seja concretizado mais tempestivamente que aquele que foi autuado e concluso em apenas 24 horas. Tudo depende de uma série de acontecimentos próprios, ou, em outras palavras, tudo depende de acontecimentos "sociais" do processo.

Mas aqui não se está defendendo que não se saiba que um processo é intempestivo ou tempestivo pela inserção do tempo social no contexto. O processo que passado um dia a mais do que deveria ter durado e não o foi deve ser considerado como intempestivo, caso tenha causado alguma lesão à parte. Mas o que divide a linha da tempestividade/intempestividade do processo, se o tempo social é um tempo dele próprio, que parece não ter fim? A resposta acaba por ter seu norte encontrado na postura do magistrado em prolatar suas sentenças, decisões e seus despachos.

Para confirmar essa resposta, deve-se relembrar as noções temporais apresentadas pelo filósofo alemão Hans-Georg Gadamer, em especial a noção que emprega a distância temporal para que se compreenda e afirmar que o tempo do processo está intimamente ligado ao tempo que o juiz tem para a sua compreensão. Tão logo compreenda o que está colocado no processo, deve despachar, decidir ou sentenciar. A doutrina de Cláudia Marlise da Silva Alberton[438] é de ser citada:

> Acelerar este tempo é suprimir do magistrado a possibilidade de conhecimento adequado da lide e, consequentemente, aumenta a possibilidade de uma má interpretação da situação de fato e de direito apresentada ao Judiciário.

Ao discorrer que a supressão temporal tira do juiz a "[...] possibilidade de conhecimento adequado da lide [...]" não está dizendo nada mais, nada menos, do que a necessidade de o juiz compreender a lide para poder julgá-la, e isto depende de certo espaço temporal. E mais, José Marcos Rodrigues Vieira[439] aponta:

> O tempo é, no processo, suposição necessária à depuração do objeto litigioso. Já dissemos, linhas atrás, que em processos especiais a lide é legalmente reduzida, o que significa a identificação entre o objeto do processo e o objeto da sentença. Tal identificação, entretanto, não é generalizada observável e que, portanto, possa autorizar a flexibilização da ordinariedade *a priori*.

---

[438] ALBERTON, Cláudia Marlise da Silva. *Op. cit.*, p. 95.

[439] VIEIRA, José Marcos Rodrigues. *Da ação cível*. Belo Horizonte: Del Rey, 2002. p. 164.

Afirma o autor que em determinados processos, que julga de "especiais", mas não necessitam ser, a lide pode ser reduzida quando identificado o objeto do processo ao da sentença, ou seja, quando compreendido o mesmo. E é o próprio Código de Processo Civil que, em inúmeros artigos, traz esta previsão. Veja-se, por exemplo, o caso do artigo 285 – A:

> Quando a matéria controvertida for unicamente de direito e no juízo já houver sido proferida sentença de total improcedência em outros casos idênticos, poderá ser dispensada a citação e proferida a sentença, reproduzindo-se o teor da anteriormente prolatada.

Então, tão logo chegue o processo ao juiz e este compreenda o que está narrado na inicial em conjunto com a documentação oferecida, tem ele o dever de julgar o processo. Não pode o magistrado julgar o processo procedente, somente decretando sua improcedência, tendo em vista que estaria ele, no primeiro caso, sentenciando sem dar direito ao réu a se defender, o que é vedado pela Constituição Federal. Mas tão logo réu conteste e, novamente, o juiz compreenda a lide, está ele apto a proferir julgamento de procedência ou improcedência da ação. Esta é a leitura do artigo 330 do Código de Processo Civil ao dizer que "o juiz conhecerá diretamente do pedido, proferindo sentença", e seu inciso I, ao falar que "quando a questão de mérito for unicamente de direito, ou, sendo de direito e de fato, não houver necessidade de produzir prova em audiência", novamente autorizando o magistrado, na sua compreensão, a julgar o processo.

Najib Slaibi Filho[440] dá uma interpretação parecida ao artigo 330, I, do Código de Processo Civil e a compreensão do processo pelo juiz ao dizer:

> O juiz e o administrador têm o dever de decidir, se suficientes os elementos probatórios já colhidos: Cabe o julgamento da causa no estado em que se encontra, incidente o suporte fático do inciso I do art. 330 da lei processual, mesmo porque presentes as condições que ensejam o julgamento antecipado da causa, é dever do juiz, e não mera faculdade, assim proceder.

Mas não só em nível de 1ª instância tem o juiz a possibilidade de, compreendida a lide, julgar o processo. Tanto nos Tribunais Regionais como nos Tribunais Superiores a autorização para julgamento é expressa no Código de Processo Civil, bastando relembrar o disposto no artigo 527, que confere poderes ao relator negar seguimento ao agravo de instrumento liminarmente, e no artigo 557, que traz os poderes, também ao relator, para negar seguimento a "[...] recurso manifestamente inadmissível, improcedente, prejudicado ou em confronto com súmula ou com jurisprudência dominante [...] ", dando a entender que, compreendido o que está no recurso, o julgamento deve-se dar de plano.

Então o magistrado, tão logo compreenda a lide, deve julgá-la, despachá-la ou proferir suas decisões interlocutórias. Qualquer dia após a compreensão do que está colocado no processo e este não julgado, deve ser considerado o mesmo intempestivo. Isso, pois, esse tempo está intimamente relacionado ao tempo final do processo. Um juiz que não sentencie, não de-

---

[440] SLAIBI FILHO, Nagib. *Op. cit.*, p. 32.

O DIREITO À DURAÇÃO RAZOÁVEL DO PROCESSO

cida ou não despache nos prazos previstos em lei está dando um péssimo exemplo aos agentes e servidores públicos, em especial àqueles do cartório em que está exercendo sua jurisdição, pois seu exemplo está densamente direcionado a este pessoal. Ora, já analisado que 80% do tempo do processo está ligado às etapas mortas do processo. Esta percentagem é influência de como o magistrado atua naquele Cartório. A pesquisa realizada pelo Direito GV e CEBEPEJ[441] aponta nesta esteira:

> Os relacionamentos pessoais em cartório são o dado mais importante levado em consideração junto aos funcionários, com 91,3% das respostas. A maioria, 75,1%, declarou que é importante o juiz estar presente no dia-a-dia do cartório e a sua capacidade de estabelecer bons relacionamentos é considerada tão essencial ao seu trabalho quanto à competência no trabalho (66,3%).
>
> Por outro lado, o principal defeito de um juiz, apontado por 79,3% dos entrevistados, se resume ao termo "juizite": pedantismo, arrogância, falta de tato e de educação.
>
> Em segundo lugar, com 23,9% das respostas, vem a incompetência. Ou seja, para o cartório, o juiz que se relaciona bem com os funcionários tem o mesmo valor que o juiz tecnicamente competente. Porém, para o mesmo funcionário, o pior juiz não é o incompetente, mas o que não tem essa capacidade de relacionamento desenvolvida.

Assim, o juiz competente que consiga, ao mesmo tempo, ter um bom relacionamento com os funcionários do cartório é alguém que conseguirá combater o mal pela raiz, trabalhando justamente onde há maior irregularidade temporal no processo, ou seja, no cartório judicial.

Por fim, resta a realização de uma ilação ou não do tempo do direito de François Ost com o tempo do processo. Memória, perdão, promessa e questionamento estão relacionados, cada qual, a uma etapa do processo. Para chegar a sua decisão final, o juiz deverá realizar um exercício de memória e retirar de tudo que existe no processo aquilo que somente importa, perdoando o resto. Sua sentença é uma promessa de que o direito material será entregue à parte que o detém, por meio deste questionamento que religa tudo à decisão final.

Enfim, o tempo do processo é uma mescla de diversas concepções que se tem sobre o tempo, podendo assim ser apontadas para fins de responsabilidade do Estado:

> – os atos processuais são regidos pelo tempo cronológico sendo que, assim, caso ocorra um atraso em qualquer das fases dessa cronologia temporal, ou seja, caso ocorra uma dano à parte porque o processo não foi concluso em 48 horas, conforme determina a lei processual vigente, tem o lesado o direito de ser indenizado frente ao Estado;
>
> – quanto ao conceito de tempo mítico, no primeiro caso, no tempo de narração ser coincidente com a ação, ou seja, o tempo ideal do processo, não há o que se falar em responsabilidade civil do Estado. Contudo, se na quebra de linearidade, como no caso da nulidade processual, esta estiver vinculada a um ato de um dos agentes do Poder Judiciário, e a parte se sentir lesada pelo retorno do processo ao seu início, tem o Estado o dever se indenizar;
>
> – se o Poder Judiciário aceita que grandes sociedades empresárias litiguem ao seu bel prazer teses já batidas, pois o tempo lhes é favorável, causando prejuízos temporais à parte credora,

---

[441] A INFLUÊNCIA dos cartórios judiciais na morosidade da justiça. *Op. cit.*, p. 49.

sem que o pulso forte do magistrado proporcione um equilíbrio temporal no processo, o Estado tem o dever de indenizar;

– acaso o magistrado, tendo compreendido o processo, não despache, decida ou sentencie o processo nos prazos que lhe é conferido, tem o Estado o dever de indenizar a parte que se sentir lesada;

– se o tempo social de certas etapas processuais for desproporcional naqueles momentos do processo no qual não há previsão de um tempo cronológico, e isto lesar uma das partes, tem o Estado o dever de indenizar aquele que se sentir prejudicado.

Assim, o tempo é um fator importantíssimo hoje que deve ser levado em conta no Poder Judiciário. Em tese, tem o jurisdicionado o direito de ser indenizado quando seu processo ou etapa processual lhe for entregue fora de tempo. Isto leva ao estudo da responsabilização do Estado frente à intempestividade processual, sabendo-se que, desde já, em tese, tem o Estado o dever de indenizar o jurisdicionado quando atrase a entrega da prestação jurisdicional final ou de qualquer ato do processo que cause prejuízo a uma das partes.

4. A responsabilidade civil do Estado na Itália e no Brasil em decorrência do processo intempestivo

A Itália, assim como o Brasil e outros países,[442] também sofre com o problema da intempestividade de seu Judiciário. Causas não faltam para o apontamento das razões pelas quais se dá a intempestiva prestação jurisdicional na Itália, estando, entre elas, a restrição do horário de expediente forense, a ineficaz produtividade na realização das audiências, a burocracia, o afogamento das vias recursais, a insuficiência do número de juízes e dos auxiliares da justiça, a falta de aparato tecnológico, ou seja, problemas estes não diferentes daqueles ocorridos em solo brasileiro, pelo Poder Judiciário brasileiro, conforme já estudado.

E mais, o problema da intempestividade processual não se limita somente à Itália, ao Brasil e aos países referidos por José Carlos Barbosa Moreira, sendo, pois, uma dificuldade existente a nível universal, conforme Cappelletti e Bryant[443] discorrem:

> O problema da morosidade da justiça é, numa perspectiva comparada, talvez o mais universal de todos os problemas com que se defrontem os tribunais nos nossos dias. Não assumindo a mesma acuidade em todos os países é, no entanto, sentido em todos eles e, virtualmente, também em todos é objecto de debate político. Compreende-se que assim seja. A maior ou menor rapidez com que é exercida a garantia dos direitos é parte integrante e o principal dessa garantia e, portanto, da qualidade da cidadania na medida em que esta se afirma pelo exercício dos direitos. Por esta via, o problema da morosidade da justiça constitui uma importante interface entre o sistema judicial e o sistema político particularmente em regimes democráticos.

---

[442] BARBOSA MOREIRA, José Carlos. *Temas de direito processual. Op. cit.*, p. 169, aponta mais países onde a intempestividade do Judiciário resta configurada: "Comecemos pelos Estados Unidos: consoante duas fontes autorizadas, em muitos lugares em feito civil de itinerário completo (isto é, que chegue ao trial) dura comumente, no primeiro grau de jurisdição, nada menos do que três a cinco anos. Quanto à Inglaterra, com referência ao ano de 1990, aponta-se uma distância média de 145,3 semanas (ou sejam, 2,78 anos) entre o *writ* inicial e a extinção do processo, com trial ou sem ele. Não discrepam os números concernentes à Austrália: julgar pelos resultados de pesquisa levada a cabo pelo New South Wales Government Insurance Office, a respeito de causas relativas a acidentes de tráfego, foi de 38 meses (mais de 3 anos, portanto) o tempo médio necessário para conduzir a termo o feito".

[443] CAPPELLETTI, Mauro; GARTH, Bryant. *Acesso à justiça.* Tradução Ellen Gracie Northfleet. 2. tir. Porto Alegre: Sergio Antonio Fabris, 2002. p. 12.

Os autores confirmam que é global[444] o problema da intempestividade processual que acaba por trazer prejuízos ao próprio acesso ao Judiciário. Também esta é a lição que se pode retirar da leitura de José Carlos Barbosa Moreira[445] quando, em seus estudos processuais, tenta derrubar alguns mitos acerca do Direito brasileiro, afirmando:

> O submito n. 1 é a crença, bastante difundida, de que se cuida de fenômeno exclusivamente brasileiro, ou quando nada de que a posição de nosso país, na escala planetária, é aí tão escandalosamente ruim como a que lhe cabe o tema de distribuição de renda. Sem de longe insinuar que isso nos sirva de consolo, ou nos permita dormir o sono da boa consciência, ouso assinalar que o problema é praticamente universal e alarma não poucos países do chamado primeiro mundo. Há décadas frequento congressos internacionais de direito processual, e a nenhum assisti em que não ouvisse ao propósito gemidos e lamentações, vindos dos mais diversos quadrantes.

Essa derrubada do submito de que os problemas em matéria do Judiciário são exclusivos do Brasil é importante na medida em que será analisada a legislação italiana para que sirva de base futura para uma lei infraconstitucional de similar teor no Estado brasileiro a fim de que o problema da intempestividade do Poder Judiciário possa, finalmente, chegar ao seu desfecho.

A duração não razoável do processo na Itália acaba por ser a redenção de países menos desenvolvidos, uma vez que coloca em questão a intempestividade do Poder Judiciário num país tradicionalmente integrante do G-8,[446] assim como um dos grandes países no qual a intelectualidade jurídica se sobressai, principalmente na área do Processo Civil,[447] em que renomados autores são estudados até os dias atuais, como Giuseppe Chiovenda, Francesco Carnellutti, Enrico Tulio Liebman e, mais recentemente, Andrea Proto Pisani, Michele Taruffo e Mauro Cappelletti.

José Carlos Barbosa Moreira,[448] discorrendo sobre o assunto, aponta:

> Com justas razões, olhamos para a Itália como quem contempla um dos pontos culminantes da ciência jurídica em geral e da processual em particular. Isso não impede que o processo, lá, seja exasperadamente lento. Na área civil, segundo dados constantes do relatório sobre a administração da justiça em 1998, elaborado pelo Procurador-Geral da República junto à Corte de

---

[444] LOPES, João Batista. Reforma do judiciário, acesso à justiça e efetiva e efetividade do processo. *Op. cit.,* p. 482-483: "Cumpre registrar, no ponto, que a lentidão não é problema exclusivo nosso. Na Argentina, por exemplo, os autores se referem à 'paquidérmica' tramitação dos feitos. Na Itália, diversa não é a situação. Até mesmo os Estado Unidos não constituem modelo de celeridade, como o demonstrou Barbosa Moreira, em artigo recente".

[445] BARBOSA MOREIRA, José Carlos. *Temas de direito processual.* Oitava série. São Paulo: Saraiva, 2004. p. 2.

[446] Grupo dos países mais industrializados e desenvolvidos economicamente do mundo, fazendo parte os Estados Unidos, o Japão, a Alemanha, o Reino Unido, a França, a Itália e mais recentemente a Rússia, razão pela qual se pode também chamar G7/G8.

[447] BARBOSA MOREIRA, José Carlos. A duração dos processos: alguns dados comparativos. *Revista da AJURIS* – Associação dos Juízes do Rio Grande do Sul, Porto Alegre: AJURIS, a. XXXII, n. 98, p. 153, jun. 2005, p. 153, isso acaba por ser um paradoxo curioso: "No extremo oposto do espectro, por assim dizer, situa-se a Itália – curioso paradoxo, a tomar-se em consideração o fato de que a doutrina italiana constitui um dos cumes da ciência processual, com profunda influência no mundo latino em geral e no Brasil em particular. Mas lá é crônica a lentidão dos processos".

[448] BARBOSA MOREIRA, José Carlos. *Temas de direito processual.* Oitava série. *Op. cit.,* p. 2.

Cassação, girou em torno de quatro anos, entre 1991 e 1997, a duração média de processos, em primeiro grau de jurisdição, perante os órgãos de competência comum, os tribunali.

Sabendo que a Itália é um dos berços das teorias sobre processo civil e tendo em vista que, desde 2001, está sob uma legislação que confere a seu cidadão o direito a um processo com duração razoável, sob pena de responsabilização do Estado, é cediço que um estudo mais aprofundado em sua legislação possa trazer luzes para a sistemática brasileira, a fim de que se adote ou não uma legislação infraconstitucional parecida com a denominada Lei Pinto no ordenamento jurídico pátrio e que regulamente o direito fundamental à razoável duração do processo tendo em vista o seu conteúdo abstrato.

Demonstrando, ainda, José Carlos Barbosa Moreira[449] que a matéria sobre intempestividade no Poder Judiciário é inerente a países do primeiro escalão, expõe o exemplo do direito anglo-saxão e o que fez para sanar seu problema com a intempestividade processual, ao apontar:

> Em virtude da lentidão e do alto custo do processo na Justiça inglesa, o jurista e magistrado Lord Woolf of Barnes foi incumbido de estudar soluções para os casos, o que foi feito através de dois relatórios, o *Interin Report* de 1995 e o *Final Report* de 1996. Na reexaminação dos relatórios, Sir Peter Middleton elaborou novo relatório, recomendando as ideias trazidas por Lord Woolf, tendo virado em 26 de abril de 1999 estas ideias no *Rules of Civil Procedure*, ou seja, tem a Inglaterra um Código de Processo Civil. Entre as regras que restaram intactas para a resolução dos problemas de lentidão e custo processual estão aquelas elencadas na *rule* 1.4, sendo que impõe que o órgão judicial tem o dever de estimular as partes a cooperar entre si na condução do feito, que o órgão judicial identifique e decida cedo as questões que precisam de investigação completa e audiência de julgamento (denominado de Trial); que o órgão judicial resolva sumariamente as outras questões; que determine a ordem de resolução das questões; que incentive as partes aos modos de resolução alternativa de conflitos; fixação de cronogramas de controle do processo; que verifique se os prováveis benefícios de determinada providência justifiquem o custo; que tratem de casos sem que os litigantes tenham que vir a juízo; que utilize a tecnologia disponível.

Conforme visto, o Brasil não é o único a enfrentar o problema da intempestividade de seu Poder Judiciário. Dos exemplos citados por José Carlos Barbosa Moreira e, anteriormente, por Capelletti e Bryant, pode-se afirmar que dois países europeus, Inglaterra e Itália, também têm a intempestividade de seu Judiciário como algo corriqueiro.

O primeiro deles acabou por, através de dois relatórios, criar um Código de Processo Civil – *Rules of Civil Procedure* – em 1999, no país que é considerado o berço do *Common Law*.[450] Já no outro, oriundo do sistema *Civil Law*,[451]

---

[449] BARBOSA MOREIRA, José Carlos. *Temas de direito processual*. Oitava série. *Op. cit.*, p. 179.

[450] VIEIRA, Andréia Costa. *Civil Law e Common Law – os dois grandes sistemas legais comparados*. Porto Alegre: Sergio Antonio Fabris, 2007. p. 107. "A *Common Law*, como hoje é conhecida, teve sua origem nas cortes inglesas. Por *Common Law* entende-se, genericamente, o sistema legal que tem por fonte primária de direito casos já julgados que se tornam vinculantes, ou seja, que devem ser obrigatoriamente observados em julgamentos posteriores. Contudo, como se verá nesse estudo, não é essa a única particularidade do sistema legal da *Common Law*. Aspectos consuetudinários e de equidade também distinguem a *Common Law* da *Civil Law*".

conforme se passará a analisar, o problema da intempestiva jurisdição foi fruto de legislação para responsabilizar o Estado pela intempestividade do processo, pela promulgação da Lei Pinto, em 2001, sendo esta a razão principal de ter sido escolhido esse sistema italiano para o estudo deste estudo.

Já no que concerne ao Estado brasileiro, que será alvo da segunda metade do capítulo, cumpre salientar que a responsabilidade civil é instituto milenar, embora no início das sociedades primitivas tenha sido confundida com a criminal, quando eram nominadas, ambas, de vingança privada,[452] começaram a ser separadas no Direito Romano,[453] restando o processamento da parte criminal a encargo do Estado e a civil restou como direito do lesado que iria buscar sua reparação pelo dano sofrido diretamente do ofensor.

Sem querer realizar digressões sobre a história da responsabilidade civil, um conceito muito interessa para o enfrentamento do tema a ser discutido, que é exatamente sobre a responsabilidade civil do Estado.[454] Para este

---

[451] VIEIRA, Andréia Costa. *Op. cit.*, p. 21. "No âmbito internacional, porém, o termo *Civil Law* refere-se ao sistema legal adotado pelos países da Europa Continental (com exceção dos países escandinavos) e por, praticamente, todos os outros países que sofreram um processo de colonização, ou alguma outra grande influência deles – como os países da América Latina. O que todos esses países têm em comum é a influência do Direito Romano, na elaboração de seus códigos, constituições e leis esparsas. É claro que cada qual recebeu grande influência também no direito local, mas é sabido que, em grande parte desses países, principalmente os que são ex-colônias, o direito local cedeu passagem, quase que integralmente, aos princípios do Direito Romano. E, por isso, a expressão *Civil Law*, usada nos países de língua inglesa, refere-se ao sistema legal que tem origem ou raízes no Direito da Roma antiga e que, desde então, tem-se desenvolvido e se formado nas universidades e sistemas judiciários da Europa Continental, desde os tempos medievais; portanto, também denominado sistema Romano-Germânico".

[452] CINTRA, Antônio Carlos de Araújo; GRINOVER, Ada Pellegrini; DINAMARCO, Cândido Rangel. *Teoria geral do processo*. 25. ed. São Paulo: Malheiros, 2009. p. 27: "Nas fases primitivas da civilização dos povos, inexistia um Estado suficientemente forte para superar os ímpetos individualistas dos homens e impor o direito acima da vontade dos particulares: por isso, não só inexistia um órgão estatal que, com soberania e autoridade, garantisse o cumprimento do direito, como ainda não havia sequer as leis (normas gerais e abstratas impostas pelo Estado aos particulares). Assim, quem pretendesse alguma coisa que outrem o impedisse de obter haveria de, com sua própria força e na medida dela, tratar de conseguir, por si mesmo, a satisfação de sua pretensão. A própria repressão aos atos criminosos se fazia em regime de vingança privada e, quando o Estado chamou a si o *jus punitiones*, ele o exerceu inicialmente mediante seus próprios critérios e decisões, sem a interposição de órgãos ou pessoas imparciais independentes e desinteressadas. A esse regime chama-se autotutela (ou autodefesa) e hoje, encarando-a do ponto-de--vista da cultura do século XX, é fácil ver como era precária e aleatória, pois não garantia a justiça, mas a vitória do mais forte, mais astuto ou mais ousado sobre o mais fraco ou mais tímido".

[453] LOPES, Othon de Azevedo. *Responsabilidade jurídica* – horizontes, teoria e linguagem. São Paulo: Quartier Latin, 2006. p. 66: "No direito romano, os ilícitos eram classificados em públicos e privados. Na lei das XII Tábuas, no ano de 305 a.C., no período pré-clássico, já se percebia que não era interesse do Estado punir apenas os delitos contra as coisas públicas, procurando-se também proteger interesses privados".

[454] LOUREIRO FILHO, Lair da Silva. *Responsabilidade pública por atividade judiciária*. São Paulo: Revista dos Tribunais, 2005. p. 27, entende ser correto falar-se, ao invés de responsabilidade civil do Estado, em responsabilidade pública por atividade judiciária, dizendo: "Outrossim, entende-se cabível a expressão 'responsabilidade pública', porque soa estranho e contraditório falar em responsabilidade civil em direito público, já que 'civil' significa privado e frequentemente em oposição a público, bem como outras incompatibilidades como a existente entre civil e penal, e mesmo entre civil e outros ramos do próprio direito privado. Responsabilidade pública e não do Estado, porque o art. 37, § .6°, da Constituição Federal não restringe, ao contrário do entendimento até então dominante) as hipóteses de responsabilização do ente público ao Estado na condição de pessoa jurídica de direito público interno em sentido estrito.

Ademais, a meta da responsabilidade privada e seu fundamento residem predominantemente na compensação patrimonial, admitindo-se eventual função sancionadora. De maneira diversa, na responsabilidade pública observa-se um sem-número de objetivos, como a moralidade da atividade pública, a boa administração da coisa pública, o limite ao abuso de poder pela autoridade pública e seus agentes, a perfeição no serviço prestado (interesse de todos, mesmo dos não usuários de tais serviços)".

estudo, o que interessa saber é que a teoria da irresponsabilidade do Estado há muito tempo foi abandonada.[455] Deve ele indenizar seu cidadão sempre que o serviço seja mal prestado.

Eduardo Kraemer[456] sintetiza um pouco a criação da responsabilidade do Estado pela falta de serviço na jurisprudência francesa, chegando-se hoje, após as diversas fases[457] que passou para a teoria da responsabilidade objetiva, quebrando o paradigma da irresponsabilidade e da teoria civilista da responsabilidade estatal ao dizer:

> Cria-se, em decorrência da jurisprudência francesa, a teoria em que o elemento subjetivo é substituído pelo conceito de falta de serviço. O Estado é visto pelos franceses como um prestador de serviços. A responsabilidade do Estado se funda no mau funcionamento dos serviços. O deficiente serviço público vincula-se à noção de negligência. Não existe um abandono da matriz subjetiva, apenas há uma alteração na ótica de sua interpretação.

Assim, deve-se pautar a leitura do capítulo pela noção já sacramentada de que o Estado é responsável objetivamente[458] pelos danos que causar ao seu cidadão e, no caso do processo intempestivo, frente ao jurisdicionado, uma vez que a titularidade do direito fundamental a tutela tempestiva é de *"todos"*, e não somente do cidadão brasileiro, conforme já analisado.

Diante desses temas levantados preliminarmente, inicia-se o estudo pela história da legislação italiana que confere ao cidadão o direito a ser indenizado em solo italiano, para, após, ingressar-se no ordenamento jurídico brasileiro.

4.1. A *Legge* Pinto e sua história

Conforme já mencionado, o Judiciário italiano enfrenta um grave problema pela sua corrente intempestividade processual. Esta leva, consequente-

---

[455] Apenas como referência, confirma a assertiva SCARTEZINI, Ana Maria Goffi Flaquer. *Op. cit.*, p. 1191: "A responsabilização do Estado sofreu lenta evolução. A total irresponsabilidade estatal era vigente nas monarquias absolutas, quando vigia a máxima inglesa *"the king can not be wrong"*, ou a versão francesa do mesmo pensamento *"l'Etat c'est moi"*, pois com a concentração dos poderes nas mãos dos monarcas, inviável identificar o ato lesivo por eles praticados, para posteriormente responsabilizá-los".

[456] KRAEMER, Eduardo. *Op. cit.*, p. 41.

[457] BRAGA NETTO, Felipe P. *Responsabilidade civil*. São Paulo: Saraiva, 2008. p. 237. "A responsabilidade civil do Estado é tradicionalmente dividida, por facilitação didática, em três fases, historicamente sucessivas: a) fase da irresponsabilidade do Estado, na qual, mercê do poder absoluto do qual se imbuía o soberano, e da incipiente, quase nula, florescência dos direitos fundamentais, o Estado não poderia sequer em tese ser chamado a responder por um dano causado; b) fase da responsabilidade subjetiva – dita, no Brasil, civilística, porque então prevista no art. 15 do Código Civil de 1916. Nesta fase o Estado poderia ser chamado a responder por um dano causado por sua atividade, desde que a vítima, no caso concreto, lhe comprovasse a culpa ou a de quem por ele agiu. Tratava-se, numa palavra, da responsabilidade civil clássica, com tintas subjetivas; c) fase da responsabilidade objetiva, que atualmente vivemos (desde a Constituição de 1946), de acordo com a qual o Estado responde sem culpa, bastando a prova do nexo causal entre o dano e a sua atividade". Ainda, pode ser confirmado com a leitura de ANNONI, Danielle. *Responsabilidade do Estado pela não duração razoável do processo*. Curitiba: Juruá, 2008. p. 60: "Analisando a evolução da ideia da responsabilidade do Estado à luz do regime político dominante, esta pode ser distinguida, segundo alguns doutrinadores, em três traços marcantes: fase da teoria da irresponsabilidade, fase da teoria civilística, e fase da teoria publicística".

[458] Esta á a previsão do artigo 37, § 6º da Constituição Federal, embora o Poder Judiciário tenha já posicionamento consolidado de que quando o Estado peca por omissão, a culpa deverá ser comprovada para fins de responsabilização.

mente, ao descrédito do jurisdicionado perante o Judiciário, à desesperança, à irritação, à humilhação, à perda de tempo, tudo isto sentimentos arraigados a qualquer ser humano que busca seus direitos e acaba sendo vítima de um processo arrastado durante anos sem efetividade ou, às vezes, sequer com uma solução definitiva.

Ocorrendo frequentemente a intempestividade do processo no Judiciário italiano, os jurisdicionados, cansados de esperar por um processo tempestivo, encontraram guarida na Convenção Europeia para a Salvaguarda dos Direitos dos Homens para reclamarem sobre a duração não razoável do sistema judiciário de seu país perante a Corte Europeia. Tal refúgio encontra-se positivado no artigo 6º, nº 1, da referida Convenção, com a seguinte redação:

> Qualquer pessoa tem direito a que a sua causa seja examinada, equitativa e publicamente, num prazo razoável por um tribunal independente e imparcial, estabelecido pela lei, o qual decidirá, quer sobre a determinação dos seus direitos e obrigações de caráter civil, quer sobre o fundamento de qualquer acusação em matéria penal dirigida contra ela. O julgamento deve ser público, mas o acesso à sala de audiências pode ser proibido à imprensa ou ao público durante a totalidade ou parte do processo. Quando a bem da moralidade, da ordem pública ou da segurança nacional numa sociedade democrática, quando os interesses de menores ou a proteção da vida privada das partes no processo o exigirem, ou, na medida julgada estritamente necessária pelo tribunal, quando, em circunstâncias especiais, a publicidade pudesse ser prejudicial para os interesses da justiça.

No artigo está claramente previsto que toda pessoa tem direito a que sua causa seja examinada dentro de um prazo razoável. A Itália é membro integrante da Convenção Europeia dos Direitos dos Homens na Europa, pela ratificação feita pela Lei 848, de 4 de agosto de 1955, o que pode ser confirmado com a leitura de Giovanni Romano, Domenico Antonio Parrotta e Egidio Lizza:[459]

> Le convenzione, elaborata in senso al Consiglio d'Europa, fu solennemente firmata a Roma nel 1950; successivamente ad essa si sono aggiunti vari Protocolli Che hanno aumentato Il numero dei diritti riconosciuti e tutelati. Della Convenzione sono attualmente parti contraenti, avendola già ratificata, 41 dei 43 Stati membri del Consiglio d'Europa (4); la ratifica italiana fu autorizzata com la legge 4 agosto 1955 n. 848.[460]

Assim, foi tendo como base legal o artigo 6º, § 1º, da Convenção Europeia para a Salvaguarda dos Direitos dos Homens, que concede a toda pessoa o direito de ver sua causa examinada num prazo razoável, que os cidadãos italianos iniciaram a ajuizar uma série de processos na Corte Euro-

---

[459] ROMANO, Giovanni. PARROTA, Domenico Antonio. LIZZA, Egidio. *Il diritto ad um giusto processo tra corte Internazionale e corte nazionali* – l'equa riparazione dopo La Legge Pinto. Milano: A. Giuffrè, 2002. p. 2.

[460] A Convenção, elaborada no Conselho da Europa, foi solenemente assinada em Roma em 1950, depois de ter acrescentado vários protocolos que têm vindo a aumentar o número de direitos reconhecidos e protegidos. Da Convenção são atualmente partes integrantes, tendo já ratificado, 41 dos 43 Estados membros do Conselho da Europa (4); a ratificação italiana foi autorizada com a lei n. 848 de 4 de agosto de 1955. (Tradução livre do autor).

peia para se verem indenizados pelos danos causados advindos da intempestividade processual.

Casimiro Nigro e Luigi Prosperi[461] relatam sobre o primeiro caso julgado por violação ao artigo 6°, § 1°, da Convenção que condenou o Estado italiano a indenizar pela duração não razoável do processo, assim o fazendo:

> La violazione del diritto alla durata ragionevole dei processi è stata oggetto europeo di condanna a carico dell'Italia sin daí primissimi anni '80, quando cioè la Corte iniziò ad occuparsi dei ricorsi individuali inoltrati contro il nostro Paese.
>
> La prima decisione in materia, sul caso "Foti e altri", serve al giudice europeo per sottolineare che la ragionevolezza va valutata caso per caso, sulla base di ter criteri: la complessità del caso, la condotta processuale delle parti e quella delle autorità.
>
> Inoltre, essendo i procedimenti di natura penalistica, si stabiliva che il dies a quo (termine inizialie, allo scopo di individuare la durata del procedimento in esame) può coincidere com uma data precedente alla prima udienza di fronte al tribunale, quella cioè dell'arresto ovvero della notifica ufficiale della citazione a comparire o dell'apertura delle indagini preliminari a suo carico.[462]

Isto fez com que a redação do artigo 111 da Constituição italiana restasse com o seguinte teor:

> La giurisdizione si attua mediante il giusto processo regolato dalla legge.
>
> Ogni processo si svolge nel contraddittorio tra le parti, in condizioni di parità, davanti a giudice terzo e imparziale. La legge ne assicura la ragionevole durata.
>
> Nel processo penale, la legge assicura che la persona accusata di un reato sia, nel più breve tempo possibile, informata riservatamente della natura e dei motivi dell'accusa elevata a suo carico; disponga del tempo e delle condizioni necessari per preparare la sua difesa; abbia la facoltà, davanti al giudice, di interrogare o di far interrogare le persone che rendono dichiarazioni a suo carico, di ottenere la convocazione e l'interrogatorio di persone a sua difesa nelle stesse condizioni dell'accusa e l'acquisizione di ogni altro mezzo di prova a suo favore; sia assistita da un interprete se non comprende o non parla la lingua impiegata nel processo.
>
> Il processo penale è regolato dal principio del contraddittorio nella formazione della prova. La colpevolezza dell'imputato non può essere provata sulla base di dichiarazioni rese da chi, per libera scelta, si è sempre volontariamente sottratto all'interrogatorio da parte dell'imputato o del suo difensore.
>
> La legge regola i casi in cui la formazione della prova non ha luogo in contraddittorio per consenso dell'imputato o per accertata impossibilità di natura oggettiva o per effetto di provata condotta illecita.
>
> Tutti i provvedimenti giurisdizionali devono essere motivati.

---

[461] NIGRO, Luigi; PROSPERI, Casimiro. *L'irragionevole durata dei processi* – cause e rimedi per la violazione del diritto alla giustizia. Forlí: Experta S.p.A., 2009. p. 41.

[462] A violação do direito à duração razoável dos processos foi objeto, na Europa, de condenação pela Itália, no início dos anos 80, quando a Corte começou a ocupar-se com os recursos individuais apresentados contra o nosso País.

A primeira decisão na matéria, caso "Foti e outros", serviu ao juiz europeu para sublinhar que a razoabilidade deve ser avaliada caso a caso, com base em três critérios: a complexidade do caso, a conduta processual das partes e a conduta da autoridade.

Além disso, sendo os procedimentos de natureza penal, se estabeleceu que o *dies a quo* (data inicial, que tem o escopo de individualizar a duração do procedimento examinado) pode coincidir com a data anterior à primeira audiência no tribunal, a da detenção, ou da notificação oficial de citação para comparecer ou da abertura das investigações preliminares. (Tradução livre do autor).

Contro le sentenze e contro i provvedimenti sulla libertà personale, pronunciati dagli organi giurisdizionali ordinari o speciali, è sempre ammesso ricorso in Cassazione per violazione di legge. Si può derogare a tale norma soltanto per le sentenze dei tribunali militari in tempo di guerra.

Contro le decisioni del Consiglio di Stato e della Corte dei conti il ricorso in Cassazione è ammesso per i soli motivi inerenti alla giurisdizione.[463]

Explica Humberto Dalla Bernardina de Pinho[464] o acontecido na Corte Europeia[465] e na Itália, que acabou por modificar o artigo 111 da Constituição italiana e levar à criação da Lei Pinto:

Por outro lado, os processos cíveis na Itália duram em média cinco anos até seu julgamento final do recurso. Na busca por uma maior efetividade na prestação jurisdicional a Itália tem levado a cabo alterações no ordenamento processual. As modificações, contudo, não surtiram os efeitos pretendidos.

Aduza-se o fato de que a Itália integra a Comunidade Europeia desde 1957. Pela adesão à Comunidade Europeia a Itália submete-se à Convenção Europeia, que prevê a razoável duração do processo (*diritto ad um processo equo*) em seu art. 6º, § 1º. Não foram poucas as decisões da Corte Europeia no sentido de condenar a Itália pela violação ao direito fundamental, que tanto pode ser pleiteado pelo autor como pelo o réu.

Os constrangimentos provocados pelas sucessivas decisões da Corte fomentaram a reforma constitucional que culminou por alterar o artigo 111 da Constituição italiana prevendo o justo processo a ser regulado pela lei.

---

[463] A jurisdição é exercida mediante o justo processo regulado pela lei. Cada processo se desenvolve através do contraditório entre as partes, em condições de paridade, diante de um juiz-terceiro e imparcial. A lei nos assegura a razoável duração do processo.

No processo penal, a lei assegura que a pessoa acusada de um crime seja, no tempo mais breve possível, informada reservadamente da natureza e dos motivos da acusação levada a sua carga; que disponha de tempo e das condições necessárias para preparar a sua defesa; que tenha a faculdade, diante de um juiz, de interrogar ou de fazer interrogar as pessoas que tenham o acusado, de obter a convocação e o interrogatório das pessoas de sua defesa nas mesmas condições da acusação e a aquisição de todos outros meios de prova a seu favor; que seja assistida por um intérprete se não compreende ou não fala a língua utilizada no processo.

O processo penal é regulado pelo princípio do contraditório na formação da prova. A culpa do imputado não pode ser provada com base em declarações feitas por quem, por livre escolha, sempre voluntariamente se subtraiu ao interrogatório pela parte do imputado ou do seu defensor.

A lei regula os casos em que a formação da prova não tem lugar no contraditório pelo consenso do imputado ou por uma certa impossibilidade de natureza objetiva, ou por efeito de uma comprovada conduta ilícita.

Todos os provimentos jurisdicionais devem ser motivados.

Contra as sentenças e contra os provimentos sobre liberdade pessoal, pronunciadas pelos órgãos jurisdicionais ordinários ou especiais, sempre é permitido um recurso na Corte de Cassação por violação à lei. Esta norma não tem aplicação somente com relação as sentenças dos tribunais militares no tempo de guerra. Contra as decisões do Conselho de Estado e do Tribunal de Cassação são permitidas apenas por razões inerentes à jurisdição. (Tradução livre do autor).

[464] BERNARDINA DE PINHO, Humberto Dalla. *Teoria geral do processo civil contemporâneo*. Rio de Janeiro: Lumen Juris, 2007. p. 35.

[465] FERREIRA ALVES, Jorge de Jesus. *Morosidade da justiça*: como podem ser indemnizados os injustiçados por causa da lentidão dos Tribunais à luz da Convenção Europeia dos Direitos do Homem e sua legislação nacional. Porto: Legis Editora, 2006, p. 16. Como explica o autor era impossível tudo ser julgado no Tribunal: "Cada processo tem, pelo menos, duas partes que podem ser prejudicadas comn a lentidão do processo. Dizem que há, pelo menos, 100.000 (cem mil) processos atrasados. 100.000 X 2 = 200.000 (duzentos mil) processos contra o Estado pela lentidão da justiça. Isso significaria que os tribunais administrativos ficariam, rigorosamente, entupidos. Isso significaria 200.000 (duzentas mil) queixas no Tribunal Europeu! Isso significaria que o Estado era, sistematicamente e duplamente, condenado a pagar pesadas indemnizações e teria de resolver o problema da justiça de forma mais eficaz do que a Itália".

Na mesma linha de raciocínio, Paulo Hoffman[466] aponta para o rumo tomado pelo jurisdicionado na Itália para tentar resolver o problema da intempestividade do Judiciário:

> Assim, diante de uma justiça italiana lenta e morosa, os cidadãos italianos, apoiados na Convenção Europeia, passaram a se socorrer da possibilidade de recurso à Corte Europeia como forma de salvaguardar seus direitos e exigir a finalização dos processos judiciais em tempo justo ou indenização pelos prejuízos materiais e morais advindos da exagerada duração do processo.

Ora, pode-se imaginar o caos que esses processos trouxeram à Corte Europeia, que acabou por sobrecarregar e atrasar seus julgamentos pelas constantes reclamações dos jurisdicionados italianos. Diante da pressão exercida pela Corte frente ao Governo da Itália, esse se viu obrigado a legislar, modificando sua Constituição para constar o processo tempestivo no artigo 111 e aprovar, às pressas, uma lei que trouxesse a possibilidade de os jurisdicionados receberem uma indenização do Estado pela intempestividade processual, processo este que deveria ser julgado em território italiano, retirando esta carga de lesados de procurar a Corte Europeia.

Assim, a *Legge* Pinto foi aprovada em 24 de março de 2001, sendo uma legislação complementar ao artigo 6º, nº 1, da Convenção Europeia pela Salvaguarda dos Direitos dos Homens e do artigo 111 da Constituição italiana, que regula a indenização do cidadão italiano pelo descumprimento do prazo razoável de duração de seu processo. A referida legislação acabou por modificar o artigo 375 do Código de Processo Civil italiano que acabou com a seguinte redação:

> Art. 375. Pronuncia in camera di consiglio.
>
> La Corte, sia a sezioni unite che a sezione semplice, pronuncia con ordinanza in camera di consiglio quando riconosce di dovere:
>
> 1) dichiarare l'inammissibilita' del ricorso principale e di quello incidentale eventualmente proposto;
>
> 2) ordinare l'integrazione del contraddittorio o disporre che sia eseguita la notificazione dell'impugnazione a norma dell'articolo 332;
>
> 3) dichiarare l'estinzione del processo per avvenuta rinuncia a norma dell'articolo 390;
>
> 4) pronunciare in ordine all'estinzione del processo in ogni altro caso;
>
> 5) pronunciare sulle istanze di regolamento di competenza e di giurisdizione.La Corte, sia a sezioni unite che a sezione semplice, pronuncia sentenza in camera di consiglio quando il ricorso principale e quello incidentale eventualmente proposto sono manifestamente fondati e vanno, pertanto, accolti entrambi, o quando riconosce di dover pronunciare il rigetto di entrambi per mancanza dei motivi previsti nell'articolo 360 o per manifesta infondatezza degli stessi, nonche' quando un ricorso va accolto per essere manifestamente fondato e l'altro va rigettato per mancanza dei motivi previsti nell'articolo 360 o per manifesta infondatezza degli stessi.
>
> La Corte, se ritiene che non ricorrano le ipotesi di cui al primo e al secondo comma, rinvia la causa alla pubblica udienza.

---

[466] HOFFMAN, Paulo. *Op. cit.*, p. 52.

Le conclusioni del pubblico ministero, almeno venti giorni prima dell'adunanza della Corte in camera di consiglio, sono notificate agli avvocati delle parti, che hanno facolta' di presentare memorie entro il termine di cui all'articolo 378 e di essere sentiti, se compaiono, nei casi previsti al primo comma, numeri 1), 4) e 5), limitatamente al regolamento di giurisdizione, e al secondo comma.[467]

Giovanni Romano, Domenico Antonio Parrotta e Egidio Lizza,[468] discorrendo sobre o histórico da legislação, apontam:

Con la legge n. 89-01, nota come legge pinto, approvata Il 24 marzo 2001, pubblicata sulla G.U. n. 78 del 3 aprile 2001 ed entrata in vigore Il successivo 18 aprile 200, Il Legislatore nazionale há voluto dare attuazione, sul piano interno, all'art. 6 della Convenzione europea per la salvaguardia dei Diritti dell'Uomo e delle Libertà fondamentali, nella parte in cui lo stesso garantisce la ragionevole durata del processo, prevedendo, cosi come fa anche la Convenzione (14) all'art. 41, Il diritto di chi abbia súbito un danno patrimoniale o nom patrimoniale in conseguenza della irragionevole durata del processo ad attenere Il riconoscimento di un'equa riparazione in suo favore.[469]

Conforme se verifica com a leitura na íntegra da Lei Pinto, essa não traz, em seu bojo, o direito fundamental ao processo tempestivo, mas faz ilação direta com o artigo 6º, nº 1, da Convenção Europeia para Salvaguarda dos Direitos do Homem que se trata de um dos documentos mais importantes para a análise, estudo e debate dos direitos humanos na atualidade, sendo que a referida Convenção na ótica de Romano, Parrotta e Lizza[470] é "[...] è um trattato internazionale, una specie di contratto in virtù del quase gli Stati

---

[467] Artigo 375. Pronúncia na Câmara do Conselho.

A Corte, seja na sessão unida seja na sessão simples, pronuncia com ordem quando reconhece a necessidade de:

1) declarar a inadmissibilidade do recurso principal e, eventualmente, do acessório;

2) ordenar a integração do contraditório ou dispor que seja executada a notificação da impugnação nos termos do artigo 332;

3) declarar a extinção do processo se deu de uma isenção nos termos do artigo 390;

4) pronunciar a extinção do processo em qualquer outro caso;

5) pronunciar sobre órgãos de regulamentação de competência e jurisdição. A Corte, seja na sessão unida seja na sessão simples, pronuncia sentenças em Câmara de Conselho, quando o recurso principal e aquele incidental eventualmente proposto são manifestamente fundados, e são, portanto, procedentes ambos, ou quando reconhece a necessidade de rejeitar ambos por falta de fundamentos especificados no artigo 360 ou por manifesta falta de fundamentos dos mesmos, bem como quando um pedido vai ser acolhido por ser claramente fundamentado e o outro vai ser rejeitado por falta de fundamentos especificados no Artigo 360 ou por manifesta falta de fundamentação dos mesmos.

A Corte, se considerar que não ocorrem as hipóteses do primeiro e do segundo parágrafo, remete o processo para audiência pública. As conclusões do Ministério Público, pelo menos vinte dias antes de da reunião da Corte em Câmara de Conselho, devem ser notificadas aos advogados das partes, que têm a faculdade de apresentar memorial dentro do prazo especificado no artigo 378 e de serem ouvidos, nos casos referidos no parágrafo primeiro, números 1), 4) e 5), limitadamente para a regulamentação de jurisdição, e segundo parágrafo. (Tradução livre do autor).

[468] ROMANO, Giovanni; PARROTTA, Domenico Antonio; LIZZA, Egidio. *Op. cit.*, p. 10.

[469] Com a Lei 89/01, conhecida como Lei Pinto, aprovada em 24 de março de 2001, publicada no JO Nº 78 de 3 de abril de 2001 tendo entrado em vigor em 18 de abril 2001, o legislador nacional quis dar atuação, no plano interno, ao art. 6 º da Convenção Europeia para a Salvaguarda dos Direitos do Homem e das Liberdades Fundamentais, na parte em que o mesmo garante a razoável duração do processo, proporcionando, assim como também faz a convenção (14) art. 41, o direito das pessoas que têm danos patrimoniais ou extrapatrimoniais em consequência da duração não razoável do processo de conseguir o reconhecimento de justa reparação em seu favor. (Tradução livre do autor).

[470] ROMANO, Giovanni; PARROTTA, Domenico Antonio; LIZZA, Egidio. *Op. cit.*, p. 1.

si assumono determinati obblighi giuridici",[471] assim como a lei é complementar ao artigo 111 da Constituição italiana, não havendo outra forma de conceituar a duração razoável do processo na Itália senão como um direito fundamental do jurisdicionado.

Diante da importância dessa Convenção, aliada ao reformado art. 111 da Constituição italiana, ao Código de Processo Civil italiano e a Lei Pinto é que se faz um estudo desta última em seus tópicos mais importantes para entender sua sistemática e a possibilidade de ser promulgada uma lei análoga no ordenamento jurídico brasileiro.

Humberto Dalla Bernardina de Pinho[472] explica e resume a intenção da legislação italiana, o que acaba por ser importante para poder se ingressar na massa de artigos que a lei confere já com uma pré-compreensão do que ela tenta trazer de benefícios ao modelo de justiça italiano, afirmando:

> O advento da *Legge* Pinto no ordenamento italiano inova ao prever a reparação do dano causado pela excessiva duração do processo, reconhecendo o Estado que a entrega da prestação jurisdicional tardia, por si só, tem o condão de gerar um dano aos demandantes, reformando o artigo 375 do código de processo italiano. Prevê a responsabilidade e a obrigatoriedade do Estado pela indenização às partes, quando violada a garantia fundamental da razoável duração do processo, desde que estas não tenham concorrido para a excessiva duração, ou mesmo, em decorrência da complexidade da matéria.

Duas fortes pressões, uma da Corte Europeia dos Direitos do Homem e a outra da própria Constituição italiana, foram mais que suficientes para que a Itália realizasse uma lei para a responsabilização do Estado frente à tutela intempestiva do processo. Não foi outra a conclusão chegada por Duarte e Grandinetti:[473]

> Pode-se concluir que a lei que prevê uma justa reparação em caso de violação ao término irrazoável do processo possui um duplo escopo: de colocar um fim às diversas condenações do Estado italiano perante a Corte Europeia dos Direitos do Homem e dar aplicabilidade imediata a um dos princípios do justo processo elencado no art. 111 da Constituição Italiana.

Assim, já cientes que a lei tenta inovar com a responsabilização do Estado pela intempestividade do processo na Itália, é inegável que o estudo pormenorizado das regras advindas da Lei Pinto é de extrema importância para o ordenamento jurídico brasileiro, o que se passa a fazer.

4.2. Aspectos relevantes da *Legge* Pinto

Não é a integralidade da legislação italiana que confere ao jurisdicionado o direito de receber do Estado uma indenização pela tutela processual intempestiva que interessa a este estudo. Apenas um trecho significativo da

---

[471] [...] é um tratado internacional, uma espécie de contrato em virtude do qual os Estados assumem determinadas obrigações jurídicas. (Tradução livre do autor).

[472] BERNARDINA DE PINHO, Humberto Dalla. *Op. cit.*, p. 35.

[473] DUARTE, Carlos Francisco; GRANDINETTI, Adriana Monclaro. *Op. cit.*, p. 43.

lei, mais precisamente aquele que prevê a possibilidade de responsabilização do Estado diante da intempestividade processual é o que vai interessar, iniciando ele no capítulo II, no qual confere ao lesado o direito a uma *equa riparazione*, ou seja, o direito a uma justa reparação, que será desenvolvido neste capítulo. Paulo Hoffman[474] divide a legislação em dois momentos:

> Dividida em dois capítulos e composta de sete artigos, a Lei Pinto trata de seu capítulo primeiro, denominado "*Definizione immediata del processo civile*", somente da modificação da redação do artigo 375 do Código de Processo Civil italiano, enquanto no capítulo segundo, intitulado "*Equa Riparazione*", apresenta o escopo da lei, o procedimento, o prazo e as condições de interposição da ação que vise à reparação, a forma de publicação e ciência da sentença, norma transitória e a disposição orçamentária dirigida à previsão de verbas para pagamento das futuras eventuais condenações.

Assim, o artigo 1º da Lei Pinto restará de fora deste estudo, uma vez que apenas reescreve o artigo 375 do Código de Processo Civil italiano, assim como serão deixadas de lado as disposições finais e transitórias.

Quanto ao dever de o Estado brasileiro indenizar o jurisdicionado que se sentir lesado pela intempestividade processual e, principalmente, não havendo ainda no Brasil legislação específica regulamentando a matéria e, tendo em vista já haver legislação estrangeira disciplinando-a, na Itália, é interessante que ela seja estudada passo a passo para, após, ser ventilada a responsabilidade do Estado brasileiro frente à intempestiva tutela processual de seus jurisdicionados.

Diante da importância do texto legal italiano para o estudo da indenização a ser concedida pelo Estado ao jurisdicionado no Brasil pelo processo intempestivo, o artigo 2º da Lei Pinto será analisado e discutido por completo para que sirva às considerações finais deste estudo. Assim, inicia-se o estudo da Lei Pinto pela leitura do artigo 2.1, que expõe:

> Chi ha subi'to un danno patrimoniale o non patrimoniale per effetto di violazione della Convenzione per la salvaguardia dei diritti dell'uomo e delle liberta fondamentali, ratificata ai sensi della legge 4 agosto 1955, n. 848, sotto il profilo del mancato rispetto del termine ragionevole di cui all'articolo 6, paragrafo 1, della Convenzione, ha diritto ad una equa riparazione.[475]

Pela leitura do texto inserido no artigo 2.1 não existe maiores dúvidas sobre o intuito da lei, que seria o de reparar o dano patrimonial ou não patrimonial pela violação da Convenção pela Salvaguarda dos Direitos do Homem. Em especial, trata o referido artigo sobre o respeito ao artigo 6º, § 1º, da referida Convenção, que discorre, conforme já ressaltado anteriormente, sobre toda pessoa ter acesso a um processo dentro de um prazo razoável. Como era de se esperar, o legislador deixou bem claro na redação tratar-se da mesma indenização a que o cidadão teria direito com base na Convenção Europeia dos Direitos do Homem.

---

[474] HOFFMAN, Paulo. *Op. cit.*, p. 72.

[475] Quem sofreu um dano patrimonial ou extrapatrimonial como resultado de uma violação da Convenção para a Proteção dos Direitos dos homens e das Liberdades fundamentais, ratificado nos termos da Lei 848 de 4 de agosto de 1955, em termos de não cumprimento do prazo razoável especificado no artigo 6º, § 1º da Convenção, tem o direito a uma justa reparação. (Tradução livre do autor).

Realizando uma analogia, o artigo 2.1 da Lei Pinto nada mais é do que, no ordenamento jurídico brasileiro, se fazer uma leitura da Constituição Federal, no seu artigo 5º, LXXVIIII, em conjunto com os incisos V e X, artigo 37, § 6º, artigo 175º, IV, e artigos 186, 927 do Código Civil brasileiro. A construção, apesar, de não haver correspondente legal na lei italiana, acaba por ser coerente, ao atribuir o direito fundamental do jurisdicionado a um processo tempestivo, dar direito a ser indenizado pelos danos que lhes são causados, assim como ao atribuir a responsabilização do Estado objetivamente pelos danos causados por seus agentes.

O artigo 2.2 traz as situações que deverão ser contemporizadas para o julgamento da causa contra o Estado ao dispor

> Nell'accertare la violazione il giudice considera la complessita del caso e, in relazione alla stessa, il comportamento delle parti e del giudice del procedimento, nonche quello di ogni altra autorita chiamata a concorrervi o a comunque contribuire alla sua definizione.[476]

Assim, como já visto em capítulo à parte, para se chegar à resposta se houve ou não violação ao direito da parte em receber a tutela tempestiva, dever-se-á, em primeiro lugar, analisar a complexidade do caso que deu início à ação de indenização pela tutela intempestiva. Essa complexidade será determinada no curso da ação de indenização e será avaliada pelo juiz da causa, ou seja, serão estudados os fatos e a matéria jurídica alocada na ação inicial e, a partir desses dados, será avaliado se a causa realmente necessitava uma duração curta, média ou longa. Também serão analisados os comportamentos das partes, do juiz e de qualquer outra autoridade.

Os requisitos elencados no artigo 2.2 da Lei Pinto são aqueles já decididos pela Corte Europeia para que o lesado tenha o direito à reparação dos seus danos pela intempestiva tutela processual. Como diz Paulo Hoffman, "o critério de julgamento também é o mesmo já definido pela Corte Europeia, atentando à complexidade do caso, o comportamento das partes, do juiz e demais auxiliares".[477]

Tendo em vista ser essa regra praticamente o coração da indenização, será a mesma analisada pormenorizadamente pela própria doutrina italiana. Quanto à complexidade do caso, por estar intimamente ligado ao valor da indenização, Francesco Furnari[478] para o enfrentamento da matéria, diz:

> Tale indagine ha fondamentali riflessi sia sull'na, Che sul quantun debeatur. Infatti la complessità di um giudizio per divisione ereditaria ed immobiliare importa uma diversa valutazione del termine ragionevole rispetto alla semplicità di uma causa di sfratto per finita locazione. La differente valutazione non può avere incidenza, sai nella determinazione del danno non patrimoniale, sai nella stessa probabilità di accoglimento della domanda, potendosi verificare l'ipotesi

---

[476] Ao declarar a violação o tribunal considera a complexidade do caso e, em relação a ela, o comportamento das partes e do juiz, bem como qualquer outra autoridade chamada para concorrer ou ainda contribuir para a sua definição. (Tradução livre do autor).

[477] HOFFMAN, Paulo. *Op. cit.*, p. 74.

[478] FURNARI, Francesco. *Il risarcimento dei danni per la lentezza della giusticia* – Il ricorso alla Corte d'Appello, alla Corte Suprema di Cassazione ed alla Corte Europea dei Diritti dell'Uomo con la recente giurisprudenza nazionale e sovrannazionale. Torino: G. Giappichelli, 2005. p. 38.

– limitatamente ai processi durati pochi anni – che Il tempo trascorso sai stato strettamente necessário per citare le parti, per rinnovare le ctazioni di persone trasferite all'estero, per dispo-re ed eventualmente rinnovare gli accertamenti peritali, per sentire um numero non limitato di stimoni, ecc.[479]

Veja que o tempo do processo deve ser exatamente aquele necessário para seu início e término, realizando as diligências necessárias dentro do prazo destinado, como o exemplo confiado pelo autor ao ato de citação da parte. O ato de citar influi diretamente no andamento do processo, sendo este que dá o impulso para trazer o réu para dentro da relação processual. Vê-se a importância da citação não demorar que, no direito italiano, traz consequências para o Estado na indenização de seu cidadão pela intempestividade processual. Não fosse somente a complexidade do caso, o artigo 2.2 traz uma arma grandiosa contra o retardo processual, que é a análise do comportamento das partes e do juiz durante a instrução e julgamento do processo.

O comportamento das partes e do juiz, conforme já analisados, está intimamente relacionado com a intempestividade do processo no Brasil, não que seja ele causa única, mas contributiva. Na Itália, esse comportamento será analisado para fins da aplicação da Lei Pinto quando o processo for intempestivo. Discorre Francesco Furnari:[480]

Il comportamento delle parti nel processo può essere fonte di lentezza, quando esse ad arte ritardano gli atti (per esempio, nel processo civile, non comparendo all'udienza onde provocare Il rinvio ex art. 309 C.P.C. e conseguentemente provvedendo ad uma dilatoria riassunzione) o chiedendo continui ed ingiustificati rinvvi, sebbene in questo secondo caso è demandato al giudice la facoltà di concederli, a norma dell'art. 175 c.p.c., che obbliga Il giudice istruttore di esercitare tutti i poteri intesi al sollecito e leale svolgimento del procedimento. Il comportamento delle parti nel processo há rilevanza, sia nell'ammontare della liquidazione dei danni, como nella valutazione della possibilita dell'accoglimento della domanda.[481]

Não existe maior frustração para as partes, procuradores, juiz e seus auxiliares que uma audiência não realizada, embora todos formalmente intimados. Este é o típico comportamento que deve ser evitado e deve ser penalizada a parte que não comparece à solenidade. O exemplo trazido por

---

[479] Esta investigação possui fundamentais reflexos seja sobre ela, quanto sobre o *quantum debeatur*. Na verdade, a complexidade de um processo envolvendo uma herança ou uma causa imobiliária tem um prazo razoável que deve ser diferente em comparação com a simplicidade de uma causa de despejo. A apreciação diferente não pode ter incidência, seja na determinação do dano não patrimonial, seja na mesma probabilidade de acolhimento da demanda, podendo-se verificar a hipótese – limitada aos processos de pouca duração – que o tempo transcorrido tenha sido estritamente necessário para citação da partes, para renovar a citação de pessoas transferidas ao exterior, para se realizar e eventualmente renovar as declarações periciais, para ouvir um número ilimitado de testemunhas etc. (Tradução livre do autor).

[480] FURNARI, Francesco. *Op. cit.*, p. 39.

[481] O comportamento das partes no processo pode ser uma fonte de lentidão, quando eles, por arte, atrasam os atos (por exemplo, no processo civil, não aparecendo na audiência, a provocar o adiamento art. 309 CPC e, consequentemente, assegurar o restabelecimento de uma dilatória) ou exigindo contínuos e injustificados pedidos, apesar de, neste segundo caso, é deixado ao juiz a faculdade de conceder, ao abrigo do artigo 175 CPC, que obriga o juiz de instrução para exercer todos os poderes destinados ao rápido e justo desenvolvimento do processo. O comportamento das partes no processo tem importância, tanto no apuramento da liquidação do dano, como na avaliação da possibilidade do acolhimento da demanda. (Tradução livre do autor).

Furnari é caso clássico de desrespeito ao Judiciário e que influi diretamente no tempo do processo. E continua o autor[482] discorrendo sobre o comportamento do juiz:

> Il comportamento negligente del giudice va inteso come negligenza dell'ufficio giudiziario, compresa la Cancellaria e gli Ufficiali Giudiziari; invece, nei casi in cui ricorre Il comportamento personale del giudicie, Esso ricadeunicamente sulla responsablità dello Stato, Che conseguentemente va condannato AL risarcimento dei danni a favore del ricorrente, com possibili roflessi sulla responsabilità del giudicie, anche sul piano disciplinare, come previsto dall'art. 5. Infatti Il decreto di accoglimento della domanda à comunicato dalla Cancellaria anche al procuratore generale della Corte dei Conti ed ai titolari dell'azione disciplinare.[483]

Ou seja, não só as partes devem ter um comportamento ético quando ingressam no Judiciário italiano, mas o juiz deve ser um membro ativo durante o processo para que abusos não sejam cometidos. O comportamento negligente, a omissão do juiz, é algo que, definitivamente, trará prejuízo direto ao Estado pela consequente via do processo indenizatório pela intempestividade processual.

Por fim, mas não menos importante, ainda há de se vislumbrar o comportamento dos outros órgãos do Estado. Francesco Furnari[484] aponta a omissão dos órgãos e suas consequências no direito italiano:

> L'ultima parte dell'art. 2, n. 2 della Legge prevede la responsabilità degli altri organi dello stato, Che abbiano concorso o contribuito alla lentezza del procedimento. Qui, a giudizio di chi scrive, risalta la principale responsabilità dello Stato, Il quale há omesso di emanare quella legislazione adeguata ai tempi moderni, constituita da snellezza delle procedure, in ordine all'adeguamento degli organici del pesonale amministrativo e giudiziario, affinché la giustizia italiana si ponesse al passo com la durata dei procedimenti giusdizionali delle altre nazioni dell'Europa, ove essi vengono definiti normalmente in pochi mesi, anziché in molti anni.[485]

Ou seja, não basta a criação da lei pura e simples, mas sim que os outros órgãos governamentais auxiliem na concretização de uma tutela tempestiva, por exemplo, na criação de normas complementares. Ressalte-se que, quanto menos a Lei Pinto for utilizada pelo cidadão italiano, melhor está sendo prestada a jurisdição naquele País. Aliás, segundo Francisco Rosito,[486] os

---

[482] URNARI, Francesco. *Op. cit.*, p. 39.

[483] O comportamento negligente do juiz deve ser entendido como negligência do poder judicial, incluindo a Corregedoria e Encarregados Judiciários; no entanto, no caso de utilização de comportamento pessoal do juiz, recai unicamente sobre a responsabilidade do Estado, que consequentemente será condenado ao ressarcimento dos danos em favor do autor, com possíveis reflexos sobre a responsabilidade do juiz, também no plano disciplinar, como previsto no art. 5. Com efeito, o decreto de deferimento do pedido é comunicado à Corregedoria também notificado pelo Procurador Geral do Tribunal de Contas e aos titulares do caderno de especificações. (Tradução livre do autor).

[484] FURNARI, Francesco. *Op. cit.*, p. 39-40.

[485] A última parte do art. 2, nº 2, da Lei prevê a responsabilidade de outros órgãos do Estado, que tenham concorrido ou contribuído para a lentidão do processo. Aqui, na opinião das pessoas que escrevem, destacar a principal responsabilidade do Estado, o qual falhou em produzir aquela legislação adequada aos tempos modernos, constituído da velocidade dos procedimentos, a fim de adaptar a orgânica pessoal administrativa e judicial, de modo que a justiça Italiana se colocasse ao passo com a duração dos processos judiciais das outras nações da Europa, onde são normalmente definidos em poucos meses, em vez de em muitos anos. (Tradução livre do autor).

[486] ROSITO, Francisco. *Op. cit.*, p. 35.

standards elencados no artigo 2.2 da lei italiana deverão ser respeitados por outros países, inclusive o Brasil, ao dizer:

> Note-se, pelo disposto na lei italiana, que o critério de julgamento quanto à duração razoável do processo é o mesmo definido pela Corte Europeia, o que representa inegável tendência a ser observada por outros países, inclusive o Brasil, devendo-se atentar para a complexidade da causa e o comportamento das partes, do juiz e demais auxiliares da justiça.

Em que pese o ensinamento do processualista gaúcho, tais critérios devem, retirando-se o primeiro sobre a complexidade da causa, ser utilizados apenas como forma de responsabilização de terceiros pela intempestividade processual, mas nunca para determinar a possibilidade de o Estado não indenizar o lesado. O mau comportamento das partes é indicativo de uma mão não punitiva do Poder Judiciário, assim como dos auxiliares da justiça. O comportamento do juiz está diretamente ligado à atividade estatal, não podendo ser causa de irresponsabilidade do Estado. Já a complexidade da causa sai desta seara de má prestação da atividade humana para tentar uma escusa baseada em atividade jurídica. A causa mais complexa pode ser julgada e efetivada em tempo inferior à menos complexa, razão pela qual desimporta sua complexidade. O Poder Judiciário deve estar apto ao julgamento de processos complexos ou não em um tempo razoável. Conforme já visto existem processos que são morosos por sua própria natureza, como a ação de usucapião, que não geram o direito a uma indenização, caso esta morosidade não se torne intempestividade. Por isso, os critérios utilizados pela Corte Europeia devem ser estudados, mas ao mesmo tempo vistos com reserva.

O artigo 2.3 da Lei Pinto estabelece os critérios da indenização a ser paga:

> Il giudice determina la riparazione a norma dell'articolo 2056 del codice civile, osservando le disposizioni seguenti: a) rileva solamente il danno riferibile al periodo eccedente il termine ragionevole di cui al comma 1; b) il danno non patrimoniale e' riparato, oltre che con il pagamento di una somma di denaro, anche attraverso adeguate forme di pubblicita' della dichiarazione dell'avvenuta violazione.[487]

O valor da indenização será determinado pela previsão do artigo 2056 do Código Civil italiano que diz "Il resarcimento dovuto al danneggiato si deve determinare secondo Le disposizioni degli artt. 1.223, 1.226 e 1.227. Il lucro cessante è valutato dal giudice con equo apprezzamento delle circostanze del caso (c. 1226)",[488] sendo que, porém, serão observados outros dois requisitos presentes na Lei Pinto.

---

[487] O juiz determina a reparação, em conformidade com o artigo 2056 do Código Civil, observando as seguintes disposições: a) detecta apenas os danos imputáveis ao período em excesso do prazo razoável a que se refere o parágrafo 1; b) o dano extrapatrimonial é reparado com o pagamento de uma quantia em dinheiro, e também dando-se publicidade da acontecida declaração de violação. (Tradução livre do autor).

[488] O ressarcimento devido aos ofendidos deve ser determinado em conformidade com as disposições dos artigos 1.223, 1.226 e 1.227. O lucro cessante é avaliado pelo juiz com justa apreciação das circunstâncias do caso (c. 1226). (Tradução livre do autor).

O primeiro diz que o lesado será indenizado apenas pelo tempo considerado excedente a uma duração razoável do processo. Por exemplo, se for considerado, objetivamente, como intempestivo todo o processo que dure mais que 5 anos e tendo o jurisdicionado ingressado no Judiciário pedindo a indenização por seu processo ter sido efetivado em 8 anos, tem ele direito à indenização correspondente aos danos dos últimos 3 anos. Não deixa de ser um critério para se indenizar, uma vez que retiraria da responsabilidade do Estado todo o ônus dos primeiros anos que são considerados de tramitação normal de um processo para, após expirado certo tempo, iniciar a responsabilização do Estado.

Em segundo lugar, tem-se que o dano não patrimonial será pago de duas maneiras, ou em espécie, ou por intermédio de publicidade da declarada violação ao término do processo. Paulo Hoffman[489] atribui a este artigo o seguinte entendimento:

> No estabelecimento do valor deve-se tomar por base o artigo 2.056 do Código Civil italiano, com observância somente do tempo que exceder à duração razoável, sendo que o dano moral pode ser reparado com pagamento em dinheiro ou por intermédio de publicidade da declarada violação ao término razoável. Vale relembrar que a condenação tem caráter de indenização, e não de reparação, ou seja, não se pretende corrigir todo o mal causado pela exagerada duração do processo, mas tão-somente permitir uma certa forma de compensação, um alento pelo mal causado. Todavia, é importante ressaltar que, no que concerne aos prejuízos materiais comprovadamente sofridos, é possível a ocorrência de reparação.

Na análise do pensamento de Hoffman traduz-se que a ação prevista na Lei Pinto tem um caráter indenizatório e não reparatório. A lição acerta na medida em que se pode relembrar que não se está pagando o processo principal em que foi configurada a intempestividade, ou seja, não está reparando aquele feito, mas tão somente se está indenizando por aquele processo não ter um rumo tempestivo, causando transtornos ao jurisdicionado. Contudo, se, por consequência da intempestividade processual, o lesado tiver que despender valores seus, estes podem ser cobrados como danos patrimoniais na ação de indenização, sendo estes reparados pelo Estado e não indenizados.

O artigo 3.1 da legislação italiana positiva os aspectos procedimentais da ação de reparação, ao mencionar:

> La domanda di equa riparazione si propone dinanzi alla corte di appello del distretto in cui ha sede il giudice competente ai sensi dell'articolo 11 del codice di procedura penale a giudicare nei procedimenti riguardanti i magistrati nel cui distretto e' concluso o estinto relativamente ai gradi di merito ovvero pende il procedimento nel cui ambito la violazione si assume verificata.[490]

A regra inserida no artigo 3.1 fixa a competência para o julgamento da ação de reparação de danos perante a Corte do Distrito, cuja sede está

---

[489] HOFFMAN, Paulo. *Op. cit.*, p. 74-75.

[490] O pedido de reparação equitativa é proposto diante da corte de apelação do distrito no qual possui sede o juiz competente, nos termos do artigo 11 do Código de Processo Penal para se pronunciar no processo em relação aos juízes, em cujo distrito foi concluído ou extinto em relação aos graus de mérito ou pende o procedimento em cujo âmbito a violação foi verificada. (Tradução livre do autor).

inserida no artigo 11 do Código de Processo Penal italiano. A competência é conferida ao magistrado do distrito no qual pende do julgamento o processo, em que violado seu tempo ou ainda em cujo distrito foi concluído ou extinto seu mérito.

O artigo 3.2 não necessita de maiores revelações, apenas salientando que o recurso a ser interposto deverá ser subscrito por um defensor com procuração especial para tanto, assim como contendo os elementos do artigo 125[491] do Código de Processo Civil italiano, dispondo que "La domanda si propone con ricorso depositato nella cancelleria della corte di appello, sottoscritto da un difensore munito di procura speciale e contenente gli elementi di cui all'articolo 125 del codice di procedura civile".[492]

As regras de competência para julgamento dos recursos estão insertas no artigo 3.3 ao afirmar:

> Il ricorso e proposto nei confronti del Ministro della giustizia quando si tratta di procedimenti del giudice ordinario, del Ministro della difesa quando si tratta di procedimenti del giudice militare, del Ministro delle finanze quando si tratta di procedimenti del giudice tributario. Negli altri casi e' proposto nei confronti del Presidente del Consiglio dei ministri.[493]

No tocante à competência para o recebimento do recurso, a Lei Pinto confere que sua interposição será destinada ao Ministro da Justiça, quando as causas se derem na justiça comum; para o Ministro da Defesa, quando as causas forem originárias da Justiça Militar; ao Ministro das Finanças, quando vierem de procedimentos da justiça tributária. E qualquer outro caso, o recurso será proposto perante o Presidente do Conselho de Ministros.

Ainda em continuidade às regras procedimentais recursais, a Lei aponta em seu 3.4:

> La corte di appello provvede ai sensi degli articoli 737 e seguenti del codice di procedura civile. Il ricorso, unitamente al decreto di fissazione della camera di consiglio, e notificato, a cura del ricorrente, all'amministrazione convenuta, presso l'Avvocatura dello Stato. Tra la data della notificazione e quella della camera di consiglio deve intercorrere un termine non inferiore a quindici giorni.[494]

---

[491] Artigo 125 Codice di Procedura Civile. Contenuto e sottoscrizione degli atti parte.
Salvo che la legge disponga altrimenti, la citazione, Il ricorso, la comparsa, Il controricorso, Il precetto debbono indicare l'ufficio giudiziario, le parti, l'oggetto, le ragioni della domanda e le conclusioni o la istanza, e, tanto ne'll originale quanto nelle copie da notificare, debbono essere sottoscritti dalla parte, se essa sta in giudizio personalmente, oppure dal difensore.
La procura al difensore dell'attore può essere rilasciata in data posteriore alla notificazione dell'atto, purchè anteriormente alla costituzione della parte rappresentata.
La disposizione del comma precedente non si aplica quando la legge richiede che la citazione sai sottoscritta da difensore munito di mandato speciale.

[492] A demanda é proposta com um recurso apresentado na Corregedoria da Corte de Apelo, assinado por um defensor munido com uma procuração especial, contendo as informações exigidas nos termos do artigo 125 do Código de Processo Civil. (Tradução livre do autor).

[493] O recurso é proposto contra o ministro da Justiça, quando se trata de um procedimento de um juiz ordinário, contra o ministro da Defesa militar, quando se trata de um processo do juiz militar, contra o ministro das Finanças, quando se trata de um processo de um juiz tributário. Em outros casos, é proposto contra o presidente do Conselho de Ministros. (Tradução livre do autor).

[494] A Corte de Apelo provê, nos termos dos artigos 737 e seguintes do Código de Processo Civil. O recurso, juntamente com um decreto que fixa a sessão fechada, é notificado pela recorrente, a administração

As regras inseridas nos artigos 737 e seguintes do Código de Processo Civil italiano serão as norteadoras para o processamento do recurso na Corte de Apelo, assim dispondo:

Artigo 737 Codice de Procedura Civile. Forma della domanda e del provvedimento.

I provvedimenti, Che debbono essere pronunciati in câmera de consiglio, si chiedono con ricorso al giudice competente e hanno forma di decreto motivato, salvo Che la legge disponga altrimenti.

Artigo 738. Procedimento.

Il presidente nomina tra i componenti del collegio um relatore, Che riferisce in câmera di consiglio.

Se deve essere sentido Il pubblico ministero, gli atti sono a lui previamente comunicati ed egli stende Le sue conclusioni in calce al provvedimento del presidente.

Il giudice può assumere informazioni.

Artigo 739. Reclami delle parti.

Contro i decreti del giudice tutelare si può propore reclamo com ricorso al tribunale, Che pronuncia in camera di consiglio. Contro i decreti pronunciati dal tribunale in camera di consiglio in primo grado si può proporre reclamo com ricorso alla corte d'appello, Che pronuncia anch'essa in camera de consiglio.

Il reclamo deve essere proposto nel termine perentorio di dieci giorni dalla comunicazione del decreto se è dato in confronto di uma sola parte, o dalla notificazione se è dato in confronto di più parti.

Salvo Che la legge disponga altrimenti, non è ammesso reclamo contro i decreti della corte di appello e contro quelli del tribunale pronunciati in sede di reclamo.

Artigo 740. Reclami del pubblico ministero.

Il publico ministero, entro dieci giorni dalla comunicazione, può proporre reclamo contro i decreti del giudice tutelare e conro quelli del tribunale per i quali è necessário Il suo parere.

Artigo 741. Efficacia dei provvedimenti.

I decreti acquistano efficacia quando sono decorsi i termini di cui agli articoli precedenti senza Che sai stato proposto reclamo.

Se vi sono ragioni d'urgenza, Il giudice può tuttavia disporre Che Il decreto abbia efficacia immediata.

Artigo 742. Revocabilità dei provvedimenti.

I decreti possono essere in ogni tempo modificati o revocati, ma restano salvi i diritti acquistati in buona fede daí terzi in forza di convencioni enteriori alla modificazione o alla revoca.

Artigo 742bis. Ambito di applicazione degli articoli precedenti.

Le disposizioni nel presente capo si applicano a tutti i procedimenti in camera di consiglio, ancorchè non regolati daí capi precedenti o Che non riguardino materia di famiglia o di stato delle persone.[495]

---

conveniente na Defensoria do Estado. Entre a data da notificação e a da sessão fechada deverá ocorrer um intervalo não inferior a quinze dias. (Tradução livre do autor).

[495] Artigo 737 Código de Processo Civil. Forma do pedido e do provimento. Os provimentos, que devem ser pronunciados na Câmara de conselho, necessitam de recurso ao Juiz competente e têm forma de um decreto motivado, salvo se a lei dispuser de outro modo.
Artigo 738. Procedimento. O Presidente nomeia, dentre os membros do colégio, um relator, que refere (relata), em Câmara de Conselho.

Também revela o artigo 3.4 as notificações que serão realizadas em virtude do julgamento do recurso, no qual serão intimados o recorrente, a administração e a advocacia do Estado. As notificações não excederão o prazo de 15 dias.

Regra puramente processual de notificação restou inserida no artigo 3.4. As razões de se notificar as partes, a administração e a advocacia do Estado são óbvias, ao passo que, a mais simples delas é o fato de que são todos interessados no processo e qualquer não notificação poderia, posteriormente, gerar nulidades no processo.

No artigo 3.5 está fixado alguns prazos para diligências das partes que devem ser respeitados ao determinar:

> Le parti hanno facolta di richiedere che la corte disponga l'acquisizione in tutto o in parte degli atti e dei documenti del procedimento in cui si assume essersi verificata la violazione di cui all'articolo 2 ed hanno diritto, unitamente ai loro difensori, di essere sentite in camera di consiglio se compaiono. Sono ammessi il deposito di memorie e la produzione di documenti sino a cinque giorni prima della data in cui e fissata la camera di consiglio, ovvero sino al termine che e a tale scopo assegnato dalla corte a seguito di relativa istanza delle parti.[496]

Do que mais importa do artigo supracitado é a possibilidade de a parte produzir documentos e, inclusive, entregar memorial sobre o caso. Tais di-

---

Deve ser ouvido o Ministério Público, os atos são a ele previamente comunicados e ele comunica suas conclusões após o provimento do presidente.

O Juiz pode pedir informações.

Artigo 739. As reclamações (os recursos) das partes.

Contra os decretos do juiz tutelar pode-se propor reclamação através de um recurso ao Tribunal, que decide na Câmara de Conselho. Contra os decretos pronunciados pelo tribunal em Câmara de Conselho, em primeira instância, pode-se propor reclamação através de um recurso à Corte de Apelação, que decidirá também através de uma Câmara de Conselho.

A reclamação deve ser apresentada no prazo peremptório de dez dias da comunicação do decreto, se é dado para uma parte somente, ou da notificação se for dado para várias partes.

Salvo se a lei dispuser de outro modo, não é permitida reclamação contra os decretos da Corte de Apelação e contra os do tribunal pronunciados em sede de reclamação.

Artigo 740. As reclamações do Ministério Público.

O Ministério Público, no prazo de dez dias após a comunicação, pode interpor reclamação (recurso) contra os decretos do juiz tutelar e contra aqueles do tribunal para o qual é necessário seu parecer.

Artigo 741. Eficácia dos provimentos.

Os decretos conquistam eficácia depois de decorridos os prazos previstos nos artigos anteriores, sem que tenha sido proposta reclamação (recurso).

Se existirem razões de urgência, o juiz pode dispor que o decreto tem eficácia imediata.

Artigo 742. Revogabilidade das medidas.

Os decretos podem ser alterados a qualquer momento ou revogados, mas restam preservados os direitos conquistados em boa-fé por terceiros, por força das convenções anteriores a modificação ou a revogação.

Artigo 742bis. Âmbito de aplicação dos artigos anteriores.

As disposições deste capítulo aplicam-se a todos os processos em Câmara de Conselho, ainda não regulada pelos capítulos precedentes ou que não possuam matéria de direito de família ou de estado de pessoas. (Tradução livre do autor).

[496] As partes têm o direito de pedir que a corte adquira a totalidade ou parte dos atos e documentos do processo no qual se assume que a violação do artigo 2º tenha ocorrido e têm direito, juntamente com os seus defensores, de serem ouvidos em sessão fechada. São permitidas a apresentação de memoriais e a produção de documentos até cinco dias antes da data em que for fixada a sessão fechada, ou até o término do prazo designado pela Corte. (Tradução livre do autor).

ligências deverão ser realizadas dentro do prazo legal conferido pelo artigo, ou de cinco dias da data em que fixada a Câmera de Conselho ou do término do prazo assinado pela Corte.

No artigo 3.6 está positivado que "La corte pronuncia, entro quattro mesi dal deposito del ricorso, decreto impugnabile per cassazione. Il decreto e immediatamente esecutivo",[497] ou seja, o prazo para o julgamento do processo é fixo, devendo durar, no máximo, 4 meses, sendo que a sentença pode ser executada imediatamente, não havendo efeito suspensivo pela interposição do recurso. O dispositivo do artigo 3.6 define um limite temporal para o julgamento do recurso contra a sentença que julgou procedente a ação de indenização do lesado pela tutela intempestiva do Judiciário. Limitar o tempo de duração do processo é sempre perigoso, uma vez que, não tendo o julgamento se dado dentro do prazo estabelecido, há de se enfraquecer a legislação. Não fosse isso, somente o fato de, obrigatoriamente, dar uma prioridade a um processo que não necessita de uma tramitação preferencial, é preterir uma série de outros processos no tempo para dar celeridade ao feito indenizatório.

Ora, a solução já estava dada na continuação do artigo ao retirar o efeito suspensivo do recurso, podendo o autor, desde já, executar seu julgado. Diante disso, não havia nenhuma necessidade de limitar o prazo para o julgamento do recurso.

No artigo 3.7 afirma que "L'erogazione degli indennizzi agli aventi diritto avviene, nei limiti delle risorse disponibili, a decorrere dal 1º gennaio 2002".[498] Ao realizar um estudo aglomerado do artigo 3, Paulo Hoffmam[499] discorre que:

> O extenso artigo 3 da Lei Pinto prevê o procedimento a ser adotado nas demandas de *equa riparizione*, estipulando minuciosamente os critérios de competência, quem deve figurar no pólo passivo da demanda, a necessidade de a petição inicial ser subscrita por um advogado munido de procuração com fins específicos, a forma de julgamento, de decisão e de eventual recurso. Ponto interessante nesse artigo é a previsão de que entre a distribuição e o julgamento do pedido indenizatório deva transcorrer apenas quatro meses e de que a decisão, ainda que sujeita a recurso, é imediatamente executiva.

Não se pode concordar plenamente com a afirmação de Paulo Hoffman, uma vez que entende interessante o fato de o processo ter prazo fixo de 4 meses para sua sentença, quando, na realidade, a regra passa a largo de ser interessante, pois além de atropelar outros processos, fixa um prazo altamente difícil de ser cumprido.

Ingressando no artigo 4 da Lei, este inicia fixando os prazos para o término do processo e as condições para a propositura da ação ao dispor que "La domanda di riparazione puo essere proposta durante la pendenza del

---

[497] A corte pronuncia, no prazo de quatro meses desde a apresentação do recurso, o decreto impugnável pela cassação. O decreto é imediatamente executável. (Tradução livre do autor).

[498] O pagamento das indenizações para os terem direito inicia, dentro dos limites dos recursos disponíveis, a partir de 1º de janeiro de 2002. (Tradução livre do autor).

[499] HOFFMAN, Paulo. *Op. cit.*, p. 75-76.

procedimento nel cui ambito la violazione si assume verificata, ovvero, a pena di decadenza, entro sei mesi dal momento in cui la decisione, che conclude il medesimo procedimento, e divenuta definitiva".[500]

Não existe na legislação italiana o prazo inicial para a propositura da ação de responsabilização do Estado pela intempestividade do processo do jurisdicionado italiano. Note-se que conforme a leitura do artigo, para o ingresso da ação, esta pode ser proposta durante a pendência do processo onde foi verificada a intempestividade. Em outras palavras, se for considerado que um processo com mais de 5 anos é longo, a partir do quinto ano e um dia tem o cidadão o direito de ingressar com a sua indenização contra o Estado.

Mesmo sem fazer referência à legislação italiana, Eduardo Kraemer, discorrendo sobre o prazo inicial de ação de indenização contra o Estado pela má prestação jurisdicional, aponta que "desde logo, a pendência de recurso, portanto, com a possibilidade de alteração pela instância superior da decisão atacada, é óbice para o ajuizamento da ação de reparação por deficiente prestação jurisdicional".

Entre a ideologia italiana e essa esposada pelo magistrado gaúcho, prefere-se aquela, uma vez que é do dia em que o processo deveria ser considerado findo que *termo a quo* para ingresso da ação indenizatória deve contar. Recentemente, apenas a título de exemplificação, foi julgado no Superior Tribunal de Justiça o primeiro caso de indenização do naufrágio da embarcação *Bateau Mouche*, ou seja, quase 20 anos após o acidente. Se analisado pela ótica de que o trânsito em julgado é a data correta para ajuizamento da ação indenizatória, apenas 20 anos após o fato ocorrido é que se iniciaria o prazo para ingresso da ação, o que torna a ideia na contramão das recentes reformas constitucionais e processuais.

Já o termo final para o ingresso da ação indenizatória, ou seja, o prazo decadencial está bem definido na lei que, como o próprio artigo refere, é de seis meses da sentença definitiva de mérito do processo intempestivo transitada em julgado.

Assim, passadas todas as fases do processo de um cidadão italiano, com suas fases recursais e, transitada em julgado a sentença, tenha se verificado que o processo teve um tempo de duração de 12 anos, o prazo decadencial para o ajuizamento da ação de indenização é de seis meses contados do dia que transitou em julgado a sentença do processo. Assim, pegando-se o exemplo acima exposto, a parte prejudicada teria um prazo decadencial de 12 anos e 6 meses para o ingresso de sua ação de indenização. Caso considerado o início do prazo de decadência o quinto ano, teria o lesado, neste caso, o prazo decadencial de 7 anos e 6 meses.

---

[500] A demanda de reparação pode ser proposta durante a pendência do processo em que ocorre a violação, ou, sob pena de decadência, no prazo de seis meses após a decisão, que conclui no mesmo processo, tornar-se definitiva. (Tradução livre do autor).

Eduardo Kraemer[501] ressalta que, no Brasil, a coisa julgada é óbice, salvo em casos excepcionais, ao ajuizamento de ação indenizatória contra o Estado pela má prestação jurisdicional, afirmando:

> Do exposto, deflui, portanto, não ser a coisa julgada óbice absoluto para a propositura de ação de indenização por deficiente prestação jurisdicional do Estado. A coisa julgada apenas afasta a ação de indenização quando não há a propositura da ação de desfazimento. Nas hipóteses em que o sistema não tenha a previsão da ação desconstitutiva da coisa julgada, existirá sempre a necessidade de permitir a propositura da ação de indenização.

Mais uma vez parece que a solução encontrada pela legislação italiana se mostra mais favorável aos interesses do cidadão. Ao dar guarida a tese de Eduardo Kraemer, pelo menos na sistemática processual brasileira, poder-se-ia estar criando um prazo decadencial de dias, contando-se o primeiro dia da intimação do julgamento do recurso até o dia em que transitaria o mesmo em julgado.

O artigo 5.1 menciona a comunicação do ato processual que acolheu o pedido indenizatório ao lesado ao afirmar:

> Il decreto di accoglimento della domanda e comunicato a cura della cancelleria, oltre che alle parti, al procuratore generale della Corte dei conti, ai fini dell'eventuale avvio del procedimento di responsabilita, nonche ai titolari dell'azione disciplinare dei dipendenti pubblici comunque interessati dal procedimento.[502]

Talvez o artigo mais importante para o verdadeiro combate à intempestividade processual da Lei Pinto seja exatamente esse acima transcrito que define as comunicações que devem ser realizadas a partir do decreto sentencial da ação de indenização. A comunicação da decisão vai ser direcionada, além, claro, dos agentes que participaram do processo, ao Procurador-Geral da Corte de Conti onde este, munido de poderes, poderá, eventualmente, analisando o comportamento daqueles que figuraram no feito, tomar providência quanto à responsabilidade de cada um. Paulo Hoffman[503] aponta:

> O artigo 5º da Lei Pinto determina que, além de a decisão ser notificada às partes, deve ser também ao Procurador Geral da Corte *dei conti* (espécie de órgão administrativo responsável por controle de gastos públicos), para o fim de eventual verificação de culpa das autoridades envolvidas no processo em que se deu a violação, assim como ao responsável pela ação disciplinar dos empregados públicos envolvidos. O que se depreende desse artigo é a preocupação do legislador para que os casos de equa riparazione sejam comunicados aos órgãos administrativos e disciplinares, a fim de que as medidas cabíveis sejam tomadas para evitar a reincidência.

É de se ressaltar, ainda, que a comunicação do Procurador-Geral da Corte de Conti apenas é realizada no caso de procedência do pedido do autor da ação, não havendo o ato caso o processo de indenização seja julgado

---

[501] KRAEMER, Eduardo. *Op. cit.*, p. 92.

[502] O decreto de deferimento da demanda é comunicado pela Corregedoria, às partes, ao Procurador-Geral do Tribunal de Contas, com a finalidade de dar início ao processo de responsabilidade, bem como aos titulares das ações disciplinares para os funcionários públicos, contudo, interessados no processo. (Tradução livre do autor).

[503] HOFFMAN, Paulo. *Op. cit.*, p. 76.

improcedente. Caso houvesse um dispositivo na Lei Pinto onde o Procurador-Geral fosse intimado da sentença de improcedência para verificar a conduta da parte que ajuizou a ação de indenização desmotivadamente, restaria mais um óbice à Justiça, o que coibiria abusos das partes que ingressam somente na esperança de ganhar alguma indenização.

No Brasil, infelizmente, tal procedimento de averiguação de culpa só é possível em alguns casos, retirando-se o magistrado. Essa falta de responsabilização por culpa de alguns agentes públicos é o elo de enfraquecimento da responsabilidade civil no Brasil, o que será visto oportunamente.

O artigo 6 é referente à possibilidade de reingresso da ação de indenização no Judiciário italiano, ainda que já em fase de julgamento o caso na Corte Europeia de Direitos do Homem, mediante certas peculiaridades, ao determinar:

> Nel termine di sei mesi dalla data di entrata in vigore della presente legge, coloro i quali abbiano gia' tempestivamente presentato ricorso alla Corte europea dei diritti dell'uomo, sotto il profilo del mancato rispetto del termine ragionevole di cui all'articolo 6, paragrafo 1, della Convenzione per la salvaguardia dei diritti dell'uomo e delle liberta' fondamentali, ratificata ai sensi della legge 4 agosto 1955, n. 848, possono presentare la domanda di cui all'articolo 3 della presente legge qualora non sia intervenuta una decisione sulla ricevibilita' da parte della predetta Corte europea. In tal caso, il ricorso alla corte d'appello deve contenere l'indicazione della data di presentazione del ricorso alla predetta Corte europea. 2. La cancelleria del giudice adito informa senza ritardo il Ministero degli affari esteri di tutte le domande presentate ai sensi dell'articolo 3 nel termine di cui al comma 1 del presente articolo.[504]

Assim, após seis meses da entrada em vigor da Lei Pinto, aqueles recursos apresentados, dentro do prazo, perante a Corte Europeia, com base no artigo 6°, § 1° da Convenção para Salvaguarda dos Direitos do Homem e das Liberdades Fundamentias, ou seja, baseado no direito a um processo com duração razoável, podem os titulares dos recursos apresentarem suas ações perante as Cortes de Apelação italianas. Para isso, deve o recorrente indicar no seu recurso a data em que apresentou a sua formulação perante a Corte Europeia. Paulo Hoffman[505] esclarece:

> Como mais uma forma de tentar manter o problema sob jurisdição italiana, o artigo 6 da Lei Pinto estabelece a possibilidade de dirigir-se ao Judiciário italiano àqueles que já tenham formulado pedido a Corte Europeia dos Direitos do Homem, desde que não haja uma decisão de admissibilidade na referida Corte, ou seja, aqueles cidadãos que já tinham, anteriormente à Lei Pinto, proposto a demanda de *equa riparazione* diante da Corte Europeia, mas que estivesse ainda pendente, poderiam propor a ação perante os Tribunais italianos, anexando cópia da

---

[504] Dentro de um período de seis meses a contar da data de entrada em vigor da presente lei, aqueles que já tenham tempestivamente apresentados recurso ao Tribunal Europeu dos Direitos do Homem, em razão do não cumprimento do prazo razoável especificado no artigo 6°, n° 1 da Convenção para a Proteção dos Direitos e Liberdades Fundamentais, ratificada pela Lei de 4 de agosto de 1955, n. 848, podem apresentar um pedido ao abrigo do artigo 3 ° da presente lei, se não for prolatada uma decisão sobre a admissibilidade pelo Tribunal Europeu. Neste caso, o recurso a Corte de Apelo deverá indicar a data de apresentação do recurso para o Tribunal Europeu. 2. A secretaria do juiz, sem demora, informa o Ministério dos Negócios Estrangeiros de todos os pedidos apresentados ao abrigo do artigo 3°, no prazo referido no parágrafo primeiro do presente artigo. (Tradução livre do autor).

[505] HOFFMAN, Paulo. *Op. cit.*, p. 77.

petição distribuída anteriormente, representando a desistência da demanda proposta perante a Corte Europeia.

Então, naquela linha anterior de retirar o maior número de procesos da Corte Europeia, desafogando-a para que consiga julgar também outros casos de maior repercussão, foi alaborada na Lei Pinto essa regra de transição de julgamento de uma Corte para outra, o que acaba sendo salutar a Corte que tem mais tempo para julgar casos advindos da comunidade europeia.

No artigo 7 está relacionada a disposição financeira do Estado caso julgada procedente a ação e o pagamento do lesado, assim dispondo:

All'onere derivante dall'attuazione della presente legge, valutato in lire 12.705 milioni a decorrere dall'anno 2002, si provvede mediante corrispondente riduzione delle proiezioni dello stanziamento iscritto, ai fini del bilancio triennale 2001-2003, nell'ambito dell'unita' previsionale di base di parte corrente "Fondo speciale" dello stato di previsione del Ministero del tesoro, del bilancio e della programmazione economica per l'anno 2001, allo scopo parzialmente utilizzando l'accantonamento relativo al medesimo Ministero. 2. Il Ministro del tesoro, del bilancio e della programmazione economica e' autorizzato ad apportare, con propri decreti, le occorrenti variazioni di Bizancio.[506]

O artigo 7 refere a criação de um fundo especial para o pagamento das indenizações decorrentes da Lei Pinto, por parte do Ministério do Tesouro da Itália, ou como afirma Paulo Hoffman[507] "[...] estabelece verbas do orçamento a serem destinadas ao pagamento das futuras eventuais indenizações".

O fato de haver um dispositivo conferindo receita para o pagamento de indenizações não deixa de ser algo salutar, uma vez que o lesado terá a garantia de receber sua indenização tão logo julgada a causa. Contudo, também, não deixa de ser um convite a que todos ingressem no Judiciário italiano se sentindo lesados pela intempestividade do processo principal, uma vez que, provados os danos, terão a garantia de, em um tempo muito célere, receberem tais importâncias, ainda que pendentes de julgamento seus processos com duração não razoável.

Resumindo os pontos importantes e cruciais da legislação italiana tem-se:

1. a condenação tem caráter de indenização e não de reparação;

2. o processo, uma vez distribuído, salvo desistência do pedido pelo autor, deverá ser julgado num prazo máximo de 4 meses;

3. ser autoexecutável a sentença, independentemente da interposição do recurso. É óbvio que o recurso é permitido nestes casos, até para fins do princípio do duplo grau de jurisdição, mas

---

[506] Em relação ao ônus derivado da aplicação da presente lei, avaliado em 12.705, a partir do ano de 2002, se provê mediante correspondente redução da dotação, ao fim do balanço trienal 2001-2003, no âmbito da unidade previsional de base, do Fundo Especial do Estado da estimativa do Ministério do Tesouro, do Orçamento e da programação econômica para o ano de 2001, de forma parcial utilizando a disposição relativo ao mesmo Ministério. 2. O Ministro do Tesouro, do Orçamento e do Planejamento Econômico está autorizado a fazer, com os seus próprios decretos, as alterações orçamentárias necessárias. (Tradução livre do autor).

[507] HOFFMAN, Paulo. *Op. cit.*, p. 77.

O DIREITO À DURAÇÃO RAZOÁVEL DO PROCESSO

sendo a sentença autoexecutável, garante a parte que o processo de execução estará em tramitação mesmo tendo sido interposto recurso;

4. igualmente interessante é o fato de o lesado ter o poder de ajuizar a ação de responsabilização do Estado enquanto pendente o julgamento da ação que gerou a intempestiva tutela judicial. Vê-se quão poderoso é este instrumento processual que, teoricamente, pode o lesado ser indenizado antes mesmo de finalizado o processo principal gerador do dano, ou seja, pode se ver indenizado sendo sua causa principal julgada improcedente;

5. mas talvez o ponto crucial da legislação italiana esteja no fato de que deve o Procurador--Geral da Corte De Conti ser notificado da sentença da ação de indenização pela intempestividade processual a fim de averiguar a culpa das autoridades envolvidas no processo que deu azo à ação de indenização. Diante de sua investigação, tem o Procurador poder para ajuizar a respectiva ação disciplinar contra os envolvidos, o que, no caso brasileiro, restaria difícil, tendo em vista que somente poderiam ser acionados os funcionários públicos se obraram com dolo ou culpa grave, a teor do artigo 37º, § 6º, da Constituição Federal;

6. também merece atenção a disposição legal de reserva de verbas para o pagamento das respectivas indenizações. Diante disto, aquele que ajuizar a ação de responsabilidade tem garantido, na frente de muitos outros que aguardam pagamento em outros processos contra o Estado, o seu direito de receber o crédito.

A lei, embora cheia de boas intenções, não teve a resposta esperada para combater a intempestividade do processo no Judiciário italiano e, ao contrário do que se esperava, apesar das reclamações perante a Corte Europeia terem diminuído, ocorreu o próprio afogamento das vias judiciárias italianas pela quantidade imensurável de ações indenizatórias ajuizadas pelos pretensos lesados pela intempestividade de seus processos.

No Brasil a tentativa legislativa pode ter o mesmo destino que na Itália. Caso promulgada uma lei de teor parecido com a Lei Pinto, em muito pouco tempo, milhares de pessoas acabariam batendo às portas do Judiciário pleiteando indenizações pela intempestividade processual. Por isto, além da responsabilidade única e exclusiva do Estado, deve-se pensar a lei a ser promulgada como forma de penalizar aquele que também auxilia na intempestividade do processo, sendo esta uma das únicas formas de combater acirradamente este constante problema no Poder Judiciário.

4.3. Aspectos legais da responsabilidade do Estado pela intempestividade processual

O processo, no Judiciário brasileiro, conforme já foi analisado, é considerado tanto pelos operadores do direito como pelos próprios jurisdicionados como intempestivo. Também já foi analisado que, na Itália, país do qual o Brasil exporta grande parte de sua doutrina processual, o mesmo problema ocorre, sendo que lá, para se tentar combater este mal, foi promulgada uma legislação que responsabiliza o Estado italiano a pagar uma indenização ao seu jurisdicionado lesado quando o tempo processual extrapola os limites da razão e do bom senso. Mas, e no Brasil, o que se está fazendo? Foram apresentadas uma série de sugestões para relativizar o tempo de duração do processo no Judiciário brasileiro e deixada uma de lado para ser estudada um pouco mais minuciosamente, que é exatamente a responsabilização do Estado pela intempestividade processual.

Acionar o Estado com um processo de indenização por perdas e danos auxiliará no combate à intempestividade processual? Este é o problema central a ser respondido neste trabalho e a hipótese é baseada na possibilidade de o Estado, sendo condenado ao pagamento de indenizações, seria forçado a melhorar seu Poder Judiciário, lhe empregando maior parte do orçamento para a contratação de novos auxiliares, de novos equipamentos, entre outras tantas soluções já sugeridas anteriormente. Assim, após o estudo da possibilidade ou não da indenização contra o Estado ser medida correta, será respondida a hipótese levando-se em conta o acima escrito.

A responsabilidade civil do Estado é aquela "obrigação legal, que lhe é imposta, de ressarcir os danos causados a terceiros por suas atividades", conceito este dado pela concepção de Yussef Said Cahali,[508] ou seja, causado um dano a quem quer que seja, há a obrigação do Estado de indenizar aquilo que foi ocasionado pelo exercício de sua atividade.

Partindo-se da ótica adotada por Yussef Said Cahali de que gerado o dano pelo Estado deve ele indenizar e, antes de saber se a indenização contra ele auxiliará para a redução temporal do processo, necessita-se saber se, em tese, o titular do direito fundamental à duração razoável do processo previsto no artigo 5º, LXXVIII, da Constituição Federal pode processar o Estado e qual enquadramento legal tem para isso, enquanto não existe lei infraconstitucional regulamentando a matéria?

O marco inicial para a resposta do questionamento passa, obrigatoriamente, pela leitura e interpretação do artigo 37, *caput*, da Constituição Federal, que dispõe serem princípios da administração pública a "legalidade, impessoalidade, moralidade, publicidade e eficiência", sendo este último que interessa ao trabalho, introduzido pela Emenda Constitucional 19 de 1998. José Afonso da Silva,[509] em comentário ao princípio da eficiência, diz:

> "Eficiência" não é um conceito jurídico, mas econômico; não qualifica normas, qualifica atividades. Em uma ideia muito geral, "eficiência" significa fazer acontecer com racionalidade – o que implica medir os custos que a satisfação das necessidades públicas importa em relação ao grau de utilidade alcançado. Assim, o princípio da eficiência, introduzido na art. 37º da CF pela Emenda Constitucional 19/98, orienta a atividade administrativa no sentido de conseguir os melhores resultados com os meios escassos de que se dispõe e a menor custo. Rege-se, pois, pela regra da consecução do maior benefício com o menor custo possível. Portanto, o princípio da eficiência administrativa tem como conteúdo a relação "meios e resultados".

O princípio da eficiência[510] altera a forma de disciplinar os atos da administração pública que, a partir da Emenda Constitucional 19, devem ser

---

[508] CAHALI, Yussef Said. *Responsabilidade civil do Estado*. 3. ed. São Paulo: Revista dos Tribunais, 2007. p. 13.

[509] SILVA, José Afonso da. *Op. cit.*, p. 337.

[510] OSÓRIO, Fabio Medina. *Teoria da improbidade administrativa*. São Paulo: Revista dos Tribunais, 2007. p. 164. Também discorrendo sobre o referido princípio, diz: "A eficiência, aqui, ao englobar a eficácia,

pautados pelo princípio que congrega, como na economia processual, maior produção com menor custo possível, ou como diz Cândido Rangel Dinamarco,[511] "voltado à produção do melhor resultado desejável com o menor dispêndio possível de recursos". Pode-se assim dizer que a administração pública, quer direta ou indiretamente, deve-se pautar pela eficiência de seus serviços, havendo, então, ligação direta entre a ineficiente tutela jurisdicional e o referido princípio, devendo o Judiciário, como parte integrante do Estado, estar vinculado a ele.

Já Juarez Freitas[512] entende haver um Direito fundamental à boa administração pública o que, não ocorrendo, gera o dever do Estado em indenizar o lesado, assim afirmando:

> O direito fundamental à boa administração pública, assimilado com rigor, favorece a releitura da responsabilidade do Estado, notadamente para combater, além dos excessos de discricionariedade, a omissão, isto é, o não-exercício devido das competências discricionárias. De fato, o exercício da discricionariedade administrativa pode resultar viciado por abusividade (arbitrariedade por excesso) ou por inoperância (arbitrariedade por omissão). Em ambos os casos é violado o princípio da proporcionalidade, que determina ao Estado Democrático não agir com demasia, tampouco de maneira insuficiente, na consecução dos objetivos constitucionais.

Apesar de haver essa relação, não pode o lesado, aqui entendido aquele que foi prejudicado pela intempestividade processual, se basear exclusivamente no princípio da eficiência ou da boa administração pública para pleitear seus danos, quando existem outros caminhos a serem perseguidos e desbravados para ser indenizado.

Apenas a título de diferenciação, deve-se pautar que a responsabilidade do Estado pela intempestividade processual não será a mesma daquela emanada pelo ato judicial típico ou através da responsabilidade pela atividade judiciária, configurado como direito fundamental no artigo 5º, LXXV, da Constituição Federal, ao dizer que "o Estado indenizará o condenado por erro judiciário, assim como o que ficar preso além do tempo fixado na sentença". Sérgio Cavalieri Filho[513] aponta:

> No exercício da atividade tipicamente judiciária podem ocorrer os chamados erros judiciais, tanto *in iudicando* como *in procedendo*. Ao sentenciar ou decidir, o juiz, por não ter bola de cristal nem o dom da adivinhação, está sujeito aos erros de julgamento e de raciocínio, de fato ou de direito. Importa dizer que a possibilidade de erros é normal e até inviável na atividade jurisdicional.

Então, resta evidenciado que o direito de indenização pela intempestividade processual não advém do princípio inserido no inciso LXXV do

---

traduz exigências funcionais concretas aos agentes públicos, relacionando-se não apenas com a legitimidade de seus gastos, mas com a economicidade dos resultados, a qualidade do agir administrativo, o comprometimento com as metas e soluções dos problemas. No sentido constitucional, eficiência pressupõe eficácia, qualidade, compromissos com resultados, abarcando os paradigmas da chamada Nova Gestão Pública, nos tempos da pós-modernidade".

[511] DINAMARCO, Cândido Rangel. *Instituições de direito processual civil. Op. cit.,* p. 195.

[512] FREITAS, Juarez. *Discricionariedade administrativa e o direito fundamental à boa administração pública*. São Paulo: Malheiros, 2007. p. 62.

[513] CAVALIERI FILHO, Sergio. *Programa de responsabilidade civil*. 7. ed. São Paulo: Atlas, 2007. p. 251.

artigo 5° da Constituição Federal, sendo, pois, esta norma um direito fundamental que trabalha com o erro judiciário, ou seja, a decisão equivocada, e não pela má prestação do serviço.

Assim, resta saber se a responsabilidade do Estado pela tutela processual a destempo pode ser analisada sob a ótica da sua própria atividade. Sérgio Cavalieri Filho[514] aponta:

> No que respeita aos danos causados pela atividade judiciária, aqui compreendidos os casos de denegação da justiça pelo juiz, negligência no exercício da atividade, falta do serviço judiciário, desídia dos serventuários, mazelas do aparelho policial, é cabível a responsabilidade do Estado amplamente com base no art. 37, § 6º, da Constituição ou na culpa anônima (falta de serviço), pois trata-se, agora sim, de atividade administrativa realizada pelo Poder Judiciário.

A leitura do § 6° do artigo 37° da Constituição Federal, que dita as normas para a responsabilização do Estado pelos atos de seus agentes, assim confere o direito à indenização:

> As pessoas jurídicas de direito público e as de direito privado prestadoras de serviços públicos responderão pelos danos que seus agentes, nesta qualidade, causarem a terceiros, assegurado o direito de regresso contra o responsável nos casos de dolo ou culpa.

A despeito da norma constitucional é crível saber se o Poder Judiciário, ao ser ele designado a conceder a jurisdição ao cidadão, pode ser considerado como pessoa jurídica de direito público para fins de responsabilização do Estado frente à intempestividade processual. Eduardo Kraemer[515] afirma que pouco importa a origem do ato lesivo como "atividades administrativas judiciais ou legislativas", devendo sempre o Estado indenizar pelo dano trazido à pessoa.

Danielle Annoni,[516] em lição específica sobre o assunto, conclui:

> Para se falar em responsabilidade do Estado pelos atos do Poder Judiciário é preciso ter claro que a atividade judiciária integra o conceito de serviço público, razão pela qual também deve responder o Poder Público pelos danos que os agentes judiciários vierem a acusar ao particular.

Corroborando a tese, José Afonso da Silva,[517] em comentário ao § 6° do artigo 37 da Constituição Federal, diz que o referido dispositivo inclui "[...] no campo da responsabilidade objetiva todas as pessoas que operam serviços públicos [...]", ou seja, obriga, diretamente, o Estado a indenizar os terceiro afetados por danos causados por seus agentes[518] e, indiretamente, coobriga

---

[514] CAVALIERI FILHO, Sergio. *Op. cit.*, p. 254.

[515] KRAEMER, Eduardo. *Op. cit.*, p. 47.

[516] ANNONI, Danielle. *Op. cit.*, p. 82.

[517] SILVA, José Afonso da. *Comentário contextual à constituição. Op. cit.*, p. 349.

[518] MONTEIRO FILHO, Carlos Edison do Rêgo. Problemas de responsabilidade civil do Estado. In: FREITAS, Juarez (Org.). *Responsabilidade civil do Estado*. São Paulo: Malheiros, 2006. p. 47, discorrendo sobre a amplitude da expressão "agente", aponta: "A outra grande evolução da mencionada norma foi a amplitude interpretativa permitida pelo uso do termo 'agente'. A Constituição de 1967 valia-se do vocábulo 'funcionário', o qual abrange uma gama bem específica dos personagens envolvidos na Administração Pública. Em contraposição, o atual 'agente' denota uma abrangência significativamente maior, a con-

estes, os quais, na acepção de Inácio de Carvalho Neto,[519] podem ser "não só os agentes das pessoas jurídicas de direito público, como também as agentes das pessoas jurídicas de direito privado prestadoras de serviço público", por dolo ou culpa pelo fato ocorrido.

André Nicolitt[520] aponta para a diferenciação entre aquela indenização do inciso XXXV do artigo 5º da Constituição Federal e a do artigo 37, § 6º, ao dizer:

> Em resumo, a responsabilidade civil do Estado por violação ao direito à duração razoável do processo pode derivar de causas distintas e por tal razão encontra fundamentos diferentes, designadamente nos arts. 37, § 6º, e o 5º, LXXV, da CRF/88.

Defende André Nicolitt que pode ser pautada a indenização no inciso LXXV, pois, conforme defende em sua obra, as dilações indevidas podem ser divididas em dilações organizativas, que abarcam os problemas decorrentes de estrutura, de sobrecarga de trabalho, e as dilações funcionais, decorrentes da atuação dos órgãos, que se dividem em paralisações injustificadas e hiperatividade inútil. Assim, aponta que quanto às dilações indevidas organizativas e às paralisações injustificadas, podem elas ser atribuídas ao inciso LXXV da Constituição Federal, mas, conforme mesmo afirma:[521]

> Relativamente à hiperatividade inútil (concentração desnecessária de atividade processual), estaremos diante da hipótese de erro na condução e avaliação de atos do processo, fruto de atividade jurisdicional típica, portanto sujeita à disciplina da primeira parte do inciso LXXV do art. 5º da CRF/88, o que exige a comprovação de erro.

Contudo, não se pode concordar com a tese defendida, já que, conforme já explicado, a indenização prevista no inciso LXXV é diversa daquela prevista por intempestividade processual, uma vez que, caso aceita a ideia do autor, poderia o lesado ser indenizado pelo erro judiciário e indenizado, também, em outro processo, pela intempestividade do mesmo processo onde configurado o erro, causando um verdadeiro *bis in idem*.

Lair da Silva Loureiro Filho,[522] que dedicou sua dissertação de mestrado ao estudo da responsabilidade pública pela atividade judiciária, afirma ser a indenização baseada na intempestividade uma consequência do inciso XXXV do artigo 5º da Constituição Federal ao dizer:

> O preceito insculpido no art. 5, XXXV, da Carta de 1988, confere a todos o direito subjetivo à prestação jurisdicional, sendo vedado qualquer ato que a impeça ou que exclua lesão ou ameaça a direito da apreciação do Poder Judiciário. A atividade jurisdicional morosa, ineficiente e absolutamente inadequada representa manifesta afronta a tal preceito.

---

templar todas as categorias possíveis – agentes políticos, agentes administrativos e, até particulares em colaboração com a Administração".

[519] CARVALHO NETO, Inácio de. *Responsabilidade do Estado por atos de seus agentes*. São Paulo: Atlas, 2000. p. 131.

[520] NICOLITT, André Luiz. *Op. cit.,* p. 115.

[521] *Ibidem*, p. 115.

[522] LOUREIRO FILHO, Lair da Silva. *Op. cit.,* p. 85.

Outra grande referência a ser estudada para a garantia do cidadão lesado pelo tempo do processo está inserida no artigo 175, IV, da Constituição Federal ao informar que "é obrigação do Estado em manter os serviços adequados", ou seja, dando ensejo ao pensamento que o serviço inadequado deve ser reprimido, devendo-se entender por adequado, conforme lembra José Afonso da Silva, aquele serviço que "[...] satisfaz as condições de regularidade, continuidade, eficiência, segurança, atualidade, generalidade, cortesia na sua prestação e modicidade das tarifas".[523]

A partir da concepção de serviço adequado apontado por José Afonso da Silva, parece que a duração não razoável do processo, como hoje se tem visto no sistema Judiciário, não tem as qualidades apontadas pelo autor, podendo ser auferido que, ao invés da regularidade, se tem a irregularidade, na continuidade tem-se a descontinuidade, a eficiência dá lugar à ineficiência, a segurança dando ensejo à insegurança, o que acaba por afetar a atualidade, pois, o que é intempestivo deixa de ser atual e a própria generalidade dá lugar ao individualismo onde poucos podem alcançar um tempo razoável do seu processo.

Além disso, a cortesia na sua prestação, como refere José Afonso da Silva deixa de ser geral para se tornar pontual pelo excesso de trabalho, ao passo que se tem visto que a modicidade das tarifas também não é algo corriqueiro no Judiciário, sendo custas e preparos demasiadamente onerosos para certas partes e relativamente leves para outras, quando se considera o potencial financeiro de grandes corporações em relação a uma simples pessoa física que deseja litigar pelo seu direito.

Saindo da esfera constitucional, também, na mesma linha do artigo 37, § 6º, da Constituição Federal, tem-se o artigo 43 do Código Civil brasileiro de 2002, que diz:

> As pessoas jurídicas de direito público interno são civilmente responsáveis por atos dos seus agentes que nessa qualidade causem dano a terceiros, ressalvado o direito regressivo contra os causadores do dano, se houver, por parte destes, culpa ou dolo.

Outra previsão legal para que o processo tenha uma tutela tempestiva é o artigo 125 do Código de Processo Civil brasileiro ao instituir que "o juiz dirigirá o processo conforme as disposições deste Código, competindo-lhe", e no seu inciso II ao dizer "velar pela rápida solução do litígio", ou seja, dando a entender que se o juiz não velar pela rápida solução do litígio deve haver algum tipo de penalização ao Estado.

A LOMAN – Lei Orgânica da Magistratura – traz no seu artigo 35, nos incisos II e III, o dever dos magistrados de não exceder os prazos para sentenciar ou despachar, assim como determinar as providências legais para que os atos processuais se realizem nos prazos legais.

Por essas razões, deve-se concluir que a jurisdição intempestiva é serviço público inadequado. Assim, a conjugação dos artigos 37, § 6º, e 175, IV,

---

[523] SILVA, José Afonso da. *Comentário contextual à constituição. Op. cit.*, p. 726.

ambos da Constituição Federal; o artigo 125, II, do Código de Processo Civil, artigo 35, II e III, da LOMAN, são armas alcançadas ao jurisdicionado para que seja indenizado pela duração não razoável do processo, independentemente de legislação para regulamentar a matéria.

4.4. Da doutrina sobre a responsabilidade civil do Estado pela intempestividade processual

Em 2008 estava presidindo um julgamento do Tribunal do Júri, em Joinville-SC, quando após a absolvição do acusado por homicídio, fui – como de costume – conversar com o acusado. Após algumas amenidades lhe perguntei:

- o senhor possui filhos?

Ele me respondeu:

- os senhores não me deixaram!

Pedi a ele que me explicasse.

Disse-me que tinha certeza da inocência, mas nunca se sabe o que pode sair de um julgamento judicial e, tendo o processo (kafkiano?) durado doze anos, não poderia submketer uma mulher e filhos à tensão de uma possível condenação.

Ele tinha razão duas vezes. A jurisdição demora e acaba com as possibilidades de vida das pessoas, sem que haja, em princípio, inocentes. Todos somos culpados! Não se pode posar de burocrata, fiel cumpridor de regras processuais, nem dar ombros, dado que é preciso assumir responsabilidade, do lugar".

(Alexandre Morais da Rosa no prefácio à obra "dobraduras do tempo: emnsaios sobre a história de algumas durações no direito").

A reflexão passa, antes de se ingressar diretamente na confirmação da doutrina sobre o direito da parte lesada em se ver indenizada pela intempestividade processual, obrigatoriamente, pela subjetividade de cada um, relegando aqueles pensamentos que pairam no subconsciente sobre as causas da intempestiva tutela judicial para que seja dado um basta nas desculpas corriqueiras que se ouve sobre o tema. Luiz Guilherme Marinoni,[524] em reflexão sobre o assunto:

O Judiciário não pode deixar de organizar a distribuição da justiça de forma racional (competência), bem como estruturar os órgãos judiciários de maneira adequada (número de funcionários, infra-estrutura, tecnologias etc.). Não há mais como aceitar as desculpas de que, por exemplo, os Juizados Especiais não respondem à expansão da litigiosidade ou ao aumento do número de ações, ou mesmo de que determinado órgão judiciário está impedido de prestar a tutela jurisdicional em razão de acúmulo de serviço. Na verdade, a afirmação de que há acúmulo de serviço, ou de que a estrutura da administração da justiça não viabiliza a adequada prestação jurisdicional, constituem autênticas confissões de violação ao direito fundamental à duração razoável do processo.

São exatamente esses pensamentos que devem pautar a indignação quando se escreve sobre a duração razoável do processo, ou seja, de que

---

[524] MARINONI, Luiz Guilherme. *Op. cit.*, p. 31.

basta de escusas sobre as causas da intempestividade processual, devendo--se combatê-las, pois quanto mais causas vêm à tona, mais claro se torna a incompetência do Estado para a resolução dos problemas de seus cidadãos.[525] O próprio professor da Universidade Federal do Paraná conclui em pensamento de peso, ao dizer que "o acúmulo de serviço, assim como a falta de pessoal e instrumentos concretos, pode desculpar o juiz e eventualmente o próprio Judiciário, mas nunca eximir o Estado do dever de prestar a tutela jurisdicional de forma tempestiva".[526]

O pensamento exarado pelo processualista responde aquelas questões que se levantam sobre a deficiência do Poder Judiciário acerca dos problemas relacionados com a intempestividade processual. Ao defender que o juiz e o próprio Judiciário podem ser desculpados pelos tantos problemas que assolam a justiça efetiva e tempestiva, o mesmo não deve ser atribuído ao Estado, pois este é grande gestor daqueles, além de ser o destinatário principal e direto dos dois direitos fundamentais elencados no inciso LXXXVIII do artigo 5º, quais sejam, a duração razoável do processo e a celeridade processual que, conforme já analisado, são princípios distintos entre si, embora relacionados em virtude da carga temporal que ambos contêm.

Então, realmente, com a Emenda Constitucional 45, chega o momento de dar um basta. Não há como continuar repetindo as mesmas desculpas de sempre, já vistas, entre elas a de que o número de juízes é insuficiente em relação à população, o excesso de formalismo, o amplo sistema, a demora na autuação da petição inicial e citação do réu, o defasado sistema de publicação de decisões judiciais, a falta de pauta das audiências, a deficiência estrutural operacional mínima, sendo um rol apenas exemplificativo, pois mais bem enfrentado o foi no capítulo 3.

Ora, se o Poder Judiciário está em atraso com seu jurisdicionado é o mesmo que dizer que o Estado está em falta grave com seu cidadão e, se isso, de fato, ocorre, deve ele indenizar aquele que se sentir prejudicado pela intempestividade processual, provando, por óbvio, seu prejuízo, que pode ser patrimonial ou extrapatrimonial.

No concernente àqueles que já tiveram a prioridade de se manifestar sobre o tema, muitos trazem como legítima a pretensão de o cidadão ser indenizado pela intempestividade processual. Para Paulo Hoffman,[527] por

---

[525] BASTOS, Antonio Adonias. *A razoável duração do processo*. Salvador: Faculdade Baiana de Direito, 2009, p. 87.Deve-se, aqui, fazer a mesma ressalva realizada pelo autor ao dizer: "Registre-se, desde logo, que não estamos tratando aqui de responsabilização do Estado pelo erro nas decisões jurisdicionais, que consiste em assunto diverso, merecedor de abordegam própria, mesmo que resulte, indiretamente, no atraso ds prestação jurisdicional. Examinaremos, sim, o espectro da responsabilização do ente estatal pelos danos causados pela violação ao direito constitucional à razoável duração do processo, decorrente do funcionamento anormal e deficitário causado pelo aparalhamento da máquina estatal ou da omissão dos magistrados, produzindo delongas no processo".

[526] *Ibidem*, p. 31.

[527] HOFFMAN, Paulo. *Op. cit.*, p. 99.

exemplo, a indenização é medida que se impõe quando desrespeitado o artigo 5º, LXXVIII, da Constituição Federal:[528]

---

[528] Na mesma linha de Paulo Hoffman podem ser citados: SILVA, Ivan de Oliveira. *A morosidade processual e a responsabilidade civil do Estado*. São Paulo: Pillares, 2004. p. 132. "Desde já, anotamos que discordamos do posicionamento que defende a não imputação da responsabilização estatal nas hipóteses de atentado ao princípio da celeridade processual"; OLIVEIRA, Vallisney de Souza (Coord.). *Op. cit.*, p. 36: "a indevida atuação procedimental acarreta a possibilidade de ação de responsabilidade do Estado, pela demora, com o direito de ação regressiva contra o agente causador do dano"; NICOLITT, André Luiz. *Op. cit.*, p. 114: "com olhos no sistema de responsabilidade civil do Estado brasileiro, partindo da premissa de que a violação ao direito à duração razoável do processo dá azo à responsabilidade, impende-se enquadrar tal violação em uma das hipóteses de responsabilidade do Estado". ALMEIDA, Jorge Luiz. Emenda Constitucional 45-2004 e responsabilidade. In: —— (Org.). *A reforma do poder judiciário* – uma abordagem sobre a Emenda Constitucional n. 45-2004. Campinas: Millennium, 2006. p. 10. "pela morosidade não está o poder público livre de ser demandado. O Estado não só responde pela falha de seus juízes, como pela falta de serviço, o que a morosidade pode vir a identificar". RAMOS, Carlos Henrique. *Op. cit.*, p. 104. "O direito à indenização por danos oriundos da prestação jurisdicional intempestiva tem sido reconhecido e aplicado pelo mundo afora, conforme pôde se depreender da prática da Corte Europeia de Direitos Humanos. Por mais que se tenha caráter eminentemente paliativo, e não estrutural, a reparação civil acaba por ser um instrumento útil para minimizar os efeitos da demora dos processos sobre a vida dos indivíduos". ABREU, Gabrielle Cristina Machado. *Op. cit.*, p. 126-127. "Desta feita, pôde-se constatar que uma importante consequência da inserção do dispositivo no rol dos direitos fundamentais refere-se à possibilidade de ajuizamento de ações de responsabilidade civil contra o Estado, fundadas na falta de efetividade da prestação jurisdicional determinada pela morosidade injustificada dos processos. Este tem o dever de prover os meios necessários ao bom e rápido desempenho do Poder Judiciário, haja vista que a morosidade da Justiça torna inócua a proclamada eficácia concreta dos direitos fundamentais". SILVEIRA, Fabiana Rodrigues. *Op. cit.*, p. 172. "O que se pode observar é que, sendo um ou outro motivo, a responsabilidade última será do Estado, desde que haja nexo de causalidade, uma vez que ele é detentor único da prestação jurisdicional e tem esse dever constitucional. Isso não quer dizer que é ilimitada a sua responsabilidade, mas implica saber que os mesmos parâmetros existentes na teoria geral da responsabilidade civil lhe são aplicáveis e que à jurisprudência caberá a definição dos critérios que não façam desse instituto um motivo de locupletamento imotivado das partes". DUARTE, Francisco Carlos; GRANDINETTI, Adriana Monclaro. *Op. cit.*, p. 59. "Quem sabe, num futuro próximo, na carência de uma prestação jurisdicional oportuna e razoável, o Estado poderá ser objetivamente responsabilizado, não só pela detenção do monopólio da jurisdição e recebimento de impostos e taxas dos jurisdicionados, mas também como fator de coação, representando uma forma de pressão legítima e publicização do inconformismo contra Justiça emperrada, para obrigá-la a encontrar os meios imprescindíveis para o cumprimento do dever que lhe é imposto pelo direito fundamental expressamente acolhido e basilar para o coroamento da nossa Constituição". NOTARIANO JÚNIOR, Antônio de Pádua. Garantia da razoável duração do processo. In: WAMBIER, Tereza Arruda Alvim et al. (Coord.). *Reforma do Judiciário* – primeiras reflexões sobre a Emenda Constitucional n. 45/2004. São Paulo: Revista dos Tribunais, 2005. p. 62. "Pensamos que, se da dilação indevida do processo, em razão de fato imputável à atuação do órgão do Poder Judiciário, advier prejuízo ao jurisdicionado, seja de ordem material ou moral, cabe-lhe o direito de pleitear indenização por todos os prejuízos experimentados, em face da União ou do Estado". VARGAS, Jorge de Oliveira. A garantia fundamental contra a demora no julgamento dos processos. In: WAMBIER, Tereza Arruda Alvim et al. (Coord.). *Op. cit.*, p. 347. "A sanção pela inobservância da garantia constitucional da prestação jurisdicional em prazo razoável é, dentre outras, o dever de o Estado indenizar os prejuízos que isto causou ao jurisdicionado". DELGADO, José Augusto. Reforma do poder judiciário – art. 5º, LXXVIII, da CF. In: WAMBIER, Tereza Arruda Alvim *et al.* (Coord.). *Op. cit.*, p. 371. "Destacamos que esse tema tem merecido atenção especial de algumas Cortes Internacionais, gerando a fixação de responsabilidade civil do Estado quando o processo demora mais do que o prazo razoável compreendido para a sua conclusão". CALIENDO, Paulo. *Op. cit.*, p. 531: "A tutela do direito fundamental a um processo com prazo razoável assume uma dimensão renovada no Direito Constitucional brasileiro, impondo a todos os domínios e especialmente ao direito tributário a exigência de um efetivo processo jurisdicional que materialmente proteja o interesse das partes. De outro lado, trata-se de um direito fundamental autônomo gerador de responsabilidade para o Estado, pelo dano provocado pela demora injustificada na prestação jurisdicional". FREIRE JÚNIOR, Américo Bedê. *Op. cit.*, p. 469: "No plano civil, parece-me que, como em qualquer descumprimento de direitos fundamentais por parte do Estado, pode o particular atingido pleitear indenização por dano moral e material em decorrência da demora em julgar". ANNONI, Danielle. *Op. cit.*, p. 152: "O reconhecimento da responsabilidade do Estado pela demora na prestação jurisdicional é meio de se assegurar ao cidadão o direito à jurisdição, à prestação jurisdicional em tempo razoável ou sem dilações indevidas". NITSCHKE JÚNIOR, Ademar; PAVELSKI, Ana Paula. *Op. cit.*, p. 29: "Ao final, verificou-se ser o principal destinatário do princípio o Estado, pois a ele cabe o exercício

Diante do novo inciso LXXVIII do art. 5º da CF, com a previsão da duração razoável do processo como garantia constitucional do cidadão, nosso posicionamento é cristalino no sentido de que o Estado é responsável objetivamente pela exagerada duração do processo, motivada por dolo ou culpa do juiz, bem como por ineficiência da estrutura do Poder Judiciário, devendo indenizar o jurisdicionado prejudicado – autor, réu, interveniente ou terceiro interessado –, independentemente de sair-se vencedor ou não da demanda, pelos prejuízos materiais e morais.

No dizer de Paulo Hoffman, o Estado deve indenizar o jurisdicionado que se sentir prejudicado pela tutela intempestiva, alargando a indenização para, até mesmo, os terceiros interessados no processo. Contudo, o autor dá a entender pelo seu texto que, ao mencionar "diante do novo", o jurisdicionado só passa a ter direito com o advento da Emenda Constitucional 45 e a colocação da duração razoável do processo como direito fundamental, quando, conforme já analisado no início do capítulo, tal direito já era evidenciado pela leitura em combinação de certos artigos da Constituição Federal com a legislação infraconstitucional.

Tanto é assim que Arnaldo Marmitt,[529] antes mesmo da Emenda Constitucional 45, já preconizava o direito de indenização do Estado pela intempestividade processual ao dizer:

> Decisões tardias geralmente não fazem justiça a ninguém. Tramitam nesse imenso Brasil ações cíveis há mais de trinta anos, fato que escandaliza o povo e o enche de descrédito no Judiciário. Daí poder constituir-se em causa a justificar perdas e danos a morosa e ineficiente prestação jurisdicional do Estado.

Eduardo Kraemer,[530] também em pensamento emanado antes da Emenda Constitucional 45, afirmava ter três certezas acerca da responsabilidade do Estado pela intempestividade processual, a de que, em tese, ela pode dar azo à responsabilização do Estado, a segunda no fato de que apenas no caso concreto é que será verificada a verdadeira causa e, por último, caso identificada a demora e não justificada a mesma, haverá o dever de indenizar.

Mas questão que merece reflexão é se realmente o Estado é o único responsável pela intempestiva tutela jurisdicional, devendo ele arcar com os danos da intempestividade como sujeito passivo único. Esposa deste entendimento Araken de Assis,[531] ao discorrer:

> Não pode surpreender a ninguém a principal conclusão dos primeiros ensaios acerca do direito fundamental à duração razoável do processo. Atribui-se ao Estado, unanimemente, responsabilidade civil e ao lesado a pretensão a reparar o dano. Indubitável que seja a consequência – e, naturalmente, o assunto reclama maior ponderação –, não deixa de contradizer o referido direito: dificilmente as demandas dos incontáveis prejudicados contribuirão com a diminuição do número de feitos e, portanto, com a brevidade para os demais processos pendentes.

---

da jurisdição. Nessa senda, é defensável ser possível, então, a responsabilização estatal pela demora na entrega da prestação jurisdicional, desde que comprovados o nexo causal entre o fato, a demora e o dano provocado, de forma a mensurar tal responsabilidade".

[529] MARMITT, Arnaldo. *Perdas e danos.* 4. ed. Porto Alegre: Livraria do Advogado, 2005. p. 217.

[530] KRAEMER, Eduardo. *Op. cit.,* p. 84-5.

[531] ASSIS, Araken. *Duração razoável do processo e reformas da lei processual. Op. cit.,* p. 222.

Não deixa de ter razão o processualista gaúcho ao realizar tal afirmação. Por óbvio que com suas palavras não descarta a indenização contra o Estado, apenas aduzindo que se deve refletir sobre a possibilidade de o Estado responder única e exclusivamente pela intempestividade processual. E mais, levanta a questão que ocorreu, conforme já visto, na Itália, onde o número de processos indenizatórios foi imenso que acabou por atrasar ainda mais o Judiciário naquele país.

Apenas para demonstrar que a indenização pura e simples do Estado não é algo que deve ficar isolado, pode-se pegar parte da obra do processualista uruguaio Eduardo J. Couture,[532] que afirma que o comportamento das partes é de extrema importância para o desenvolvimento do processo e fazer uma projeção sobre o pensamento, na seguinte passagem de sua obra:

> Outra conclusão é transferir o tema da "responsabilidade oriunda das ações judiciais" do campo do Direito Civil para o campo do Direito Processual propriamente dito. O litigante malicioso se serve ilicitamente do processo e incorre em um abuso de seu Direito Constitucional de petição, desviando-se de seus fins próprios. Este foi instituído para assegurar a justiça e não para causar dano a um terceiro. Aquele que causa prejuízo através do litígio tem a obrigação de repará-lo, não só porque assim dispõe o Código Civil, como também porque isso deflui da própria natureza do direito de agir em juízo.

Então, admitindo-se que a parte que litiga por atos de chicana, deve ele indenizar também e, consequentemente, a indenização do Estado restaria mitigada, uma vez que outros podem ser responsabilizados, como todos aqueles que de alguma forma participaram do processo e trouxerem a intempestividade a ele, conforme analisado no capítulo dos destinatários e coobrigados ao princípio da duração razoável do processo.

Ainda, encontram-se outras posições na doutrina sobre a indenização do Estado frente à intempestividade processual. Por exemplo, Ana Maria Goffi Flaquer Scartezzini[533] aceita a tese, mas com severas ressalvas:

> A responsabilização do Estado pela demora no deslinde da controvérsia poderia ocorrer quando inquestionável a utilização de expedientes protelatórios, que possam ensejar prejuízos irreparáveis à outra parte. A mera inobservância do comando constitucional que acolhe a implementação da razoabilidade na duração do processo, por si só, não pode ensejar qualquer indenização. A situação é complexa, pois o Estado, em tais situações, atua duplamente como poder, no exercício da atividade administrativa e da jurisdicional.

A posição da Desembargadora federal aposentada é ratificada em recente artigo publicado,[534] o que demonstra que, após muito refletir, continua aceitando a limitação da responsabilização do Estado.

---

[532] COUTURE, Eduardo J. *Introdução ao estudo do processo civil*. Tradução Mozart Victor Russomano. 3. ed. Rio de Janeiro: Forense, 2004. p. 19.

[533] SCARTEZZINI, Ana Maria Goffi Flaquer. O prazo razoável para a duração dos processos e a responsabilidade do Estado pela demora na outorga da prestação jurisdicional. In: WAMBIER, Tereza Arruda Alvim *et al.* (Coord.). *Op. cit.*, p. 49.

[534] *Idem.* A dignidade da pessoa humana e o prazo razoável do processo: a responsabilidade do Estado pela demora na outorga da prestação jurisdicional. *Op. cit.*, p. 1193.

Ou ainda, Mirna Cianci,[535] numa tese mais radical, é praticamente contra a indenização, somente podendo ser concedida em casos excepcionais, provada a culpa da administração pública. Diz ela ao falar sobre o princípio da duração razoável do processo:

> Para a afiguração do exato significado e alcance do tema, a doutrina tem debatido os diversos enfoques capazes de dar suporte à efetividade do direito fundamental à celeridade processual, em especial a responsabilidade do Estado, o princípio da cooperação entre sujeitos do processo e as demais garantias processuais.
>
> Não se pode negar a autoaplicabilidade ao dispositivo, mas será de extrema fragilidade a exegese que resulta da consideração, em razão do assento constitucional, verdadeira panaceia, não só porque, se assim fosse, já o seria exigível por conta dos preceitos constitucionais pré-existentes, como porque não se solucionam problemas estruturais do Judiciário sob tão pálida iniciativa.
>
> Nesse foco, a responsabilidade estatal também não se revela como resultado adequado. A responsabilidade do Estado tanto pode ser apurada em razão do risco da atividade pública, como em decorrência da culpa verificada no desempenho dessa atividade, por seus agentes, conforme o caso.

Acaba seu pensamento concluindo que "são, portanto, taxativas as hipóteses de responsabilidade estatal [...]"[536] enumerando o artigo 133 do Código de Processo Civil para defender que ali está uma das hipóteses de configuração para a responsabilização, não só do Estado, mas também do juiz.

A doutrina esposada por Mirna Cianci deve ser lida com cautela, uma vez que, primeiro, a própria condição profissional da autora, Procuradora do Estado de São Paulo, lhe dá a suspeição necessária para defender a não indenização pela intempestividade processual e, segundo, a posição contraria a própria Constituição Federal, em seu artigo 37, § 6º, que sequer chega a comentar em seu artigo.

Contudo para toda a regra existe uma exceção. Em recente decisão judicial[537] em uma das primeiras ações envolvendo a indenização pela tempestividade do processo, a juíza entendeu por julgar improcedentes os pedidos do autor, em que pese, em sua fundamentação, atribuir o fator culpa ao Estado ao assim afirmar:

> Não se pretende simplesmente dizer ao autor que os números antes citados falam por si, pois é justo o anseio de todo jurisdicionado por solução para sua lide. Contudo, não há como dissociar da realidade essa expectativa.
>
> Embora sempre desejada, a "razoável duração do processo" veio a ser erigida em princípio constitucional apenas recentemente. Como princípio, deve ser aplicado de acordo com as condições jurídicas (balanceamento com outros princípios) e fáticas (possibilidades materiais). A própria ré, assim como este juízo, não desconhece que a organização do Poder Judiciário é deficiente para esse fim. Junto com as carências materiais deve ser evidenciada a existência de estruturas organizacionais propícias ao emperramento, seja pela superposição de instâncias, seja pelo formalismo, seja por falhas da própria legislação processual.

---

[535] CIANCI, Mirna. A razoável duração do processo e os meios que garantam a celeridade de sua tramitação. In: VILHENA NUNES, João Batista de (Coord.). *Processo civil, análises, críticas e propostas*. São Paulo: SRS, 2008. p. 252-253.

[536] CIANCI, Mirna. *Op. cit.*, p. 257.

[537] Sentença proferida nos autos do processo 2010.71.50.009945-3 da 1ª Vara do Juizado Especial Cível Federal de porto Alegre/RS.

Note-se que o próprio Estado – neste caso a União – entende deficiente a organização judiciária para conter a duração não razoável do processo. Em que pese a própria confissão e o que todos sabem, a ação foi julgada improcedente, contrariando toda a doutrina acima referida.

Diante da gama expressiva de doutrinadores que já se manifestaram quanto à indenização do Estado frente o jurisdicionado pela intempestividade do processo, é de se questionar se, além do destinatário principal do princípio da duração razoável, outros poderiam ser acessados.

Isso, porque, o Estado, sozinho, responder pela indenização, em nada adiantará para combater a intempestividade do processo. Deve-se criar mecanismos de punição a toda e qualquer pessoa que, injustificadamente, traga entrave à prestação jurisdicional, pois, somente assim, é de se acreditar que a indenização poderá trazer frutos ao Poder Judiciário e aos seus jurisdicionados, atacando, através da penalização, a intempestividade processual.

Caso não, e seja o Estado o único responsável pela indenização, o caminho será inevitavelmente o mesmo que na Itália onde, aumentando o número de processos, consequentemente, o tempo de espera do jurisdicionado também foi dilatado.

A preocupação com a multiplicação de processos e o aumento da intempestividade é um assunto que preocupa José Carlos Barbosa Moreira:[538]

> Importa verificar que significa a elevação da norma ao nível constitucional. Para não relegá-la ao plano das simples normas "programáticas", sem impacto direto na realidade, deve-se cogitar, ao meu ver, de pelo menos duas consequências primaciais: 1º será incompatível com a Carta da República, e portanto inválida, qualquer lei de cuja aplicação haja de decorrer claro detrimento à garantia instituída no texto; 2º a violação da norma, por parte do Poder Público, acarretará a responsabilidade deste pelos danos patrimoniais e morais ocorridos. Só haverá risco de que, multiplicando-se os pleitos desse gênero, fiquem ainda mais congestionadas as vias judiciais e, com isso, mais se entorpeça o andamento dos processos.

Respondendo somente o Estado, ou não, caso em que alargada a responsabilidade a todos aqueles que auxiliaram na intempestividade do processo, é de ser afirmar que, a partir de dezembro de 2004, com o advento da Emenda Constitucional 45/2004,[539] o jurisdicionado que se sentir lesado tem o escopo constitucional positivado no inciso LXVIII do art. 5º para pleitear indenização contra o responsável pela intempestividade de seu processo, tendo, inclusive, anteriormente à referida Emenda tal direito, embora não constitucionalizado, sendo que, tão logo inicie as avalanches de processos onde serão discutidos tais direitos, deve o Poder Judiciário estar preparado

---

[538] BARBOSA MOREIRA, José Carlos. A emenda constitucional 45/2004 e o processo. *Revista de Processo*, São Paulo, n. 130, p. 238, dez. 2005.

[539] Também prevendo que haverá ingresso de ações indenizatórias, leia-se ROSITO, Francisco. *Op. cit.*, p. 32: "Na jurisprudência cível, o princípio da duração razoável do processo tem tido aplicação tímida, desconhecendo-se algum precedente de responsabilização civil do Estado pela demora na outorga da prestação jurisdicional. Há casos de responsabilidade civil por erros judiciários, como é sabido, principalmente em casos de manutenção indevida da parte em cárcere. No entanto, é possível antever que, em face da EC 45/2004, sejam propostas ações indenizatórias por danos materiais e morais por violação ao novel dispositivo constitucional, recrudescendo ainda o número de processos, o que não deixa de ser um paradoxo frente ao objetivo da celeridade".

para o enfrentamento dessas demandas para que o cidadão não saia novamente prejudicado pelo tempo demasiado de seu processo.

Não pode o Judiciário, entretanto, indenizar a todos aqueles que batam a sua porta para se verem indenizados pela intempestividade processual. Deve haver cautela em cada uma das ações ajuizadas a fim de que não exista enriquecimento ilícito da parte.

O tempo é o grande inimigo do processo, sendo que, em raríssimos casos, a intempestividade é a salvaguarda[540] de direitos dos cidadãos. Nas palavras de Luiz Guilherme Marinoni,[541] "o processo, portanto, é um instrumento que sempre prejudica o autor que tem razão e beneficia o réu que não a tem!". Construiu o processualista este pensamento em sua obra *Tutela Antecipatória, Julgamento Antecipado e Execução Imediata da Sentença* para defender que a tutela antecipada é a forma de equilibrar esse tipo de comportamento no processo, distribuindo racionalmente o tempo. Contudo, em complemento ao pensamento acima exarado, o processo também beneficia, muitas vezes, o autor que não tem razão, bastando ver quanto tempo uma dívida pode ser suspensa pelo processo judicial, o que acaba, nesses casos, por prejudicar o réu que tem razão no processo.

Por isso a indenização deverá ser analisada caso a caso e somente naqueles onde restou configurado um prazo desarrazoado, que pode ser tanto a favor do autor, do réu, ou ainda do terceiro interveniente, é de ser indenizado o jurisdicionado prejudicado.

4.5. Análise crítica do Projeto de Lei 7.599, de 2006

Com o intuito de dar agilidade ao processo e efetividade infraconstitucional ao artigo 5º, LXXVIII, da Constituição da República Federativa do Brasil, recentemente o Congresso Nacional, através do projeto de Lei 7.599,

---

[540] SMULLYAN, Raymond. *O enigma de Sherazade*; e outros incríveis problemas das "mil e uma noites" à lógica moderna. Tradução Sérgio Flaksman. Revisão Luiz Carlos Pereira. Rio de Janeiro: Jorge Zahar, 2008. Um exemplo que pode ser lembrado na literatura como fator tempo desarrazoado sendo favorável a alguém é no livro "Mil e Uma Noites". Explica Smullyan, à página 11, em resumo, como se deu o enigma de Sherazade: "Todos hão de lembrar que, na versão habitual de Mil e Uma Noites, um certo monarca, tendo razão para crer na infidelidade de sua rainha, além de condená-la à morte jura por sua barba e pelo Profeta desposar cada noite a mais formosa donzela de seus domínios e, na manhã seguinte, entregá-la aos carrascos para ser executada. Essa incomparável desumanidade durou algum tempo, e espalhou um consternado pânico por toda a cidade. Em lugar dos louvores e das bênçãos que antes o povo dedicava a seu monarca, seu nome agora era coberto por maldições. Apesar de tudo, a filha mais velha do grão-vizir, Sherazade, consegue sair-se com brilho da situação, desposando o rei (contra todos os apelos de seu pai) e cuidando para que sua irmã, Dinarzade, fosse dormir junto com ela no quarto nupcial. Pouco antes do cair do dia, começa a contar para a irmã uma história maravilhosa, que o rei fica escutando. Quando soa a hora da execução, o monarca estava tão curioso em ouvir o fim da história que concede à moça a suspensão de sua pena por mais um dia. Na noite seguinte ela termina a história, mas começa outra que não consegue terminar a tempo (sic!), e o rei lhe concede mais vinte e quatro horas de adiamento. Esta situação se prolonga por mil e uma noites, ao cabo das quais o rei ou se esquece de sua jura ou se julga dela desobrigado. Assim, não só poupa a vida de Sherazade como ainda desiste de continuar cumprindo seu cruel decreto".

[541] MARINONI, Luiz Guilherme. *Tutela antecipatória, julgamento antecipado e execução imediata da sentença*. São Paulo: Revista dos Tribunais, 1998. p. 21.

do ano de 2006, que "dispõe sobre a indenização devida pela prestação jurisdicional em prazo não razoável, institui Fundos de Garantias da Prestação Jurisdicional Tempestiva e altera o art. 20 da Lei 5.869, de 11 de janeiro de 1973, Código de Processo Civil – CPC, alterando a Lei 6.355, de 1976", tenta dar regulamentação ao princípio da duração razoável do processo e formula um projeto de lei para dispor sobre o direito do jurisdicionado de ser indenizado pela intempestiva duração de seu processo no Brasil. O referido projeto é composto de 8 artigos, tendo sido, felizmente, recentemente arquivado com pareceres negativos pela sua incompatibilidade tributária. É de autoria do Deputado Federal Carlos Souza do Partido Progressista – PP, que assim expõe os motivos para ser aprovado o referido Projeto:

> O presente projeto visa garantir os recursos necessários à implementação do disposto no art. 5º, inciso LXXVIII, da Constituição Federal, que assegura a todos a razoável duração dos processos de que sejam parte, fixando, ainda, a regra de responsabilidade objetiva nesses casos e o valor máximo das indenizações a serem concedidas.

Configurado está que o Projeto de Lei é a regulamentação infraconstitucional do princípio da duração razoável do processo. Para fins deste trabalho, serão analisados na íntegra os artigos do Projeto, um a um.

> Art. 1º. O Poder Público indenizará os vencedores das ações judiciais, nas quais a prestação jurisdicional, e a consequente satisfação de direitos dos vencedores, tenham excedido razoável duração, fixada em lei com fundamento no art. 5º, inciso LXXVIII da Constituição Federal.

A primeira impressão que fica da leitura do referido artigo é que a titularidade do direito fundamental à razoável duração do processo é mitigada para, ao invés da expressão "todos", ser colocada "a parte vencedora", já estando o respectivo projeto em desacordo com o direito fundamental instituído pela Emenda Constitucional 45, de 8 de dezembro de 2004, tornando-se, inconstitucional,[542] já em sua origem.

Darci Guimarães Ribeiro[543] aponta que tanto o autor como o réu são detentores da ação processual, independentemente se procedente ou improcedente a pretensão processual, ao afirmar:

> A pretensão à tutela jurídica, assim como a ação processual, pertence tanto ao demandante que põe em movimento a jurisdição com a ação processual, como ao demandado que apenas se defende e, ainda que não exercite ação nenhuma, com sua presença em juízo, exige também do Estado sua tutela judicial mediante a improcedência da pretensão processual que o autor supostamente disse ser titular, como bem demonstra o art. 30 do CPC francês.

---

[542] DIMOULIS, Dimitri. *Manual de introdução ao estudo do direito*. 2. ed. São Paulo: Revista dos Tribunais, 2007. p. 254: "Isso significa que uma norma é válida quando satisfaz dois requisitos. Primeiro, seu emissor deve estar autorizado por normas superiores para editar essa espécie de norma. Segundo, não pode contrariar as normas de escalões superiores da pirâmide normativa. Em caso de conflito entre o conteúdo de duas normas prevalece a hierarquicamente superior, que possui maior força formal: lei ordinária contrária à Constituição é inconstitucional; decreto que desrespeita disposição legislativa é ilegal, etc.".

[543] RIBEIRO, Darci Guimarães. Acesso aos Tribunais como pretensão à tutela jurídica. In: STRECK, Lenio Luiz; BOLZAN DE MORAIS, José Luis (Org.). *Constituição, sistemas sociais e hermenêutica*: programa de pós-graduação em Direito da UNISINOS: mestrado e doutorado. Porto Alegre: Livraria do Advogado; São Leopoldo: UNISINOS, 2009. p. 106.

E mais, torna o direito desse vencedor na ação que deu origem à intempestividade processual duas responsabilidades: a primeira de ter que esperar o encerramento do processo, contrariamente ao que ocorre na legislação italiana, para iniciar o prazo para o ajuizamento da ação indenizatória e a segunda ter que ter seu direito na ação satisfeito, ou seja, efetivado pelo Poder Judiciário. Somente após a "satisfação de direitos dos vencedores" é que se dará o termo inicial para o ingresso da respectiva ação indenizatória.

Nesse último caso, trazendo o exemplo de um processo onde há inexistência de bens para a garantia da dívida executada, é de se questionar se um dia terá o vencedor o direito de se ver indenizado pelo Estado pela intempestividade processual, pois pela sistemática adotada pelo projeto é a satisfação da sentença, ou seja, a efetividade do processo, que lhe dá o direito de ingresso com a ação de perdas e danos, podendo, como se sabe, isso nunca ocorrer em certos casos.

No artigo 2º é instituído o FUNJUR – Fundo de Garantia da Prestação Jurisdicional Tempestiva – consubstanciado numa fonte do Governo para o pagamento das indenizações previstas no artigo 1º.

> Art. 2º. Ficam instituídos Fundos de Garantia da Prestação Jurisdicional Tempestiva – FUN-JUR, no âmbito do Poder Judiciário da União e dos Estados, cujos recursos serão destinados ao pagamento das indenizações a que se refere o art. 1º.

A regra é de parecido teor com aquele Fundo criado na legislação italiana para o pagamento das ações indenizatórias. A questão passa a *latere* de ser simples, mas, muito pelo contrário, é uma questão complexa, tendo em vista que, ao criar o referido Fundo, passa certos cidadãos na frente de inúmeros outros que já têm sua dívida com o Estado líquida e certa, através dos incontáveis e não pagos precatórios. O que traz o novo Projeto de Lei é dar prioridade ao pagamento de uma ação que nada tem de alimentar sobre a imensidão de precatórios que têm esse caráter.

Aliás, foi na criação do FUNJUR que o projeto de lei recebeu parecer negativo na Comissão de Finanças e Tributação da Câmara de Deputados, através do Relator[544] José Pimentel, ao dizer que "diante do exposto, somos

---

[544] São razões do parecer contrário:
"De acordo com o art. 32, X, "h", conjugado com art. 53, II, ambos do Regimento Interno desta Casa e conforme a Norma Interna desta Comissão aprovada em 29 de maio de 1996, que 'Estabelece procedimentos para o exame de compatibilidade ou adequação orçamentária e financeira', cabe a esta Comissão, preliminarmente ao mérito, realizar o exame de adequação orçamentária e financeira e compatibilidades com as leis do plano plurianual, de diretrizes orçamentárias e orçamentária anual e normas pertinentes a eles e à receita e despesa públicas.
Ainda que reconheçamos na proposição o relevante mérito do disciplinamento do princípio constitucional da razoável duração do processo e sua consectária exigência de prestação jurisdicional tempestiva, não há como negar-lhe repercussão direta sobre o equilíbrio fiscal ao obrigar a União de indenizar todos aqueles vencedores cujos processos tenham excedido à 'razoável duração' pela criação de órgão no Poder Judiciário a ser denominado de Fundo de Garantia da Prestação Jurisdicional Tempestiva – FUNJUR.
Ademais a criação de fundo e vinculação a ele de receitas públicas a despesas específicas implica em satisfação de exigências quanto à compatibilidade e adequação orçamentária e financeira. Necessária estimativa de seu impacto orçamentário e financeiro assim como sua consequente compensação, o que não consta do apresentado. Disponível em: <http://www.camara.gov.br/sileg/Prop_Detalhe.asp?id=337195>. Acesso em: 5 jan. 2009.

pela inadequação e incompatibilidade orçamentária e financeira do PL nº 7.599, de 2006".

Continua a legislação a discorrer sobre o FUNJUR, no seu artigo 3º, ao dizer:

Art. 3º. O FUNJUR contará com as seguintes receitas:

I – recolhimento da quantia a que se refere o *caput* do art. 20 da Lei 5.869, de 11 de janeiro de 1973, Código de Processo Civil – CPC, alterado pela Lei 6.355, de 1976, com a redação que lhe é dada pelo art. 3 desta Lei;

II – doações, legados ou patrocínios de organismos ou entidades nacionais, internacionais ou estrangeiras, de pessoas físicas ou jurídicas nacionais ou estrangeiras;

III – recolhimento da quantia proveniente da arrecadação das custas judiciais e taxa judiciária;

IV – resultado das aplicações financeiras dos recursos arrecadados;

V – reversão de saldos não aplicados;

VI – outras receitas previstas em lei.

O artigo 3º traz os modos de realização da receita para o pagamento dos processos envolvendo a indenização pela intempestividade processual. Na realidade parece que o artigo a que se refere o inciso I do Projeto de Lei é o 4º e não o 3º, como está referendado, o qual será analisado no artigo em questão a seguir.

Quanto às formas de arrecadação, parece que a regra inserta no inciso II, parte do altruísmo de organismos e entidades, nacionais e estrangeiras, físicas ou jurídicas, para compor o patrimônio, que se pode, a princípio, de-nominar de monte mor do FUNJUR para o pagamento das indenizações. O que realmente parece da leitura do inciso II é que se as indenizações depen-dessem unicamente das provisões ali inseridas, nenhuma indenização seria paga.

O inciso III que dá conta do recolhimento sobre a arrecadação das cus-tas e taxas judiciárias já leva a uma maior credibilidade da Lei. Contudo, que porcentagem, que valores, que disposição será o Projeto não menciona, apenas lançando a ideia como se fosse tão fácil como se colocar no papel. Também tal crítica serve para a previsão inserida no inciso IV ao dar parte da renda das aplicações ao FUNJUR, não regulamentando a matéria. A re-versão de saldos não aplicados mais está com a faceta de confisco que de outra coisa. Que saldos são estes? Das partes? Por que não estão aplicados? Mas se aplicados não é somente parte da correção?

Por fim, o inciso VI traz a previsão de outras receitas previstas em Lei, como se, com base nesta Lei, todas as outras que já são destinadas a alguma política pública, por exemplo, tivessem que dar parte de um quinhão para o FUNJUR. O artigo 4º traz uma significativa modificação no artigo 20 do Có-digo de Processo Civil ao afirmar:

Art. 4º. O art. 20 da Lei 5.869, de 11 de janeiro de 1973, Código de Processo Civil – CPC, alte-rado pela Lei 6.355, de 1976, passa a vigorar com a seguinte redação:

Art. 20º. A sentença condenará o vencido a pagar ao vencedor as despesas que antecipou e os honorários advocatícios, bem assim a recolher ao Fundo de Garantia da Prestação Jurisdicional Tempestiva – FUNJUR da União ou do Estado, conforme o caso, quantia equivalente a quinze por cento do somatório desses valores. A verba honorária será devida, também, nos casos em que o advogado funcionar em causa própria.

Parece que realmente o Projeto de Lei que regulamenta o direito de indenização do lesado contra o Estado pela intempestividade processual está fadado à inconstitucionalidade. A previsão do artigo 4º é desastrosa ao interesse das partes, uma vez que afeta todos os processos judiciais e os respectivos vencidos. A previsão não é da parte vencida somente no processo intempestivo, criando um artigo onde todo e qualquer processo exista um dever de arrecadação sobre o valor da verba honorária aplicada e as custas processuais.

Apenas para visualização, tem-se que a parte vencida condenada ao pagamento de honorários à parte vencedora no patamar de R$ 10.000,00, acrescidas as custas, diga-se de R$ 1.000,00, terá que pagar ao FUNJUR uma multa de 15% sobre este valor que restará em R$ 1.650,00. Esta multa seria devida pelo simples fato de o vencido se defender judicialmente, em afronta ao princípio do livre acesso ao Poder Judiciário.

Aliás, a previsão contida no artigo 4º deve, por força da obviedade, modificar a leitura do artigo 1º, onde se lê no Projeto que "o Poder Público indenizará os vencedores", deve-se ler que "o jurisdicionado indenizará os vencedores", tendo em vista que, mais uma vez, é este quem paga a conta, já que outro modo não há.

Quando parece que o Projeto de Lei não pode piorar, a redação do artigo 5º praticamente realiza uma atrocidade ao direito das partes ao tarifar a indenização.

Art. 5º. A indenização devida, nos termos do art. 1º desta lei, a ser fixada em sentença, não ultrapassará vinte por cento do valor da causa, avaliadas as respectivas circunstâncias, sua complexidade, o comportamento dos recorrentes, bem assim dos agentes do Poder Judiciário.

Na leitura do artigo 5º deve-se questionar que não ultrapassará vinte por cento do valor de qual causa? Por obviedade a resposta cinge-se a dizer que é a causa em que a intempestividade foi verificada. Pois bem, o que causa mais dano, uma cobrança de nota promissória de milhões de reais entre duas partes onde o valor da causa tomará proporções astronômicas ou a investigação de paternidade onde o filho busca a verdadeira identidade de seu pai, tendo a causa o valor ínfimo de alçada?

No primeiro caso, caso comprovado o dano da parte, sua indenização contra o Estado pela intempestividade processual será desproporcional em relação à indenização concedida ao filho em busca de sua identidade. O projeto premia somente o processo intempestivo com valor monetário alto, mas não o valor sentimental, o sociológico, filosófico, histórico, ou qualquer que seja o direito posto em litígio. Na verdade, a injustiça é demais se a lei for aprovada com esta redação, tirando daqueles que realmente possuem dano e concedendo àqueles que pouco dano tem.

Regra interessante era prevista no artigo 6°, ao trazer que "Aplica-se aos agentes do Poder Judiciário responsáveis pela prestação jurisdicional em prazo não razoável a regra de responsabilidade objetiva fixada no § 6° do artigo 37, da Constituição Federal".

Contudo, mais uma vez, o juiz restará fora dessa responsabilidade e explica-se o porquê. A legislação a ser levada à consideração das casas legislativas tem força de lei ordinária, ou seja, é equivalente força normativa ao Código de Processo Civil que em seu artigo 133 preceitua que "responderá por perdas e danos o juiz, quando", e em seu inciso I adverte que será responsável no quando no "exercício de suas funções, proceder com dolo ou fraude". Se fosse somente este fator, a nova regra estaria sendo válida, respondendo o magistrado pela sua culpa na intempestividade processual. Contudo, não é o que estaria valendo. A LOMAN – Lei Orgânica da Magistratura – que é a Lei Complementar 35, de 14 de março de 1979, traz a mesma responsabilidade do magistrado que é colocada no artigo 133 do Código de Processo Civil, em seu artigo 49,[545] o que reforça a tese de que o Projeto de Lei não alcança aos magistrados, uma vez que Lei Complementar tem força Normativa superior à Lei Ordinária.

Assim, todo e qualquer agente do Poder Judiciário, excetuando-se os magistrados, estão inseridos na norma do artigo 37, § 6°, da Constituição Federal, respondendo subsidiariamente ao processo indenizatório se obrou com dolo ou culpa na condução do processo. Os juízes continuariam apenas respondendo, por força da Lei Complementar, nos casos que obrar com dolo ou culpa.

No artigo 7° contava o referido projeto com a seguinte redação ao afirmar que "o órgão colegiado responsável pela gestão do Fundo contará com a participação dos Poderes Judiciário, Legislativo e Executivo, bem assim da Ordem dos Advogados do Brasil, nos termos de regulamento".

O artigo 7° cria uma responsabilidade mitigada para o controle e gestão do FUNJUR, que deve ser realizada pelos três Poderes – Executivo, Legislativo e Judiciário – em conjunto com a Ordem dos Advogados do Brasil. Tal previsão se torna necessária na medida em que a gestão de fundos públicos no País tem se tornado fonte de renda de corruptos, o que não se pode mais admitir, ainda mais em um Fundo criado para pagamentos de processos judiciais. Já o artigo 8° trazia que "Esta lei entra em vigor no primeiro dia do exercício financeiro imediatamente subsequente à data de sua publicação oficial".

O Projeto de Lei prevê uma vacância que pode ser de muitos ou poucos meses, dependendo do dia e mês em que for publicada. Isso se dá pelo fato

---

[545] GODOY, Arnaldo Sampaio de Moraes. *Op. cit.*, p. 76. "O art. 133 do CPC, reproduzido na Lei Orgânica da Magistratura (art. 49), como se disse, constitui o preceito básico e geral de tipificação dos casos de responsabilidade civil pessoal do magistrado".

de instituir outras formas de arrecadação, o que deve ser previsto ao cidadão brasileiro, por força do princípio da anterioridade do tributo.

Um ponto crucial no qual o Projeto de Lei sequer faz referência é de quais danos podem ser indenizados pela intempestividade processual, uma vez que, em tese, os danos podem ser de ordem patrimonial e não patrimonial. Para facilitação do estudo, sintetizam-se os danos que podem ser reparados pela lição de Carlos Alberto Bittar,[546] ao discorrer:

> São reparáveis todos os danos que afetam a pessoa (física ou jurídica), e sua integridade estrutural, em seu patrimônio e respectivas projeções. Tratando-se de pessoa física, são indenizáveis as lesões a componentes de sua expressão física (corpórea), ou psíquica, ou moral, restringindo-se, na pessoa jurídica, a aspectos morais e patrimoniais.
>
> [...]
>
> Assim, na tecla do bem violado, podemos divisar as seguintes espécies de danos: a) pessoais (quando referentes a elementos integrantes da composição orgânica da pessoa e da estrutura de sua personalidade); b) morais (quando relativos a elementos de seu complexo valorativo intrínseco, em suas projeções na sociedade); c) patrimoniais (quando ligados a elementos materiais, bens ou direitos do seu complexo pecuniário).

Então, preferiu o legislador omitir-se em quais danos podem ser indenizados ou não, levando tal questão a ser respondida pelo juiz da causa no caso concreto. Poderia o Projeto de Lei pelo menos dar as coordenadas se a indenização restaria fechada a apenas danos morais ou mais aberta, flexível, podendo o lesado pleitear qualquer tipo de dano, o que dá a entender ser esta a intenção ao deixar o assunto sem a devida positivação.

Sintetizando o projeto de lei acima referido, Elaine Harzheim Macedo[547] traz cinco pontos que entende preocupantes ao debate, enumerando-os assim:

> A uma, não enfrentou o que seria tempo razoável do processo.
>
> A duas, não definiu responsabilidades, seja no sentido de inclusão, seja no sentido de exclusão. No máximo, previu a responsabilidade como objetiva – e cediço que o Estado responde objetivamente pelos atos de seus agentes, não sendo necessária lei nova que o diga – imputando ao erário público autoria pela indenização devida.
>
> A três, centrou toda a questão da indenização através da criação de um fundo, no âmbito do Poder Judiciário da União e dos Estados, sem qualquer contribuição para o que mais revela, a reconstrução de um processo que aconteça num espaço temporal compatível com a demanda de direito material, superando-se positivamente os entraves que a história sempre impôs, seja via instituição, a este desiderato.
>
> A quatro, traduziu ofensa a esta garantia constitucional, tão ambicionada por todos, a uma indenização estabelecida no montante de vinte por cento do valor da causa, rebaixando-se à condição de verba sucumbencial, matéria exclusivamente de ordem formal.
>
> A cinco, é possível, de sua leitura, extrair a conclusão fática: o texto, se vingar nos termos em que está posto, ensejará a provocação de outros processos e/ou incidentes processuais, pro-

---

[546] BITTAR, Carlos Alberto. *Responsabilidade civil* – teoria e prática. 5. ed. Rio de Janeiro: Forense Universitária, 2005. p. 22.

[547] MACEDO, Elaine Harzheim. Processo efetivo e tempestivo: reformas processuais ou um novo paradigma de jurisdição? *Destaque Jurídico*: Revista de Estudos Jurídicos, Gravataí, v. 7, n. 7, p. 214-215, 2008.

duzindo resultado inverso, isto é, aumentando a litigância e, consequentemente, o tempo do processo na prestação jurisdicional como um todo.

E conclui a processualista:[548]

> Com essas breves reflexões pretende-se apenas demonstrar que ainda está muito longe de vencer esses desafios que dizem com a efetividade e a tempestividade do processo e que ainda não basta uma lei estabelecendo indenização ou qualquer outra forma de coação para atingir os objetivos de construção de um novo paradigma de jurisdição e de um processo apto a concretizar os direitos e garantias individuais, coletivos e sociais que a Constituição de 1988 consagra, devendo o intérprete despir-se de seus pré-conceitos formais e apegados ao Estado Liberal e seus respectivos modelos de jurisdição, ou o próprio art. 5º, da CF, tornar-se-á, pelo menos em alguns de seus tópicos, letra morta e inexequível.

Muito se garimpou para que o Brasil tivesse como direito fundamental a duração razoável do processo[549] para que, sem estudos aprofundados, seja realizada uma lei às pressas, com previsões que chegam da injustiça à inconstitucionalidade. A não aprovação do Projeto de Lei foi medida salutar e já deve pautar o entendimento para novos projetos com parecido teor para que sejam rechaçados pelas casas do Congresso Nacional. A elaboração de tal legislação deveria ser realizada com apoio de uma comissão de estudos, em especial com o auxílio de processualistas de todas as áreas, a fim de que o princípio tenha sua normatividade infraconstitucional bem fundamentada, não bastando um mero Projeto de Lei mal estruturado para a regulamentação da matéria infraconstitucional.

---

[548] MACEDO, Elaine Harzheim. Processo efetivo e tempestivo: reformas processuais ou um novo paradigma de jurisdição? *Op. cit.*, p. 215.

[549] JOBIM, Marco Félix. *Cultura, escolas e fases metodológicas do processo*. Porto Alegre: Livraria do Advogado, 2011, p. 116. Esta é uma das conclusões a que chego na obra em comento para se chegar a uma nova fase metodológica processual, totalmente voltada à preocupação com o tempo do processo. Refiro: "Contudo, se entrarmos numa outra linha de pensar que o momento cultural hoje é o da abertura das fronteiras para o mundo globalizado, o mundo hiperconsumista e o mundo pós-moderno, nenhuma das fases está apta a abarcar esta nova concepção de sociedade que traz, na velocidade do seu tempo, a falência de qualquer fase metodológica pensada".

Considerações finais

A física chega num estágio atual de contagem do tempo em que está fracionando o segundo em 250 bilionésimos de um bilionésimo de segundo para chegar à contagem do que hoje se denomina de attossegundo. Em contrapartida, vivendo-se numa era desta velocidade, o Poder Judiciário ainda conta seus processos por meses, anos ou décadas, o que apenas comprova que está na contramão da história, o que repercute naquele que o procura, que necessita das garantias para ter um processo justo, ou seja, no jurisdicionado.

O Estado é responsável pela intempestividade do processo frente a seu Judiciário. Deve ele responder processo autônomo de indenização pelos danos patrimonais e extrapatrimonais decorrentes do dissabor sofrido pelo tempo desnecessário suportado pelo jurisdicionado quando intempestiva sua tutela jurisdicional. Não pode mais o Estado dar as costas a um problema que, conforme analisado, extrapola as fronteiras do País, tornando-se, praticamente, um problema mundial.

Contudo, somente o Estado ser considerado o único responsável pela intempestividade processual não é um caminho que visa combater a duração não razoável do processo, mas, consequentemente, apenas agravá-la. Se não houver responsabilização de todos, pouco ou nada efetiva será a medida indenizatória voltada contra o Estado para combater esse mal que assola o sistema Judiciário pátrio. Todos devem ser responsáveis, nas medidas de suas parcelas de culpa, pela intempestividade do processo.

Mas para que isso ocorre deve-se libertar dogmas passados e iniciar um estudo multidisciplinar para tentar trazer ao processo a tempestividade almejada pela reforma advinda da Emenda Constitucional 45 de 2004. Para tanto, não há mais como analisar o tempo somente como uma sequência ordenada de momentos, até porque, este já não consegue mais explicar fenômenos atuais como o próprio processo eletrônico, sendo que as atuais divisões no segundo, pela Física, são os momentos que serão vitais para explicar fenômenos que ocorrerão neste novo processo virtual, além de conceitos de outras áreas como estudado no início deste trabalho.

Foram trazidos alguns aspectos importantes sobre a constitucionalidade do direito fundamental positivado pela Emenda Constitucional 45/2004, defendendo sua titularidade a todos, assim como sua destinação, não só ao Estado, mas também para todos aqueles que, de alguma forma participam do processo. Também foi defendida a possibilidade da celeridade processual ser alçada ao nível de direito fundamental positivado, além da eficácia que o direito à tempestividade do processo irradia após sua positivação. Por fim, foi analisada a autonomia do direito fundamental à duração razoável do processo, não sendo ele um mero acessório da efetividade processual, sendo ambos, assim como outros princípios constitucionais processuais, todos partes de um princípio ainda maior denominado de processo justo.

Também foram alavancadas algumas problemáticas que podem ser lembradas sobre o tempo do processo. De início, foram desmistificados dogmas sobre nomenclatura de palavras importantes do Direito pátrio. Após o advento da Emenda Constitucional 45/2004, celeridade e tempestividade, assim como morosidade e intempestividade, não podem ser mais confundidas, sequer usados como sinônimos. Foram aventadas algumas das causas que mais auxiliam na intempestividade processual, ao mesmo tempo em que foram analisadas algumas consequências e soluções da intempestiva tutela jurisdicional. Após, foi defendido que o processo não pode ter um prazo ajustado para sua concretização, assim como o Estado não pode responder pela tempestividade do processo executório ou no cumprimento de sentença no caso de o devedor não ter bens à satisfação do crédito. Ao final foram analisadas quais noções de tempo existem no curso do processo, chegando-se à conclusão de que no processo pode haver todas aquelas estudadas no início do trabalho.

Restou estudada a indenização que o Estado italiano deve pagar ao seu jurisdicionado pela intempestividade do processo naquele país, sendo que, para que seus cidadãos parassem de ingressar com processos na Corte Europeia, criou, em 2001, após modificar a estrutura do art. 111 de sua Constituição, a Lei Pinto que regula a referida indenização. Tal legislação restou examinada artigo por artigo para ver os aspectos positivos e negativos a fim de ser ventilada a possibilidade de, no Estado brasileiro, tal legislação, ao menos parecida, ser realizada.

Por derradeiro foi visto como tal direito indenizatório já existe no ordenamento jurídico brasileiro, sem que ainda exista lei complementando a matéria. Por fim, foram analisados os artigos do já arquivado projeto de Lei 7.599, de 2006, que tentaria regulamentar a indenização pela duração não razoável do processo no Brasil, em complementação ao artigo 5°, LXXVIII, da Constituição Federal, chegando-se a afirmar por sua inconstitucionalidade, por motivo diferente daquele que lhe deu razão ao arquivamento.

Assim, existindo o direito indenizatório contra o Estado, independentemente de lei regulamentando a matéria, deve o Estado estar preparado com o aumento de ações que irão ingressar no Poder Judiciário, tendo em vista a tutela jurisdicional intempestiva.

Deve a doutrina e, principalmente, o Poder Legislativo, encontrar meios para que o Estado não seja o único a ser responsabilizado pela intempestividade processual, tendo em vista que, em primeiro lugar, a tão só responsabilização do ente público em nada combaterá a intempestividade do processo e, em segundo, a não responsabilização daqueles que realmente trazem intempestividade ao processo é um salvo-conduto para atos de chicana e ma--fé processual. Isto não pode prosperar, pois todos são responsáveis por um processo justo, em que se dê ao jurisdicionado uma decisão adequada, dentro de uma segurança jurídica, em tempo razoável e que ainda por cima seja esta decisão efetivada.

O estudo realizado sobre a temática da duração razoável do processo e a responsabilidade civil do Estado em decorrência da intempestiva tutela jurisdicional é apenas um passo da longa caminhada existente para que o processo tempestivo encontre seu norte seguro dentro de um processo justo. Cabe agora a todos essa concretização.

Referências

A INFLUÊNCIA dos cartórios judiciais na morosidade da justiça. *Revista Mercado & Negócios* – ADVO-GADOS, São Paulo: Minuano, a. III, n. 17, p. 48-51, 2008.

A TRAMA das horas. *Mente e Cérebro*, São Paulo: Duetto, n. 192, p. 38, jan. 2009.

ABREU, Gabrielle Cristina Machado. *A duração razoável do processo como elemento constitutivo do acesso à justiça*. Florianópolis: Conceito Editorial, 2008.

ALBERTON, Cláudia Marlise da Silva. O princípio da duração razoável do processo sob o enfoque da jurisdição, do tempo e do processo. In: MACHADO, Fábio Cardoso; MACHADO, Rafael Bicca (Coord.). *A reforma do poder judiciário*. São Paulo: Quartier Latin, 2006. p. 72-98.

ALEXY, Robert. *Teoria dos direitos fundamentais*. Tradução Virgílio Afonso da Silva. São Paulo: Malheiros, 2008.

ALMEIDA, Almeida Carlos. *A cabeça do brasileiro*. 2. ed. Rio de Janeiro: Record, 2007.

ALMEIDA, Jorge Luiz. Emenda Constitucional 45-2004 e responsabilidade. In: —— (Org.). *A reforma do poder judiciário* – uma abordagem sobre a Emenda Constitucional n. 45-2004. Campinas: Millennium, 2006.

ALVAREZ, Anselmo Prieto; NOVAES FILHO, Wladimir. *A constituição dos EUA*: anotada. 2. ed. São Paulo: LTr, 2008.

ALVARO DE OLIVEIRA, Carlos Alberto (Org.). *Eficácia e coisa julgada*. Rio de Janeiro: Forense, 2006.

——. (Org.). *Processo e Constituição*. Rio de Janeiro: Forense, 2004.

——. *Do formalismo no processo civil*. 2. ed. São Paulo: Saraiva, 2003.

——. Efetividade e tutela jurisdicional. *Revista da Ajuris* – Associação dos Juízes do Rio Grande do Sul, Porto Alegre: AJURIS, a. XXXII, n. 98, p. 7-31, jun. 2005.

——. O formalismo-valorativo no confronto com o formalismo excessivo. *Revista de Processo*, São Paulo, a. 31, n. 137, p. 7-31, jul. 2006.

ALVIM, Arruda. Resistência injustificada ao andamento do processo. *Revista Brasileira de Direito Processual* – RBDPro, Belo Horizonte: Fórum, a. 15, n. 59, p. 59-75, jul./set. 2007.

AMARAL, Guilherme Rizzo. *As astreintes e o processo civil brasileiro* – multa do artigo 461 do CPC e outras. Porto Alegre: Livraria do Advogado, 2004.

——. *Cumprimento e execução da sentença sob a ótica do formalismo-valorativo*. Porto Alegre: Livraria do Advogado, 2008.

ANDREWES, William J. H. Uma crônica do registro do tempo, *Scientific American*, São Paulo: Ediouro, ed. 21, p. 44-53, 2007.

ANNONI, Danielle. *Responsabilidade do Estado pela não duração razoável do processo*. Curitiba: Juruá, 2008.

ARAÚJO, José Henrique Mouta. *Acesso à justiça & efetividade do processo*: a ação monitória é um meio de superação de obstáculo. 1. ed. 4. tir. Curitiba: Juruá, 2006.

ARONNE, Ricardo. *Direito civil-constitucional e teoria do caos*: estudos preliminares. Porto Alegre: Livraria do Advogado, 2006.

ARÓSTEGUI, Julio. *A pesquisa histórica* – teoria e método. Tradução de Andréa Dore. Bauru: Edusc, 2006.

ARRUDA, Samuel Miranda. *O direito fundamental à razoável duração do processo*. Brasília: Brasília Jurídica, 2006.

ASSIS, Araken. Duração razoável do processo e reformas da lei processual civil. In: MOLINARO, Carlos Alberto; MILHORANZA, Mariângela Ribeiro; PORTO, Sérgio Gilberto (Coord.). *Constituição, jurisdição e processo*: estudos em homenagem aos 55 anos de revista jurídica. Sapucaia do Sul: Notadez, 2007. p. 41-59.

——. Duração razoável do processo e reformas da lei processual. In: CAMARGO, Marcelo Novelino (Org.). *Leituras complementares de constitucional*. Salvador: JusPODIVM, 2006.

——. *Manual do processo de execução*. São Paulo: Revista dos Tribunais, 2006.

ASSIS, Machado. *Esaú e Jacó*. São Paulo: Abril Cultural, 1984.

ÁVILA, Humberto. O que é "devido processo legal". *Revista de Processo*, São Paulo, a. 33, n. 163, p. 50-59, set. 2008.

——. *Teoria dos princípios* – da definição à aplicação dos princípios jurídicos. 6. ed. São Paulo: Malheiros, 2006.

BARBOSA MOREIRA, José Carlos. A duração dos processos: alguns dados comparativos. *Revista da Ajuris* – Associação dos Juízes do Rio Grande do Sul, Porto Alegre: AJURIS, a. XXXII, n. 98, p. 151-159, jun. 2005.

——. A emenda constitucional 45/2004 e o processo. *Revista de Processo*, São Paulo, n. 130, p. 235-248, dez. 2005.

——. Notas sobre o problema da "efetividade" do processo. *Revista da Ajuris* – Associação dos Juízes do Rio Grande do Sul, Porto Alegre: AJURIS, n. 29, p. 27, 1983.

——. O juiz e a cultura da transgressão. *Revista Jurídica*: órgão nacional de doutrina, jurisprudência, legislação e crítica judiciária. Sapucaia do Sul: Notadez, a. 47, n. 267, p. 5-12, jan. 2000.

——. *O novo processo civil brasileiro*: exposição sistemática do procedimento. 25. ed. rev. e atual. Rio de Janeiro: Forense, 2007.

——. Privatização do processo. In ——. *Temas de direito processual*. Sétima série. São Paulo: Saraiva, 2001. p. 7-18.

——. *Temas de direito processual*. Oitava série. São Paulo: Saraiva, 2004.

BARBOSA, Rui. *Oração aos moços*. São Paulo: Rideel, 2005.

BARROSO, Luís Roberto (Org.). *A nova interpretação constitucional* – ponderação, direitos fundamentais e relações privadas. 2. ed. Rio de Janeiro: Renovar, 2006.

BASTOS, Antonio Adonias. *A razoável duração do processo*. Salvador: Faculdade Baiana de Direito, 2009.

BAUR, Fritz. Transformações do processo civil em nosso tempo. Tradução José Carlos Barbosa. *RBDPro*, Belo Horizonte: Fórum, a. 15, n. 59, p. 111-122, jul./set. 2007.

BEDAQUE, José Roberto dos Santos. *Direito e processo* – influência do direito material sobre o processo. 4. ed. São Paulo: Malheiros, 2006.

——. *Efetividade do processo e técnica processual*. São Paulo: Malheiros, 2006.

——. *Tutela cautelar e tutela antecipada*: tutelas sumárias e de urgência (tentativa de sistematização). 4. ed. São Paulo: Malheiros, 2006.

BERMUDES, Sérgio. *Direito processual civil*: estudos e pareceres: 3ª serie. São Paulo: Saraiva, 2002.

BERNARDINA DE PINHO, Humberto Dalla. *Teoria geral do processo civil contemporâneo*. Rio de Janeiro: Lumen Juris, 2007.

BERNAL, Francisco Chamorro. *El artículo 24 de la Constitución* – el derecho de libre acceso a los tribunales. Barcelona: Iura Editorial S. L., 2005. T. I.

——. *La tutela judicial efectiva* – derechos y garantías procesales derivados del artículo 24.1 de la Constitución. Barcelona: Casa Editorial S.A., 1994.

BESTER, Gisela Maria; HAUS, Gabriela Damião Cavalli. As ações sincréticas como instrumento de celeridade processual: direitos fundamentais conexos e efetividade constitucional. In: GUNTHER, Luiz Eduardo (Coord.). *Jurisdição*: crise, efetividade e plenitude institucional. Curitiba: Juruá, 2009. p. 230-278.

BILHALVA, Jacqueline Michels. *Aplicabilidade e a concretização das normas constitucionais*. Porto Alegre: Livraria do Advogado, 2005.

BITTAR, Carlos Alberto. *Responsabilidade civil* – teoria e prática. 5. ed. Rio de Janeiro: Forense Universitária, 2005.

BLAINEY, Geofrey. *Uma breve história do mundo*. 2. ed. São Paulo: Fundamento Educacional, 2007.

BLANC, Mafalda Faria. *Metafísica do tempo*. Lisboa: Instituto Piaget, 1999.

BOBBIO, Norberto. *A era dos direitos*. Tradução Carlos Nelson Coutinho. Rio de Janeiro: Elsevier, 2004.

——; MATTEUCCI, Nicola; PASQUINO, Gianfranco. *Dicionário de política*. Tradução Carmen C. Varriale et al. Coordenação João Ferreira. Revisão geral João Ferreira e Luís Guerreiro Pinto Caçais. 13. ed. Brasília: Universidade de Brasília, 2007.

BONATO, Gilson; BASTOS, Cleverson Leite; CORRÊA, Murilo Duarte Costa. *Dobraduras do tempo*: ensaios sobre a história de algumas durações no direito. Rio de Janeiro: Lumen Juris, 2011.

BORNHOLDT, Rodrigo Meyer. *Métodos para resolução do conflito entre direitos fundamentais*. Prefácio Prof. Friedrich Muller. São Paulo: Revista dos Tribunais, 2005.

BRAGA NETTO, Felipe P. *Responsabilidade civil*. São Paulo: Saraiva, 2008.

BRASIL. Superior Tribunal de Justiça. Recurso Especial 954859/RS, 3ª Turma, relatado pelo Ministro Humbert Gomes de Barros, julgado em 16/08/2007. Disponível em: <http://www.stj.gov.br/SCON/pesquisar.jsp>. Acesso em: 28 jul. 2008.

——. Supremo Tribunal Federal. Habeas Corpus 94294/SP. 2ª Turma. Relator Min. Cear Peluso, julgado no dia 05/08/2008. Disponível em: <http://www.stf.jus.br/portal/jurisprudencia/listarJurisprudencia.asp?s1=duração%20e%20razoável%20e%20processo%20e%20habeas&base=baseAcordaos>. Acesso em: 15 fev. 2009.

——. Supremo Tribunal Federal. Habeas Corpus 95967, 2ª Turma, Relator: Min. Ellen Gracie Northfleet, julgado em 11/11/2008: Disponível em: <http://www.stf.jus.br/portal/jurisprudencia/listarJurisprudencia.asp?s1=(95967.NUME.%20OU%2095967.ACMS.)&base=baseAcordaos>. Acesso em: 12 fev. 2009.

——. Supremo Tribunal Federal. Recurso Extraordinário 466.343, 2ª Turma, relator Ministro Celso Peluso, julgado em 03.12.2008. Disponível em: <http://www.stf.jus.br/portal/processo/verProcessoAndamento.asp?numero=466343&classe=RE&origem=AP&recurso=0&tipoJulgamento=M>. Acesso em: 05 fev. 2009.

BUENO DE GODOY, Cláudio Luiz. Responsabilidade civil do juiz e do promotor de justiça. In: SILVA, Regina Beatriz Tavares da (Coord.). *Responsabilidade civil e sua repercussão nos tribunais*. São Paulo: Saraiva, 2008. p. 63-96.

CAHALI, Yussef Said. *Responsabilidade civil do Estado*. 3. ed. São Paulo: Revista dos Tribunais, 2007.

CALAMANDREI, Piero. *Eles, os juízes, vistos por um advogado*. 1. ed. 5. tir. São Paulo: Martins Fontes, 2000.

CALIENDO, Paulo. Duração razoável do processo em matéria tributária. In: MOLINARO, Carlos Alberto; MILHORANZA, Mariângela Ribeiro; PORTO, Sérgio Gilberto (Coord.). *Constituição, jurisdição e processo*: estudos em homenagem aos 55 anos de revista jurídica. Sapucaia do Sul: Notadez, 2007. p. 515-532.

CALMON, Petrônio. *Fundamentos da mediação e da conciliação*. 7. ed. Rio de Janeiro: Forense, 2007.

CÂMARA, Alexandre Freitas. *Lições de direito processual civil*. 16. ed. Rio de Janeiro: Lumen Juris, 2007. V. 1.

CÂMARA.GOV.BR. Disponível em: <http://www.camara.gov.br/sileg/Prop_Detalhe.asp?id=337195>. Acesso em: 10 jan. 2009.

CANETTI, Elias. *A consciência das palavras*: ensaios. Tradução Márcio Suzuki e Herbert Caro. São Paulo: Companhia das Letras, 1990.

CAPPELLETTI, Mauro. Problemas de reforma do processo civil nas sociedades contemporâneas. In: MARINONI, Luiz Guilherme (Coord.). *O processo civil contemporâneo*. Curitiba: Juruá, 1994.

——; GARTH, Bryant. *Acesso à justiça*. Tradução Ellen Gracie Northfleet. 2. tir. Porto Alegre: Sérgio Antônio Fabris, 2002.

CARMONA, Carlos Alberto. *Arbitragem e processo*: um comentário à Lei nº 9.307/96. São Paulo: Atlas, 2004.

CARNEIRO, Athos Gusmão. *Da antecipação de tutela*. 6. ed. Rio de Janeiro: Forense, 2006.

CARNELLI, Lorenzo. *Tempo e direito*. Tradução de Érico Maciel. Rio de Janeiro: José Konfino editor, 1960.

CARNELUTTI, Francesco. *Sistema de direito processual civil*. Tradução Hiltomar Martins Oliveira. 2. ed. São Paulo: Lemos e Cruz, 2004. V. II.

CARREIRA ALVIM, J. E.; CABRAL NETO, Silvério Luiz Nery. *Processo judicial eletrônico. Curitiba*: Juruá, 2008.

CARTAXO, Azevedo Hamilton; FIGUEIREDO CRUZ, Luana Pedrosa de. A efetividade da prestação jurisdicional e a possibilidade de dispensa do relatório da sentença em face do inciso LXXVIII do art. 5º da Constituição Federal. *Revista Jurídica*: órgão nacional de doutrina, jurisprudência, legislação e crítica judiciária, Sapucaia do Sul: Notadez, a. 56, n. 366, p. 29-40, abr. 2008.

CARVALHO NETO, Inácio de. *Responsabilidade do Estado por atos de seus agentes*. São Paulo: Atlas, 2000.

CASTORIADIS, Cornelius. *A instituição imaginária da sociedade*. Tradução Guy Reynaud. 6. ed. Rio de Janeiro: Paz e Terra, 1982.

CAVALIERI FILHO, Sergio. *Programa de responsabilidade civil*. 7. ed. São Paulo: Atlas, 2007.

CEZNE, Andrea Nárriman. Celeridade, prazo razoável e efetivação do direito à tutela jurisdicional: o caso dos juizados especiais federais. *Direito e Democracia* – Revista de Ciências Jurídicas, Canoas: Ulbra, v. 7, p. 427-457, 2006.

CIANCI, Mirna. A razoável duração do processo e os meios que garantam a celeridade de sua tramitação. In: VILHENA NUNES, João Batista de (Coord.). *Processo civil, análises, críticas e propostas*. São Paulo: SRS, 2008. p. 251-271.

CINTRA, Antônio Carlos de Araújo; GRINOVER, Ada Pellegrini; DINAMARCO, Cândido Rangel. *Teoria geral do processo*. 25. ed. São Paulo: Malheiros, 2009.

CNJ.JUS.BR. Disponível em <http://www.cnj.jus.br>. Acesso em: 15 dez. 2008.

CONTROLE ampliado. *Anuário da Justiça 2009*, São Paulo: Conjur, 2009. p. 14-17.

CORONEL, Luiz. *Correio do Povo*, Porto Alegre, p. 4, 30 ago. 2008.

CORTEIDH.OR.CR. Disponível em: <http://www.corteidh.or.cr/docs/casos/ximenes/agescidh.pdf>. Acesso em: 21 ago. 2008.

COUTO GONÇALVES, Willian. *Filosofia do direito processual*. Rio de Janeiro: Lumen Juris, 2005.

COUTURE, Eduardo J. *Introdução ao estudo do processo civil*. Tradução Mozart Victor Russomano. 3. ed. Rio de Janeiro: Forense, 2004.

CRUZ E TUCCI, José Rogério. *Limites subjetivos da eficácia da sentença e da coisa julgada civil*. São Paulo: Revista dos Tribunais, 2006.

——. *Tempo e processo* – uma análise empírica das repercussões do tempo na fenomenologia processual (civil e penal). São Paulo: Revista dos Tribunais, 1997.

DAMÁSIO, António R. Quando tudo aconteceu. *Mente e Cérebro*, São Paulo: Duetto, n. 192, p. 40-47, jan. 2009.

DAVIES, Paul. Esse fluxo misterioso. *Scientific American*, São Paulo: Ediouro, ed. 21, p. 10-15, 2007.

——. *O enigma do tempo*: a revolução iniciada por Einstein. Tradução Ivo Korytowski. Rio de Janeiro: Ediouro, 2000.

DELGADO, José Augusto. Reforma do poder judiciário – art. 5º, LXXVIII, da CF. In: WAMBIER, Tereza Arruda Alvim *et al*. (Coord.). *Reforma do Judiciário* – primeiras reflexões sobre a Emenda Constitucional n. 45/2004. São Paulo: Revista dos Tribunais, 2005. p. 355-371.

DELITTOECASTIGO.INFO. Disponível em: <http://www.delittoecastigo.info/leggepinto>. Acesso em: 20 jan. 2009.

DELLA GIUSTINA, Bianca Sant'Anna. *Responsabilidade do Estado por atos de serventuários extrajudiciais*. Porto Alegre: Sergio Antonio Fabris, 2008.

DESPEYROUX, Denise. *La escuela de los filósofos* – inspiraciones esenciales de los 100 pensadores más influyentes de la historia. Barcelona: Oceano, 2008.

DIDIER JÚNIOR, Fredie. *Curso de direito processual civil* – teoria geral do processo e processo de conhecimento. 8. ed. Bahia: PODIVM, 2007. V. I.

DIMOULIS, Dimitri. *Manual de introdução ao estudo do direito*. 2. ed. São Paulo: Revista dos Tribunais, 2007.

DIMOULIS, Dimitri; MARTINS, Leonardo. *Teoria geral dos direitos fundamentais*. São Paulo: Revista dos Tribunais, 2007.

DINAMARCO, Cândido Rangel. *A instrumentalidade do processo*. 2. ed. rev. e atual. São Paulo: Revista dos Tribunais, 1990.

——. *Instituições de direito processual civil I*. 4. ed. São Paulo: Malheiros, 2004.

——. *Nova era do processo civil*. 2. ed. São Paulo: Malheiros, 2007.

DOSSE, François. *A história*. Tradução Maria Elena Ortiz. Bauru: Edusc, 2003.

DUARTE, Carlos Francisco; GRANDINETTI, Adriana Monclaro. *Comentários à Emenda Constitucional 45-2004* – os novos parâmetros do processo civil brasileiro. Curitiba: Juruá, 2005.

DUQUE-ESTRADA, Paulo Cesar. Verbete Hans-Georg Gadamer. In: BARRETO, Vicente de Paula (Coord.). *Dicionário de Filosofia do Direito*. São Leopoldo: Unisinos, 2006. p. 372-374.

EBLING, Cláudia Marlise da Silva Alberton. *Teoria geral do processo*: uma crítica à teoria unitária do processo através da abordagem da questão da sumarização e do tempo no/do processo penal. Porto Alegre: Livraria do Advogado, 2004.

EINSTEIN, Albert; INFELD, Leopold. *A evolução da física*. Rio de Janeiro: Jorge Zahar, 2008.

ESOPO. *As fábulas de Esopo*. Tradução Antônio Carlos Viana. Porto Alegre: L&PM, 1997.

ESTEVEZ, Rafael Fernandes. Direito fundamental à razoável duração do processo e os mecanismos processuais garantidores de sua eficácia após a emenda constitucional nº 45/2004. Porto Alegre, 2007. Dissertação (Mestrado em Direito), Faculdade de Direito, Pontifícia Universidade Católica do Rio Grande do Sul, 2007. Disponível em: <http://tede.pucrs.br/tde_busca/arquivo.php?codArquivo=867>. Acesso em 18 nov. 2008.

FABRÍCIO, Adroaldo Furtado. *Ensaios de direito processual*. Rio de Janeiro: Forense, 2003.

FALCÃO, Joaquim. Menos poder e mais serviço. *Folha de São Paulo*, São Paulo, p. A3, 5 abr. 2009.

FALCÃO, Raimundo Bezerra. *Ensaios acerca do pensamento jurídico*. São Paulo: Malheiros, 2008.

FAZZALARI, Elio. *Instituições de direito processual*. Tradução Elaine Nassif. Campinas: Bookseller, 2006.

FERREIRA ALVES, Jorge de Jesus. *Morosidade da justiça*: como podem ser indemnizados os injustiçados por causa da lentidão dos Tribunais à luz da Convenção Europeia dos Direitos do Homem e sua legislação nacional. Porto: Legis Editora, 2006.

FERREIRA, Simone Rodrigues. A efetividade do direito fundamental à razoável duração do processo. *Revista IOB de Direito Civil e Processo Civil*, São Paulo, n. 53, p. 140-152, maio/jun. 2008.

FREIRE E SILVA, Bruno. A exigência de três anos de atividade jurídica para ingresso na magistratura. In: FREIRE E SILVA, Bruno; MAZZEI, Rodrigo. *Reforma do judiciário*: análise interdisciplinar e estrutural do primeiro ano de vigência. Curitiba: Juruá, 2008. p. 329-339.

FREIRE JÚNIOR, Américo Bedê. Breve análise sobre o direito fundamental à duração razoável do processo. In: FREIRE E SILVA, Bruno; MAZZEI, Rodrigo (Coord.). *Reforma do judiciário*: análise interdisciplinar e estrutural do primeiro ano de vigência. Curitiba: Juruá, 2008. p. 465-470.

FREITAS, Juarez. *Discricionariedade administrativa e o direito fundamental à boa administração pública*. São Paulo: Malheiros, 2007.

FREITAS, Luiz Fernando Calil de. *Direitos fundamentais* – limites e restrições. Porto Alegre: Livraria do Advogado, 2007.

FURNARI, Francesco. *Il risarcimento dei danni per la lentezza della giusticia* – il ricorso alla Corte d'Appello, alla Corte Suprema di Cassazione ed alla Corte Europea dei Diritti dell'Uomo con la recente giurisprudenza nazionale e sovrannazionale. Torino: G. Giappichelli, 2005.

GADAMER, Hans-Georg. *Verdade e Método*. Traços fundamentais de uma hermenêutica filosófica. Tradução Flávio Paulo Meurer. 7. ed. Petrópolis: Vozes; Bragança Paulista: Universitária São Francisco, 2005. V. I.

GEBRAN NETO, João Pedro. *A aplicação imediata dos direitos e garantias individuais* – a busca de uma exegese emancipatória. São Paulo: Revista dos Tribunais, 2002.

GILLISSEN, John. *Introdução histórica ao direito*. 5. ed. Lisboa: Fundação Caloute Gulbenkian, 2008.

GODOY, Arnaldo Sampaio de Moraes. *Direito & literatura*: ensaios de síntese teórica. Porto Alegre: Livraria do Advogado, 2008.

GONZAGA, Sergius. *Curso de literatura brasileira*. 2. ed. Porto Alegre: Leitura XXI, 2007.

GOOGLE.COM.BR. Disponível em: <http://www.google.com.br>. Acesso em: 20 jan. 2009.

GUERRA FILHO, Willis Santiago. *Processo constitucional e direitos fundamentais*. 5. ed. rev. e ampl. São Paulo: RCS, 2007.

———. *Teoria processual da Constituição*. 3. ed. São Paulo: RSC, 2007.

HABERMAS, Jürgen. *O futuro da natureza humana*: a caminho de uma eugenia liberal? Tradução Karina Jannini. São Paulo: Martins Fontes, 2004.

HAWKING, Stephen W. *Uma breve história do tempo*: do Big Bang aos buracos negros. Tradução Maria Helena Torres. Rio de Janeiro: Rocco, 1988.

HESSE, Konrad. *A força normativa da Constituição*. Tradução Gilmar Ferreira Mendes. Porto Alegre: Sérgio Antônio Fabris, 1991.

HOFFMAN, Paulo. *Razoável duração do processo*. São Paulo: Quartier Latin, 2006.

HOMMERDING, Adalberto Narciso. *Fundamentos para uma compreensão hermenêutica do processo civil*. Porto Alegre: Livraria do Advogado, 2007.

HOUAISS, Antônio e VILLAR, Mauro de Salles. *Dicionário Houaiss da língua portuguesa*. Elaborado no Instituto Antônio Houaiss de Lexicografia e Banco de Dados da Língua Portuguesa S/C Ltda. Rio de Janeiro: Objetiva, 2004.

IBGE.GOV.BR. Disponível em: <http://www.ibge.gov.br>. Acesso em: 13 set. 2008.

ISAACSON, Walter. *Einstein*: sua vida, seu universo. Tradução Celso Nogueira [et al.]. São Paulo: Companhia das Letras, 2007.

JAGUARIBE, Marcio. Tempo e História. In: DOCTORS, Marcio (Org.). *Tempos dos tempos*. Rio de Janeiro: Jorge Zahar, 2003. p. 156-165.

JOBIM, Marco Félix. *Cultura, escolas e fases metodológicas do processo*. Porto Alegre: Livraria do Advogado, 2011.

JÖNSSON, Bodil. *Dez considerações sobre o tempo*. Tradução Marcos de Castro. Rio de Janeiro: José Olympio, 2004.

JULIEN, Nadia. *Dicionário Ridell de mitologia*. Tradução Denise Radonovic Vieira. Ilustração Mônica Teixeira. São Paulo: Rideel, 2005.

KAFKA, Franz. *Um médico rural*. Tradução Modesto Carone. 2. reimpr. São Paulo: Companhia das Letras, 1999.

KNIJNIK, Danilo. *A prova nos juízos cível, penal e tributário*. Rio de Janeiro: Forense, 2007.

KRAEMER, Eduardo. *A responsabilidade do Estado e do magistrado em decorrência da deficiente prestação jurisdicional*. Porto Alegre: Livraria do Advogado, 2004.

LABRADOR, David. Do instantâneo ao eterno. *Scientific American*, São Paulo: Ediouro, ed. 21, p. 24-25, 2007.

LACERDA, Galeno. *Despacho saneador*. 3. ed. Porto Alegre: Sérgio Antônio Fabris, 1995.

LASSALE, Ferdinand. *A essência da Constituição*. Prefácio Aurélio Wander Bastos. 6. ed. Rio de Janeiro: Lumen Juris, 2001.

LIEBMAN, Enrico Tullio. *Processo de execução*. 1. ed. São Paulo: Bestbook, 2003.

LOPES JÚNIOR, Aury; BADARÓ, Gustavo Henrique. *Direito ao processo penal no prazo razoável*. Rio de Janeiro: Lumen Juris, 2006.

LOPES, Dimas Ferreira. Celeridade do processo como garantia constitucional – estudo histórico-comparativo: constituições brasileira e espanhola. In: FIUZA, César (Org.). *Direito processual na história*. Belo Horizonte: Mandamentos, 2002.

LOPES, João Batista. Efetividade do processo e reforma do código de processo civil: como explicar o paradoxo processo moderno – justiça morosa? *Revista de Processo*, São Paulo, a. 27, n. 105, p. 128-138, jan./mar. 2002.

——. Reforma do judiciário, acesso à justiça e efetiva e efetividade do processo. In: FREIRE E SILVA, Bruno; MAZZEI, Rodrigo (Coord.). *Reforma do judiciário*: análise interdisciplinar e estrutural do primeiro ano de vigência. Curitiba: Juruá, 2008. p. 480-484.

LOPES, Othon de Azevedo. *Responsabilidade jurídica* – horizontes, teoria e linguagem. São Paulo: Quartier Latin, 2006.

LOUREIRO FILHO, Lair da Silva. *Responsabilidade pública por atividade judiciária*. São Paulo: Revista dos Tribunais, 2005.

LUHMANN, Niklas. *Sociologia do Direito II*. Tradução Gustavo Bayer. Rio de Janeiro: Tempo Brasileiro, 1985.

MACEDO, Elaine Harzheim. *Do procedimento monitório*. São Paulo: Revista dos Tribunais, 1999.

——. *Jurisdição e processo*: crítica histórica e perspectivas para o terceiro milênio. Porto Alegre: Livraria do Advogado, 2005.

——. O cumprimento da sentença e a multa do art. 475-J do CPC sob uma leitura constitucional da Lei nº 11.232/05. *Revista da Ajuris* – Associação dos Juízes do Rio Grande do Sul, Porto Alegre: AJURIS, a. XXXIII, n. 104, p. 79-93, 2006.

——. O sistema recursal, a jurisdição constitucional e a federativa: um novo paradigma. In: TEIXEIRA, Anderson Vichinkeski; LONGO, Luís Antônio. *A constitucionalização do direito*. Porto Alegre: Sergio Antonio Fabris, 2008. p. 175-187.

——. Os tribunais superiores e os novos óbices recursais. In: MACHADO, Fábio Cardoso; MACHADO, Rafael Bicca. *A reforma do poder judiciário*. São Paulo: Quartier Latin, 2006. p. 162-185.

——. Processo efetivo e tempestivo: reformas processuais ou um novo paradigma de jurisdição? *Destaque Jurídico* – Revista de Estudos Jurídicos, Gravataí, v. 7, n. 7, p. 211-215, 2008.

MACEDO, Elaine Harzheim; JOBIM, Marco Félix. Ações coletivas X ações individuais: uma questão de efetividade e tempestividade processual conforme a Constituição. *Revista da Ajuris* – Associação dos Juízes do Rio Grande do Sul, Porto Alegre: AJURIS, a. 35, n. 112, p. 69-85, dez. 2008.

MACHADO, Dyonelio. *Os ratos*. São Paulo: Planeta do Brasil, 2004.

MANENTE, Luciana Nini. O princípio constitucional da celeridade do processo. In: FREIRE E SILVA, Bruno; MAZZEI, Rodrigo (Coord.). *Reforma do judiciário*: análise interdisciplinar e estrutural do primeiro ano de vigência. Curitiba: Juruá, 2008. p. 486-501.

MARINELLI, Damiano. SPIGARELLI, Elisabetta. *Giusto processo ed equa riparazione* – I diritto tutelati dalla Convenzione Europea, i metodi di ricorso nazionali ed europei e la quantificazione del danno indennizzabile. Napoli: Sistemi Editoriali SE, 2007.

MARINONI, Luiz Guilherme. *Abuso de defesa e parte incontroversa da demanda*. São Paulo: Revista dos Tribunais, 2007.

——. *Antecipação da tutela*. 10. ed. São Paulo: Revista dos Tribunais, 2008.

——. *Precedentes obrigatórios*. São Paulo: Revista dos Tribunais, 2010.

——. *Técnica processual e tutela dos direitos*. 2. ed. rev. e atual. São Paulo: Revista dos Tribunais, 2008.

——. *Teoria geral do processo*. São Paulo: Revista dos Tribunais, 2006. V. 1.

——. *Tutela antecipatória e julgamento antecipado*. Parte incontroversa da demanda. 5. ed. São Paulo: Revista dos Tribunais, 2002.

——. *Tutela antecipatória, julgamento antecipado e execução imediata da sentença*. São Paulo: Revista dos Tribunais, 1998.

——. *Tutela inibitória*. 4. ed. São Paulo: Revista dos Tribunais, 2006.

MARMELSTEIN, George. *Curso de direitos fundamentais*. São Paulo: Atlas, 2008.

MARMITT, Arnaldo. *Perdas e danos*. 4. ed. Porto Alegre: Livraria do Advogado, 2005.

MARTINS, Francisco Peçanha. Morosidade do judiciário. In: FREIRE e SILVA, Bruno; MAZZEI, Rodrigo (Coord.). *Reforma do judiciário*: análise interdisciplinar e estrutural do primeiro ano de vigência. Curitiba: Juruá, 2008. p. 472-477.

MASCARO, Alysson Leandro. *Utopia e direitos*: Ernest Bloch e a ontologia jurídica da utopia. São Paulo: Quartier Latin, 2008.

MATEU, Adrià Rodés. *El derecho a un proceso sin dilaciones indebidas*: estúdio de su configuración constitucional y de su restablecimiento em el ordenamiento jurídico español. Barcelona: Atelier Libros Jurídicos, 2009.

MAXIMILIANO, Carlos. *Hermenêutica e aplicação do direito*. Rio de Janeiro: Forense, 2005.

MAZZEI, Rodrigo. Aspectos panorâmicos do "tempo" na "realização do direito". In: FREIRE e SILVA, Bruno; MAZZEI, Rodrigo (Coord.). *Reforma do judiciário*: análise interdisciplinar e estrutural do primeiro ano de vigência. Curitiba: Juruá, 2008. p. 521-535.

MAZZUOLI, Valério de Oliveira. O novo § 3º do art. 5º da Constituição e sua eficácia. In: FREIRE e SILVA, Bruno; MAZZEI, Rodrigo (Coord.). *Reforma do judiciário*: análise interdisciplinar e estrutural do primeiro ano de vigência. Curitiba: Juruá, 2008.

MELLO, Celso Antônio Bandeira de. *Conteúdo jurídico do princípio da igualdade*. 3. ed. São Paulo: Malheiros, 2004.

MENDES, Gilmar Ferreira. A proteção da dignidade da pessoa humana no contexto do processo judicial. In: MIRANDA, Jorge; SILVA, Marco Antonio Marques da (Coord.). *Tratado luso-brasileiro da dignidade humana*. São Paulo: Quartier Latin, 2008. p. 127-141.

MENDONÇA JÚNIOR, Delosmar. Princípio constitucional da duração razoável do processo. In: LEITE, George Salomão; LEITE, Glauco Salomão (Coord.). *Constituição e efetividade constitucional*. Bahia: JusPODIVM, 2008.

MÉSAROS, István. *O desafio e o fardo do tempo histórico*. Tradução Ana Cotrim e Vera Cotrim. São Paulo: Boitempo, 2007.

MESQUITA, Eduardo Melo de. *As tutelas cautelar e antecipada*. São Paulo: Revista dos Tribunais, 2002.

MESQUITA, José Ignácio Botelho de. *Teses, estudos e pareceres de processo civil*. Direito de ação, partes e terceiros, processo e política. Apresentação José Rogério Cruz e Tucci, Walter Piva Rodrigues, Paulo Henrique dos Santos Lucon. São Paulo: Revista dos Tribunais, 2005. V. 1.

MILMAN, Fabio. *Improbidade processual* – comportamento das partes e de seus procuradores no processo civil. Rio de Janeiro: Forense, 2007.

MIRANDA, Pontes de. *Sistema de ciência positiva de direito*. Atualização Vilson Rodrigues Alves. Campinas: Bookseller, 2000. T. I

MITIDIEIRO, Daniel. *Colaboração no processo civil*: pressupostos sociais, lógicos e éticos. São Paulo: Revista dos Tribunais, 2009.

——— *Elementos para uma teoria contemporânea do processo civil brasileiro*. Porto Alegre: Livraria do Advogado, 2005.

———. *Processo civil e Estado constitucional*. Porto Alegre: Livraria do Advogado, 2007.

MONTEIRO FILHO, Carlos Edison do Rêgo. Problemas de responsabilidade civil do Estado. In: FREITAS, Juarez (Org.). *Responsabilidade civil do Estado*. São Paulo: Malheiros, 2006. p. 37-65.

MUHLEN, Eduardo Von; MASINA, Gustavo. O princípio da duração razoável do processo. In: MACHADO, Fábio Cardoso; MACHADO, Rafael Bicca. *A reforma do poder judiciário*. São Paulo: Quartier Latin, 2006. p. 142-159.

NALINI, José Renato. Duração razoável do processo e a dignidade da pessoa humana. In: MIRANDA, Jorge; SILVA, Marco Antonio Marques da (Coord.). *Tratado luso-brasileiro da dignidade humana*. São Paulo: Quartier Latin, 2008. p. 191-202.

NERY JÚNIOR, Nelson. *Princípios do processo na Constituição Federal*: processo civil, penal e administrativo. 9. ed. rev., ampl. e atual. com as novas súmulas do STF (simples e vinculantes) e com análise sobre a relativização da coisa julgada. São Paulo: Revista dos Tribunais, 2009.

NERY, Rosa Maria de Andrade. *Introdução ao pensamento jurídico e à teoria geral do direito privado*. São Paulo: Revista dos Tribunais, 2008.

NICOLITT, André Luiz. *A duração razoável do processo*. Rio de Janeiro: Lumen Júris, 2006.

NIGRO, Luigi; PROSPERI, Casimiro. *L'irragionevole durata dei processi* – cause e rimedi per la violazione del diritto alla giustizia. Forlí: Experta S.p.A., 2009.

NITSCHKE JÚNIOR, Ademar; PAVELSKI, Ana Paula. Razoável duração do processo e responsabilidade do Estado. In: GUNTHER, Luiz Eduardo (Coord.). *Jurisdição*: crise, efetividade e plenitude institucional. Curitiba: Juruá, 2009. p. 11-31.

NOTARIANO JÚNIOR, Antônio de Pádua. Garantia da razoável duração do processo. In: WAMBIER, Tereza Arruda Alvim et al. (Coord.). *Reforma do Judiciário* – primeiras reflexões sobre a Emenda Constitucional n. 45/2004. São Paulo: Revista dos Tribunais, 2005. p. 41-49.

NOVAES, Adauto. Sobre tempo e história. In: NOVAES, Adauto (Org.). *Tempo e história*. São Paulo: Companhia das Letras, Secretaria Municipal de Cultura, 1992. p. 9-18.

NUNES, Anelise Coelho. *A titularidade dos direitos fundamentais na Constituição Federal de 1988*. Porto Alegre: Livraria do Advogado, 2007.

OLIVEIRA, Luiz Alberto. Imagens do tempo. In: DOCTORS, Marcio (Org.). *Tempos dos tempos*. Rio de Janeiro: Jorge Zahar, 2003. p. 33-68.

OLIVEIRA, Rafael Sérgio Lima de. *O reexame necessário à luz da duração razoável do processo*: uma análise baseada na teoria dos direito fundamentais de Robert Alexy. Curitiba: Juruá, 2011.

OLIVEIRA, Vallisney de Souza (Coord.). *Constituição e processo civil.* São Paulo: Saraiva, 2008.

OSÓRIO, Fabio Medina. *Teoria da improbidade administrativa.* São Paulo: Revista dos Tribunais, 2007.

OST, François. *O tempo do direito.* Tradução Maria Fernanda Oliveira. Lisboa: Instituto Piaget, 1999.

PATTO, B. M. Aspectos da Dimensão Temporal do Processo Civil nas Alterações Advindas da EC n. 45, de 8 de dezembro de 2004. In: WAMBIER, Teresa Arruda Alvim (Org.). *Reforma do Judiciário*: primeiras reflexões sobre a Emenda Constitucional 45. São Paulo: Revista dos Tribunais, 2005. p. 101-120.

PICARDI, Nicola. *Jurisdição e processo.* Organizador e revisor técnico da tradução Carlos Alberto Alvaro de Oliveira. Rio de Janeiro: Forense, 2008.

PINTO, Cristiano Paixão Araújo. Direito e sociedade no oriente antigo: Mesopotâmia e Egito. In: WOLKMER, Antônio Carlos (Org.). *Fundamentos de história de direito.* 4. ed. Belo Horizonte: Del Rey, 2007.

——. *Modernidade, tempo e direito.* Belo Horizonte: Del Rey, 2002.

PIOVESAN, Flávia. *Direitos humanos e o direito constitucional internacional.* 9. ed. rev., ampl. e atual. São Paulo: Saraiva, 2008.

POPPER, Karl. *A lógica da pesquisa científica.* Tradução Leonidas Hegenberg e Octanny Silveira da Mota. São Paulo: Cultrix, 2007.

PORTANOVA, Rui. *Princípios do processo civil.* 7. ed. Porto Alegre: Livraria do Advogado, 2007.

PORTO, Sérgio Gilberto; USTARRÓZ, Daniel. *Lições de direitos fundamentais no processo civil*: o conteúdo processual na Constituição Federal. Porto Alegre: Livraria do Advogado, 2009.

POSCENTE, Vince. *A era da velocidade*: aprendendo a prosperar em um universo mais-rápido-já. Tradução de Suely Cuccio. São Paulo: DVS, 2008.

POZZA, Pedro Luiz. O processo civil como fenômeno cultural na perspectiva do formalismo-valorativo. *Revista da Ajuris* – Associação dos Juízes do Rio Grande do Sul, Porto Alegre: AJURIS, a. XXXV, n. 110, p. 343-355, jun. 2008.

RAMOS, Carlos Henrique. *Processo civil e o princípio da duração razoável do processo.* Curitiba: Juruá, 2008.

REICHELT, Luis Alberto. *A prova do direito processual civil.* Porto Alegre: Livraria do Advogado, 2009.

REIS, Marcelo Terra. Tempestividade da prestação jurisdicional como direito fundamental. In: TEIXEIRA, Anderson Vichinkeski; LONGO, Luís Antônio. *A constitucionalização do direito.* Porto Alegre: Sérgio Antônio Fabris, 2008. p. 201-221.

RIBEIRO, Darci Guimarães. A garantia constitucional do postulado da efetividade desde o prisma das sentenças mandamentais. In: ASSIS, Araken de; MADEIRA, Luís Gustavo Andrade (Coord.). *Direito Processual Civil*: as reformas e questões atuais do direito processual civil. Porto Alegre: Livraria do Advogado, 2008. p. 137-155.

——. Acesso aos Tribunais como pretensão à tutela jurídica. In: STRECK, Lenio Luiz; BOLZAN DE MORAIS, Jose Luis (Org.). *Constituição, sistemas sociais e hermenêutica*: programa de pós-graduação em Direito da UNISINOS: mestrado e doutorado. Porto Alegre: Livraria do Advogado; São Leopoldo: UNISINOS, 2009.

RICOEUR, Paul. *Tempo e narrativa.* Vol. I. Tradução de Claudia Berliner. São Paulo: WMF Martins Fontes, 2010.

RIO GRANDE DO SUL. Tribunal de Justiça. Agravo de instrumento 70022087779, oriundo da 1ª Câmara Especial Cível, relatora a Juíza convocada Walda Maria Melo Pierrô, julgado em 16/11/2007. Disponível em: <http://www.tjrs.jus.br/site_php/consulta/consulta_processo.php?nome_comarca=Tribunal+de+Justi%E7a&versao=&versao_fonetica=1&tipo=1&id_comarca=700&intervalo_movimentacao=15&N1_var2=1&id_comarca1=700&num_processo_mask=70022087779&num_processo=70022087779&id_comarca2=porto_alegre&uf_oab=RS&num_oab=51565&intimado=0&N1_var2_1=1&intervalo_movimentacao_1=15&ordem_consulta=1&N1_var=&id_comarca3=canoas&nome_parte=marco+felix+jobim&tipo_pesq=F&N1_var2_2=1>. Acesso em: 15 mar. 2008.

——. Recurso inominado 71001770171. 2º Turma Recursal Cível, Relator Afif Jorge Simões Neto, julgado em 21.01.09. Disponível em: <http://www.tj.rs.gov.br/site_php/noticias/mostranoticia.php?assunto=1&categoria=1&item=75709>. Acesso em: 22 jan. 2009.

ROCHA, Leonel Severo. Tempo e Constituição. In: COUTINHO, Jacinto Nelson de Miranda; BOLZAN DE MORAIS, Jose Luis; STRECK, Lenio Luiz (Org.). *Estudos constitucionais.* Rio de Janeiro: Renovar, 2007. p. 197-217.

RODRIGUES, Horácio Wanderlei. *Pensando o ensino do direito no século XXI*: diretrizes curriculares, projeto pedagógico e outras questões pertinentes. Florianópolis: Fundação Boiteux, 2005.

ROMANO, Giovanni; PARROTA, Domenico Antonio; LIZZA, Egidio. *Il diritto ad um giusto processo tra corte Internazionale e corte nazionali* – l'equa riparazione dopo la legge pinto. Milano: A. Giuffrè, 2002.

ROSITO, Francisco. O princípio da duração razoável do processo sob a perspectiva axiológica. *Revista de Processo*, São Paulo, n. 161, p. 21-38, jul 2008.

SAMPAIO, José Adércio Leite. *Direitos fundamentais*. Belo Horizonte: Del Rey, 2004.

SAMPAIO, José S. *Os prazos no código de processo civil*: comentários, tabelas, jurisprudência, súmulas. 6. ed. rev., ampl. e atual. com as leis 10.532, 10.358/2001 e 10.444/2002. São Paulo: Revista dos Tribunais, 2002.

SANTO AGOSTINHO. *Confissões*. Tradução Maria Luiza Jardim Amarante. São Paulo: Paulus, 1984.

SANTOS, Boaventura de Sousa. *Para uma revolução democrática da justiça*. São Paulo: Cortez, 2007.

SANTOS, Moacyr Amaral. *Primeiras linhas de direito processual civil*. 25. ed. rev. e atual. por Maria Beatriz Amaral Santos Köhnen. São Paulo: Saraiva, 2007. V. 1.

SANTOS FILHO, Orlando Venâncio dos. *A dogmatização da ampla defesa*: óbice à efetividade do processo. Rio de Janeiro: Lumen Juris, 2005.

SARLET, Ingo Wolfgang. *A eficácia dos direitos fundamentais*. 8. ed. rev. e ampl. Porto Alegre: Livraria do Advogado, 2007.

——. *Dignidade da pessoa humana e direitos fundamentais*. 4. ed. Porto Alegre: Livraria do Advogado, 2006.

SARMENTO, Daniel. *Direitos fundamentais e relações privadas*. 2. ed. Rio de Janeiro: Lumen Juris, 2006.

SCARTEZZINI, Ana Maria Goffi Flaquer. A dignidade da pessoa humana e o prazo razoável do processo: a responsabilidade do Estado pela demora na outorga da prestação jurisdicional. In: MIRANDA, Jorge; SILVA, Marco Antonio Marques da (Coord.). *Tratado luso-brasileiro da dignidade humana*. São Paulo: Quartier Latin, 2008. p. 1179-1193.

——. O prazo razoável para a duração dos processos e a responsabilidade do Estado pela demora na outorga da prestação jurisdicional. In: WAMBIER, Tereza Arruda Alvim et al. (Coord.). *Reforma do Judiciário* – primeiras reflexões sobre a Emenda Constitucional n. 45/2004. São Paulo: Revista dos Tribunais, 2005. p. 41-49.

SCHWANITZ, Dietrich. *Cultura geral* – tudo o que se deve saber. Tradução Beatriz Silke Rose, Eurides Avance de Souza e Inês Antonia Lohbauer. São Paulo: Martins Fontes, 2007.

SCHWARTZ, Germano. *A Constituição, a literatura e o direito*. Porto Alegre: Livraria do Advogado, 2006.

——. O direito como arte e um de seus expoentes: o *Law and Literature Movement*. In: TRINDADE, André; SCHWARTZ, Germano (Coord.). *Direito e literatura*: o encontro entre Themis e Apolo. Curitiba: Juruá, 2008. p. 79-93.

SCOTT, John. *50 grandes sociólogos contemporâneos*. Tradução Renato Marques de Oliveira. São Paulo: Contexto, 2009.

SÊNECA. *Sobre os enganos do mundo*. Revisão da tradução de Mariana Sérvulo da Cunha. São Paulo: WMF Martins Fontes, 2011.

SILVA, Ivan de Oliveira. *A morosidade processual e a responsabilidade civil do Estado*. São Paulo: Pillares, 2004.

SILVA, Jaqueline Mielke. *O direito processual civil como instrumento de realização de direitos*. Porto Alegre: Verbo Jurídico, 2005.

SILVA, José Afonso da. *Aplicabilidade das normas constitucionais*. 7. ed. São Paulo: Malheiros, 2007.

——. *Comentário contextual à Constituição*. 4. ed. São Paulo: Malheiros, 2007.

SILVA, Ovídio A. Baptista. A função dos tribunais superiores. In: MACHADO, Fábio Cardoso; MACHADO, Rafael Bicca (Coord.). *A reforma do poder judiciário*. São Paulo: Quartier Latin, 2006. p. 463-483.

——. *Curso de processo civil*. Processo de conhecimento. 8. ed. Rio de Janeiro: Forense, 2008. V. I.

——. *Do processo cautelar moderno*. 3. ed. Rio de Janeiro: Forense: 2006.

SILVA, Virgílio Afonso da. *A constitucionalização do direito* – os direitos fundamentais nas relações entre particulares. São Paulo: Malheiros, 2005.

——. *Direitos fundamentais*: conteúdo essencial, restrições e eficácia. São Paulo: Malheiros, 2009.

SILVEIRA, Fabiana Rodrigues. *A morosidade no poder judiciário e seus reflexos econômicos*. Porto Alegre: Sergio Antonio Fabris, 2007.

SLAIBI FILHO, Nagib. *Reforma da justiça*: (notas e emenda constitucional n 45 de dezembro de 2004). Niterói: Impetus, 2005.

SMULLYAN, Raymond. *O enigma de Sherazade*; e outros incríveis problemas das "mil e uma noites" à lógica moderna. Tradução Sérgio Flaksman; revisão Luiz Carlos Pereira. Rio de Janeiro: Jorge Zahar, 2008.

SOROKIN, Piritim A.; MERTON, Robert K. Social time: a methodological and functional analysis. *The American Journal of Sociology*. v. XLII. n. 5. p. 615-629, March 1937.

SOUZA JÚNIOR, Adugar Quirino do Nascimento. *Efetividade das decisões judiciais e meios de coerção*. São Paulo: Juarez de Oliveira, 2003.

SPENGLER, Fabiana Marion. *Da jurisdição à mediação*: por uma outra cultura no tratamento de conflitos. Ijuí: Ed. Unijuí, 2010.

——. *Tempo, direito e constituição*: reflexos na prestação jurisdicional do Estado. Porto Alegre: Livraria do Advogado, 2008.

STEINMETZ, Wilson. *A vinculação dos particulares a direitos fundamentais*. São Paulo: Malheiros, 2004.

——; PINDUR, Flavia Letícia de Mello. A titularidade de direitos fundamentais por pessoas jurídicas. *Direito e Democracia* – Revista de Ciências Jurídicas. Canoas: Ulbra, v. 7, p. 281-289, 2006.

STF.JUS.BR. Disponível em: <http://www.stf.jus.br/portal/jurisprudencia/listarJurisprudencia.asp?s1 =duração%20e%20razoável%20e%20processo%20e%20habeas&base=baseAcordaos>. Acesso em: 15 fev. 2009.

——. Disponível em: <http://www.stf.jus.br>. Acesso em: 20 dez. 2008.

STIX, Gary. Tempo real. *Scientific American*, São Paulo: Ediouro, ed. 21, p. 6-9, 2007.

STJ.GOV.BR. Disponível em: <http://www.stj.gov.br/portal_stj/publicacao/engine.wsp?tmp.area= 398&tmp.texto=90944>. Acesso em: 25 fev. 2009.

——. Disponível em: <http://www.stj.gov.br>. Acesso em: 15 nov. 2008.

STRECK, Lenio Luiz. *Jurisdição constitucional e hermenêutica*: uma nova crítica ao direito. Rio de Janeiro: Forense, 2004.

TAKOI, Sérgio Massaru. O princípio constitucional da duração razoável do processo (art. 5º LXXVIII da CF/88) e sua aplicação no direito processual civil. Disponível em: <http://www.fadisp.com.br/do-wload/sergio_takoi.pdf>. Acesso em: 15 out. 2008.

TARREGA, Maria Cristina Vidotte Blanco; PINHEIRO, Frederido Garcia. Definindo a importância da teoria do abuso de direito processual frente aos princípios constitucionais. In: DIDDIER JÚNIOR, Fredie; WAMBIER, Luiz Rodrigues; GOMES JÚNIOR, Luiz Manoel. *Constituição e processo*. Bahia: JusPODIVM, 2007. p. 307-340.

TAVARES, André Ramos. *Reforma do judiciário no Brasil pós-88*: (des)estruturando a justiça: comentários completos à EC n. 45-04. São Paulo: Saraiva, 2005.

TEIXEIRA, Sálvio de Figueiredo. A reforma do judiciário: reflexões. In: MARTINS, Ives Gandra; NALINI, José Renato (Coord.). *Dimensões do direito contemporâneo*. São Paulo: IOB, 2001. p. 57-61.

TESHEINER, José Maria Rosa. *Elementos para uma teoria geral do processo*. São Paulo: Saraiva, 2000.

——; BAGGIO, Lucas Pereira. *Nulidades no processo civil brasileiro*. Rio de Janeiro: Forense, 2008.

THEODORO JÚNIOR, Humberto. A grande função do processo no Estado Democrático de Direito. *Revista Brasileira de Direito Processual* – RBDPro, Belo Horizonte: Fórum, a. 15, n. 59, p. 11-21, jul./set. 2007.

——. Celeridade e efetividade da prestação jurisdicional: insuficiência da reforma das leis processuais. *Revista de Processo*, São Paulo, n. 125, p. 61-78, julho 2005.

——. *Código de processo civil anotado*. 11. ed. Rio de Janeiro: Forense, 2007.

——. Direito processual constitucional. *Revista IOB de Direito Civil e Processo Civil*, São Paulo, n. 55, p. 66-78, set./out 2008.

TIMM, Luciano Benetti. *O novo direito contratual brasileiro*. Rio de Janeiro: Forense, 2008.

TJ.RS.GOV.BR. Disponível em: <http://www.tj.rs.gov.br/site_php/noticias/mostranoticia.php?assunt o=1&categoria=1&item=75709>. Acesso em: 22 jan. 2009.

——. Disponível em: <http://www.tj.rs.gov.br>. Acesso em: 15 fev. 2009.

TOALDO, Adriane Medianeira. A razoável duração do processo frente à efetividade e a celeridade da tutela jurisdicional. *Destaque Jurídico* – Revista de Estudos Jurídicos, Gravataí: Ulbra, v. 7, n. 7, p. 7-15, 2008.

TONINI, Paolo. *A prova no processo penal italiano*. Tradução Alexandra Martins e Daniela Mróz. São Paulo: Revista dos Tribunais, 2002.

TORRES, Jasson Ayres. *O acesso à justiça e soluções alternativas*. Porto Alegre, Livraria do Advogado, 2005.

TREPAT, Cristina Riba. *La eficacia temporal del proceso* – el juicio sin dilaciones indebidas. Barcelona: José María Bosch, 1997.

TRINDADE, André Karan; CASTRO, Fábio Caprio Leite de. A filosofia no direito e a temporalidade jurídica. *Revista do Instituto de Hermenêutica Jurídica*, Porto Alegre: Instituto de Hermenêutica Jurídica, v. 1, n. 5, p. 41-68, 2007.

TRINDADE, André Karan; GUBERT, Roberta Magalhães. Direito e literatura: aproximações e perspectivas para se repensar o direito. In: TRINDADE, André; GUBERT, Roberta Magalhães; COPETTI NETO, Alfredo (Org.). *Direito & literatura* – reflexões teóricas. Porto Alegre: Livraria do Advogado, 2008. p. 11-66.

VAN LOON, Hendrick Willem. *A história da humanidade*: a história clássica de todas as eras, atualizada em nova versão para o século XXI. Tradução Marcelo Brandão Cipolla. São Paulo: Martins Fontes, 2004.

VARGAS, Jorge de Oliveira. A garantia fundamental contra a demora no julgamento dos processos. In: WAMBIER, Tereza Arruda Alvim et al. (Coord.). *Reforma do judiciário* – primeiras reflexões sobre a Emenda Constitucional n. 45/2004. São Paulo: Revista dos Tribunais, 2005. p. 343-345.

VAZ, Caroline. *Funções da responsabilidade civil:* da reparação à punição e dissuação: os punitive damages no direito comparado e brasileiro. Porto Alegre: Livraria do Advogado, 2009.

VEJA. São Paulo: Abril, a. 41, n. 49, p. 82, 10 dez. 2008.

VELLOSO, Carlos Mário da Silva. A justiça e o seu problema maior: a lentidão – a tripeça em que se assenta a segurança pública: justiça, ministério público e polícia – o juizado de instrução. In: MARTINS, Ives Gandra; NALINI, José Renato (Coord.). *Dimensões do direito contemporâneo.* São Paulo: IOB, 2001. p. 277-284.

VENEZIANO, Gabriele. O enigma envolvendo o início do tempo. *Scientific American,* São Paulo: Ediouro, ed. 21, p. 70-79, 2007.

VERÍSSIMO, Erico. *O tempo e o vento.* O continente. Porto Alegre: Companhia das Letras, 2005. V. I.

VIEIRA, Andréia Costa. *Civil Law e Common Law* – os dois grandes sistemas legais comparados. Porto Alegre: Sérgio Antônio Fabris, 2007.

VIEIRA, José Marcos Rodrigues. *Da ação cível.* Belo Horizonte: Del Rey, 2002.

VOXPOPULI.COM.BR. Disponível em: <http://www.voxpopuli.com.br>. Acesso em: 7 jul. 2008.

WAMBIER, Luiz Rodrigues; WAMBIER, Teresa Arruda Alvim; MEDINA, José Miguel Garcia. *Breves comentários à nova sistemática processual civil.* 3. ed. São Paulo: Revista dos Tribunais, 2005.

WAMBIER, Teresa Arruda Alvim. *Recurso especial, recurso extraordinário e ação rescisória.* 2. ed. reform. e atual. São Paulo: Revista dos Tribunais, 2008.

––––. Sobre a necessidade de cooperação entre os órgãos do judiciário para um processo mais célere – ainda sobre o prequestionamento. *Direito e Democracia* – Revista de Ciências Jurídicas. Canoas: Ulbra, v. 7, p. 407-426, 2006.

WATANABE, Kazuo. *Da cognição no processo civil.* 2. ed. Campinas: Bookseller, 2000.

WEINGARTNER NETO, Jayme. *Liberdade religiosa na Constituição:* fundamentalismo, pluralismo, crenças, cultos. Porto Alegre: Livraria do Advogado, 2007.

WELSCH, Gisele Mazzoni. A razoável duração do processo (art. 5°, LXXVIII, da CF/88) como garantia constitucional. In: MOLINARO, Carlos Alberto; MILHORANZA, Mariângela Ribeiro; PORTO, Sérgio Gilberto (Coord.). *Constituição, jurisdição e processo:* estudos em homenagem aos 55 anos de revista jurídica. Sapucaia do Sul: Notadez, 2007. p. 359-370.

WHITROW, G. J. *O que é tempo?* Uma visão clássica sobre a natureza do tempo. Tradução Maria Ignez Duque Estrada. Rio de Janeiro: Jorge Zahar, 2005.

––––. *O tempo na história* – concepções do tempo da pré-história aos nossos dias. Tradução Maria Luiza X. de A. Borges. Rio de Janeiro: Jorge Zahar, 1993.

WOLKMER, Antonio Carlos. O direito nas sociedades primitivas. In: –––– (Org.). *Fundamentos de história do direito.* 4. ed. Belo Horizonte: Del Rey, 2007. p. 1-12.

YARSHELL, Flávio Luiz. *Ação rescisória* – juízo rescindente e rescisório. São Paulo: Malheiros, 2005.

––––. *Tutela jurisdicional.* 2. ed. São Paulo: Dpj, 2006.

ZANETTI JÚNIOR, Hermes. *Processo constitucional:* o modelo constitucional do processo civil brasileiro. Rio de Janeiro: Lumen Juris, 2007.

ZAVASCKI, Teori Albino. *Antecipação de tutela.* São Paulo: Saraiva, 2005.

––––. *Eficácia das sentenças na jurisdição constitucional.* São Paulo: Revista dos Tribunais, 2001.

ZENKNER, Marcelo. A instrumentalização da tutela ao direito fundamental de tempestividade na prestação jurisdicional. In: FREIRE e SILVA, Bruno; MAZZEI, Rodrigo (Coord.). *Reforma do judiciário:* análise interdisciplinar e estrutural do primeiro ano de vigência. Curitiba: Juruá, 2008. p. 503-519.

––––. *Ministério Público e efetividade do processo civil.* São Paulo: Revista dos Tribunais, 2006.

ZIMBARDO, Philip; BOYD, John. *Paradoxo do tempo:* Você vive no passado, viciado no presente ou refém do futuro? Tradução de Saulo Adriano. Rio de Janeiro: Objetiva, 2009.

Anexos

ANEXO A

Legge Pinto: durata ragionevole del processo ed equa riparazione-nuovo 375 CPC

Legge 24.03.2001 n° 89, G.U. 03.04.2001

LEGGE 24 marzo 2001, n. 89

Previsione di equa riparazione in caso di violazione del termine ragionevole del processo e modifica dell'articolo 375 del codice di procedura civile.
(G.U. SERIE GENERALE N. 78 DEL 3/4/2001)

La Camera dei deputati ed il Senato della Repubblica hanno approvato;

IL PRESIDENTE DELLA REPUBBLICA

Promulga la seguente legge:

Capo I DEFINIZIONE IMMEDIATA DEL PROCESSO CIVILE

Art. 1. (Pronuncia in camera di consiglio)1. L'articolo 375 del codice di procedura civile e' sostituito dal seguente:

"Art. 375. – (Pronuncia in camera di consiglio). – La Corte, sia a sezioni unite che a sezione semplice, pronuncia con ordinanza in camera di consiglio quando riconosce di dovere:

1) dichiarare l'inammissibilita' del ricorso principale e di quello incidentale eventualmente proposto;

2) ordinare l'integrazione del contraddittorio o disporre che sia eseguita la notificazione dell'impugnazione a norma dell'articolo 332;

3) dichiarare l'estinzione del processo per avvenuta rinuncia a norma dell'articolo 390;

4) pronunciare in ordine all'estinzione del processo in ogni altro caso;

5) pronunciare sulle istanze di regolamento di competenza e di giurisdizione. La Corte, sia a sezioni unite che a sezione semplice, pronuncia sentenza in camera di consiglio quando il ricorso principale e quello incidentale eventualmente proposto sono manifestamente fondati e vanno, pertanto, accolti entrambi, o quando riconosce di dover pronunciare il rigetto di entrambi per mancanza dei motivi previsti nell'articolo 360 o per manifesta infondatezza degli stessi, nonche' quando un ricorso va accolto per essere manifestamente fondato e l'altro va rigettato per mancanza dei motivi previsti nell'articolo 360 o per manifesta infondatezza degli stessi.

La Corte, se ritiene che non ricorrano le ipotesi di cui al primo e al secondo comma, rinvia la causa alla pubblica udienza.

Le conclusioni del pubblico ministero, almeno venti giorni prima dell'adunanza della Corte in camera di consiglio, sono notificate agli avvocati delle parti, che hanno facolta' di presentare memorie entro il termine di cui all'articolo 378 e di essere sentiti, se compaiono, nei casi previsti al primo comma, numeri 1), 4) e 5), limitatamente al regolamento di giurisdizione, e al secondo comma".

Capo II EQUA RIPARAZIONE

Art. 2. (Diritto all'equa riparazione)

1. Chi ha subi'to un danno patrimoniale o non patrimoniale per effetto di violazione della Convenzione per la salvaguardia dei diritti dell'uomo e delle liberta' fondamentali, ratificata ai sensi della legge 4 agosto 1955, n. 848, sotto il profilo del mancato rispetto del termine ragionevole di cui all'articolo 6, paragrafo 1, della Convenzione, ha diritto ad una equa riparazione.

2. Nell'accertare la violazione il giudice considera la complessita' del caso e, in relazione alla stessa, il comportamento delle parti e del giudice del procedimento, nonche' quello di ogni altra autorita' chiamata a concorrervi o a comunque contribuire alla sua definizione.

3. Il giudice determina la riparazione a norma dell'articolo 2056 del codice civile, osservando le disposizioni seguenti: a) rileva solamente il danno riferibile al periodo eccedente il termine ragionevole di cui al comma 1; b) il danno non patrimoniale e' riparato, oltre che con il pagamento di una somma di denaro, anche attraverso adeguate forme di pubblicita' della dichiarazione dell'avvenuta violazione.

Art. 3. (Procedimento)

1. La domanda di equa riparazione si propone dinanzi alla corte di appello del distretto in cui ha sede il giudice competente ai sensi dell'articolo 11 del codice di procedura penale a giudicare nei procedimenti riguardanti i magistrati nel cui distretto e' concluso o estinto relativamente ai gradi di

merito ovvero pende il procedimento nel cui ambito la violazione si assume verificata.

2. La domanda si propone con ricorso depositato nella cancelleria della corte di appello, sottoscritto da un difensore munito di procura speciale e contenente gli elementi di cui all'articolo 125 del codice di procedura civile.

3. Il ricorso e' proposto nei confronti del Ministro della giustizia quando si tratta di procedimenti del giudice ordinario, del Ministro della difesa quando si tratta di procedimenti del giudice militare, del Ministro delle finanze quando si tratta di procedimenti del giudice tributario. Negli altri casi e' proposto nei confronti del Presidente del Consiglio dei ministri.

4. La corte di appello provvede ai sensi degli articoli 737 e seguenti del codice di procedura civile. Il ricorso, unitamente al decreto di fissazione della camera di consiglio, e' notificato, a cura del ricorrente, all'amministrazione convenuta, presso l'Avvocatura dello Stato. Tra la data della notificazione e quella della camera di consiglio deve intercorrere un termine non inferiore a quindici giorni.

5. Le parti hanno facolta' di richiedere che la corte disponga l'acquisizione in tutto o in parte degli atti e dei documenti del procedimento in cui si assume essersi verificata la violazione di cui all'articolo 2 ed hanno diritto, unitamente ai loro difensori, di essere sentite in camera di consiglio se compaiono. Sono ammessi il deposito di memorie e la produzione di documenti sino a cinque giorni prima della data in cui e' fissata la camera di consiglio, ovvero sino al termine che e' a tale scopo assegnato dalla corte a seguito di relativa istanza delle parti.

6. La corte pronuncia, entro quattro mesi dal deposito del ricorso, decreto impugnabile per cassazione. Il decreto e' immediatamente esecutivo.

7. L'erogazione degli indennizzi agli aventi diritto avviene, nei limiti delle risorse disponibili, a decorrere dal 1° gennaio 2002.

Art. 4. (Termine e condizioni di proponibilita')

1. La domanda di riparazione puo' essere proposta durante la pendenza del procedimento nel cui ambito la violazione si assume verificata, ovvero, a pena di decadenza, entro sei mesi dal momento in cui la decisione, che conclude il medesimo procedimento, e' divenuta definitiva.

Art. 5. (Comunicazioni)

1. Il decreto di accoglimento della domanda e' comunicato a cura della cancelleria, oltre che alle parti, al procuratore generale della Corte dei conti, ai fini dell'eventuale avvio del procedimento di responsabilita', nonche' ai titolari dell'azione disciplinare dei dipendenti pubblici comunque interessati dal procedimento.

Art. 6. (Norma transitoria)

1. Nel termine di sei mesi dalla data di entrata in vigore della presente legge, coloro i quali abbiano gia' tempestivamente presentato ricorso alla Corte europea dei diritti dell'uomo, sotto il profilo del mancato rispetto del termine ragionevole di cui all'articolo 6, paragrafo 1, della Convenzione per

la salvaguardia dei diritti dell'uomo e delle liberta' fondamentali, ratificata ai sensi della legge 4 agosto 1955, n. 848, possono presentare la domanda di cui all'articolo 3 della presente legge qualora non sia intervenuta una decisione sulla ricevibilita' da parte della predetta Corte europea. In tal caso, il ricorso alla corte d'appello deve contenere l'indicazione della data di presentazione del ricorso alla predetta Corte europea. 2. La cancelleria del giudice adito informa senza ritardo il Ministero degli affari esteri di tutte le domande presentate ai sensi dell'articolo 3 nel termine di cui al comma 1 del presente articolo.

Art. 7. (Disposizioni finanziarie)

1. All'onere derivante dall'attuazione della presente legge, valutato in lire 12.705 milioni a decorrere dall'anno 2002, si provvede mediante corrispondente riduzione delle proiezioni dello stanziamento iscritto, ai fini del bilancio triennale 2001-2003, nell'ambito dell'unita' previsionale di base di parte corrente "Fondo speciale" dello stato di previsione del Ministero del tesoro, del bilancio e della programmazione economica per l'anno 2001, allo scopo parzialmente utilizzando l'accantonamento relativo al medesimo Ministero. 2. Il Ministro del tesoro, del bilancio e della programmazione economica e' autorizzato ad apportare, con propri decreti, le occorrenti variazioni di bilancio.

La presente legge, munita del sigillo dello Stato, sara' inserita nella Raccolta ufficiale degli atti normativi della Repubblica italiana. E' fatto obbligo a chiunque spetti di osservarla e di farla osservare come legge dello Stato.

Data a Roma, addi' 24 marzo 2001.

CIAMPI Amato, Presidente del Consiglio dei Ministri Visto, il Guardasigilli: Fassino LAVORI PREPARATORI Senato della Repubblica (atto n. 3813): Presentato dal senatore Michele Pinto ed altri il 16 febbraio 1999. Assegnato alla 2a commissione (Giustizia), in sede referente, il 4 marzo 1999 con pareri delle commissioni 1a, 3a, 4a, 5a e 6a, e giunta per gli affari delle Comunita' europee. Esaminato dalla 2a commissione il 21, 27 e 28 aprile 1999; 16 e 22 marzo 2000; 25 e 31 maggio 2000; 29 giugno 2000; 4, 5 e 6 luglio 2000. Relazione scritta presentata il 14 settembre 2000 (atto n. 3813/A-relatore sen. Follieri). Esaminato in aula ed approvato il 28 settembre 2000. Camera dei deputati (atto n. 7327):Assegnato alla II commissione (Giustizia), in sede referente, il 4 ottobre 2000 con pareri delle commissioni I, III, IV, V, VI e XIV.Esaminato dalla II commissione il 29 novembre 2000;23 gennaio 2001 ed 8 febbraio 2001.Esaminato in aula il 12 febbraio 2001 ed approvato, con modificazioni, il 6 marzo 2001.Senato della Repubblica (atto n. 3813-B):Assegnato alla 2a commissione (Giustizia), in sede dilberante, il 7 marzo 2001 con pareri delle commissioni 1a e 5a.Esaminato dalla 2a commissione, in sede legislativa, ed approvato l'8 marzo 2001.ANEXO B

ANEXO B

PROJETO DE LEI N° 7.599 DE 2006
(Do Sr. Carlos Souza)

Dispõe sobre a indenização devida pela prestação jurisdicional em prazo não razoável, institui Fundos de Garantia da Prestação Jurisdicional Tempestiva e altera o art. 20 da Lei nº 5.869, de 11 de janeiro de 1973, Código de Processo Civil – CPC, alterado pela Lei nº 6.355, de 1976.

O Congresso Nacional decreta

Art. 1° O Poder Público indenizará os vencedores das ações judiciais, nas quais a prestação jurisdicional, e a consequente satisfação de direitos dos vencedores, tenha excedido razoável duração, fixada em lei com fundamento no art. 5°, inciso LXXVIII, da Constituição Federal.

Art. 2° Ficam instituídos Fundos de Garantia da Prestação Jurisdicional Tempestiva – FUNJUR, no âmbito do Poder Judiciário da União e dos Estados, cujos recursos serão destinados ao pagamento das indenizações a que se refere o art. 1°.

Art. 3° O FUNJUR contará com as seguintes receitas:

I – recolhimento da quantia a que se refere o *caput* do art. 20 da Lei nº 5.869, de 11 de janeiro de 1973, Código de Processo Civil – CPC, alterado pela Lei nº 6.355, de 1976, com a redação que lhe é dada pelo art. 3º desta Lei;

II – doações, legados ou patrocínios de organismos ou entidades nacionais, internacionais ou estrangeiras, de pessoas físicas ou jurídicas nacionais ou estrangeiras;

III – recolhimento da quantia proveniente da arrecadação das custas judiciais e da taxa judiciária;

IV – resultado das aplicações financeiras dos recursos arrecadados;

V – reversão de saldos não aplicados;

VI – outras receitas previstas em lei.

Art. 4° O art. 20 da Lei n° 5.869, de 11 de janeiro de 1973, Código de Processo Civil – CPC, alterado pela Lei n° 6.355, de 1976, passa a vigorar com a seguinte redação:

Art. 20. A sentença condenará o vencido a pagar ao vencedor as despesas que antecipou e os honorários advocatícios, bem assim a recolher ao Fundo de Garantia da Prestação Jurisdicional Tempestiva – FUNJUR da União ou do Estado, conforme o caso, quantia equivalente a quinze por cento do somatório desses valores. A verba honorária será devida, também, nos casos em que o advogado funcionar em causa própria.

Art. 5º A indenização devida, nos termos do art. 1º desta Lei, a ser fixada em sentença, não ultrapassará vinte por cento do valor da causa, avaliadas as respectivas circunstâncias, sua complexidade, o comportamento dos recorrentes, bem assim dos agentes do Poder Judiciário.

Art. 6º Aplica-se aos agentes do Poder Judiciário responsáveis pela prestação jurisdicional em prazo não razoável a regra de responsabilidade objetiva fixada no § 6º do art. 37, da Constituição Federal.

Art. 7º O órgão colegiado responsável pela gestão do Fundo contará com a participação de representantes dos Poderes Judiciário, Legislativo e Executivo, bem assim da Ordem dos Advogados do Brasil, nos termos de regulamento.

Art. 8º Esta lei entra em vigor no primeiro dia do exercício financeiro imediatamente subsequente à data de sua publicação oficial.

JUSTIFICAÇÃO

O presente Projeto visa garantir os recursos necessários à implementação do disposto no art. 5º, inciso LXXVIII, da Constituição Federal, que assegura a todos a razoável duração dos processos de que sejam parte, fixando, ainda, a regra de responsabilidade objetiva nesses casos e o valor máximo das indenizações a serem concedidas.

Propõe-se, para tanto, a criação, no âmbito da União, do Fundo de Garantia da Prestação Jurisdicional Tempestiva – FUNJUR, cujos recursos terão como fonte, o recolhimento de adicional de quinze por cento a ser efetuado pelos vencidos em ações judiciais, da quantia proveniente da arrecadação das custas judiciais e da taxa judiciária, sobre a quantia total a que se refere o *caput* do art. 20 da Lei nº 5.869, de 11 de janeiro de 1973, Código de Processo Civil – CPC, alterado pela Lei nº 6.355, de 1976, com a redação que lhe é dada pelo art. 3º do presente Projeto.

Ao definir norma geral a ser aplicada também pelos Estados, o Projeto fundamenta-se no art. 24, da Constituição Federal, que trata da competência legislativa concorrente, em especial seus incisos I (direito financeiro e tributário), IV (custas dos serviços forenses) e XI (procedimentos em matéria processual).

De acordo com o art. 5º do Projeto, as indenizações pela duração não razoável de processos, a serem fixadas em sentença judiciária, ficarão limitadas a vinte por cento do valor da causa.

O art. 6º do Projeto estabelece a responsabilidade objetiva do Poder Público nos casos de duração não razoável dos processos judiciais, nos termos do art. 37, § 6º, da Constituição Federal.

Nos termos do art. 7° do Projeto, o mecanismo institucional de gestão do Fundo a ser criado contará com a participação de representantes dos Três Poderes.

No que tange à responsabilidade civil do estado pela reparação por danos causados pela demora excessiva de entrega da tutela jurisdicional, o direito italiano normatizou o assunto através da edição da Lei n° 89 de 24.03.2001, dispondo que quem sofrer imediatamente um dano patrimonial ou não patrimonial tem o direito a uma reparação equitativa pelo efeito de violação da Convenção para a Salvaquarda dos Direitos do Homem e das Liberdades Fundamentais, sancionada pela lei n.° 848 de 4 de agosto de 1955, sobre os termos de infringência ao respeito à duração razoável do processo prevista no artigo 6°, § 1°, da mencionada Convenção.

Acreditando, pois, nos grandes benefícios que a presente proposição seguramente trará para o exercício da cidadania em nosso País, garantindo com a implantação de mecanismo indenizatório o devido processo legal, no que tange à sua duração, contamos com o apoio dos ilustres Colegas Parlamentares para a sua aprovação.

Sala das Sessões, em .... de .... de 2006.

Deputado CARLOS SOUZA

ANEXO C

Íntegra do relatório da Comissão de Finanças e Tributação da
Câmara de Deputados sobre o Projeto de Lei 7.599/06

CÂMARA DOS DEPUTADOS
COMISSÃO DE FINANÇAS E TRIBUTAÇÃO
PROJETO DE LEI Nº 7.599, de 2006

> Dispõe sobre a indenização devida pela prestação jurisdicional
> em prazo não razoável, institui Fundos de Garantia da Presta-
> ção Jurisdicional Tempestiva e altera o art. 20 da Lei nº 5.869,
> de 11 de janeiro de 1973, Código de Processo Civil – CPC,
> alterado pela Lei nº 6.355, de 1976.

Autor: Deputado CARLOS SOUZA
Relator: Deputado JOSÉ PIMENTEL

I – RELATÓRIO

O projeto de lei em epígrafe cria a indenização pela prestação jurisdicional em prazo não razoável, a ser fixado em lei, e o Fundo de Garantia da Prestação Jurisdicional Tespestiva – FUNJUR, no âmbito do Poder Judiciário da União e dos Estados, a ser gerido com a participação de representantes dos Poderes Judiciário, Legislativo e Executivo, bem como da Ordem dos Advogados do Brasil.

O PL, art. 4º, cria adicional de 15% das despesas antecipadas pelo vencedor da causa e dos honorários advocatícios, valor a ser recolhido pelo vencido em acréscimo às despesas de sucumbência constantes do art. 20 do Código de Processo Civil, Lei nº 5.869/73.

A proposição, art. 3º, vincula ao FUNJUR, além do adicional já mencionado, os recursos das custas judiciais e taxa judiciária além de outros.

O projeto de lei, art. 5º, fixa o limite de 20% do valor da causa para fins da indenização por ele instituída.

Ademais, art. 6º, atribui responsabilidade objetiva, nos termos do art. 37, § 6º, da Constituição Federal, aos agentes do Poder Judiciário causadores da demora na prestação jurisdicional.

O PL sujeita-se à apreciação conclusiva das comissões, tendo sido distribuído a esta Comissão e à Comissão de Constituição e Justiça e de Cidadania.

No prazo regimental não foram apresentadas emendas ao PL.

II – VOTO DO RELATOR

De acordo com o art. 32, X, "h", conjugado com art. 53, II, ambos do Regimento Interno desta Casa e conforme a Norma Interna desta Comissão aprovada em 29 de maio de 1996, que "Estabelece procedimentos para o exame de compatibilidade ou adequação orçamentária e financeira", cabe a esta Comissão, preliminarmente ao mérito, realizar o exame de adequação orçamentária e financeira e compatibilidades com as leis do plano plurianual, de diretrizes orçamentárias e orçamentária anual e normas pertinentes a eles e à receita e despesa públicas.

Ainda que reconheçamos na proposição o relevante mérito do disciplinamento do princípio constitucional da razoável duração do processo e sua consectária exigência de prestação jurisdicional tempestiva, não há como negar-lhe repercussão direta sobre o equilíbrio fiscal ao obrigar a União de indenizar todos aqueles vencedores cujos processos tenham excedido a "razoável duração" pela criação de órgão no Poder Judiciário a ser denominado de Fundo de Garantia da Prestação Jurisdicional Tempestiva – FUNJUR.

Ademais a criação de fundo e vinculação a ele de receitas públicas a despesas específicas implica satisfação de exigências quanto à compatibilidade e adequação orçamentária e financeira. Necessária estimativa de seu impacto orçamentário e financeiro assim como sua consequente compensação, o que não consta do apresentado.

Primeiramente, há de se observar ser a matéria de iniciativa privativa do Poder Judiciário, pois, como expresso no art. 2º do PL, o FUNJUR será instituído "no âmbito do Poder Judiciário", incidindo portanto no art. 63 da Constituição c/c o art. 96, que reza:

Art. 63. Não será admitido aumento da despesa prevista:

I – nos projetos de iniciativa exclusiva do Presidente da República, ressalvado o disposto no art. 166, § 3º e § 4º;

II – nos projetos sobre organização dos serviços administrativos da Câmara dos Deputados, do Senado Federal, dos Tribunais Federais e do Ministério Público.

Art. 96. Compete privativamente:

I – aos tribunais:

(...)

b) organizar suas secretarias e serviços auxiliares e os dos juízos que lhes forem vinculados, velando pelo exercício da atividade correicional respectiva; Indubitavelmente que a proposição, ao gerar despesas para a União, incorre no art. 126 da LDO/2008 (Lei nº 11.514, de 13.08.2007), que determina:

Art. 126. Os projetos de lei e medidas provisórias que importem ou autorizem diminuição da receita ou aumento de despesa da União no exercício de 2008 deverão estar acompanhados de estimativas desses efeitos, para cada um dos exercícios compreendidos no período de 2008 a 2010, detalhando a memória de cálculo respectiva e correspondente compensação.

Ademais, deve a proposição que constitua órgão ou crie obrigação continuada, caso em apreço, observar a disposição do art. 127 da LDO/2008:

Art. 127. As propostas de atos que resultem em criação ou aumento de despesa obrigatória de caráter continuado, entendida aquela que constitui ou venha a se constituir em obrigação constitucional ou legal da União, além de atender ao disposto no art. 17 da Lei Complementar nº 101, de 2000, deverão, previamente à sua edição, ser encaminhadas aos órgãos a seguir para que se manifestem sobre a compatibilidade e adequação orçamentária e financeira:

I – no âmbito do Poder Executivo, aos Ministérios do Planejamento, Orçamento e Gestão e da Fazenda, que se manifestarão conjuntamente;

II – no âmbito dos demais Poderes, aos órgãos competentes, inclusive os referidos no § 1o do art. 15. Igualmente não foi observada a temporalidade fixada pelo disposto no art. da LDO/2008, que exige:

Art. 98. O projeto de lei ou medida provisória que conceda ou amplie incentivo ou benefício de natureza tributária só será aprovado ou editada se atendidas as exigências do art. 14 da Lei Complementar no 101, de 2000.

(...)

§ 2º – Os projetos de lei aprovados ou medidas provisórias editadas no exercício de 2008, que concedam renúncia de receitas da União ou vinculem receitas a despesas, órgãos ou fundos, deverão conter termo final de vigência de no máximo cinco anos.(grifamos)

Nos termos do art. 10 da Norma Interna desta Comissão, aprovada em 29 de maio de 1996, nos casos em que couber também à Comissão o exame do mérito da proposição, e for constatada a sua incompatibilidade ou inadequação, o mérito não será examinado pelo Relator, que registrará o fato em seu voto.

Diante do exposto, somos pela inadequação e incompatibilidade orçamentária e financeira do PL nº 7.599, de 2006.

Sala da Comissão, em ...... de .... de 2008.

Deputado JOSÉ PIMENTEL
Relator

ANEXO D

VOTO DEPUTADO PEDRO EUGÊNIO

PROJETO DE LEI Nº 7.599, de 2006 Dispõe sobre a indenização devida pela prestação jurisdicional em prazo não razoável, institui Fundos de Garantia da Prestação Jurisdicional Tempestiva e altera o art. 20 da Lei nº 5.869, de 11 de janeiro de 1973, Código de Processo Civil – CPC, alterado pela Lei nº 6.355, de 1976.

Autor: Deputado CARLOS SOUZA

Relator: Deputado PEDRO EUGÊNIO

I – RELATÓRIO

O projeto de lei em epígrafe cria a indenização pela prestação jurisdicional em prazo não razoável, a ser fixado em lei, e o Fundo de Garantia da Prestação Jurisdicional Tespestiva – FUNJUR, no âmbito do Poder Judiciário da União e dos Estados, a ser gerido com a participação de representantes dos Poderes Judiciário, Legislativo e Executivo, bem como da Ordem dos Advogados do Brasil.

O PL, art. 4º, cria adicional de 15% das despesas antecipadas pelo vencedor da causa e dos honorários advocatícios, valor a ser recolhido pelo vencido em acréscimo às despesas de sucumbência constantes do art. 20 do Código de Processo Civil, Lei nº 5.869/73.

A proposição, art. 3º, vincula ao FUNJUR, além do adicional já mencionado, os recursos das custas judiciais e taxa judiciária além de outros.

O projeto de lei, art. 5º, fixa o limite de 20% do valor da causa para fins da indenização por ele instituída.

Ademais, art. 6º, atribui responsabilidade objetiva, nos termos do art. 37, § 6º, da Constituição Federal, aos agentes do Poder Judiciário causadores da demora na prestação jurisdicional.

O PL sujeita-se à apreciação conclusiva das comissões, tendo sido distribuído a esta Comissão e à Comissão de Constituição e Justiça e de Cidadania.

No prazo regimental não foram apresentadas emendas ao PL.

II – VOTO DA RELATOR

De acordo com o art. 32, X, "h", conjugado com art. 53, II, ambos do Regimento Interno desta Casa e conforme a Norma Interna desta Comissão aprovada em 29 de maio de 1996, que "Estabelece procedimentos para o exame de compatibilidade ou adequação orçamentária e financeira", cabe a esta Comissão, preliminarmente ao mérito, realizar o exame de adequação orçamentária e financeira e compatibilidades com as leis do plano plurianual, de diretrizes orçamentárias e orçamentária anual e normas pertinentes a eles e à receita e despesa públicas.

Ainda que reconheçamos na proposição o relevante mérito do disciplinamento do princípio constitucional da razoável duração do processo e sua consectária exigência de prestação jurisdicional tempestiva, não há como negar-lhe repercussão direta sobre o equilíbrio fiscal ao obrigar a União de indenizar todos aqueles vencedores cujos processos tenham excedido à "razoável duração" pela criação de órgão no Poder Judiciário a ser denominado de Fundo de Garantia da Prestação Jurisdicional Tempestiva – FUNJUR.

Ademais a criação de fundo e vinculação a ele de receitas públicas a despesas específicas implica satisfação de exigências quanto à compatibilidade e adequação orçamentária e financeira. Necessária estimativa de seu impacto orçamentário e financeiro assim como sua consequente compensação, o que não consta do apresentado.

Primeiramente, há de se observar ser a matéria de iniciativa privativa do Poder Judiciário, pois, como expresso no art. 2º do PL, o FUNJUR será instituído "no âmbito do Poder Judiciário", incidindo portanto no art. 63 da Constituição c/c o art. 96, que reza:

Art. 63. Não será admitido aumento da despesa prevista:

I – nos projetos de iniciativa exclusiva do Presidente da

República, ressalvado o disposto no art. 166, § 3º e § 4º;

II – nos projetos sobre organização dos serviços administrativos da Câmara dos Deputados, do Senado Federal, dos Tribunais Federais e do Ministério Público.

Art. 96. Compete privativamente:

I – aos tribunais:

(...)

b) organizar suas secretarias e serviços auxiliares e os dos juízos que lhes forem vinculados, velando pelo exercício da atividade correicional respectiva;

Indubitavelmente que a proposição, ao gerar despesas para a União, incorre no art. 126 da LDO/2008 (Lei nº 11.514, de 13.08.2007), que determina:

Art. 126. Os projetos de lei e medidas provisórias que importem ou autorizem diminuição da receita ou aumento de despesa da União no exercício de 2008 deverão estar acompanhados de estimativas desses efeitos, para cada um dos exercícios compreendidos no período de 2008 a 2010, detalhando a memória de cálculo respectiva e correspondente compensação.

Ademais, deve a proposição que constitua órgão ou crie obrigação continuada, caso em apreço, observar a disposição do art. 127 da LDO/2008:

> Art. 127. As propostas de atos que resultem em criação ou aumento de despesa obrigatória de caráter continuado, entendida aquela que constitui ou venha a se constituir em obrigação constitucional ou legal da União, além de atender ao disposto no art. 17 da Lei Complementar no 101, de 2000, deverão, previamente à sua edição, ser encaminhadas aos órgãos a seguir para que se manifestem sobre a compatibilidade e adequação orçamentária e financeira:
>
> I – no âmbito do Poder Executivo, aos Ministérios do Planejamento, Orçamento e Gestão e da Fazenda, que se manifestarão conjuntamente;
>
> II – no âmbito dos demais Poderes, aos órgãos competentes, inclusive os referidos no § 1o do art. 15.

Igualmente não foi observada a temporalidade fixada pelo disposto no art. da LDO/2008, que exige:

> Art. 98. O projeto de lei ou medida provisória que conceda ou amplie incentivo ou benefício de natureza tributária só será aprovado ou editada se atendidas as exigências do art. 14 da Lei Complementar no 101, de 2000.
>
> (...)
>
> § 2º – Os projetos de lei aprovados ou medidas provisórias editadas no exercício de 2008, que concedam renúncia de receitas da União ou vinculem receitas a despesas, órgãos ou fundos, deverão conter termo final de vigência de no máximo cinco anos. (grifamos)

Nos termos do art. 10 da Norma Interna desta Comissão, Aprovada em 29 de maio de 1996, nos casos em que couber também à Comissão o exame do mérito da proposição, e for constatada a sua incompatibilidade ou inadequação, o mérito não será examinado pelo Relator, que registrará o fato em seu voto.

Diante do exposto, somos pela inadequação e incompatibilidade orçamentária e financeira do PL nº 7.599, de 2006.

Sala da Comissão, em .... de........................... de 2008.

Deputado PEDRO EUGÊNIO.

ANEXO E

ÍNTEGRA DA SENTENÇA DE IMPROCEDÊNCIA DE AÇÃO DE INDENIZAÇÃO DE PROCESSO INTEMPESTIVO

1ª VARA DO JUIZADO ESPECIAL FEDERAL CÍVEL
PROCESSO Nº 2010.71.50.009945-3
AUTOR: OSCAR WILSON GERSCH
RÉU: UNIÃO FEDERAL

Dispensado o relatório, nos termos do artigo 1º da Lei nº 10.259/2001 e artigo 38 da Lei nº 9.099/1995.

Defiro o benefício da assistência judiciária gratuita.

O autor vem a juízo requerer a condenação da União a indenizá-lo por danos morais suportados em razão da demora na tramitação de ação trabalhista.

Relata que em 02.07.2002 ajuizou a ação trabalhista nº 0065900-60.2002.5.04.0021 contra o Banco do Estado do Rio Grande do Sul, na qual proferida sentença de improcedência posteriormente reformada pelo Tribunal Regional do Trabalho em julho de 2003. Com recurso de revista os autos foram remetidos ao Tribunal Superior do Trabalho, em 21.01.2004, onde, após autuados em 12.03.2004 e distribuídos para julgamento em 26.03.2004, permaneceram parados até 31.07.2007, quando julgados. Em fevereiro de 2008 o feito retornou à origem, e após a elaboração de cálculos de liquidação e realização de audiência de conciliação em 14.01.2009, o autor recebeu os valores a ele devidos em 21.10.2009. Afirma que o longo prazo de tramitação do processo, de 7 anos, 3 meses e 19 dias, causou-lhe sofrimentos de ordem moral, pela angústia e desesperança enfrentados.

A União contesta alegando, com base em informações prestadas pelo Tribunal Regional do Trabalho da 4ª Região, que a tramitação do feito foi regular, descrevendo as ocorrências processuais e destacando que houve delongas também em razão de manifestações do autor. observa que a tramitação junto ao Tribunal Superior do Trabalho sofre demora pela alta quantidade de processos existente naquela Corte. Relaciona a exigência de celeridade dos julgamentos a outros princípios, como o da reserva do possível e o da razoabilidade. Opõe-se à existência do alegado dano moral, que entende não demonstrado.

Como um esclarecimento inicial quero observar que a razoável duração do processo, enquanto meta, não se satisfaz necessariamente com a mais célere tramitação possível, com esta não se confundindo. Há que se atender às peculiaridades de cada caso, ao grau de complexidade, e à necessidade da correta instrução e da adequada sujeição ao contraditório.

Nesses termos, parece-nos que esses parâmetros foram observados na tramitação da ação do autor na 1ª Instância da Justiça do Trabalho e junto ao Tribunal Regional do Trabalho da 4ª Região. As informações prestadas dão conta de que os eventos da tramitação não apresentam anormalidade, quer quanto a sua natureza, quer quanto ao tempo de processamento. Em primeira instância a sentença sobreveio cerca de oito meses após o ajuizamento. Remetido ao Tribunal Regional do Trabalho, teve acórdão publicado em julho de 2003. Em janeiro de 2004 os autos foram encaminhados ao Tribunal Superior do Trabalho, após apreciação de embargos de declaração. Ao que se vê, a tramitação respeitou prazos adequados.

Após a devolução dos autos pelo TST, em fevereiro de 2008, iniciou-se o procedimento de liquidação. Consta que o executado apresentou cálculos, homologados em outubro de 2008, após as vistas obrigatórias. Expedido o mandado de citação e penhora, o Banco reclamado passou a opor-se alegando não ter tido ciência dos cálculos.

Até este passo o que se tem são incidentes de ocorrência normal na tramitação de um processo. Visando a dirimir a controvérsia e evitar maiores dilatações da fase executória, o juiz da causa designou audiência para janeiro de 2009, na qual foi formulada proposta pelo reclamado. Como lhe é facultado, o reclamante recusou essa proposta e requereu ao juiz que refizesse a intimação do Banco para manifestar-se sobre os cálculos. Essa providência foi tomada pelo juiz no começo de fevereiro de 2009. A isso seguiu-se impugnação do reclamado, retificação dos cálculos pelo exequente e, em agosto de 2009, a expedição de novo mandado de citação e penhora, que culminou com o depósito do valor da condenação, em setembro de 2009, e a expedição de alvará ao reclamante.

Novamente, não se vê nenhum atraso na tramitação que possa ser atribuído ao Poder Judiciário. A fase de liquidação, essencial à concretização do julgado, obedeceu à série de passos obrigatórios e contou com incidentes bastante comuns a esse momento processual, tendo sido levada a termo em prazo condizente com o adequado processamento desses incidentes. O autor e o Banco reclamado participaram ativamente da liquidação, ambos influindo em sua duração, nos moldes do que lhes é facultado por lei.

Razoável duração do processo, portanto, é conceito que se deve apurar em cada caso.

Resta-nos, assim, a tramitação do feito junto ao Tribunal Superior Eleitoral.

Como Corte Superior da Justiça do Trabalho, tendo jurisdição em todo o território nacional, o TST acumula as funções de uniformizar a jurisprudência trabalhista, julgar recursos de revista, recursos ordinários e agravos de instrumento contra decisões de TRTs, dissídios de categorias organizadas em nível nacional, mandados de segurança e embargos opostos contra suas decisões e ações rescisórias. Concentra, portanto, o julgamento de recursos em ações provenientes de todos os Tribunais Regionais, além das matérias de sua competência exclusiva.

De 1999, quando extintos os juízes classistas, até a Emenda Constitucional nº 45/2004, o TST compunha-se de dezessete Ministros, número então elevado para vinte e sete.

O processo do autor foi recebido no TST em janeiro de 2004. Em abril do mesmo ano já se encontrava aguardando conclusão ao Ministro Relator ao qual distribuído, o que somente se deu em agosto de 2007, portanto 3 anos e 4 meses depois.

Quero agora examinar a situação em que a ação do autor inseriu-se ao chegar ao TST.

No sítio eletrônico daquele Tribunal há estatísticas com números que nos ajudam a formar um quadro da atividade lá exercida. Vejamos.

Em 2004, quando lá aportou a ação do autor, foram recebidos 133.107 processos, sendo julgados 116.653. O resíduo existente então (computando processos anteriores), em que se incluia o processo do autor, era de 246.743.

A situação em 2005 foi de recebimento de 117.203 processos, julgamento de 134.269 e resíduo de 227.424.

Em 2006 o TST recebeu 145.053 processos, tendo julgado 135.718. Com isso passou a contar com 244.331 processos na Corte.

Os números de ingresso são altos. Verificando-se de 2004 (inclusive) para os anos anteriores, a entrada quase sempre superava o número de julgamentos. Daí a formação de um resíduo considerável.

Apenas em 2004 esses números, de entrada e julgamento, passaram a ser mais próximos, com destaque para o ano de 2005, em que os julgamentos superaram as entradas.

A quantidade de julgamentos vem aumentando ano a ano. E de 2008 até o presente constata-se que os julgamentos superam as entradas, o que se traduz em redução do resíduo. Especificamente no ano de 2007, em que julgado o processo do autor, com ele foram decididos outros 153.591 feitos, ainda restando à Corte 249.316.

A razoável duração do processo constituiu, sempre, um ideal a ser buscado, mesmo anteriormente à sua inclusão no texto constitucional pela Emenda nº 45/2004.

Apesar disso, apenas mais recentemente começaram a ser criados mecanismos que colaboram para a implementação desse ideal. Celeridade com qualidade, é o que se quer. Passaram a ver-se, mais recentemente, tentativas de padronização de procedimentos no âmbito dos diversos órgãos do Poder

Judiciário, de forma a alcançar os objetivos da reforma constitucional e garantir a racionalidade dos trabalhos e a segurança dos jurisdicionados, destinatários maiores da mudança que se opera.

Nesse contexto, ainda, e quiçá de maior relevância, as alterações da legislação processual e, em especial, a criação de institutos como a repercussão geral, que muito colabora para o restabelecimento da função de tribunal constitucional do STF, que desde longa data se vira obrigado a atuar como uma terceira instância. Na mesma linha a súmula vinculante. Tratam-se de institutos que visam reduzir a repetição de causas, racionalizar o acesso ao Judiciário e, como consequência, viabilizar maior eficiência no exercício de sua missão.

Não se pretende simplesmente dizer ao autor que os números antes citados falam por si, pois é justo o anseio de todo jurisdicionado por solução para sua lide. Contudo, não há como dissociar da realidade essa expectativa.

Embora sempre desejada, a "razoável duração do processo" veio a ser erigida em princípio constitucional apenas recentemente. Como princípio, deve ser aplicado de acordo com as condições jurídicas (balanceamento com outros princípios) e fáticas (possibilidades materiais). A própria ré, assim como este juízo, não desconhece que a organização do Poder Judiciário é deficiente para esse fim. Junto com as carências materiais deve ser evidenciada a existência de estruturas organizacionais propícias ao emperramento, seja pela superposição de instâncias, seja pelo formalismo, seja por falhas da própria legislação processual.

A positivação do anseio pela duração razoável do processo vem impulsionando atividades de planejamento estratégico e controle eficiente para a atividade jurisdicional, transformações que, inclusive, em muito dependem do Poder Constituinte derivado e do Poder Legislativo. Mas os mecanismos começam a existir.

Algo importante deve ser assinalado conjuntamente com o que vimos considerando. Nas últimas décadas, com o crescimento da economia e, consequentemente, das relações de trabalho, renovou-se a importância do Poder Judiciário na mediação dos interesses das categorias envolvidas no processo produtivo. Paralelamente, buscando fazer frente a essa e a outras mudanças, o legislador passou a editar leis abertas, contendo conceitos indeterminados, a exigir interpretação para sua aplicação. Ao mesmo tempo, a legislação que até então regia as relações sociais, inclusive as de trabalho, em muitos aspectos passou a necessitar de adequação a realidades novas, o que também exige atividade jurisdicional. O Poder Judiciário vem sendo chamado a dar efetividade a direitos previstos em normas programáticas, a suprir lacunas da atividade legislativa.

Cremos que esse contexto pode ser ilustrado pelo crescimento no número de ações recebidas pelo TST ao longo dos anos, que se acentuou expressivamente em 1994, com 65.792 ações contra 34.408 que haviam ingressado na Corte no ano de 1993, e não mais deixou de crescer.

Não se coloca em dúvida que a atividade jurisdicional constitui exercício de poder e onde há poder deve haver responsabilidade, mas considero que, no estágio atual, não nos podendo descuidar da realidade em que esse exercício se dá, ainda não é possível responsabilizar a União em casos como o presente.

Ante o exposto, julgo improcedente a ação, extinguindo o feito na forma do art. 269, I, do CPC.

Sem honorários advocatícios, nos termos da Lei nº 9.099/95.

Publique-se. Registre-se. Intime-se.

Ana Maria Wickert Theisen
Juíza Federal Substituta do 1º JEF Cível.

Impressão:
Evangraf
Rua Waldomiro Schapke, 77 - POA/RS
Fone: (51) 3336.2466 - (51) 3336.0422
E-mail: evangraf.adm@terra.com.br